新編諸子集成

文子疏義

王利器撰

中華書局

目録

文子疏義序

通玄真經默希子注，即唐人徐靈府之文子注也。先是，玄宗開元二十九年（七四一）正月己丑，詔：兩京及諸州各置玄元皇帝廟一所，并置崇玄學，其生徒令習道德經及莊子、列子、文子等，每年準明經例舉送。至天寶元年（七四二）二月丁亥，御含元殿，加尊號爲開元天寶聖文神武皇帝。辛卯，親祔玄元廟。丙申，詔：古今人表，玄元皇帝升入上聖〔一〕。莊子號南華真人、文子號通玄真人、列子號沖虛真人、庚桑子號洞虛真人〔二〕。改莊子爲南華真經、文子爲通玄真經、列子爲沖虛真經、庚桑子爲洞虛真經〔三〕。兩京崇玄學各置博士、助教，又置學生一百員。四月，詔崇文習道德經。九月，兩京玄元廟改爲太上玄元廟，天下准此。二年（七四三）正月丙辰，加玄元皇帝尊號「大聖祖」三字，崇玄學改爲崇玄館，博士爲學士、助教爲直學士，更置大學士員〔四〕。又案：代宗大曆（七六六——七七九）時，啖助門人洋州刺史趙匡上選舉議，其舉人條例有云：「其有通禮記、尚書、論語、孝經之外，更通道德諸經、通玄經、孟子、荀卿子、呂氏春秋、管子、墨子、韓子，謂之茂才；舉達觀之士，既知經學，兼有諸子之學，取其所長，捨其偏滯，則於理道，無不該矣。試策徵問諸書義理並時務，共二十節，仍與之言論，觀其通塞〔五〕。」趙匡傳附見新唐書卷二百儒林啖助傳，其所上舉人條例，殆未見施行，然亦足覘爾時對文子之重視矣。默希子注就是在這樣一個歷史背景下寫成的。

默希子自序曰：「默希以元和四載（八〇九）投迹衡峯之表，考室華蓋之前，迨經八稔，夙敦樸素之風，竊味希微之旨，今未能拱默，强爲注釋。」則其書當在元和四載以後之八年中寫成，此其成書年時之可考見者〔六〕。

王應麟漢書藝文志考證以爲今本文子即北魏李暹注本。洪邁容齋續筆十六：「文子十二卷，李暹注，其序以謂范子所稱計然。」案：徐鍇説文繫傳數引李暹注，夷考其實，則與默希子注各不相謀，王氏之言，未遽可信。又案：文選張平子東京賦、張茂先鷦鷯賦、何敬祖遊仙詩、任彦昇天監三年策秀才文、又奏彈曹景宗、沈休文恩倖傳論、陸士衡辯亡論諸文注，俱引文子張湛注，又荀子宥坐篇楊倞注及太平御覽三六〇所引之注，予亦疑是張湛注。此一鱗半爪之舊注，固足珍貴，然較之吕氏春秋之高誘注、淮南子之許慎高誘二家注、莊子之郭象注及成玄英疏、列子之張湛注，其與文子有關者，元元本本，類聚而附益之，不尤爲殫見洽聞乎？因是，今兹所爲疏義，不但於吕氏、淮南、莊子、列子諸書之與文子有關者，囊括無遺，而擧以注文子，且進而援引吕氏、淮南、莊子、列子諸書之注以疏文子，良以許慎、高誘、郭象、張湛、成玄英諸家之注，又不翅間接爲文子而作之注也。

默希子注，今所見有鐵華館景刻宋本及涵芬樓景印宋本〔七〕，此二本出入頗大，涵芬樓景印本且有不少據道藏配鈔葉子，其間錯簡誤字之多，殊令人不堪卒讀，實爲天水劣品，使何義門見之，又將詆爲惡本矣。今若以二本之任何一本作底本，即理其放紛，亦將有不勝其治絲而棼之感矣。予非佞宋者流，乃擇善而從，以道藏「璧」字一號至十二號之通玄真經默希子注爲底本，進行整理，此不僅以其爲今日所見之文子注本莫之或先，即就其避宋諱言之〔八〕，則所據亦宋本也。涵芬樓景印本，張元濟剌舉其失誤不少貸；鐵華館景刻本，蔣鳳藻自詡爲審定善本，曾不察其譌舛，俾謬種得以流傳，其貽誤天下後世爲不小矣。今取涵芬樓景印本與鐵華館景刻本相照，不盡從同，却與道藏本相合，則鐵華館本與涵芬樓本非出一本可知。而此二本又與道藏所據之宋本異同亦大，則在宋時所刻之文子，當不限於一時一地也。然則就寒齋插架，曾有宋人趙必瑑覆瓿集，其卷十二有文子序一篇〔九〕，蓋亦爲爾時梓行之本而作也。今日知見之文子而言，在宋時至少有四種刻本，亦云盛矣。

馬驌繹史八三曰：「文子，道德之疏義，語必稱老子，尊所聞以立言也。」予今將進一解曰：淮南，文子之疏義。且即以「疏義」爲新書之名焉〔一〇〕。今即就淮南之檃括、衍繹文子爲言者，句梳字櫛而比義之。在昔，韓非之於老子，有解老、喻老之作；若淮南之於文子（含老子），蓋亦解老、喻老之支與流裔也。

一九七三年，河北定州八角廊西漢中山懷王墓出土之竹簡文子，經整理者多年之精心拼輳，始於一九九五年十二月公之於世〔一一〕，讀其已綴輯之殘篇如道原篇，以及其餘可識別之奇零字句，初無有「老子曰」字樣之出現。考唐貞觀年間，由祕書監鉅鹿男魏徵等奉敕撰之羣書治要五十卷，其卷三十五登載文子四十五條，今所見日本古鈔本及日本天明五年（一七八五，當清乾隆五十年）尾張國刻本，其引文自章頭提行另起者，率未冠以「老子曰」字樣〔一二〕。迨至唐玄宗時，今所見敦煌卷子伯二三八〇號，開元廿七年（七三九）二月一日道士馮□瓘、常乘雲、何思遠校寫本之「老子曰：『雷霆之聲可以鐘鼓象也〔三〕。』」又「老子曰：『衡之於左右〔四〕。』」又如文選干令升晉紀總論李善注：「文子：『老子曰：天下，大器也，不可執也，不可爲也。爲者敗之，執者失之。』」今本老子二十九章脱「不可執也」一句四字。然則文子一書之加添「老子曰」字樣，蓋自開元年間始矣。此與前文所引之舊唐書禮儀志，可互參證。自此以還，文子一書，除由文子與他人問答者外，其餘無不加以「老子曰」矣。

然亦有明徵其詞，而心知其意，雖用文子之文，却不道文子之名，而直稱爲黃帝曰或老子曰者。鹽鐵論本議篇：「老子曰：『貧國若有餘，非多財也，嗜慾衆而民躁也。』」今老子無此文，而見於文子自然篇，曰：「故亂國若盛，治國若虛，亡國若不足，存國若有餘。……有餘者，非多財也，欲節事寡也。」此即鹽鐵論之所本也。又如淮南子繆稱篇：「黃帝曰：『芒芒昧昧，從天之道，與元同氣。』」又泰族篇：「黃帝曰：『芒芒昧昧，因天之威，與元同氣。』」此文也，見於文子符言篇，作「道曰」云云，徐靈府注：「道曰，道君也。」又見於上仁篇，作「道之言曰」，「道君」當指老君。此文也，又見於呂氏春秋應同篇，其文曰：「黃帝曰：『芒芒昧昧〔五〕，因天之威，與元同氣。』」然吾以爲淮南此文，仍當本之文子，而非出於呂氏；換言之，正可説明，在呂不韋集儒士使著所聞以撰述時，黃老之學已流傳於世，故得據所聞以立言也。又如文子上仁篇：「貴以身治天下，所以寄天下；愛以身治天下，所以託天下矣。」其在淮南子道應篇則作「故老子曰：『貴以身爲天下焉，可以託天下；愛以身爲天下焉，可以寄天下矣。』」此則見於今本老子十三章。上仁篇又曰：「故曰：人之所畏，不可不畏也。」其在淮南子道應篇則作「故老子曰：『人之所畏，不可不畏也。』」此則見於今本老子二十章。乃見於道德五千言之可考見者。至若列子天瑞篇：

「黃帝書曰：『谷神不死，是謂玄牝。玄牝之門，是謂天地之根。綿綿若存，用之不勤。故生物者不生，化物者不化。自生自化，自形自色，自智自力，自消自息，謂之生化形色智力消息者，非也。』」今案：「谷神不死」六句二十六字，見今本老子六章，林希逸冲虚至德真經鬳齋口義一：「此老子全章之文，而曰黃帝者，則知老子之學，亦有所傳，但其書不得盡見。」案：林氏不知列子所引黃帝書，乃晉人所傳之黃老家言，故其持論如此。至若「故生物者不生」以下云云，即實黃老家之言也。又天瑞篇：「黃帝曰：『精神入其門，骨骸反其根，我尚何存？』」今案：文子九守篇：「精神入其門，骨骸反其根，我尚何存？」淮南子精神篇：「精神入其門，而骨骸反其根，我尚何存？」斯文也，列子以爲黃帝言，即謂晉代治黃老學者所依託以爲黃帝之言也。又如文選束廣微補亡詩李善注：「老子曰：『終天年而不中道夭者，是智之盛也。』」今案：此文見文子九守篇：「夫人所以不能終其天年者，以生生之厚。」淮南子精神篇：「夫人之所以不能終其壽命而中道夭於刑戮者何也？以其生生之厚。」而李善注引作老子者，即以文子爲治黃老學者之言，故稱爲老子也。必須了然於此，認識到在黃老之學崛起和發展過程中，出現有兩個老子，一爲關尹著道德五千言之老子，一則爲黃老學者所依託之老子，然後去讀老子、讀文子、讀淮南子，庶幾大通無礙，毫髮無遺憾也。如不然者，有若釋慧通駁顧道士夷夏論所言：「昔老氏著述，文指五千，其餘淆雜，並淫謬之説也。而別稱道經，從何而出？既非老氏所創，寧爲真典？庶更三思，儻祛其惑〔一六〕。」彼慧通者，既有所宥，復昧探原，乃亦侈言祛惑乎？真匪夷所思矣！至如顧觀光之流，不知妄説，乃肆言「老子自引己書，何不檢點至此〔一七〕」！等之自鄶，何足譏矣！

如上來所論列，自古在昔，分明有兩個老子之存在，一者道原，一者緒餘，從可知矣。杜道堅玄經原旨發揮下章句章十一〔一八〕：「自章句著而注者出焉。然道與世降，時有不同，注者多隨代所尚，各自其成心而師之。故漢人注者爲漢老子，晉人注者爲晉老子，唐人、宋人注者爲唐老子、宋老子。」其言致爲精闢，非洞悉於黄老學之流變者，不能道其隻字，而其説適爲余所昌言之兩個老子説導夫先路，然則兩個老子説，非予一人之私言，乃今古人之所共識也。

予嘗謂黄老之學，萌芽於戰國，特至漢初，始有治黄老之學者最録而筆之於書，是爲文子。韓非子内儲説上篇：「齊王問於文子曰：『治國何如？』對曰：『夫賞罰之爲道，利器也，君固握之，不可以示人。』」文廷式曰：「此文子殆即老子弟子。」（純常子枝語十六）器案：利器之説，見老子三十六章：「國之利器，不可以示人。」又八説篇：「先聖有言曰：『規有摩而水有波，我欲更之，無柰之何。』此通權之言也。」尋荀子正論篇：「是規磨之説也。」楊倞注：「文子曰：『水雖平，必有波；衡雖正，必有差。』韓子曰：『規有磨而水有波，我欲更之，無柰之何。此通於權者言也。』」案：文子此文見上德篇：「水雖平，必有波；衡雖正，必有差。」而韓子以爲先聖之言，實即黄老學者所依託之言也。然則黄老學者之言，在戰國已流傳於世，故韓子得聞而述之，且仰承之緒餘，發揮而爲解老、喻老二篇。爰至文子始博采而類聚之耳。考文子微明篇用老子五十四章「修之於邦，其德乃豐」，作「修之國，其德乃豐」，此避劉邦諱也。又九守篇：「聖人保沖氣〔一九〕，不敢自滿。」又微明篇：「道沖而用之，又不滿也。」此俱用老子四章「道沖而用之，或不盈」，以盈爲滿，此避漢惠帝劉盈諱也。然則文子之成書，其在漢惠帝之時乎。因是，故其時，自漢文帝、竇太后無不好黃老之言，一世風靡，今試就史記言之：外戚世家：「竇太后好黃帝、老子言，帝及太子、諸竇，不得不讀黃帝、老子，尊其術〔二〇〕。」陳丞相世家：「太史公曰：『陳丞相平少時，本好黃帝、老子之術。』」老子韓非列傳：「申子之學，本於黃老，而主刑名。」「韓非者，韓之諸公子也，喜刑名法術之學，而其歸本於黃老。」索隱：「案：劉氏云：『黃老之法，不尚繁華，清簡無爲，君臣自正。韓非之論，詆駁浮淫，法制無私，而名實相稱，故曰歸於黃老。』斯未得其本旨。」今案：韓子書有解老、喻老二篇，是大抵亦崇黃老之學耳。孟子荀卿列傳：「慎到，趙人。田駢〔二一〕、接子，齊人。環淵〔二二〕，楚人，皆學黃老道德之術，因發明序其指意。」樂毅列傳：「樂氏之族有樂瑕公、樂巨公〔二三〕，趙且爲秦所滅，亡之齊高密。樂巨公善修黃帝、老子之言，顯聞於齊，稱賢師。太史公曰：『樂巨公學黃帝、老子。樂巨公教蓋公，蓋公教於齊高密、膠西，爲曹相國師。』」鼂錯列傳：「鄧公，成固人也，其子章以修黃老言顯於諸公間。」張釋之列傳：「王生者，善爲黃老言。」田叔列傳：「學黃老術於樂巨公所。」汲黯列傳：「黯學黃老之言。」日者列傳：「褚先生曰：『夫司馬季主者，楚賢大夫，游學長安，通易經，術黃帝、老子。』」太史公自序：「太史公習道論於黃子。」集解：「徐廣曰：『儒林傳曰：黃生好黃老之術〔二四〕。』」其在漢書〔二五〕，藝文志小說家：「宋子十八篇。」本注：「孫卿道宋子，其言黃老意。」案：見荀子正論篇，稱子宋子曰，天論篇、非十二子篇作宋子，即非十二子篇之宋鈃也，楊倞注：「宋鈃，宋人，與孟子、尹文子、彭蒙、慎到同時。孟子作宋牼，牼與鈃同。」案：莊子天下篇亦作宋鈃，釋文：「音形。徐胡泠反。郭音堅。」孟子，見告子篇。又案：莊子逍遙遊篇、韓非子顯學篇作宋榮子，鈃、牼、榮，古音在十一部，通用。又名家：「尹文子一篇。」本注：「説齊宣王，先公孫龍。」顔師古曰：「劉向云：與宋鈃俱遊稷下。」尋容齋續筆十四：「劉歆曰：『其（尹文子）學本於黄老，居稷下，與宋鈃、彭蒙、田駢等同學於公孫龍。』」山陰仲長氏撰尹文子序謂：「劉向亦以其學本於黄老。」豈即出於向歆父子之别録、七略乎？何藝文志本注之未嘗一言及此也？又楚元王傳：「少修黄老術，有智略。」董仲舒傳載仲舒對策曰：「古人有言曰：『臨淵羡魚，不如退而結網。』」案禮樂志亦云：「古人有言：『臨淵羡魚，不如退而結網。』」楊雄傳上亦云：「雄以爲臨川羡魚，不如歸而結罔。」案：文子上德篇：「臨河欲魚，不如歸而織網。」文又見淮南子説林篇：「臨河而羡魚，不如歸家織網。」仲舒當即本之文子，以文子之成書當漢惠帝時，而仲舒之對策在漢武帝初，中間歷惠文景三世，故謂之「古人有言」也。又楊王孫傳：「楊王孫者，學黄老之術。」報祁侯書曰：「且吾聞之：精神者，天之有也；形骸者，地之有也。精神離形，各歸其真，故謂之鬼。鬼之爲言歸也，其尸塊然獨處，豈有知哉？」師古曰：「文子稱『天氣爲魂』云云。」案：淮南子精神篇：「精神，天之有也；而骨骸者，地之有也。精神入其門，而骨骸反其根，我尚何存？」列子天瑞篇：「精神者，天之分；骨骸者，地之分。屬天清而散，屬地濁而聚。精神離形，各歸其真，故謂之鬼。鬼，歸也，歸其真宅。黄帝曰：『精神入其門，骨骸反其根，我尚何存？』」楊王孫、淮南子即據黄老家言爲説，故楊王孫謂之「吾聞之」，而列子則直指爲「黄帝曰」也。其在後漢，則後漢書逸民矯慎傳：「矯慎字仲彦，扶風茂陵人也，少學黄老。汝南吴蒼遺書以觀其志曰：『蓋聞黄老之言：乘虚入冥，藏身遠遯，亦有理國養人，施於爲政。』」李賢注：「老子曰：『致虚極，守静篤〔二六〕。』又曰：『窈兮冥兮，其中有精〔二七〕。』又曰：『理大國若烹小鮮〔二八〕。』又曰『非所以愛人治國』也〔二九〕。」則以老子爲黄老之言也。王充論衡自然篇：「賢之純者，黄老是也。黄者，黄帝也；老者，老子也。黄老之操，身中恬澹，其治無爲，正身共己，而陰陽自和，無心於爲而物自化，無意於生而物自成。」定賢篇：「恬憺無欲，志不在於仕，苟欲全身養性爲賢乎？是則老聃之徒也。道人與賢殊科者，憂世濟民於難；是以孔子棲棲，墨子遑遑，不進與孔墨合務，而還與黄老同操，非賢也。」對作篇：「夫論説者，閔世憂俗，與衛驂乘者同一心矣。愁精神而幽魂魄，動胸中之靜氣，賊年損壽，無益於性，禍重於顔回，違負黄老之教，非人所貪，不得已，故爲論衡。」王充揭示黄老學之指歸爲恬憺無爲，而以一己之撰論衡，明其不違負黄老之教，其好黄老之術，有如是。徐幹中論脩本篇：「古語曰：『至德之貴，何往而不遂；至德之榮，何往而不成。』」案：文子九守篇：「能知大貴，何往不遂。」淮南子精神篇：「能知大貴，何往而不遂。」則徐幹中論所引古語，即黄老之説，與董仲舒之稱文子爲古人之言，其歸一也。而今本文子及淮南子則俱失却「至德之榮，何往而不成」一層意義矣。太平御覽四五九引諸葛亮誡子書：「非淡泊無以明志，非寧靜無以致遠。」案：文子上仁篇：「非淡漠無以明德，非寧静無以致遠。」淮南子主術篇：「非澹薄無以明德，非寧静無以致遠。」則諸葛亮即引文子之言以明志也〔三〇〕。韓愈之撰原道及讀荀子二文也，檃括有漢一代政治思想，而以一言蔽之曰：「黄老於漢。」誠哉斯言也。

馬驌曰：「文子一書，爲淮南鴻烈解擷取殆盡。彼浩淼，此精微〔三一〕。」可謂要言不繁也，惟大而無當，不足以饜人意，今試條略而舉其大者言之〔三二〕。淮南子於文子之加工，太上，彌縫其闕，使之無懈可擊。如精誠篇名可强立功可强成章云：「此謂名可强立也。」末就「功可强成」作出回繳。淮南子修務篇乃作「此所謂名可彊立者」，繼言「此功之可彊成者也」，雙起雙收，則毫髮無遺憾矣。其次，敷演爲甲乙問答之詞，使條理更加縝密。如上德篇道以无有爲體章「視之不見其形」云云〔三三〕，淮南子説山篇則增益爲魂與魄問答之詞。又如微明篇道可以弱可以强章，淮南子道應篇則增益爲泰清與無窮、無爲三家對話〔三四〕。回環往復，以見旨歸，因明白矣。又其次，參考他書而加以修改者。如道原篇孔子問道章：「老子曰『正汝形，一汝視』」云云，淮南子道應篇據莊子知北遊篇改爲「齧缺問道於被衣曰」云云，較之「孔子問道老子曰」云云，更爲犁然有當於人心也。又其次，舉真人真事以實之，而義據兼賅矣。如文子精誠篇：「聖人所以爲師也。……其漸必有劫殺之亂矣，……其積至於淫佚之難。」淮南子主術篇則作「此伏羲神農之所以爲師也。其漸至於崔杼之亂，……其積至昭奇之難」。又如精誠篇：「聖人不降席而匡天下，……求諸己也。」淮南子繆稱篇作「故舜不降席而天下治，桀不下陛而天下亂，蓋情甚乎叫呼也。無諸己，求諸人，古今未之聞也」。又如上德篇：「故勇武以强梁死，辯士以智能困；能以智而知，不能以智不知。」淮南子繆稱篇作「故子路以勇死，萇弘以智困，能以智知，而不能以智不知也」。又如上義篇：「故駟馬不調，造父不能以取道；君臣不和，聖人不能以爲治；執道以御之，中才可盡；明分以示之，則姦邪可止。」淮南子主術篇作「是故輿馬不調，王良不足以取道；君臣不和，唐虞不能以爲治；執術而御之，則管晏之智盡矣；明分以示之，則蹠蹻之姦止矣」。又如上義篇：「夫衆人之見位之卑，身之賤，事之洿辱，而不知其大略。」淮南子氾論篇則作「夫百里奚之飯牛，伊尹之負鼎，太公之鼓刀，甯戚之商歌，其美有存焉者矣。衆人見其位之卑賤，事之洿辱，而不知其大略，以爲不肖」。又如上禮篇：「夫物未嘗有張而不弛，盛而不敗者也，惟聖人可盛而不敗。聖人之初作樂也，……其作書也，……其作囿也，……其上賢也」云云，淮南子泰族篇作「夫物未嘗有張而不弛，成而不毀者也，惟聖人能盛而不衰，盈而不虧。神農之初作琴也，……夔之初作樂也，……蒼頡之初作書，……湯之初作囿也，……堯之舉禹契后稷皋陶」云云。此皆舉真人真事以爲説，足以爲論世知人之一助。更有引詩爲證，以明天人之相通者。精誠篇：「故精誠内形，氣動於天，景星見，黄龍下，鳳皇至，醴泉出，嘉穀生，河不滿溢，海不波涌。逆天暴物，即日月薄蝕，五星失行，四時相乖，晝明宵光，山崩川涸，冬雷夏霜。天之與人，有以相通。」淮南子泰族篇作「故精誠感於内，形氣動於天，則景星見，黄龍下，祥鳳至，醴泉出，嘉穀生，河不滿溢，海不溶波。故詩云：『懷柔百神，及河嶠嶽〔三五〕。』逆天暴物，則日月薄蝕，五星失行，四時干乖，晝冥宵光，山崩川涸，冬雷夏霜。詩曰：『正月繁霜，我心憂傷〔三六〕。』天之與人，有以相通也」。諸如此者，踵事而增華，觸類而長之，可謂義據兼賅者也。王充論衡藝增篇曰：「方言經藝之增，與傳語異也。經增非一，略舉較著，令悦惑之人，觀覽采擇，得以開心通意，曉解覺悟。」淮南子有焉。至如道德篇：「老子曰：『上言者下用也，下言者上用也。』」淮南子氾論篇作「周書有言曰：『上言者下用也，下言者上用也。』」尋韓非子説林下：「此周書所謂『下言而上用者惑也』。」「惑」字衍，孫詒讓以爲「惑爲或」，非也。淮南以此爲周書之言，與韓非子同，此非特文子起於戰國之一證也，亦有以見淮南子對於文子所作「疏附、先後、奔奏、禦侮」之功爲不可没也。故余以爲淮南子爲文子之疏義者，此其一隅耳。外此其餘，仍當亟須指出者，厥惟淮南子竄改文子之文而以爲楚語也。荀子榮辱篇曰：「越人安越，楚人安楚。」又儒效篇曰：「居楚而楚，居越而越。」此孟子所以有「雖日撻而求其齊也，不可得矣」（孟子滕文公篇下）之説也。淮南子一書之大改寫文子之文爲楚語，職是之故也。荀子大略篇曰：「政教習俗，相順而後行。」此之謂也。故如文子道原篇：「其兵鈍而無刃。」淮南子齊俗篇改爲「其兵戈銖而無刃」，許慎注：「楚人謂刃頓爲銖。」案：説文「銖」下無鈍義，「錭」下云：「鈍也。」周、朱古聲通，周禮春官甸祝「禂馬」，鄭玄注：「禂，讀如伏誅之誅。」釋文：「禂音誅。」廣雅釋詁：「錭、銖，鈍也。」王念孫疏證：「莊子庚桑楚篇：『人謂我朱愚。』朱與銖通。」案：「朱愚」即侏儒也。又精誠篇：「不治其本，而救之於末，無以異於鑿渠而止水，抱薪而救火」，淮南子主術篇改爲「不直之於本，而事之於末，譬猶揚堁而弭塵，抱薪以救火也」，高誘注：「堁，塵塺也，楚人謂之堁。堁，動塵之貌。」案：説山篇：「上食晞堁。」高誘注：「堁，土塵也，楚人謂之堁。」又如上德篇：「腐鼠在阼，燒薰於堂。」淮南子説林篇作「腐鼠在壇，燒薰於宫」，高誘注：「楚人謂中庭爲壇。」又如上禮篇：「知冬日之扇，夏日之裘，無用於己，萬物變爲塵垢矣。」淮南子精神篇改爲「知冬日之箑，夏日之裘，無用於己，則萬物變爲塵埃矣」，高誘注：「箑，扇也。楚人謂扇爲箑。」案：淮南子俶真篇：「冬日不用箑。」亦是用楚語也。至如上義篇：「志人之所短，忘人之所長。」淮南子氾論篇作「今志人之所短，而忘人之所修」，此則以淮南厲王名長，故諱長爲修也。此尤爲淮南子竄改文子之的證。不特此也，其見於左襄二十四年、國語鄭語及漢書古今人表之豕韋氏，而在莊子大宗師篇、知北遊篇、外物篇則作狶韋氏矣。莊子大宗師篇釋文：「狶，李音豕。」抑不僅此也，左定四年：「申包胥曰：

『吳爲封豕長蛇。』」楚辭天問篇：「封狶是䠶。」洪興祖補注：「狶，虚豈切，方言云：『猪，南楚謂之狶。』淮南云：『堯時，封狶長蛇，皆爲民害，堯使羿斷脩蛇，禽封狶。』」今案：方言見卷八，淮南見本經篇，高誘注：「楚人謂豕爲狶也。」文心雕龍聲律篇：「楚辭辭楚。」此亦「楚人安楚」之一證，而爲楚文化之體現於方言者也。

今兹予之撰此序言也，以文子本書之問題較多，生恐言之無物，不晐不備，故爾上下求索，左右采獲，冀有以得其本真，不自知其言之不可已也；今且提要鈎玄而略出之，不知能達要言不繁之目的否也。

戰國之末，已流傳有黄老家所依託之老子，與著道德五千言之老子，顯爲二人，一者道原，一者緒餘，故予倡爲兩個老子之説。

黄老之學，最初十口相傳，後乃殺青繕寫，當在漢惠帝之世，其説盛行於兩漢，故韓愈有「黄老於漢」之説。

杜道堅謂：「文子，道德之疏義。」予亦謂：「淮南，文子之疏義也。」故於淮南子之衍繹者，掇拾不遺餘力，且進而指出其以楚之方言點竄文子，帶有濃厚之地方色彩，則淮南子爲文子之疏義，不待辯而自明矣。

文子舊有張湛、李暹注，已不可復得。今傳世者莫先於默希子之通玄真經注，其書，宋代刊行者，今所見有二本，而錯簡誤字頗多，不可卒讀，今乃以道藏本通玄真經默希子注爲底本，而爲之疏義焉。

一九九六年三月十日曉傳老人識時年八十有四。

〔一〕宋黄善夫本史記老子伯夷列傳第一正義:「老子、莊子,開元二十三年(七三五),奉勑升爲列傳首,處夷齊上。」

〔二〕今作洞靈真人。

〔三〕今作洞靈真經。

〔四〕以上據舊唐書禮儀志四。

〔五〕以上據通典十七選舉五雜論議中。

〔六〕默希子天台山記:「以元和十年(八一五)自衡岳移居台嶺,定室方瀛。」雲笈七籤二七三十六小洞天:「十八,華蓋山洞,周迴四十里,名曰容成大玉天,在温州永嘉縣,仙人羊公修治之。」

〔七〕原鐵琴銅劍樓藏。

〔八〕臺灣新文豐出版公司影印正統道藏第二八册頁二三三下、二九四上注、三〇一下避「匡」字諱,二九〇上注避「恒」字諱。

〔九〕此書已於「文化大革命」中被劫持以去矣。若四庫全書所著録者僅六卷耳,並無此文。

〔一〇〕劉向所校讐之書,自稱新書。

〔一一〕見文物一九九五年第十二期。

〔一二〕如卷二精誠篇冬日之陽章、心之精章以及聖人之從事章等。

〔一三〕見今本下德篇。

〔一四〕見今本下德篇。

〔一五〕原作「芒昧」，今從畢沅校本。

〔一六〕弘明集七。

〔一七〕見道原篇聖人忘乎治人章。

〔一八〕道藏彼字十號。杜道堅號南谷子，通玄真經纘義即其所撰。

〔一九〕從雲笈七籤九一引。

〔二〇〕又見武安侯傳及儒林傳。

〔二一〕吕氏春秋不二篇作陳駢。

〔二二〕藝文志作蜎子。

〔二三〕本作「臣公」，從集解、索隱、正義説校改，下同。

〔二四〕儒林傳有黄生，無「好黄老之術」之言。

〔二五〕已見於史記者不録。

〔二六〕十六章。

〔二七〕二十一章。

〔二八〕六十章。

〔二九〕十章。

〔三〇〕往者，器撰試論諸葛亮的政治思想（見曉傳書齋文史論集頁一七三，香港中文大學出版社一九八九年初版），以爲「文子此文，實從淮南子抄襲而來」，翩其反矣，亟當改正。

〔三一〕繹史八三。

〔三二〕白虎通瑞贄篇：「五玉所施非一，不可勝條，略舉大者也。」

〔三三〕「无有」二字，原作「有无」，從淮南子乙正。

〔三四〕又見莊子知北遊篇。

〔三五〕詩周頌時邁「嶠」作「喬」。

〔三六〕詩小雅正月。

通玄真經序

大道不振，其來已久，微波尚存，出自諸子，莫不祖述道德，彌縫百代。文子者，周平王時人也〔一〕，著書一十二篇〔二〕。史記云：「文子亦曰計然〔三〕，范蠡師之〔四〕。」姓辛名妍〔五〕，字文子，蔡丘濮上人〔六〕，其先晉公子也。嘗南遊，蠡得而事之。老子弟子也。平王問文子〔七〕曰：「聞子得道於老君〔八〕，今賢人雖有道，賢人，文子也。而遭淫亂之世，以一人之權，而欲化久亂之民，其能庸乎〔九〕？」文子對曰：「道德匡邪以爲政〔一〇〕，振亂以爲理。使聖德復生，天下安寧，要在一人。故積德成王，積怨成亡〔一一〕。而堯舜以是昌，桀紂以是亡。」平王信其言而用之，時天下治。然安危成敗，匪降自天，在乎君王任賢而已。故聖人怵怵爲天下孩，其人同於赤子〔一二〕，欲以興利去害而安之，非欲有私己也。

其書上述皇王帝霸興亡之兆，次叙道德禮義衰殺之由，莫不上極玄機，旁通庶品，其旨博而奥，其辭文而真。故有國者，雖淫敗之俗可返樸於太素；有身者，而患累之質可復至命於自然〔一三〕。大矣哉，君子不可不刳心焉〔一四〕。

洎我唐十有一葉皇帝〔一五〕，垂衣布化，均和育物，柔懷庶邦，殊俗一軌。故在顯位者，咸盡其忠；慕幽居者，亦安其業。

默希以元和四載，投迹衡峯之表〔一六〕，考室華蓋之前〔一七〕，追經八稔，夙敦樸素之風，竊味希微之旨〔一八〕，今未能拱默〔一九〕，强爲注釋，是量天漢之高邈，料滄溟之淺深者，亦以自爲難矣〔二〇〕。默希子序〔二一〕。

〔一〕漢書藝文志諸子略道家：「文子九篇。」本注：「老子弟子，與孔子並時，而稱周平王問，似依託者也。」意林一：「文子十二卷，周平王時人，師老君。」即用漢志本注之說也。

〔二〕案：漢志，文子九篇。隋書經籍志子部道家：「文子十二卷。」注：「文子，老子弟子。七略有九篇，梁七録十卷，亡。」意林，文子十二卷。兩唐志子部道家俱云：「文子十二卷。」柳宗元辨文子云：「文子書十二篇。」是文子十二卷本隋唐時已成定本。羣書治要三十五引用文子，自道原篇以下凡五十條，其篇章次第與今本合，蓋亦據十二卷本也。尋唐釋法琳辨正論八引道士陸修静答明帝所上目録云：「文子十一卷，文陽所撰。」則先隋文子傳本有九篇、十卷、十一卷之分，其定爲十二卷，如今本所傳者，蓋自隋代始也。

〔三〕史記貨殖列傳：「越王勾踐困於會稽之上，乃用范蠡、計然。」集解：「徐廣曰：『計然者，范蠡之師也，名研，故諺曰：研桑心筭。』駰案：范子曰：『計然者，葵丘濮上人，姓辛氏，字文子，其先晉國亡公子也，嘗南游於越，范蠡師之。』」索隱：「計然，韋昭云：『范蠡師也。』蔡謨云：『蠡所著書名計然。』蓋非也。徐廣亦以爲范蠡之師名研，所謂研桑心計也。范子曰：『計然者，葵丘濮上人，姓辛氏，字文，其先晉之公子，南遊越，范蠡事之。』

（容齋續筆十六：「文子十二卷，李暹注，其序以謂『范子所稱計然』。」王應麟漢書藝文志考證謂暹爲北魏人。）吴越春秋謂之計倪，漢書古今人表，計然列在第四。則倪之與研是一人，聲相近而相亂耳。」今案：倪、研同是疑母，謂之聲近是也。是文子姓辛，自來殆無異説，而高似孫子略謂姓章，通志氏族略謂姓宰，皆字形之誤也。而陸静修謂「文子文陽所撰」蓋以文爲姓，此嚮壁虚造之言耳，不足致詰也。

〔四〕史記集解引范子：「計然嘗南遊於越，范蠡師之。」蕭大圜謂「陶朱成術於辛文」（北史及北周書蕭大圜傳），謂范蠡師事文子，因有范子之作也。尋意林既先收入文子凡三十餘條，後乃收入范子三條，並云：「餘並陰陽曆數，故不取。」是文子自文子，范子自范子，文子爲黄老家言，范子爲陰陽曆數家言，區以别矣。而蔡謨乃謂「計然爲蠡所著書篇名」，容齋續筆十六已斥言其非矣，而世仍有沿襲其誤者，等之自鄶，可無譏也。

〔五〕于大成曰：「説郛本『鈃』，史記貨殖傳集解作『研』。」案：漢書叙傳答賓戲：「研桑心計於無垠。」孟康曰：「研，古之善計也。」師古曰：「研，計研，一曰計倪，亦曰計然。」蔡邕隸勢：「研桑所不能計。」史記集解引諺「研桑心計」，字俱作「研」。

〔六〕于大成曰：「説郛本『蔡』作『葵』，與史記集解合。」案：杜道堅通玄真經纘義序：「姓辛氏，名鈃，字計然，文子其號，家睢之葵丘，屬宋地，一名宋鈃。」道藏雲字十一號玄元十圖序亦云「葵丘濮上人」。案左僖九年經注：「陳留外黄縣東有葵丘。」據此，則葵丘爲宋地，濮上蓋屬於葵丘一聚落也。史稱管仲潁上人，潁上、濮上，義相比也。又案：荀子非十二子篇、莊子天下篇俱有宋鈃，此另一人，杜道堅以爲即辛鈃，非是。

〔七〕于大成曰：「事見道德篇。」案：徐靈府注：「平王，周平王也。」道藏與字六號宋謝守灝混元聖紀六作「周平王問」，案漢志本注已言「周平王問」矣。玄元十圖序作「楚平王問」。

〔八〕于大成曰：「案：説郛本作老子，道德篇作老聃。案：後漢書孔融傳：『先君孔子，與君先人李老君同德比義，而相師友。』老君之稱，始見於此。通鑑唐紀二十四，中宗神龍元年二月甲寅，『老君爲玄元皇帝』，注云：『高宗乾封元年，上老子尊號曰玄元皇帝，武后革命，改稱老君。』故藏經中多稱老君。如本書九守篇，諸凡『老子』，雲笈七籤皆改稱『老君』。」案：混元聖紀六、玄元十圖序作「老聃」，道藏閏字十號蕭真宰黃帝陰符經解義作「老君」。

〔九〕于大成曰：「案：道德篇『能庸』字倒，倒者是。」案：混聖紀六作「其庸能乎」。

〔一〇〕于大成曰：「説郛本『德』下有『者』字，與道德篇合。」案：玄元十圖序作「夫道德匡邪以爲正」，無「者」字。又案：敦煌卷子伯三七六八號、太平御覽四百三引及玄元十圖序俱作「匡邪以爲正」，與此序合。今本「邪」作「衰」，當爲「衺」字形近之誤。

〔一一〕玄元十圖序「亡」作「殃」。

〔一二〕老子五十五章：「含德之厚，比於赤子。」

〔一三〕于大成曰：「以上文準之，『而』當作『雖』。」案：本書九守篇：「輕天下，即神無累。」

〔一四〕莊子天地篇：「君子不可以不刳心焉。」成玄英疏：「刳，去也，洒也。」列子黃帝篇：「子夏曰：『刳心去智。』」

〔一五〕案：十有一葉，謂憲宗李純也。

〔一六〕默希子天台山記：「以元和十年（八一五）自衡岳移居台嶺，定室方瀛，至寶曆初歲（八二五），已逾再閏，修真之暇，聊採經誥，以述斯記，用彰靈焉。」則徐靈府之天台山記成於唐敬宗寶曆元年也。

〔一七〕雲笈七籤二十七三十六小洞天：「十八，華蓋山洞，周迴四十里，名曰容成大玉天，在温州永嘉縣，仙人羊公修治之。」

〔一八〕老子十四章：「聽之不聞名曰希，搏之不得名曰微。」

〔一九〕此明自號默希子之故也。資治通鑑漢紀胡三省注：「拱默，言拱手而默無一言也。」

〔二〇〕于大成曰：「説郛本『以自』作『自以』。」

〔二一〕案：道藏非字一號杜道堅通玄真經纘義序：「唐玄宗時，徵士徐靈府隱修衡嶽，注文子之書上進，遂封通玄真人，號其書爲通玄真經。」則默希子作通玄真經注，在唐玄宗時也。陸心源唐文拾遺五〇載徐靈府天台山記，爲之小傳曰：「靈府，錢塘人，方瀛觀道士，頻詔不起，號默希子，著列子注。」案：列子注當作文子注。陸氏收入徐靈府天台山記，未及通玄真經序，蓋爾時陸氏未得見道藏，致有此失誤，此時地爲之，不足爲陸氏病也。

文子疏義卷第一

道原〔一〕

且物之爲貴，莫先於人，然不能定心蝯而朗照，裂愛網於通津，遂使性隨物遷，生與物化；至人哀之，故述大道之原，特標衆篇之首，俾尋原以階道，方觸事而即真，豈不有以者哉！

老子曰：「有物混成，凝湛常存，故言有物。陶冶萬類，故言混成。先天地生〔二〕。首出庶物。惟象无形，如天之高有大象，惟道之廣无定形，虚凝爲一氣，散布爲萬物者也。窈窈冥冥〔三〕，寂寥淡漠〔四〕，言道性深微不可測。不聞其聲〔五〕。非聲可聞，非色可覩。吾强爲之名，字之曰道〔六〕。既非聲非色，即无名无字、无言无説；今所言者，即非真號，故曰强名也。夫道者，高不可極，深不可測〔七〕，既无形象可覩，豈有高深可測？苞裹天地，禀受无形〔八〕，原流泏泏，音骨〔九〕。冲而不盈〔一〇〕，道範圍天地，故曰苞裹。禀受虚静，故曰无形。其原産萬物，如水之流，滿而不溢，酌而不耗。泏泏，水出之貌。濁以静之，徐清〔一一〕。如動而静，似濁而清。施之无窮，无所朝夕〔一二〕。博施无窮〔一三〕，豈止旦莫。卷之不盈一握〔一四〕，卷之乃有物，握之乃无形。約而能張，幽而能明〔一五〕，柔而能剛〔一六〕，含陰吐陽，而章三光〔一七〕。言之幽闇，明齊三景。言之柔毳，利斷金石。故能陰能陽，能柔能剛，能大能小，能短能長。向之則存，背之則亡，无可无不可，變化无方也。山以之高，淵以之深，獸以之走，鳥以之飛，麟以之遊，鳳以之翔，星曆以之行〔一八〕。高山深淵，麟遊鳳翥，宿離不忒，升沉遂所者，至治玄感，得如是焉。以亡取存，以卑取尊，以退取先〔一九〕。謂遺生而後身存，自卑而人尊，自後而人先也。道性好謙，故以謙而受益。古者三皇〔二〇〕，得道之統，立於中央〔二一〕，神與化遊，以撫四方〔二二〕。三皇：伏犧，神農，黄帝。治天下，神運乎中，德澤充乎外也。是故能天運地墆，輪轉而无廢〔二三〕。水流而不止，與物終始。風興雲蒸〔二四〕，雷聲雨降，竝應无窮〔二五〕。天運，動也。地墆，静也。言聖人能法天地之動静，與萬物之終始，發號出令，雷動風興，雲行雨施，生蓄萬物，應變无窮也。已雕已琢，還復於樸〔二六〕。修真慎行，所謂琢磨，絶待虚凝，自然復樸。无爲爲之而合乎生死〔二七〕，大道无心，任物自然，故曰无爲。夫生者不得不生，生自然爾。死者不得不死，死者自然爾。故曰合乎生死。无爲言之，而通乎德〔二八〕。恬愉无矜，而得乎和〔二九〕。是不言而達乎德，不矜而至於和也。有萬不同，而便乎生〔三〇〕。萬類雖差，各隨其性。和陰陽〔三一〕，節四時，調五行〔三二〕，夫陰陽以和，四時以節，五行以調，道之常也，非謂聖人更能改作；但俛察人事，上法天時，以察人情，俾兇慝不作，以至太平者也。潤乎草木，浸乎金石，禽獸碩大，毫毛潤澤，鳥卵不敗，獸胎不殰〔三三〕，音讀。道之行，各遂生成，無相殘害。父无喪子之憂，兄无哭弟之哀〔三四〕，上治順，下不逆。童子不孤，无夭枉也。婦人不孀〔三五〕，皆得相保。虹蜺不見，邪氣自匿。盜賊不行〔三六〕，天下大同。含德之所致也〔三七〕。言上數者，皆聖人亭毒之所致也。天常之道〔三八〕，生化无窮。生物而不有〔三九〕，成化而不宰〔四〇〕，不有之有，而妙有存焉〔四一〕。不宰之宰，而真宰見矣。萬物恃之而生，莫之知德，恃之而死，莫之能怨〔四二〕。生非我有欲誰德，死非我殺欲誰怨。收藏畜積，而不加富〔四三〕，布施禀受，而不益貧〔四四〕。畜之不盈，散之不虚。忽兮怳兮，不可爲象兮。怳兮忽兮，用不詘兮〔四五〕。音屈。窈兮冥兮，應化无形兮。忽怳之間，應用无窮，窅冥之際，變化无方，原之似有物，尋之乃无狀也。遂兮通兮，不虚動兮〔四六〕。神用既周，理不虚應。與剛柔卷舒兮，與陰陽俯仰兮〔四七〕。屈伸從時。

〔一〕敦煌卷子伯二四五六號大道通玄要卷一道品文子道元第一。案：「原」、「元」古通。春秋繁露重政篇：「『元』猶原也。」漢書薛宣傳注：「『原』謂尋其本也。」

〔二〕于大成曰：「二句，老子二十五章文。」

〔三〕莊子在宥篇：「至道之精，窈窈冥冥。至道之極，昏昏默默。」郭注：「窈冥昏默，皆了無也。夫莊老之所以屢稱無者，何哉？明生物者無物，而物自生耳。自生耳，非爲生也，又何有爲於已生乎？」

〔四〕莊子天道篇：「夫虚静恬淡，寂寞无爲者，萬物之本也。」

〔五〕莊子天地篇：「視乎冥冥，聽乎无聲。冥冥之中，獨見曉焉；无聲之中，獨聞和焉。」又天運篇：「故有炎氏爲之頌曰：『聽之不聞其聲，視之不見其形，充滿天地，苞裹六極。』」

〔六〕老子二十五章：「有物混成，先天地生，寂兮寥兮，獨立不改，周行而不殆，可以爲天下母。吾不知其名，字之曰道，强爲之名曰大。」

〔七〕淮南子原道篇：「夫道者，覆天載地，廓四方，柝八極，高不可際，深不可測。」高誘注：「際，至也。度深曰測。一曰盡也。」

〔八〕原道篇：「包裹天地，稟授無形。」高誘注：「稟，給也。授，予也。無形，萬物之未形者，皆生於道，故曰『稟授無形』也。」

〔九〕道藏通玄真經纘義釋音卷一道原篇：「泏，音汩。流通之貌。」案：説文水部：「泏，水皃。讀若窋。」段注：「廣韻曰：『水出皃。』文子曰：『原流泏泏，沖而不盈。』」又案：原道篇作「混混滑滑」，高誘注：「滑讀曰骨。」雲笈七籤一引淮南作「汩汩」，説文水部：「汩，治水也。」段注：「天問：『不任汩鴻，師何以尚之？』王云：『汩，治也。鴻，大水也。』引伸之，凡治皆謂汩。書序『汩作』，汩，治也。『汩』本訓亂，如亂之訓治，故洪範『汩陳其五行』，汩，亂也。上文淈訓濁，而釋詁云：『淈，治也。』郭景純云：『淈，汩同。』」器案：書舜典「作汩作」，釋文：「音骨。」又洪範「汩陳其五行」，釋文：「工忽反。」莊子達生篇「與汩偕出」，釋文：「胡忽反。司馬云：涌波也。郭云：回伏而涌出者汩也。」爾雅釋詁「淈，治也」，釋文：「郭古没反，又胡忽反。」世或作「汨」，尋説文「汨」下云：「汨，長沙汨羅淵也。從冥省聲。」則「汨」非從日月之日，而爲冥省聲也。

〔一〇〕原道篇：「原流泉浡，沖而徐盈。」高誘注：「原，泉之所自出也。浡，湧也。沖，虛也。始出虛，徐流不止，能漸盈滿。以喻於道亦然也。」案：老子四章：「道沖而用之或不盈。」説文皿部：「盅，器虛也。」老子曰：『道盅而用之。』」段注：「邶風：『其虚其邪。』毛曰：『虚，虚也。』是其義也。謂此『虚』字乃虚中之虚也。盅虚字今作『沖』，水部曰：『沖，涌繇也。』則作『沖』，非也。『沖』行而『盅』廢矣。」

〔一一〕原道篇：「濁而徐清。」

〔一二〕原道篇：「施之無窮，而無所朝夕。」高誘注：「施，用也。用之無窮竭也。無所朝夕，盛衰。」

〔一三〕「无」原誤「而」，景宋本、景刻宋本作「无」，今據改正。原道篇：「施之無窮，而無所朝夕。」

〔一四〕「卷」原作「表」，注同。淮南子作「卷」，與「舒」對文，義勝，今據改正。原道篇：「舒之、幎於六合，卷之、不盈於一握。」高誘注：「舒，散也。幎，覆也。孟春與孟秋爲合，仲春與仲秋爲合，季春與季秋爲合，孟夏與孟冬爲合，仲夏與仲冬爲合，季夏與季冬爲合，故曰六合。言滿天地間也。一曰：上下四方爲六合。不盈一握，言微妙也。」案：高誘釋六合，本淮南子時則篇。

〔一五〕原道篇：「約而能張，幽而能明。」高誘注：「言道能小能大，能昧能明。」

〔一六〕原道篇：「弱而能强，柔而能剛。」高誘注：「道之性也。」案：據淮南子，此文「柔而能剛」上脱「弱而能强」四字，此皆相儷爲文也。

〔一七〕原道篇：「横四維而含陰陽，紘宇宙而章三光。」高誘注：「三光，日月星。」

〔一八〕原道篇：「山以之高，淵以之深，獸以之走，鳥以之飛，日月以之明，星曆以之行，麟以之游，鳳以之翔。」高誘注：「以，用也。游，出也。大飛不動曰翔也。」

〔一九〕俞樾曰：「『退』當作『後』。」王叔岷曰：「案：俞説是也。據注，則正文『退』本作『後』矣。」于大成曰：「退字不誤。本書道德篇曰：『卑者，所以自下也，退者，所以自後也。尊則卑，退則先。』此注云：『自後而人先也。』正用『退者所以自後也』文。『以退取先』，即『退則先』之意。又上仁篇：『不敢行者，退不敢先也。』（今本句首衍『進』字，『退』下奪『而』字）又：『夫道，退故能先。』並以退以先對文，安見『退與先，不對』也？」器案：道藏過字一號道德真經四子古道集解卷一天長地久章第七：「後其時而身先。」「後其時」下注：「通玄經曰：『天地之道，先以後爲主。聖人法道之退者，所以自後也，後以自安。』」「而身先」下注：「通玄經曰：『退則故能先，此天地之所成也，以退取先矣。』」言退與後之相因，因明白矣。

〔二〇〕于大成曰：「案：淮南原道篇作『泰古二皇』，高注云：『二皇：伏犧、神農也。指説陰陽，故不言三也。』」器案：文選長笛賦李善注引淮南子：「二皇鳳至於庭。」高誘注：「二皇：伏羲、神農也。」尋潛夫論五德志：「世言三皇、五帝，多以爲伏羲、神農爲二皇；其一或曰燧人，（尚書大傳、禮含文嘉）或曰祝融，（禮謚號記）或曰女媧，（春秋運斗樞）其是與非，未可知也。」呂氏春秋用衆篇高誘注：「三皇：伏羲、神農、女媧也。」蓋亦本春秋緯爲説。太平御覽七十七引許慎注作「庖犧、神農」，「伏」之作「庖」，此許高二注之異同也。

〔二一〕原道篇：「得道之柄，立於中央。」莊子達生篇：「仲尼曰：『無入而藏，無出而陽，柴立其中央。』」成玄英疏：「柴，木也。不滯於出，不滯於處，出處雙遣，如槁木之無情，妙捨二邊，而獨立於一中之道。」

〔二二〕原道篇：「神與化游，以撫四方。」高誘注：「撫，安也。四方，謂之天下也。」俞樾曰：「『撫』讀爲憮，説文巾部：『憮，覆也。』古書或以『撫』爲之。荀子宥坐篇：『勇力撫世，守之以怯。』楊注曰：『撫，掩也。』掩即覆也。此云『以撫四方』，猶言以覆四方。上文云：『舒之幎於六合。』高誘注曰：『幎，覆也。』『憮』、『幎』同義，作『撫』者叚字耳，高注『撫，安也』，失之。」

〔二三〕原道篇：「是故能天運地滯，輪轉而無廢。」高誘注：「運，行也。滯，止也。廢，休也。」

〔二四〕原道篇：「水流而不止，與萬物終始。風興雲蒸，事無不應。」高誘注：「應，當也。」此奪「事無不應」四字。「蒸」、「應」叶韻。

〔二五〕原道篇：「雷聲雨降，竝應無窮。」高誘注：「窮，已也。」案：「降」、「窮」叶韻。

〔二六〕原道篇：「已彫已琢，還反於樸。」案：莊子山木篇：「既雕既琢，復歸於朴。」又應帝王篇：「彫琢復朴。」説苑談叢篇：「已雕已琢，還反於樸。」韓非子外儲説左上：「書曰：『既雕既琢，還歸其樸。』」老子二十八章：「常德乃足，復歸於樸。」

〔二七〕顧觀光曰：「此句不可解。原道訓作『合乎道』，與下『通乎德』對文。」于大成曰：「案：朱弁本正作『合乎道』，與淮南子合。又案：莊子天地篇云：『無爲爲之之謂天，無爲言之之謂德。』乃淮南所本，『天』亦當作『道』。詳王叔岷先生莊子校釋。」

〔二八〕原道篇：「無爲言之，而通乎德。」高誘注：「言一二三之化，無爲爲之也，而自合於道也，無爲言之也，而適自通於德也。」向宗魯先生曰：「『一二三』當作『二皇』，見上文。」

〔二九〕原道篇：「恬愉無矜，而得於和。」高誘注：「恬愉，無所好憎也。無矜，不自大也。」

〔三〇〕原道篇：「有萬不同，而便於性。」高誘注：「萬事不同，能於便性者，不欲也。」

〔三一〕原道篇：「其德優天地而和陰陽。」高誘注：「優，柔也。和，調也。」案：雲笈七籤「和」作「合」。

〔三二〕原道篇：「節四時而調五行。」高誘注：「五行，金、木、水、火、土也。」

〔三三〕原道篇：「潤於草木，浸於金石，禽獸碩大，豪毛潤澤，羽翼奮也，角觡生也；獸胎不贕，鳥卵不毈。」高誘注：「胎不成獸曰贕，卵不成鳥曰毈。言不者明其成。」案：鄧牧洞霄圖志六載淳祐二年吴泳演教堂記引「獸胎不殰、鳥卵不殈」（與雲笈七籤同）二句在「婦人不孀」句下，義勝。

〔三四〕原道篇：「父無喪子之憂，兄無哭弟之哀。」高誘注：「言無夭死。」案：賈子新書數寧篇：「髮子曰：『至治之極，父無死子，兄無死弟，塗無繈緥之葬，各以順終。』」

〔三五〕原道篇：「童子不孤，婦人不孀。」高誘注：「無父曰孤，寡婦曰孀也。」案：詩周南桃夭篇正義引許慎注：「楚人謂寡婦爲霜。」當即此注。說文無「孀」字，釋名釋天：「霜，喪也。」說文同。寡婦喪其所天，稱未亡人，象秋霜之肅殺無生意，故稱「霜」焉，假借字也。

〔三六〕原道篇：「虹蜺不見，賊星不行。」高誘注：「賊星，妖星也。」案：太平御覽七十七引許慎注：「五星逆行，謂之賊星也。」漢書天文志：「天下太平，五星循度，無有逆行。」

〔三七〕原道篇：「含德之所致也。」高誘注：「含，懷也。」

〔三八〕顧觀光曰：「『天常』二字誤，當依原道訓作『太上』。」俞樾曰：「『天常』二字無義。『天』當作『太』，字之誤也。『常』當作『上』，聲之誤也。淮南子原道篇正作『太上之道』。」王叔岷曰：「景宋本『天』作『大』，是也。『大常』猶『太上』。」于大成曰：「案：道藏纘義本、續古逸本亦作『大常』。」

〔三九〕原道篇：「生萬物而不有。」高誘注：「不以爲己有者也。」

〔四〇〕原道篇：「成化像而弗宰。」高誘注：「宰，主也。」老子五十一章：「生而不有，爲而不恃，長而不宰，是謂玄德。」案：管子七法篇：「義也，名也，時也，似也，類也，比也，狀也，謂之象。漸也，順也，靡也，久也，服也，習也，謂之化。」

〔四一〕「存」原誤「三」，于大成曰：「案：續古逸本、景宋本『三』作『存』。『存』字是。」今據改正。

〔四二〕原道篇：「待而後生，莫之知德。待之後死，莫之能怨。」高誘注：「莫之知德，不因德之。莫之能怨，不怨虐之。」

〔四三〕原道篇：「收聚畜積，而不加富。」高誘注：「收聚畜積，國有常賦也。不加富者，爲百姓而不以爲己有也。」

〔四四〕原道篇：「布施禀授，而不益貧。」高誘注：「布施禀授，匡困乏、予不足也。以公家之資，故不益貧也。」

〔四五〕原道篇：「忽兮怳兮，不可爲象兮。怳兮忽兮，用不屈兮。」高誘注：「忽怳，無形貌也。故曰『不可爲象』也。屈，竭也。『怳』讀人空頭扣之怳。『屈』讀秋雞無尾屈之屈也。」器案：雲笈七籤引「忽」俱作「惚」，與老子合。老子二十一章：「道之爲物，惟怳惟惚。惚兮怳兮，其中有象。怳兮惚兮，其中有物。」道藏過字三號道德真經四子古道集解三孔德之容章第二十一引通玄經作「怳」、「惚」。又案：高誘注「『怳』讀人空頭扣之怳」，當作

「『悅』讀人空頭扣之空」,「空」讀爲控,莊子逍遥遊篇:「時不至而控於地而已矣。」釋文:「控,崔云:『叩也。』」則空頭即叩頭也。悅讀爲空者,古韻東、陽通叶也。又案:無尾屈者,説文尾部:「屈,無尾也。」今作屈。又案:詘音屈者,道藏通玄真經纘義釋音卷一道原篇:「詘音屈,同義。」案:荀子勸學篇:「詘五指而頓之。」楊倞注:「詘與屈同。」

〔四六〕原道篇:「幽兮冥兮,應無形兮。遂兮洞兮,不虚動兮。」高誘注:「洞,達也。道動有所應,故曰不虚動也。」雲笈七籤「遂」作「邃」,是。俞樾謂「遂讀爲邃」,不知淮南原文之本作「邃」也。俞樾又謂『洞』有通義,高注曰:『洞,達也。』非是。」案:俞説是。吕氏春秋精通篇:「其精誠能通洞於民。」以「通洞」連文爲義,正謂洞即通也。「達」字當爲「通」字之誤。

〔四七〕原道篇:「與剛柔卷舒兮,與陰陽俛仰兮。」高誘注:「『卷舒』猶屈伸也,『俛仰』猶升降也。」

老子曰:「大丈夫能體道者。恬然无思,惔然无慮〔一〕,與道周旋,豈煩思慮。以天爲蓋,以地爲車〔二〕,以四時爲馬,以陰陽爲御〔三〕,行乎无路,遊乎无怠,出乎无門〔四〕。以天爲蓋,則无所不覆也。以地爲車,則无所不載也。四時爲馬,則无不使也。陰陽御之〔五〕,則无不備也〔六〕。大丈夫乘天地之正,御陰陽之運,行无盡之域,游无窮之道,豈不盛也。是故疾而不摇,遠而不勞,四支不動〔七〕,聰明不損〔八〕,而照見天下者,執道之要,觀无窮之地也〔九〕。得道之要觀八方，在乎掌握致理之妙，萬物存乎方寸，豈有馳於遠近，而坐致勞弊？故天下之事，不可爲也〔一〇〕，爲者敗之。因其自然而推之〔一一〕，无不遂也。萬物之變，不可救也〔一二〕，秉其要而歸之〔一三〕。雖變化多端，可精詳其要。是以聖人内修其本，而不外飾其末〔一四〕，内正一心，外斥雜伎。厲其精神〔一五〕，使内明也。偃其知見，止非道也。故漠然无爲而无不爲也〔一六〕，无治而无不治也〔一七〕。所謂无爲者，不先物爲也〔一八〕。无治者，不易自然也。无不治者，因物之相然也〔一九〕。夫物因可然而然之，則无不然也；可治而治之，則无不治矣。

〔一〕北堂書鈔一百三十四、道藏過字五號道德真經四子古道集解五上德不德章引「惔」作「淡」。淮南子原道篇：「是故大丈夫恬然無思，澹然無慮。」文選石壁精舍還湖中詩李善注引許慎注：「澹猶足也。」慧琳一切經音義十又七十六引許慎注：「憺，心志滿足也。」淮南子齊俗篇：「智伯有三晉而欲不澹。」許慎注：「澹，足也。」呂氏春秋適音篇：「音不充則不詹。」高誘注：「詹，足也。讀如澹然無爲之澹。」「詹」、「憺」、「澹」俱「贍」之假字，小爾雅廣言：「贍，足也。」

〔二〕王叔岷曰：「案：御覽七百二引『車』作『輿』，淮南子原道篇同。」案：本書符言篇又云：「以地爲軫。」其義一也。

〔三〕于大成曰：「案：淮南子無二『以』字，朱弁本同。朱弁本『御』作『騶』，與韻補、御覽八、三五九引淮南合。然『騶』實是誤字，顧炎武、王念孫謂淮南『御』當作『騶』，非是，詳楊樹達說。淮南高注云：『御，騶御。』（今本奪上『御』字）故正文或誤爲『騶』耳。朱弁本與淮南並誤，當以本書爲正。喻林一一三引本書作『御』。」

〔四〕四子古道集解引「出乎無門」下有「入乎無房」四字，疑出寇才質妄補。

〔五〕顧觀光：「原道訓作『陰陽爲御』，與上三句一例。」于大成曰：「道藏纘義本正作『陰陽爲御』。九守篇亦有『陰陽爲綱』之文，以與『以天爲父，以地爲母』爲配。」

〔六〕淮南子原道篇：「陰陽爲御，則無不備也。」高誘注：「陰陽次叙，以成萬物，無所缺也，故曰『無不備』。」

〔七〕原道篇：「是故疾而不搖，遠而不勞，四支不動」云云。王念孫曰：「『動』當爲『勤』字之誤也。（齊語「天下諸侯知桓公之爲己勤也」，管子小匡篇「勤」作「動」。史記十二諸侯年表「楚堵敖囏」，徐廣曰：「『囏』一作『勤』。」今本「勤」誤作「動」。）脩務篇：『四胑不勤。』即其證。『四支不勤，聰明不損，而知八紘九野之形埒』，即上文所謂『遠而不勞』也。『不勤』即不勞，意與『不損』相近，若作『不動』，則意與『不損』相遠矣。且『搖』、『勞』爲韻，『勤』、『損』爲韻，若作『動』，失其韻矣。」

〔八〕原道篇：「聰明不損。」高誘注：「損，減也。」

〔九〕原道篇：「而知八紘九野之形埒者，何也？執道要之柄，而游於無窮之地。」俞樾曰：「既言『要』，又言『柄』，於義未安。當作『執道之柄，而游於無窮之地』。文子道原篇作『執道之要，觀無窮之地也』，彼言『要』，此言『柄』，彼言『觀』，此言『游』，文異而義同。後人據文子以讀此文，遂有改『柄』爲『要』者，傳寫兩存其字，又誤入上文耳。又按『地』下亦當有『也』字，蓋此是答問之辭，若無『也』字，則與上文『何也』不相應矣，當據文子補。」

〔一〇〕原道篇：「是故天下之事，不可爲也。」高誘注：「爲，治也。」

〔一一〕原道篇：「因其自然而推之。」高誘注：「推，求也，舉也。」

〔一二〕顧觀光曰：「『救』字誤，依原道訓作『究』。」俞樾曰：「『救』當作『究』，聲之誤也。淮南子原道篇正作『究』。」于大成曰：「案：朱弁本、道藏續義本正作『究』。然『救』、『究』古音同部，皆段氏第三部也。」

〔一三〕原道篇：「秉其要歸之趣。」高誘注：「趣亦歸也。」王念孫曰：「『秉其要歸之趣』，當作『秉其要趣而歸之』。秉，執也。要趣，猶要道也。言執其要道，而萬變皆歸也。此與『因其自然而推之』相對爲文。且『歸』與『推』爲韻，今作『秉其要歸之趣』，則句法參差，而又失其韻矣。文子道原篇正作『秉其要而歸之』。」

〔一四〕四子古道集解「不外飾其末」下有「道德無爲也」五字，蓋寇才質附加語。

〔一五〕原道篇：「保其精神。」

〔一六〕原道篇：「漠然無爲而無不爲也。」高誘注：「能無爲，故物無不爲之化。」

〔一七〕原道篇：「澹然無治也，而無不治也。」有「澹然」二字，義勝。

〔一八〕原道篇：「所謂無爲者，不先物爲也。所謂無不爲者，因物之所爲。」高誘注：「順物之性也。」此奪「所謂無不爲者，因物之所爲」十一字，繩以下舉無治而及無不治觀之，其爲刊落無疑。當據淮南子訂補。

〔一九〕原道篇：「因物之相然也。」高誘注：「然猶宜也。」

老子曰：「執道以御民者，事來而循之，物動而因之。萬物之化，无不應也。百事之變，无不耦也〔一〕。言聖人御天下，因人事所便利而安之，則萬民不得不化，百事不得不諧者也。故道者，虚无、平易、清静、柔弱、純粹素樸，此五者，道之形象也。非備此五德，則不能見无形之形、无象之象也。虚无者，道之舍也〔二〕。舍者，居也。平易者，道之素也〔三〕。素者，質也。清静者，道之鑒也。鑒者，明也。柔弱者，道之用也〔四〕。用者，通也。反者，道之常也〔五〕。俗用有爲，道用无爲。柔者，道之剛也。弱者，道之强也〔六〕。積柔以成剛，積弱以成强。純粹素樸者，道之幹也。虚者，中无載也。平者，心无累也。嗜欲不載，虚之至也〔七〕。无所好憎，平之至也。一而不變，静之至也。不與物雜〔八〕，粹之至也。不憂不樂，德之至也〔九〕。解五義也。夫至人之治也〔一〇〕，弃其聰明，无飾智也。滅其文章，存素質也。依道廢智，全清虚之道，去迷妄之智。與民同出乎公〔一一〕，无私心也。約其所守，寡其所求，去其誘慕，除其嗜欲〔一二〕，損其思慮〔一三〕。約其所守即察〔一四〕，寡其所求即得〔一五〕，心能得一，即萬有其術，約以知微，寡以御衆者也。故以中制外，百事不廢〔一六〕，中能得之，則外能牧之〔一七〕。中之得也，中者，在國即君也，在人即心也。君明則國安，心正則身治。故以中制外，天下无對。以外制中，或達或窮。知中知外，萬舉不敗。五藏寧，思慮平〔一八〕，筋骨勁强，耳目聰明。皆守中所致也。大道坦坦，去身不遠。求之遠者，往而復返〔一九〕。徒涉遠而迷津，不知近而求諸己也。

〔一〕淮南子原道篇：「如是則萬物之化無不遇，而百事之變無不應。」高誘注：「遇，時也。應，當之也。」孫詒讓曰：「『遇』與『耦』通。齊俗訓云：『夫以一世之變，欲以耦化應時。』要略云：『所以應待萬方，覽耦百變也。』」

許注云：『耦，通也。』字亦作『偶』，説林訓云：『聖人之偶物也。』高注云：『偶猶周也。』此云『無不遇』，亦即周通之義，高釋『遇』爲時，失之。文子守弱篇襲此文，遇作『偶』，正與説林訓『偶物』字同。」器案：管子心術上：「君子之處也，若無知，言至虛也。其應物也，若偶之，言時適也。」疑高注當作「遇，時適也」，「時」下奪「適」字。「耦」、「偶」、「遇」義俱通。

〔二〕案：管子心術上：「虛其欲，神將入舍。」韓非子揚權篇：「去喜去惡，虛心以爲道舍。」義與此比，「舍」皆有居義。

〔三〕淮南子俶真篇：「是故虛無者，道之舍。平易者，道之素。」高誘注：「素，性也。」又詮言篇：「反性之本，在於去載。去載則虛，虛則平。平者，道之素也；虛者，道之舍也。」

〔四〕老子四十章：「反者道之動，弱者道之用。」

〔五〕案：老子二十五章：「吾不知其名，字之曰道，强爲之名曰大，大曰逝，逝曰遠，遠曰反。」故曰「反者道之常也」。

〔六〕老子七十八章：「弱之勝强，柔之勝剛。」

〔七〕原道篇：「嗜欲不載，虛之至也。」高誘注：「不載于性。」

〔八〕原道篇：「不與物散，粹之至也。」高誘注：「散，亂。粹，純。」王引之曰：「諸書無訓『散』爲雜亂者，（説文：「散，雜肉也。」『雜』乃『離』之誤，辯見説文攷正。）『散』皆當爲『殽』，隸書『殽』或作『𢿱』（見漢敵阮君神祠碑），與「散」相似。「散」或「散」(見李翕析里橋郙閣頌)與「殽」亦相似,故「殽」誤爲「散」。(太平御覽方術部一引原道篇已誤。)莊子齊物論篇「樊然殽亂」,釋文:「殽,郭作散。」太玄玄瑩:「晝夜殽者,其禍福雜。」今本殽誤作散,皆其證也。説文:「殽,相雜錯也。」廣雅:「殽,雜也,亂也。」並與高注同義,則「散」爲「殽」之誤明矣。「殽」訓爲雜,義與「粹」正相反,故曰「不與物殽,粹之至也」。文子道原篇作「不與物雜」,「雜」亦殽也。莊子刻意篇作「不與物交」,「交」與「殽」聲義亦相近。精神篇又曰:「審乎無瑕,而不與物糅。」「糅」亦殽也,若云「不與物散」,則非其指矣。」

〔九〕伯二四五號大道通玄要卷一道品文子道元第一:「心不憂樂。」原道篇:「故心不憂樂,德之至也。」莊子刻意篇:「故心不憂樂,德之至也。」俱與大道通玄要合,今本作「不憂不樂」,非是。

〔一〇〕原道篇:「是故至人之治也。」高誘注:「至道之人。」

〔一一〕原道篇:「與民同出于公。」高誘注:「公,正。」

〔一二〕「嗜」原誤「貴」,據兩治要本、文選張茂先鷦鷯賦李善注引改正。文選注又引張湛注:「遺其衒尚,爲害真性。」

〔一三〕原道篇:「去其誘慕,除其嗜欲。」高誘注:「誘慕,諭榮勢也,故去之也。嗜欲,情欲也,故除之也。」

〔一四〕原道篇:「捐(原誤「損」,今從王念孫説校改)其思慮。」高誘注:「常恬澹也。」

〔一四〕日本古鈔本治要「察」下有「矣」字。原道篇:「約其所守則察。」高誘注:「不煩擾也。」

〔一五〕日本古鈔本治要「得」下有「矣」字。原道篇:「寡其所求則即得。」高誘注:「易供故得。」

〔一六〕原道篇：「是故以中制外，百事不廢。」高誘注：「中，心也。外，情欲。」

〔一七〕原道篇：「中能得之，則外能收之。」高誘注：「不養也。」王念孫曰：「『收』當爲『牧』，高注『不養也』當爲『牧養也』，此承上文得其内而言，能得之於中，則能養之於外。下文『筋力勁强，耳目聰明』，所謂外能養之也。若云『外能收之』，則非其指矣。且『牧』與『得』爲韻（『牧』古讀若墨，説見唐韻正），若作『收』，則失其韻矣。俗書『收』字作『収』，形與『牧』相似，故『牧』誤爲『收』。文子道原篇正作『牧』。」

〔一八〕原道篇：「中之得，則五藏寧，思慮平。」高誘注：「五藏寧者，各得其所。思慮平者，不妄喜怒。」案：景宋本、景刻宋本、道藏本注文安在「則外能牧之」句下，非是，朱弁本在「中之得也」句下。

〔一九〕原道篇：「大道坦坦，去身不遠。求之近者，往而復反。」高誘注：「『近』謂身也。」于大成曰：「案：淮南『近』是誤字，當從本書作『遠』，高所據本已誤，故就誤本而强爲之訓耳。道在邇，不在遠，故求之身，其德乃真；若求之遠，則徒勞往反也。論語述而篇所謂『我欲仁，斯仁至矣』，即是此意。孟子離婁上：『道在邇而求諸遠，事在易而求諸難』即此『求之遠者』也。自然篇亦作『求之遠者，往而復反』。」器案：老子四十七章：「不出户，知天下；不闚牖，見天道；其出彌遠，其知彌少。」道藏能字六號嚴君平道德真經指歸卷八大成若缺章：「故大道坦坦，不出門户；其出彌遠，其知彌寡。道在於身，不在於野。化自於我，不由於彼。」徐幹中論貴驗篇：「大人之諝曰：『相彼玄鳥，止於陵阪。仁道在近，求之無遠。』」以此諸文證之，則淮南子之誤『遠』爲『近』，無可疑矣。

老子曰：「聖人忘乎治人，而在乎自理，貴忘乎勢位，而在乎自得。自得即天下得我矣。未有身不治而能治人，居勢位而不驕人。不驕人者，其唯自得。自得者，我好之人亦好，以我情得彼情，故曰自得，自得則天下之情皆得於我也。樂忘乎富貴，而在乎和〔一〕。唯能不驕富貴，而保其和樂也。知大己而小天下，幾於道矣〔二〕。得其道，一身雖微，可以有天下，則一身爲大；失其道，則天雖大，无所容其身，則天下爲小也。故曰〔三〕：『至虚極也，守静篤也。萬物竝作，吾以觀其復〔四〕。』言物生虚静，故歸根曰静。静曰復命，言往復無窮，萬物不終也。夫道者，陶冶萬物，終始無形，寂然不動，大通混冥〔五〕。夫道寂寥，洪鑪埏埴，始於无象，中而有物，終於无形，孰知其極，在乎混冥，莫知神靈者也。深閎廣大，不可爲外；析毫剖芒，不可爲内〔六〕；無環堵之宇，至大不可以外求，至小不可以内得。而生有無之總名也〔七〕。言其无則觸類森羅，言有則形兆莫覩，是无爲之精，有物之妙。總言萬物之名，生於有无之間也。真人體之，以虚无、平易、清静、柔弱、純粹素樸，不與物雜，至德，天地之道〔八〕，故謂之真人〔九〕。體同虚无，德合天地，故曰真人。真人者，知大己而小天下，貴治身而賤治人，以人觀之，則天下爲大矣，以道觀之，則天下爲小矣。自遠觀之，則治人賤矣，以近觀之，則治身貴矣。不以物滑和〔一〇〕，不以欲亂情〔一一〕，心非物動，情豈欲亂。隱其名姓，與時沉浮，與俗同流，而人不知，隱之至也。有道則隱，無道則見，時之有道，則退而默然。時之无道，則勤而修之。爲無爲，事無事〔一二〕，知不知也〔一三〕。爲而不恃，事而不矜，知而不耀。懷天道，包天心，嘘吸陰陽，吐故納新〔一四〕，與陰俱閉，與陽俱開〔一五〕，與剛柔卷舒，與陰陽俯仰，與天同心，與道同體，嘘吸順理，卷舒有宜，動静有節，屈伸從時也。无所樂，无所苦，无所喜，无所怒，萬物玄同，無非無是〔一六〕。憂樂不挂於心，喜怒不形於色，觸事即真，故曰玄同者也。夫形傷乎寒暑燥濕之虐者，形苑而神壯〔一七〕，神傷於喜怒思慮之患者，神盡而形有餘〔一八〕。寒暑燥於外，喜怒作於内，精神將逝，餘形雖存，其能久乎？故真人用心仗性〔一九〕，依神相扶，而得終始。是以其寢不夢，覺而无憂〔二〇〕。真人知陰陽害正，去偏正之情，養恬漠之性，故得形神相持，憂夢不入也。

〔一〕淮南子原道篇：「聖亡乎治人，而在于得道；樂亡乎富貴，而在于德和。」「聖」下無「人」，是。「聖亡乎」與下句「樂亡乎」相儷爲文。「忘」作「亡」，古通。「亡乎」猶言不在乎。

〔二〕原道篇：「知大己而小天下，則幾於道矣。」高誘注：「幾，近也。許由、務光是。」

〔三〕器案：古書引舊語以結束本文之義，率冠以「故曰」。禮記曲禮上：「故曰：『疑而筮之，則弗非也。』」正義曰：「『故曰疑而筮之，則弗非也』者，引舊語以結之。」史記天官書：「故曰：『雖有明天子，必視營惑所在。』」索隱：「此據春秋緯文耀鉤，故言『故曰』。」又魏世家：「故曰：『君終無適子，其國可破也。』」索隱：「此蓋古人之言及俗語，故云『故曰』。」又蒙恬傳：「臣故曰：『過可振而諫可覺也。』」索隱：「此『故曰』者，必先志有此言，而蒙恬引之以成説也，今不知出何書耳。」又太史公自序：「故曰：『聖人不朽，時變是守。』」索隱：「故曰：『聖人不朽，至因者君之綱。』此出鬼谷子，遷引之以成其章，故稱『故曰』也。」尋吕氏春秋君守篇：「故曰：『中欲不出謂之扃，外欲不入謂之閉。』」淮南子主術篇、文子上仁篇均有其文，此司馬貞所謂「古人之言」是也。文選枚叔七發：「故曰：『發蒙解惑，不足以言也。』」李善注：「素問：黄帝曰：『發蒙解惑，未足以論也。』」又劉越石勸進表：「故曰：『喪君有君，羣臣輯睦，好我者勸，惡我者懼。』」李善注：「左傳僖十五年：『喪君有君，羣臣輯睦，甲兵益多，好我者勸，惡我者懼，庶有益乎。』」如上所述，不一而足，此古書通例也，輒爲發其凡焉。然亦有就上文作結束語者，其在本書及他書所見，則不勝其覼縷矣。

〔四〕老子十六章：「致虛極，守靜篤。萬物並作，吾以觀復。」

〔五〕淮南子俶真篇：「大通混冥。」高誘注：「混冥，大冥之中，謂道也。」又本經篇：「猶在于混冥之中。」高誘注：「混，大也。大冥之中，謂道也。」案：莊子天地篇：「致命盡情，天地樂而萬事銷亡，萬物復情，此之謂混冥。」又案莊子大宗師篇：「離形去知，同於大通。」又秋水篇：「始於玄冥，反於大通。」淮南子精神篇：「除穢去累，莫若未始出其宗，乃爲大通。」合而觀之，則「大通」之義因明白矣。

〔六〕「析」原誤「折」，于大成曰：「案：『折』當作『析』，字之誤也。朱弁本、道藏纘義本、纘義本、子彙本、墨海本、守山閣本並不誤。喻林一百十一引作『析』，淮南俶真篇同。」今據改正。俶真篇：「深閎廣大，不可爲外；析豪剖芒，不可爲内。」莊子天下篇：「至大无外，謂之大一。至小无内，謂之小一。」

〔七〕「總名」，朱弁本、道藏纘義本同，景宋本、景宋刻本作「間」。案：注云：「總言萬物之名，生於有无之間也。」則原本自作「總名」，作「間」者，此注家言也。

〔八〕王叔岷曰：「文選張平子南都賦注、賈誼鵩鳥賦注引『德』並作『得』。德、得古通。淮南子俶真篇『則至德，天地之精也』，即此文所本。藝文類聚八三引『德』作『得』，與此同例。」于大成曰：「案：道藏纘義本『德』亦作『得』。史記樂書云：『德者，得也。』」

〔九〕淮南子精神篇：「所謂真人者，性合于道也。故有而若無，實而若虛，處其一不知其二，治其内不識其外，明白太素，無爲復樸，體本抱神，以游于天地之樊，芒然仿佯于塵垢之外，而消摇于無事之業，浩浩蕩蕩乎，機械知巧，弗載於心，是故死生亦大矣，而不爲變，雖天地覆育，亦不與之抮抱矣，審乎無瑕，而不與物糅，見事之亂，而能守其宗。」高誘注：「真人者，伏羲、黄帝、老聃是也。」莊子徐无鬼篇：「故无所甚親，无所甚疏，抱德煬和，以順天下，此謂真人。」莊子則略言之，淮南則詳言之矣。

〔一〇〕原道篇：「聖人不以身役物，不以欲滑和。」高誘注：「不以情欲亂中和之道也。」俶真篇：「不足以滑其和。」高誘注：「滑，滑亂。和，適也。」精神篇：「便性者不以滑和。」高誘注：「滑，亂也。」莊子德充符篇：「故不足以滑和，不可入於靈府。」成玄英疏：「滑，亂也。雖復事變命遷，而隨形任化，淡然自若，不亂於中和之道也。」

〔一一〕原道篇：「故聖人不以人滑天，不以欲亂情。」高誘注：「不以欲亂其清浄之性者也。」

〔一二〕老子六十三章：「爲無爲，事無事。」

〔一三〕老子七十一章：「知不知，上。」

〔一四〕莊子刻意篇：「吹呴呼吸，吐故納新。」成玄英疏：「吹冷呼而吐故，呴暖吸而納新。」

〔一五〕原道篇：「與陰俱閉，與陽俱開。」

〔一六〕原道篇：「是故無所喜而無所怒，無所樂而無所苦，萬物玄同也。」高誘注：「玄，天也。」説山篇：「不求美又不求醜，則無美無醜矣，是謂玄同。」高誘注：「玄，天也。」老子五十六章：「和其光，同其塵，是謂玄同。」

〔一七〕「苑」原作「究」，「壯」原作「杜」。顧觀光曰：「『杜』字誤，當依俶真訓作『壯』。」俞樾説同。王叔岷曰：「案顧、俞説並是；惟『神究而神壯』亦不可通，『究』乃『苑』之誤，仍當依淮南子訂正。高誘注：『苑，枯病也。』是其義也。」器案：俶真篇：「是故形傷于寒暑燥溼之虐者，形苑而神壯。」高誘注：「苑，枯病也。壯，傷也。苑讀南陽苑。」尋本經篇：「百節莫苑。」高誘注：「苑，病也，苑讀南陽之宛也。」蓋苑有二音，如周禮秋官雍氏「爲苑澤」，釋文：「苑，紆阮反，劉於願反。」故高誘有「苑讀南陽苑」之音也。「南陽苑」本經篇注作「南陽宛」，要當作「南陽宛」爲是。又案：高誘注「壯，傷也」者，易大壯釋文：「壯，馬云：『傷也。』郭璞云：『今淮南人呼壯爲傷。』」然則高誘乃據淮南人呼爲音也。

〔一八〕俶真篇：「神傷乎喜怒思慮之患者，神盡而形有餘。」

〔一九〕「仗」原作「復」，朱弁本作「仗」，淮南子俶真篇作「杖」，仗、杖古通，如世説新語品藻篇：「龐士元曰：『覽倚仗之要害。』」文選干令升晉紀總論：「倚杖虚曠。」是其證也。晉紀總論又云：「排羣議而杖王、杜之決。」「杖」亦「仗」也。今據以訂正。

〔二〇〕俶真篇：「其寐不夢，其覺不憂。」高誘注：「精神無所思慮故不夢，志存仁義、患不得至故不憂。」精神篇：「是故其寢不夢。」高誘注：「其寢不夢，神内守也。」繆稱篇：「體道者其寢無夢。」莊子大宗師篇：「古之真人，其寢不夢，其覺無憂。」又刻意篇：「其寢不夢，其覺無憂。」列子周穆王篇：「古之真人，其覺自忘，其寢不夢。」

孔子問道，老子曰：「正汝形，一汝視，天和將至〔一〕。一形正則四體皆端，一心平則羣邪不忤，一其見則所遇皆真，絶諸慮則天和自至也。攝汝知，正汝度，神將來舍〔二〕。德將爲汝容，道將爲汝居〔三〕。无他知，守常度，則神无不應，德无不包，道无不在也。瞳兮若新生之犢，而無求其故〔四〕。此謂專氣致柔，唯求食於母，更无餘慮也。形若枯木，心若死灰〔五〕。不知形之爲形，心之爲心。枯木邪？死灰邪？真其實知，而不以曲故自持〔六〕，恢恢無心可謀〔七〕。明白四達，能無知乎〔八〕？」所謂无形之形，无心之心，不可以狀貌詰，不可以處所尋，蕩蕩焉非可謨度而得，其唯四達，能无知乎？是謂實知也。

〔一〕淮南子道應篇：「齧缺問道於被衣，被衣曰：『正女形，壹女視，天和將至。』」案：俶真篇：「交被天和。」高誘注：「和，氣也。」案：淮南子此本之莊子，莊子知北遊篇：「齧缺問道乎被衣，被衣曰：『若正汝形，一汝視，天和將至。』」成玄英疏：「汝之容貌端雅，勿爲邪僻，視聽純一，勿多取境，自然和理歸至汝身。」

〔二〕道應篇：「攝女知，正女度，神將來舍。」知北遊篇：「『攝汝知，一汝度，神將來舍。』」成玄英疏：「收攝私心，令其平等，專一志度，令無放逸，汝之精神，自來舍止。」

〔三〕道應篇：「德將來附若美，而道將爲女居。」王念孫曰：「『德將來附若美』，本作『德將爲若美』，此後人因上句

『神將來舍』而妄改之也。『若』亦女也。『德將爲若美，道將爲女居』相對爲文，若改爲『德將來附』，則『若美』二字，文不成義矣。此文以『度』、『舍』、『居』、『故』爲韻，後人不知『舍』之入韻，(「舍」古讀若庶，故與度、居、故爲韻，後人讀「舍」爲始夜反，故不入韻。)故改此句爲『德將來附』，以與『度』爲韻，不知古音庶在御部，附在候部，(說見六書音均表)附與度非韻也。莊子知北遊篇作『德將爲女美，而道將爲女居』，文子道原篇作『德將爲女容，道將爲女居』，皆其證。」

〔四〕道應篇：「惷乎若新出之犢，而無求其故。」知北遊篇：「汝瞳焉如新生之犢，而無求其故。」成玄英疏：「瞳焉，無知直視之貌。故，事也。心既虛夷，視亦平直，故如新生之犢，於事無求也。」

〔五〕道應篇：「形若槁骸，心如死灰。」莊子齊物論篇：「形固可使如槁木，而心固可使如死灰乎？」知北遊篇：「形若枯木，心若死灰。」庚桑楚篇：「身若槁木之枯，而心若死灰矣。」徐无鬼篇：「形固可使若槁骸，心固可使若死灰乎？」

〔六〕道應篇：「直實不知，以故自持。」王念孫曰：「『直實知』三字，文不成義，當從莊子、文子作『真其實知』，今本『真』誤爲『直』，又脱『其』字。主術篇注曰：『故，巧也。』真其實知，不以故自持，莊子所謂『去智與故，循天之理』也。漢魏叢書本改爲『直實不知，以故自持』，而莊本從之，斯爲謬矣。」知北遊篇：「真其實知，不以故自持。」郭象注：「與變俱也。」成玄英疏：「形同槁木之骸，心類死灰之土，無情直任純實之真知，不自矜持於事故也。」

〔七〕道應篇：「墨墨恢恢，無心可與謀，彼何人哉？」知北遊篇：「媒媒晦晦，无心而不可與謀，彼何人哉？」郭象注：「獨化者也。」成玄英疏：「媒媒晦晦，息照遣明，忘心忘知，不可謀議，非凡所識，故云『彼何人哉』。自『形若槁骸』以下，並被衣歌辭也。」

〔八〕于大成曰：「淮南『無』下有『以』字，朱弁本同。老子十章：『明白四達，能無知。』（王弼本「知」作「爲」）傅奕本『無』下亦有『以』字。」

老子曰：「夫事生者〔一〕應變而動，變生於時，知時者無常之行〔二〕。事來必應，變適於時，所貴知機，豈有常行。故道可道，非常道；名可名，非常名〔三〕。隨時而應，豈有定方。書者，言之所生也，言出於智〔四〕，智者不知，非常道也。書者，謂詩書禮樂也；言者，謂先王賢智之言也；皆以陳之芻狗，非常道也。名可名，非藏書者也。夫寫之簡素，緘之金縢，是名可名。且名生則有真僞，故書者不真，名者不實也。多聞數窮，不如守中〔五〕。多聞力屈，守一无勞。絶學無憂〔六〕，絶聖棄智，民利百倍〔七〕。止非道，絶摽顯去，偏知任一原，故有百倍之利。人生而靜，天之性也。感物而動，性之欲也〔八〕。物至而應〔九〕，智之動也。智與物接，而好憎生焉。好憎成形，而智出於外〔一〇〕，不能反己，而天理滅矣〔一一〕。性靜而欲動，物感而害隨。是智以生孼，欲以亂真，好憎是生，損益斯起，不能反照真性，以至滅身也。是故聖人不以人易天〔一二〕，外與物化，而內不失情〔一三〕。故通於道者，反於清靜。有道者則清靜。究於物者，終於無爲〔一四〕。外物者故无爲。以恬養智〔一五〕，以漠合神，即乎無門〔一六〕。智非靜而不生，神非寂而不應，應則出乎无所，游乎无門。循天者，與道遊也〔一七〕。謂守虛靜。隨人者，與俗交也〔一八〕。謂附名勢。故聖人不以事滑天，不以欲亂情〔一九〕，不謀而當，不言而信，若天道无心，如四時玄契。不慮而得，不爲而成〔二〇〕。得非役慮，成非有爲。是以處上而民不重，居前而人不害〔二一〕，天下歸之，姦邪畏之，以其無争於萬物也，故莫敢與之争〔二二〕。」至德所加，姦宄伏匿，萬姓戴之而不重，天下莫敢與争之。

〔一〕顧觀光曰：「『生』字衍，當依道應訓删。」于大成曰：「顧説是，朱弁本正無『生』字。」

〔二〕顧觀光曰：「『之』字衍，當依道應訓删。」于大成曰：「顧説是，朱弁本正無『之』字。」

〔三〕于大成曰：「案：此老子一章文也。朱弁本作『故道可道者，非常道也。名可名者，非常名也』，續古逸本、景宋本無『者』字，有『也』字。精誠篇亦曰：『故道可道，非常道也。名可名，非常名也。』」

〔四〕道應篇：「王壽負書而行，見徐馮於周，徐馮曰：『事者應變而動，變生於時。故知時者無常行。書者言之所出也，言出於智者，智者藏書。』於是王壽乃焚書而舞之。」韓非子喻老篇：「王壽負書而行，見徐馮於周塗，馮曰：『事者爲也，爲生於時，知者無常事。書者言也，言生於知，知者不藏書。今子何獨負之而行？』於是王壽因焚其書而儛之。」據此，則淮南乃用韓非子喻老而爲之也。

〔五〕老子五章：「多言數窮，不如守中。」

〔六〕老子二十章：「絶學無憂。」

〔七〕老子十九章：「絶聖棄智，民利百倍。」

〔八〕于大成曰：「案：困學記聞五引此『欲』作『害』，朱弁本正作『害』。惟『害』亦是誤字，字當作『容』。『容』亦動也。動與容韻。作『欲』作『害』，既失其義，又失其韻。史記樂書作『頌』，『頌』亦容也。惟淮南原道篇作『害』，與朱弁本同；禮記樂記作『欲』，與本書同。並誤，詳俞樾禮記平議、淮南平議。」器案：莊子庚桑楚篇：「性之動謂之爲。」申鑒雜言篇：「凡情欲心志者，皆性動之別名也。」言性動之義，與此相輔相成。禮記樂記疏：「自然謂之性，貪欲謂之情。」

〔九〕禮記樂記：「物至知知。」鄭注：「至，來也。知知，每物來則又有知也。」此之謂也。

〔一〇〕于大成曰：「案：『出』字誤，朱弁本、續古逸本、景宋本作『怵』。困學紀聞引同。禮記、史記、淮南並作『誘』。怵，誘也。史記賈生傳：『怵迫之徒兮或趨西東。』集解引孟康曰：『怵，爲利所誘怵也。』（漢書賈誼傳、文選鵩鳥賦並同）索隱引李奇曰：『怵者，誘也。』是也。考說文，怵之訓爲『恐也』，則作『怵』者，亦是借字，說文三上言部：『訹，誘也。』迺其本字矣。」器案：說並見下句。

〔一一〕原道篇：「好憎成形，而知誘於外，不能反己，而天理滅矣。」高誘注：「形，見也。誘，惑也。不能反己本所受天清净之性，故曰『天理滅也』，猶衰也。」

〔一二〕原道篇：「故達於道者，不以人易天。」高誘注：「天，性也。不以人事易其天性也。一說曰：天，身也。不以人間利欲之事易其身也。」

〔一三〕原道篇：「外與物化，而内不失其情。」高誘注：「言通道之人，雖外貌與物化，内不失其無欲之本情也。」又人間篇：「得道之士，外化而内不化。外化所以入人也，内不化所以全其身也。故内有一定之操，而外能詘伸嬴縮卷舒，與物推移，故萬舉而不陷。」莊子知北遊篇：「古之人外化而内不化，今之人内化而外不化。與物化者，一不化者也，安化安不化。」郭象注：「常無心，故一不化。一不化，乃能與物化者耳。化與不化，皆任彼耳，斯無心也。」文子、淮南之言，皆不失莊生之旨也。

〔一四〕原道篇：「是故達於道者，反於清浄。究於物者，終於無爲。」高誘注：「反，本也。天本授人清浄之性，故曰反也。」「終於無爲」者，「無爲者，不爲物爲也。」于大成曰：「爾雅釋言：『究，窮也。』故朱注云：『無爲乃可窮物。』窮字正釋究字。」

〔一五〕莊子繕性篇：「古之治道者，以恬養知；知生而無以知爲也，謂之以知養恬。知與恬交相養，而和理出其性。」釋文：「『知』音智。」

〔一六〕顧觀光曰：「『即』下脱『入』字，『無』當作『天』。原道訓並不誤。」俞樾曰：「『即乎無門』義不可通，當作『即入乎天門』。『天』誤作『无』，因誤作『無』耳。」案：原道篇：「則入于天門。」莊子庚桑楚篇：「有乎生，有乎死，有乎出，有乎入。入出而无見其形，是謂天門。天門者，无有也，萬物出乎无有，有不能以有爲有，必出乎无有，聖人藏乎是。」郭象注：「天門者，萬物之都名也。謂之天門，猶言衆妙之門。」成玄英疏：「天者，自然之謂也。

自然者，以無所由爲義，言萬有皆無所從，莫測其所以，自然爲造物之門户也。」道德真經注：「天門開闔，能爲雌乎？」王弼曰：「天門，謂天下之所由從也。」

〔一七〕原道篇：「循天者，與道游者也。」高誘注：「循，隨也。游，行也。」

〔一八〕原道篇：「所謂人者，偶瑳智故，曲巧僞詐，所以俛仰於世人，而與俗交者也。故牛歧蹏而戴角，馬被髦而全足者天也。絡馬之口，穿牛之鼻者人也。循天者，與道游者也。隨人者，與俗交者也。」

〔一九〕原道篇：「故聖人不以人滑天，不以欲亂情。」高誘注：「天，身也。不以人事滑亂其身也，不以欲亂其清浄之性者也。」

〔二〇〕原道篇：「不謀而當，不言而信，不慮而得，不爲而成。」高誘注：「詩云：『不識不知，順帝之則。』故曰『不謀而當，不慮而得』也。」

〔二一〕原道篇：「是以處上而民弗重，居前而衆弗害。」高誘注：「言民戴卬而愛之也。」

〔二二〕原道篇：「天下歸之，姦邪畏之，以其無争於萬物也，故莫敢與之争。」王念孫據治要引「莫敢」作「莫能」，謂：「『莫敢』本作『莫能』，此後人依文子道原篇改之也。」老子六十六章：「是以聖人處上而民不重，處前而民不害，是以天下樂推而不厭。以其不争，故天下莫能與之争。」

老子曰：「夫人從欲失性，動未嘗正也，以治國則亂，以治身則穢〔一〕。欲之爲害，亡國喪身，其應如響，豈不誠之。故不聞道者，無以反其性〔二〕；不通物者，不能清靜。不明於道理，不達於物情，必不能還原復樸也。原人之性無邪穢〔三〕，久湛於物即易，易而忘其本，即合於其若性〔四〕。言人本性至靜，不覺感物而動，是欲之害真，邪之蔽正，惑者不悟，以爲合如其性，終身不遷，何其痛哉！水之性欲清，沙石穢之。人之性欲平，嗜欲害之〔五〕。唯聖人能遺物反己〔六〕。水性本清，穢在沙石。人性本平，害在嗜欲，能遺物反己，其唯聖人也。是故聖人不以智役物〔七〕，不以欲滑和〔八〕，其爲樂不忻忻〔九〕，其於憂不惋惋〔一〇〕。烏貫反。以樂爲樂，樂極則哀。以憂爲憂，憂不忘也。是以高而不危，安而不傾〔一一〕。保以虛白，何慮傾危。故聽善言便計，雖愚者知說之；稱聖德高行，雖不肖者知慕之。愚者尚知向慕，而況賢德者乎？說之者衆，而用之者寡，慕之者多，而行之者少。悦慕者過萬，進修者无一。所以然者，擊於物而繫於俗〔一二〕。以其貪饕滋味，桎梏名利也。故曰：我無爲而民自化，我無事而民自富，我好靜而民自正，我無欲而民自樸〔一三〕。此明人君法此四者，主行於上，民化於下者也。清靜者、德之至也，柔弱者、道之用也〔一四〕，虛无恬愉者〔一五〕、萬物之祖也，三者行，則淪於無形〔一六〕，無形者，一之謂也〔一七〕。一者，無心合於天下也〔一八〕。一者，无也。言无定形，行於天下，周於萬物，而无窮也。布德不溉，用之不勤〔一九〕，无澤可潤，无心可勞。視之不見，聽之不聞。妙絶无聲，安可聞見。無形而有形生焉〔二〇〕，无聲而五音鳴焉〔二一〕，无味而五味形焉〔二二〕，無色而五色成焉。故有生於無，實生於虛〔二三〕。音之數不過五〔二四〕，五音之變，不可勝聽也〔二五〕。味之數不過五〔二六〕，五味之變，不可勝嘗也〔二七〕。色之數不過五〔二八〕，五色之變，不可勝觀也〔二九〕。夫形聲色味，皆无自而有，原其正數，不過有五，今自五之變，遂失其常，極於淫靡，固非視聽之所究，常觀之所察哉。音者、宮立而五音形矣〔三〇〕，味者、甘立而五味定矣〔三一〕，色者、白立而五色成矣〔三二〕，道者、一立而萬物生矣〔三三〕。已上皆宗一爲主。故物得一而有常，人得主而化光，道通爲一，萬物蕃昌也。故一之理〔三四〕，施於四海，无所不周。一之嘏，察於天地〔三五〕，明得一之人，知天地造化之本、萬物之性情也。其全也、敦兮其若樸〔三六〕，外愚於人。其散也、渾兮其若濁〔三七〕，迹晦於俗。濁而徐清，沖而徐盈，濁而能清，虛而能盈。澹然若大海〔三八〕，漠然无涯。汜兮若浮雲，飄然何適。若無而有，若亡而存〔三九〕。」非无非有，能存能亡。自若樸已下，比體道之人能若是者也。

〔一〕淮南子齊俗篇：「夫縱欲而失性，動未嘗正也，以治身則危，以治國則亂。」吕氏春秋爲欲篇：「不聞道者，何以去非性哉？無以去非性，則未嘗正矣，欲不正，以治身則夭，以治國則亡。」案：本章文又見本書下德篇。

〔二〕齊俗篇：「是故不聞道者，無以反性。」

〔三〕齊俗篇：「原人之性，蕪濊而不得清明者，物或堁之也。」案：漢書李尋傳：「盪滌濁濊。」師古曰：「『濊』與『穢』同。」文選西都賦李善注：「穢，蕪也。」「蕪濊」、「邪穢」義同。

〔四〕齊俗篇：「人之性無邪，久湛於俗則易，易而忘本合於若性。」許慎注：「若性，合於他性，自若本性也。」器案：此即漢書賈誼傳「少成若天性」之義，許注迂。吕氏春秋爲欲篇：「三王不能革，不能革而功成者，順其天也。」

桀紂不能離，不能離而國亡者，逆其天也。逆而不知其逆也，湛於俗也，久湛而不去則若性，性與非性，不可不熟。」（「與」原作「異」，從器所撰呂氏春秋注疏改訂。）詩小雅鹿鳴「且湛」，釋文：「字又作『耽』。」又常棣「且湛」，釋文：「字又作『耽』，韓詩云：『樂之甚也。』」

〔五〕王叔岷曰：「御覽三百六十引『害』作『亂』。」于大成曰：「治要、藝文類聚八、天中記九引此並作『害』，與今本同。淮南子亦作『害』。本書上德篇、下德篇並云：『人性欲平，嗜欲害之。』字亦作『害』。注云：『人性本平，害在嗜欲。』亦可證所據本是『害』字也。」案：淮南子齊俗篇：「河水欲清，沙石濊之。人性欲平，嗜欲害之。」又俶真篇：「水之性真清，而土汩之。人性安靜，而嗜欲亂之。」呂氏春秋本生篇：「夫水之性清，土者汩之，故不得清。人之性壽，物者抇之，故不得壽。」義相比也。

〔六〕齊俗篇：「惟聖人能遺物而反己。」

〔七〕于大成曰：「朱弁本『智』作『身』，與淮南原道篇合。」

〔八〕原道篇：「聖人不以身役物，不以欲滑和。」高誘注：「不以身爲物役，不以情欲亂中和之道也。」案：太平御覽四百六十八引注作「聖人不以身徇物，不欲人爲之而自樂也」，當是許慎注。並詳前聖人忘乎治人章。

〔九〕原道篇：「是故其爲懽不忻忻。」高誘注：「忻忻，爲過制也。」案：覽冥篇：「忻忻然自以爲治。」高誘注：「忻忻，猶自喜，得意之貌也。」續漢書五行志一：「齲齒笑者，若齒痛，樂不欣欣。」風俗通義佚文服妖：「齲齒笑者，若齒痛，不忻忻。」

〔一〇〕原道篇：「其爲悲不惙惙。」高誘注：「惙惙，爲傷性也。」案：道藏本通玄真經纘義釋音一道原篇：「『惋』音腕，驚歎也。」

〔一一〕王叔岷曰：「治要引『傾』下有『也』字。」于大成曰：「朱弁本、寶曆本『傾』下正有『也』字。」

〔一二〕原道篇：「故聽善言便計，雖愚者知說之；稱至德高行，雖不肖者知慕之。說之者衆，而用之者鮮；慕之者多，而行之者寡。所以然者，何也？不能反諸性也。」于大成曰：「朱弁本、寶曆本『掔』作『牽』。集韻一先：『掔，牽也。』爾雅釋詁：『掔，固也。』釋文云：『掔，音牽。』是其證。」

〔一三〕老子五十七章：「故聖人云：『我無爲而民自化，我好靜而民自正，我無事而民自富，我無欲而民自樸。』」

〔一四〕原道篇：「是故清靜者、德之至也，而柔弱者、道之要也。」高誘注：「要，約也。」

〔一五〕原道篇：「虛無恬愉者，萬物之用也。」高誘注：「萬物由之，得爲人用。」

〔一六〕原道篇：「肅然應感，殷然反本，則淪於無形矣。」

〔一七〕原道篇：「所謂無形者，一之謂也。」高誘注：「一者，道之本。」

〔一八〕顧觀光曰：「『心』字誤，原道訓作『匹』。」俞樾曰：「『心』乃『匹』字之誤。言其在天下無可匹合者，故謂之一也。淮南子原道篇正作『匹』。」案：原道篇：「所謂一者，無匹合於天下者也。」惠棟曰：「主一無敵，故無匹合。」

〔一九〕原道篇：「布施而不既，用之而不勤。」高誘注：「既，盡也。勤，勞也。」顧觀光曰：「『布德不溉』句費解。原道訓作『布施不既』。」俞樾曰：「『溉』當作『既』，古字通耳。淮南子作『布施而不既』。」于大成曰：「案：俞說是也。史記帝嚳本紀：『帝嚳溉執中而偏天下。』集解引徐廣曰：『古既字作水旁。』淮南原道篇：『布施而不既。』高注：『既，盡也。』又同篇：『富贍天下而不既。』又精神篇：『精神何能久馳騁而不既乎。』高注亦並注云：『既，盡也。』是其證也。『布德不溉』即『布施而不既』也，句不費解。朱弁本改爲『已』字，於義雖是，於文非矣。」器案：莊子應帝王篇「既其文」，釋文：「李云：『既，盡也。』」亦其證也。又案：原道篇：「旋縣而不可究，纖微而不可勤。」高誘注：「勤猶盡也。」老子六章：「緜緜若存，用之不勤。」「勤」亦是盡義。此文「勤」字，亦當如之，高注爲「勞」，非是。

〔二〇〕原道篇：「是故視之不見其形，聽之不聞其聲，循之不得其身，無形而有形生焉。」高誘注：「無形，道也。有形，萬物也。」

〔二一〕原道篇：「無聲而五音鳴焉。」高誘注：「音生於無聲也。」

〔二二〕原道篇：「無味而五味形焉。」高誘注：「『形』或作『和』也。」譚獻曰：「形字協韻，注『和』當爲『程』。」

〔二三〕原道篇：「是故有生於無，實出於虛。」高誘注：「有形生於無形，人也。實，財也。」

〔二四〕原道篇：「音之數不過五。」高誘注：「宫商角徵羽也。」

〔二五〕原道篇：「而五音之變，不可勝聽也。」高誘注：「變，更相生也。」

〔二六〕原道篇：「味之和不過五。」高誘注：「甘酸鹹辛苦也。」

〔二七〕原道篇：「而五味之化，不可勝嘗也。」高誘注：「化亦變也。」

〔二八〕原道篇：「色之數不過五。」高誘注：「青赤白黑黄也。」

〔二九〕原道篇：「而五色之變，不可勝觀也。」高誘注：「常視曰視，非常視曰觀。春秋『魯隱公觀漁於棠』是也。」案：穀梁隱五年：「常事曰視，非常曰觀。」范甯注：「常事，視朔之類是。非常，觀魚之類是。」又莊二十三年：「夏，公如齊觀社。常事曰視，非常曰觀。」范甯注：「常事，視朔也。」視朔，國之大事也，故曰常事。此文主色言之，非禮典，故曰觀也。

〔三〇〕原道篇：「故音者，宫立而五音形矣。」高注：「宫在中央，聲之主也。形，正也。」案：注「正」字，疑當作「呈」。

〔三一〕原道篇：「味者，甘立而五味亭矣。」高誘注：「亭，平也。甘，中央味也。」

〔三二〕原道篇：「色者，白立而五色成矣。」高誘注：「白者，所在以染之，故五色可成也。」案：注「所在」二字當乙。

〔三三〕原道篇：「道者，一立而萬物生矣。」老子四十二章：「道生一，一生二，二生三，三生萬物。」

〔三四〕原道篇：「是故一之理。」高誘注：「理，道也。」

〔三五〕顧觀光曰：「原道訓『嘏』作『解』。」王叔岷曰：「管子内業篇『嘏』亦作『解』。」于大成曰：「朱弁本、寶曆本『嘏』亦作『解』。」器案：原道篇：「一之理，施四海，一之解，際天地。」高誘注：「解，達也。際，機也。解讀解故之解也。」管子内業篇：「一言之解，上察于天，下極于地。」即此文所本。禮記中庸：「言其上下察也。」義亦相似。又案：道藏本通玄真經纘義釋音卷一道原篇：「嘏，音假，大也。」尋詩大雅思齊「烈假不遐」、又商頌烈祖

「嚴假無言」毛傳俱云：「假，大也。」易家人「王假」、又豐「王假」釋文引馬俱云：「大也。」義與此比。又案：注「際，機也」，「機」疑當作「譏」，説文豈部：「譏，汔也，訖事之樂也。」段注：「釋詁曰：『譏，汔也。』孫炎曰：『近也。』民勞箋：『汔，幾也。』『幾』與『譏』同。『汔』與『訖』同。汔，水涸也。水涸則近於盡矣，故引爲凡近之詞。木部：『杚，平也。』亦摩近之義也。丝部曰：『幾，微也，殆也。』然則見幾、研幾字當作『幾』，庶幾、幾近字當作『譏』，『幾』行而『譏』廢矣。」

〔三六〕原道篇：「其全也，純兮若樸。」高誘注：「樸若玉樸也，在石而未剖。」

〔三七〕原道篇：「其散也，混兮若濁。」

〔三八〕原道篇：「濁而徐清，冲而徐盈，澹兮其若深淵。」高誘注：「冲，虚也。盈，滿也。澹，定不動之貌。」

〔三九〕原道篇：「汎兮其若浮雲，若無而有，若亡而存。」

老子曰：「萬物之總，皆閲一孔〔一〕。百事之根，皆出一門〔二〕。萬物萬事，皆出衆妙之門。故聖人一度循軌〔三〕，不變其故，不易其常，放准循繩，曲因其常〔四〕。聖人循大道之原，審萬物之性，不使陸者淵居，巢者穴處，是不變其故也。各附所安，俱利其性，是曲因其常者也。夫喜怒者、道之邪也〔五〕，憂悲者、德之失也〔六〕，好憎者、心之過也，嗜欲者、生之累也〔七〕。此八者，大丈夫之不處也。人大怒破陰，大喜墜陽〔八〕，薄氣發喑，驚怖爲狂，憂悲焦心，疾乃成積，人能除此五者，即合於神明，此五者，修身之至誠。人能知飛金鍊石，以祈久壽，而不能節欲平和，以全天性。且喜怒妄作，藥石奚救，若審得其理，自合神明矣。神明者，得其内也〔九〕。得其内者，五藏寧，思慮平〔一〇〕，耳目聰明，筋骨勁强，内得者，抱元守一，神閑慮淡，故耳目聰明，筋骨勁强。疏達而不悖〔一一〕，不與物競。堅强而不匱〔一二〕，用柔不乏。無所太過，無所不逮〔一三〕。所欲不過分，所爲無不遂。天下莫柔弱於水〔一四〕，水爲道也，假言通理，借水明道。廣不可極，深不可測〔一五〕，長極無窮，遠淪無涯，音宜。息耗減益，過於不訾〔一六〕，音紫。上天爲雨露，下地爲潤澤〔一七〕，萬物不得不生，百事不得不成，大苞羣生，而無私好〔一八〕，澤及蚑音岐。蟯，音饒。而不求報〔一九〕，富贍天下而不既〔二〇〕，德施百姓而不費〔二一〕，行不可得而窮極〔二二〕，微不可得而把握，擊之不創〔二三〕，音瘡。刺之不傷，斬之不斷，灼之不熏〔二四〕，綽約流循而不可靡散〔二五〕，利貫金石，强淪天下〔二六〕，有餘不足，任天下取與，稟受萬物，而無所先後〔二七〕，無私無公〔二八〕，與天地洪同〔二九〕，是謂至德〔三〇〕。夫水所以能成其至德者，以其綽約潤滑也。故曰：『天下之至柔，馳騁天下之至堅，無有入於無間〔三一〕。』水者，五行之長，以其得一，故道濟天下，德合萬類，仁洽草木，義堅金石，信合四時，智出无窮，故柔不可斷，剛不可折，動則有威，强而无敵，散爲雨露，積爲泉原，用之不匱，施之无邊，污之不垢，潔而自全，曠哉水德，與道合焉。夫無形者，物之太祖，無音者，類之大宗〔三二〕。夫萬物生於无形，五音起於无聲，故至无者不生而能生。故无者，爲物之祖宗。真人者，通於靈府〔三三〕，與造化者爲人〔三四〕，執玄德於心，而化馳如神〔三五〕。是故不道之道，芒乎大哉〔三六〕！未發號施令，而移風易俗，其唯心行也〔三七〕。萬物有所生，而獨如其根；百事有所出，而獨守其門〔三八〕。故能窮無窮，極無極，照物而不眩，響應而不知〔三九〕。」內得一心，外通萬有，潛浮之道，其化如神，物應无方，孰知其極。

〔一〕淮南子原道篇：「萬物之總，皆閱一孔。」高誘注：「總，衆聚也。」十大經成法篇：「萬物之多，皆閱一空。」案：俶真篇：「此皆生於一父母（「於」字據太平御覽九百七十三引補），而閱一和也。」高誘注：「父母，天地。閱，總也。和，氣也，道所貫也。」義與此相比也。

〔二〕原道篇：「百事之根，皆出一門。」高誘注：「道之門也。」原道篇上文又云：「萬物有所生，而獨知守其根；百事有所出，而獨知守其門。」高誘注：「根，本也。門，禁要也。」莊子則陽篇：「萬物有乎生，而莫見其根；有乎出，而莫見其門。」案：老子六章：「玄牝之門，是謂天地根。」此皆諸文之所本。弘明集八釋僧順釋三破論：「門者，本也，明理之所出入，出入從本而興焉。釋氏有不二法門，老子有衆妙之門，書云：『禍福無門。』皆是會通之林藪，機妙之淵宅。」

〔三〕原道篇：「是故聖人一度循軌。」高誘注：「一，齊也。軌，法也。」

〔四〕原文作「曲因其直，直因其常」，朱弁本同。景宋本、景刻宋本、道藏纘義本作「曲因其常」，注亦以「曲因真常」爲言，今據改正。文選魯靈光殿賦：「曲得其情。」張載注：「言委曲得其情也。」與此句法正同，則「曲因其常」，謂委曲因其常也，若讀作曲直之曲，則非其旨矣。

〔五〕原道篇：「夫喜怒者，道之邪也。」高誘注：「道貴平和，故喜怒爲邪也。」莊子刻意篇：「喜怒者，道之過。」成玄英疏：「稱心則喜，乖情則怒，喜怒不忘，是道之罪過。」

〔六〕原道篇：「憂悲者，德之失也。」高誘注：「德尚恬和，故憂悲爲失。論語曰『其德坦蕩』是也。」俞樾以爲「憂悲」當作「憂樂」。案：莊子刻意篇：「悲樂者，德之邪。」成玄英疏：「違心則悲，順意即樂，不達違從，是德之邪妄。」此文即文子、淮南所本，當從之作「悲樂」，俞樾未檢莊子，逕自改作，未達一閒。

〔七〕原道篇：「好憎者，心之過也。嗜欲者，性之累也。」高誘注：「心當專一，中扃外閉，反有所好憎，故曰過。性當清靜，以奉天素，而反嗜欲，故爲之累也。」莊子刻意篇：「好惡者，德之失。」成玄英疏：「無好爲好，無惡爲惡，此之妄心，是德之愆咎也。」莊子無「嗜欲」云云，嗜欲即嗜好，即好憎之好也。

〔八〕原道篇：「人大怒破陰，大喜墜陽。」高誘注：「怒者，陰氣也，陰爲堅冰，積陰相薄，故破陰。喜者陽氣，陽氣升于上，積陽相薄，故曰墜陽也。」太平御覽七百二十又七百四十引淮南子「人」皆作「夫」。案：莊子在宥篇：「人大喜邪毗於陽，大怒邪毗於陰，陰陽并毗，四時不至，寒暑之和不成，其反傷人之形乎。」成玄英疏：「毗，助也。喜出於魂，怒出於魄。人禀陰陽，與二儀同氣。堯令百姓喜，毗陽暄舒。桀使人怒，助陰慘肅。人喜怒過分，天則失常，盛夏不暑，隆冬無霜，既失和氣，加之天災，人多疾病，豈非反傷形乎？不可有爲作法，必致殘傷也。」

〔九〕原道篇：「故心不憂樂，德之至也；通而不變，靜之至也；嗜欲不載，虚之至也；無所好憎，平之至也；不與物散，粹之至也。能此五者，則通於神明。通於神明者，得其内者也。」莊子天下篇：「古之人其備乎！配神明，醇天地，育萬物，和天下。」成玄英疏：「配，合也。」

〔一〇〕原道篇：「是故以中制外，百事不廢。中能得之，則外能收之。（王念孫據文子道原篇校改「收」作「牧」。）中之得，則五藏寧，思慮平。」高誘注：「五藏寧者，各得其所。思慮平者，不妄喜怒。」

〔一一〕原道篇：「疏達而不悖。」高誘注：「悖，謬也。」

〔一二〕原道篇：「堅强而不鞼。」高誘注：「鞼，折。」本經篇：「剛而不鞼。」高誘注：「鞼，折也。」器案：「鞼」假爲「劊」。禮記玉藻「纘緌」，鄭注：「『纘』或作『繪』。」詩召南何彼襛矣毛傳「纘總」，釋文：「『繪』本又作『纘』。」論語八佾「繪事」，釋文：「本又作『繢』，同。」則从貴从會之字古通。淮南「鞼」字蓋借作「劊」，説文刀部：「劊，斷也。」段注：「易困：『九五，劓刖困于赤紱。』京房本作『劓劊』。按刖絶、劊斷，義正相同。」又：「刖，絶也。」段注：「困『九五劓刖』，京房本作『劓劊』。説文劊與刖，義同。」今案：高注作「鞼折」，蓋亦讀「鞼」爲「劊」也。文子傳鈔者不知「鞼」之爲「劊」，遂改作「匱」，若是，則爲剛之永也，與文子本義翩其反矣。幸猶存其偏旁，使吾人得思誤書之一適也。

〔一三〕原道篇：「無所大過，而無所不逮。」

〔一四〕老子七十八章：「天下莫柔於水，而攻堅强者，莫之能勝，其無以易之。」

〔一五〕太平御覽五十八引「水爲道也」，「水」下有「之」字。「廣不可極」下無「深不可測」四字，但有注云：「莫知其言，深不可測。」蓋以正文誤爲注文也。原道篇：「天下之物，莫柔於水。然而大不可極，深不可測。」高誘注：「測，盡也。」本經篇：「淪於不測。」高誘注：「淪，入也。測，深也。入于不可測盡之深。」合二注觀之，因明白也。而下句「遠淪」云云，亦可知其爲遠入也。

〔一六〕太平御覽引注：「涌出曰息，煎乾曰耗，出川枝流曰減，九野注之曰益。過於不訾者，此過尾閭，入大壑，入無底谷。」器案：漢書董仲舒傳師古注：「息，生也。耗，虛也。」文選檄吳將校部曲文李善注：「賈逵國語注：『訾，言量也。』」原道篇：「通於不訾。」高誘注：「訾，量也。」

〔一七〕王叔岷曰：「初學記六引『潤澤』作『江河』。」于大成曰：「初學記六兩引此文，其一作『江河』，其一仍作『潤澤』，御覽五八引亦作『潤澤』，淮南子同。朱弁注云：『以潤澤而成遂也。』正用正文『潤澤』字。或者古有二本乎？」

〔一八〕原道篇：「萬物弗得不生，百事不得不成，大包羣生，而無好憎。」太平御覽五十八引淮南子「包」作「苞」，「而無好憎」作「而無所私」。王引之謂：「『無好憎』當從文子作『無私好』，『好』與下文『報』爲韻，若作『而無好憎』，則失其韻矣。」

〔一九〕原道篇：「澤及蚑蟯，而不報。」高誘注：「蚑，蚑行也。蟯，微小之蟲也。而不求報，施而不有也。」

〔二〇〕原道篇：「富贍天下而不既。」高誘注：「贍，足也。既，盡也。」

〔二一〕原道篇：「德施百姓而不費。」高誘注：「德澤加于百姓，不以爲己財費也。」

〔二二〕原道篇：「行而不可得窮極也。」高誘注：「流肴不止也。」

〔二三〕原道篇：「擊之無創。」道藏通玄真經纘義釋音卷一道原篇：「『創』音瘡。」與此舊音合。

〔二四〕原道篇：「躲之不傷，斬之不斷，焚之不燃。」（據太平御覽引）高誘注：「水之性也。」

〔二五〕原道篇：「淖溺流遁，錯繆相紛，而不可靡散。」高誘注：「遁，逸也。錯繆相紛，彼此相糾也。」

〔二六〕原道篇：「利貫金石，强濟天下。」高誘注：「水流缺石，是其利也。舟船所載無有重，是其强也。濟，通也。」

〔二七〕原道篇：「有餘不足，與天地取與，授萬物而無所前後。」俞樾曰：「『授』上當據文子補『稟』字。」

〔二八〕原道篇：「是故無所私而無公。」高誘注：「公私一也。」

〔二九〕原道篇：「與天地鴻洞。」高誘注：「鴻，大也。洞，通也，讀同異之同。」精神篇：「澒濛鴻洞。」高誘注：「洞讀同遊之同。」文選洞簫賦：「風鴻洞而不絶兮。」五臣本「鴻」作「洪」。李善注：「鴻洞，相連貌。」

〔三〇〕原道篇：「與萬物始終，是謂至德。」高誘注：「言水之爲德最大，故曰至德也。」

〔三一〕原道篇：「夫水所以能成其至德於天下者，以其淖溺潤滑也。故老聃曰：『天下至柔，馳騁天下之至堅，出於無有，入於無間，吾是以知無爲之有益。』」高誘注：「有益于生。」案：宋本、道藏本「馳騁」下有「於」字，太平御覽引同，與老子合，當據補。

〔三二〕原道篇：「夫無形者，物之大祖也，無音者，聲之大宗也。」高誘注：「無形生有形，故爲物大祖也。無音生有音，故爲聲大宗。祖宗皆本也。」

〔三三〕原道篇：「精通於靈府。」案：莊子德充符篇：「故不足以滑和，不可入於靈府。」郭象注：「靈府者，精神之宅也。」成玄英疏：「靈府者，精神之宅，所謂心也。」

〔三四〕原道篇：「與造化者爲人。」高誘：「爲，治也。」王引之曰：「高未解『人』字之義，故訓『爲』爲『治』。人者，偶也。言與造化者爲偶也。中庸：『仁者，人也。』鄭注曰：『讀如相人偶之人。以人意相存問之言。』檜風匪風箋曰：『人偶，能割亨者。人偶，能輔周道治民者。』聘禮注曰：『每門輒揖者，以相人偶爲敬也。』公食大夫禮注：『每曲揖，及當碑揖，相人偶。』是『人』與『偶』同義，故漢時有『相人偶』之語。上文云：『與造化者俱。』本經篇云：『與造化者相雌雄。』齊俗篇曰：『上與神明爲友，下與造化爲人。』曰俱，曰爲友，曰相雌雄，皆是相偶之意。故本經篇『與造化者相雌雄』，文子下德篇作『與造化者爲人』，此尤其明證矣。莊子大宗師篇：『彼且方與造物者爲人。』應帝王篇：『予方將與造物者爲人。』天運篇：『久矣夫某不與化爲人。』並與淮南同意，解者亦失之。」

〔三五〕原道篇：「執玄德於心，而化馳若神。」高誘注：「玄，天也。馳，行也。若神，若有神化之也。」老子十章：「生之畜之，生而不有，爲而不恃，長而不宰，是謂玄德。」

〔三六〕原道篇：「是故不道之道，莽乎大哉。」高誘注：「道不可道，故曰『不道之道』。」

〔三七〕原道篇：「未發號施令，而移風易俗者，其唯心行者乎。」管子形勢篇：「四方所歸，心行者也。」又形勢解篇：「明之使遠者來而近者親也，爲之在心。所謂夜行者，心行也。能心行德，則天下莫能與之争矣。故曰唯夜行者獨有之也。」莊子天下篇：「語心之容，命之曰心之容。」成玄英疏：「命，名也。發語吐辭，每令心容萬物，即名此容受而爲心行。」

〔三八〕顧觀光曰：「『如』當作『知』，下脱『守』字，並當依原道訓補正。原道訓下『獨』下有『知』字，與上句一例。」于大成曰：「案：朱弁本、道藏纘義本、寶曆本『如』並作『知』。朱注云：『静能知物之本，順能守事之由。』纘義云：『物有所生，獨知其根，事有所出，獨守其門。』知二家所據本作知，不作如也。淮南此文，出莊子則陽篇，莊子云：『萬物有乎生，而莫見其根；有乎出，而莫見其門。』其文有異，不可據訂。獨知其根者，謂獨知其根本也。」于誼自通。」案：原道篇：「萬物有所生，而獨知守其根；百事有所出，而獨知守其門。」高誘注：「根，本也。門，禁要也。」莊子則陽篇：「萬物有乎生，而莫見其根；有乎出，而莫見其門。」郭象注：「無根無門，忽爾自然，故莫見也。唯無其生亡其出者，爲能覩其門而測其根也。」成玄英疏：「隨變而生，生無根原，任化而出，出無門户，既曰『無根無門』，故知無生無出，生出無門，理其如此，何爲歲之可像乎？」

〔三九〕原道篇：「故窮無窮，極無極，照物而不眩，響應而不乏，此之謂天解。」高誘注：「眩，惑也。天解，天之解故也，言能明天意也。」案：莊子養生主篇：「適來、夫子時也，適去、夫子順也，安時而處順，哀樂不能入也，古者謂是帝之縣解。」郭象注：「以有係者爲縣，則無係者縣解也。縣解而性命之情得矣，此養生之要也。」成玄英疏：「帝者，天也。爲生死所係者爲縣（「縣」原衍「解」字，今删），則無死無生者縣解也。夫死生不能係，憂樂不能入者，而遠古聖人謂是天然之解脱也。」成疏以縣解爲天然解脱，可謂得會莊旨。大宗師篇：「且得者時也，失者順也，安時而處順，憂樂不能入也，此古之所謂縣解也。」成玄英疏：「處順忘時，蕭然無係，古昔聖人，謂爲縣解。」又德充符篇郭象注：「生爲我時，死爲我順。時爲我聚，順爲我散。」俱了然於天然解脱之故也。又案：據淮南子及莊子之文觀之，「此之謂天解」句似不應脱。

老子曰：「夫得道者，志弱而事强〔一〕，心虛而應當〔二〕。志弱者，柔毳安静，藏於不取〔三〕，行於不能，澹然無爲，動不失時〔四〕。得者，謂无爲。无爲之道，因物所宜，動合得其時。故貴必以賤爲本〔五〕，高必以下爲基〔六〕。聚塵成嶽，積流成海。託小以包大，在中以制外〔七〕，行柔而剛〔八〕，力無不勝，敵無不陵，虚心前物，是无力而强，所之皆遂，无敢陵侮也。應化揆時，莫能害之〔九〕。動與道游，物何能害。欲剛者必以柔守之，欲强者必以弱保之，積柔即剛，積弱即强，觀其所積，以知存亡〔一〇〕。知剛知柔，厥德允修。知存知亡，其身必昌。强勝不若己者，至於若己者而格〔一一〕。强者不可勝，弱者不可陵，是行柔之道也。柔勝出於己者，其力不可量〔一二〕。言不可輕侮，或更勝於己。故兵强即滅，木强即折，革强即裂〔一三〕。用强者故材不全也。齒堅於舌而先斃〔一四〕。觀夫齒舌之理，可察剛柔之道，是剛者先斃，柔者獲全矣。故柔弱者生之幹也〔一五〕，堅强者死之徒〔一六〕。事勢相召，死生可驗。先唱者窮之路，後動者達之原〔一七〕。持後則不屈也。夫執道以耦變，先亦制後，後亦制先〔一八〕，何即〔一九〕？不失所以制人，人亦不能制也〔二〇〕。謂握夫化機，人莫能知，先之則人不拒，後之則雅合其宜，先後俱制，動静无爲，此執道耦變也。所謂後者，調其數而合其時〔二一〕。時之變，則間不容息〔二二〕，先之則太過，後之則不及〔二三〕。夫事有適然，物有成敗，機危之動，間不容息，在於調數候時，期於適中，不可失。日迴月周，時不與人遊。謂去速也。故聖人不貴尺之璧，而貴寸之陰〔二四〕。時難得而易失〔二五〕。故聖人隨時而舉事，因資而立功〔二六〕。聖人不重積其實，而貴全於道，惜光陰不駐，時運難遭，舉事成功，不可失也。守清道，拘雌節〔二七〕，因循而應變，常後而不先，柔弱以靜，安徐以定〔二八〕，攻大靡堅，不能與争也〔二九〕。故體清静，守雌弱，攻天下之强者，其時不争乎！

〔一〕「得」原作「德」，景宋本、景刻宋本作「得」，淮南子原道篇亦作「得」，「德」、「得」古雖通，此文則以作「得」爲勝，今改。淮南子作「故得道者，志弱而事强」，緊接「此之謂天解」爲文。高誘注：「弱，柔也。强，無不勝也。」

〔二〕原道篇：「心虚而應當。」高誘注：「當，合也。」

〔三〕原道篇：「所謂志弱而事强者，柔毳安静，藏於不敢。」案：宋本、道藏本無「而事强」三字，與文子合，是。俞樾曰：「『藏於不敢』，文子道原篇作『藏於不取』，當從之，即所謂『百姓足，君孰與不足』也。『取』與『敢』形似而誤。」

〔四〕原道篇：「行於不能，恬然無慮，動不失時。」

〔五〕原道篇：「是故貴者必以賤爲號。」高誘注：「貴者，謂公王侯伯稱孤寡不穀，故曰以賤爲號。」案：老子三十九章：「故貴以賤爲本，高以下爲基。是以侯王自謂孤寡不穀。」此高誘注所本。

〔六〕本書符言篇：「故貴以賤爲本，高以下爲基。」淮南子原道篇：「而高者必以下爲基。」高誘注：「基，始也。夫築京臺，先從下起也。」又道應篇引老子曰：「貴必以賤爲本，高必以下爲基。」戰國齊宣王策顔斶引老子曰：

「雖貴必以賤爲本，雖高必以下爲基，是以侯王稱孤寡不穀，是其賤之本與！」說苑談叢篇：「必貴以賤爲本，必高以下爲基。」皆本之老子，或不明其出處者，此古書述作通例，非數典而忘祖也。

〔七〕原道篇：「託小以包大，在中以制外。」陳季皋先生以爲「在」當爲「任」。案：爾雅釋詁：「在，察也。」不必改字。

〔八〕原道篇此句下有「用弱而强」四字，相儷爲文。高誘注：「而，能也。」莊逵吉曰：「古『能』字爲『耐』，『耐』與『而』通，故訓『而』爲『能』。易『眇能視，跛能履』，虞仲翔本皆作『而』。」

〔九〕原道篇：「力無不勝，敵無不凌，應化揆時，莫能害之。」『凌』、『陵』古通。詩豳風七月及左昭四年之「凌陰」，釋文俱云：「音陵。」

〔一〇〕原道篇：「是故欲剛者必以柔守之，欲强者必以弱保之，積於柔則剛，積於弱則强，觀其所積，以知禍福之鄉。」高誘注：「鄉，方也。」

〔一一〕本書符言篇：「能勝不如己者，至於若己者而格。」淮南子原道篇：「强勝不若己者，至於若己者而同。」高誘注：「夫强者能勝不如己者。同，等也。至於如己者，則等不能勝也。言强之爲小也，道家所不貴也。」又詮言篇：「强勝不若己者，至於與同則格。」許慎注：「言人能力與己同也，己以强加之則戰格也。」

〔一二〕符言篇：「柔勝出於若己者，其事不可度。」原道篇：「柔勝出於己者，其力不可量。」高誘注：「夫能弱柔勝己者，其力不能訾也。言柔之爲大也，道家所貴。」詮言篇：「柔勝出於己者，其力不可度。」器案：列子黄帝篇引鬻子曰：「欲剛，必以柔守之；欲彊，必以弱保之。積於柔必剛，積於弱必彊。觀其積以知禍福之鄉。彊勝不若己，至於若己者剛；柔勝出於己者，其力不可量。」殷敬順釋文：「『鬻』本作『粥』，余六反。」漢書藝文志諸子略道家：「鬻子二十二篇。」本注：「名熊，爲周師，自文王以下問焉（案見賈子脩政語下），周封爲楚祖。」書今殘缺，晉人所造述列子引此文，蓋其時二十二篇之本猶存，故可得而稱引之，而文子、淮南則又從而乾没之也。

〔三〕原道篇：「故兵强則滅，木强則折，革固則裂。」高誘注：「兵猶火也，强則盛，盛則衰，故曰則滅，以火諭也。木强則折，不能徐詘也。革堅則裂，鼓是也。」案：「兵猶火也」者，左隱四年文。老子七十六章：「是以兵强則不勝，木强則共。强大處下，柔弱處上。」

〔四〕原道篇：「齒堅於舌，而先之敝。」高誘注：「敝，盡。齒堅於舌而先舌盡。」案：齒舌之喻，古書多言之。淮南子主術篇高誘注：「繆稱篇又云：『老子業於商容，見舌而知守柔矣。』」尋今本繆稱篇：「老子學商容，見舌而知守柔矣。」許慎注：「商容，神人也。商容吐舌示老子，老子知舌柔齒剛。」商容，文子上德篇、説苑敬慎篇以爲常摐，漢書藝文志數術略天文家：「常從日月星氣二十一卷。」師古曰：「常從，人姓名也，老子師之。」常從即常摐。戰國楚懷王策以爲老萊子教孔子，孔叢子抗志篇以爲老萊子教子思。漢書藝文志諸子略道家：「老萊子十二篇。」本注：「楚人，與孔子同時。」史記韓非列傳：「或曰：老萊子亦楚人也，著書十五篇，言道家之用，與孔子同時云。」正義：「太史公疑老子或是老萊子，故書之。」而高誘注吕氏春秋慎大、離謂二篇及淮南子主術篇又以爲「殷紂時賢人，老子師」。世説新語德行篇注引許叔重曰：「商容，殷之賢人，老子師也。」疑世説新語注所引之許叔重當是高誘之誤，淮南子有許慎、高誘二家注，引用者多有混殽，不足致詰。如以商容爲殷之賢人，則老子之去商容時代曠絶，何從師事？故許慎以爲神人也。

〔一五〕原道篇：「是故柔弱者，生之榦也。」高誘注：「榦，質也。」列子黄帝篇：「柔弱者生之徒。」老子七十六章：「柔弱者生之徒。」

〔一六〕原道篇：「而堅强者死之徒也。」高誘注：「徒，衆也。」列子：「堅彊者死之徒。」韓非子解老篇：「四肢與九竅十有三（原衍「者」字，今删），十有三者之動静，盡屬於生焉。屬之謂徒也，故曰生之徒也十有三者。」謂「徒」爲「屬」，義勝。

〔一七〕原道篇：「先唱者窮之路也，後動者達之原也。」高誘注：「先者隤陷，故曰窮也。後者以謀，故曰達也。」案：吕氏春秋審應覽高注引「路」下無「也」字，與文子同。

〔一八〕原道篇：「夫執道理以耦變，先亦制後，後亦制先。」高誘注：「道當隨事爲變，不必待于先人。事當在後，趨時當居先也。」

〔一九〕于大成曰：「案：朱弁本、寶曆本、纘義本、墨海本、守山閣本『即』作『則』，淮南子同。『即』猶則也。」

〔二〇〕原道篇：「是何則？不失其所以制人，人不能制也。」

〔二一〕原道篇：「貴其周於數而合於時也。」高誘注：「周，調也。數，術也。合時，時行則行，時止則止也。」

〔二二〕原道篇：「時之反側，間不容息。」高誘注：「言時反側之間，不容氣息，促之甚也。」説苑談叢篇：「至時之極，間不容息。」

〔二三〕原道篇：「先之則太過，後之則不逮。」

〔二四〕白氏六帖事類集二三引「寸」上有「分」字。太平御覽八百六引作「聖人不貴赤璧，而貴寸陰，不布施以求得，不高下以相假，此古人之德也。」「不布施以求得」三句十八字，今本無。「赤」俗多借作「尺」。說文赤部段注：「俗借爲尺。」又尺部段注：「古書亦借赤爲之。」毛晃曰：「宋時案牘如此。」

〔二五〕原道篇：「聖人不貴尺之璧，而重寸之陰，時難得而易失也。」

〔二六〕本書精誠篇：「隨時而舉事，因資而立功。」淮南子説林篇：「聖人者，隨時而舉事，因資而立功。」

〔二七〕俞樾曰：「『拘』當從淮南作『抱』。」于大成曰：「案：天中記二十四引此，『拘』正作『抱』。」案：原道篇：「是故聖人守清道而抱雌節。」高誘注：「清，和浄也。雌，柔弱也。」案：太平御覽七十七又四百一引注，「浄」作「静」。

〔二八〕原道篇：「因循應變，常後而不先，柔弱以静，舒安以定。」高誘注：「舒，詳也。」

〔二九〕「攻」原作「功」，注作「攻」，淮南子亦作「攻」，今改。原道篇：「攻大䃺堅，莫能與之争。」高誘注：「攻大䃺堅，喻難也，無與聖人之争也。」于大成曰：「釋名釋言語：『功，攻也。攻治之乃成也。』『功』、『攻』皆从工得聲，『功』故叚爲攻。又案：䃺，説文九下石部段注云：『䃺，今字省作磨。詩：如琢如磨，釋文：磨本又作摩。』莊子馬蹄篇：『喜則交頸相靡。』成疏云：『靡，摩也。』是『靡』、『䃺』皆即『摩』字，又並从麻得聲，故得通用。説文十一上手部：『摩，揅也。』」

老子曰：「機械之心藏於中，即純白之不粹；夫機未忘，智巧斯存，則玄道逾遠也。神德不全於身者，不知何遠之能壞〔一〕。近失於身，遠失於人。欲害之心忘乎中者，即飢虎可尾也，而況於人乎〔二〕？夫欲害忘于中者，雖踐飢虎之尾，處暴人之前，終无患者。體道者佚而不窮，治道得者，没身不怠。任數者勞而無功〔三〕。窮數術者，勞而无益。夫法刻刑誅者〔四〕，非帝王之業也；箠策繁用者，非致遠之御也〔五〕。刑濫民怨，箠繁馬佚。好憎繁多，禍乃相隨〔六〕。自然之理。故先王之法，非所作也，所因也；其禁誅，非所爲也，所守也〔七〕。謂不專任刑殺，求民之過〔八〕，惡者去之，小懲大誡，小人之福也。故能因即大，作即細〔九〕。能守即固〔一〇〕，爲即敗〔一一〕。如大禹治水，因下民昏墊，不勝其弊，隨山濬川，斬木通道，救時濟危，俾無有害，巍巍乎其有成功，爲是能因者也。秦商鞅作法改程，從今者賞〔一二〕，違法者誅，一日之間，戮七百餘人，渭水爲之赤，其後身死車裂，是所害者大，所成者細。守而不固，爲之者敗也。夫任耳目以聽視者，勞心而不明，以智慮爲治者，苦心而無功〔一三〕。夫任耳目，竭心慮，則曷足以言哉？至於不聽而聰，不視而明，无心而爲，不慮而成，此真人之所貴也。任一人之材，難以至治。一人之能，不足以治三畝之宅。過則力分不及。循道理之數，因天地自然，即六合不足均也〔一四〕。因其宜，量其力，雖六合之大，必能均齊，萬物之衆，必究其極也。聽失於非譽，目淫於彩色〔一五〕，禮亶不足以放愛，誠心可以懷遠〔一六〕。言禮不足以防閑，唯心可以照微也。故兵莫憯乎志，鏌鋣爲下；寇莫大於陰陽，而枹鼓爲細〔一七〕。所謂大寇伏尸不言節，中寇藏於山，小寇遯於民間。五兵、道之末者也，陰陽、寇之大者也。鏌鋣枹鼓，有形而利，有聲而威；至道无利而能斷，无威而善服。故鏌鋣雖利道爲下，枹鼓存聲於道而細。夫陰陽爲男女愛惡也，凡欲利斯興，心將緣情，取捨之間，必有生殺之患，故大寇藏於胸掖，小寇藏於民間。故至人自謹於內、制於外也。故曰：民多智能，奇物滋起。法令滋章，盜賊多有〔一八〕。去彼取此〔一九〕，天殃不起。治國法繁而民亂，亂者亡之兆。治身法繁則刑勞，勞者弊之徵。去彼智法，取此清靜，天殃自弭之者也。故以智治國國之賊，不以智治國國之德〔二〇〕。至人以智爲賊，世人以智爲德，用之則爲害，不用之則爲福也。

夫无形大，有形細。無形多，有形少。無形强，有形弱。無形實，有形虛。有大有小，則有多有少，有少則形爲小，是小有形也。无大无小，則无多无少，無少則无形爲大，是大因无形也。有形者，遂事也。本乎无形，莫知其名，因物命名，曰遂事也〔二一〕。無形者，作始也。遂事者，成器也〔二二〕。作始者，樸也。樸散而爲器也。有形則有聲，無形則無聲。有形産於無形，故無形者有形之始也〔二三〕。道、不无也，生者、有也。因生悟道，體存即无，是聲出无間，形存有始者也。廣厚有名，有名者貴全也。此言有者，即无名之名，非求有名，若求有名，何以貴全也。儉薄無名，無名者賤輕也。此言无名者，非是无名之名，謂以愚自絶，不知大道之名者也。殷富有名，有名者尊寵也〔二四〕。貧寡無名，無名者卑辱也。有道即尊，无道即辱。雄牡有名，有名者章明也。雌牝無名，無名者隱約也。自非用牡，豈全有名？自非守雌，豈全无名？晦明隱顯在我，有无寧滯也。有餘者有名，有名者高賢也。不足者無名，無名者任下也。不矜其名是有餘，不高而自高者非賢也。不修其名爲不足，不下而自下者愚也。有功即有名，無功即無名。道不虚應。有名産於無名，無名者有名之母也〔二五〕。夫道有無相生也，難易相成也〔二六〕。夫有不自有，自无而生有。難不自難，因易以成難。知有不足有，故須守母而存子。知難不自難，必爲難於其易。然物不孤運，事在相假也。是以聖人執道〔二七〕，虚静微妙〔二八〕，以成其德。忘機即照。故有道即有德，有德即有功，有功即有名，有名即復歸於道。道德既修，功名自有，有非我有，有自有耳，不知誰有，復歸乎道。功名長久，終身無咎。全保功名，自无咎悔。王公有功名，孤寡無功名，故曰聖人自謂孤寡，歸其根本〔二九〕。唯聖人能立无功之功、无名之名，有此功名，猶稱孤寡，是守雌柔復樸也。功成而不有〔三〇〕，故有功以爲利，無名以爲用〔三一〕。有功利物而不顯，无名常用而无窮。古者，民童蒙，言雖成立，猶若童子。不知東西，无分别也。貌不離情，天和順也。言不出行，行出無容〔三二〕，動與道合。言而不文，尚質也。其衣煖而無采，不增華飾。其兵鈍而無刃〔三三〕。不治凶器。行蹎蹎，詳徐之貌。視瞑瞑〔三四〕。音緜。若嬰兒之視也。鑿井而飲，耕田而食，衣食之外，餘无所求。不布施，不求德〔三五〕，高下不相傾，長短不相形〔三六〕。外不祈報，内不祈德，潛符道真，闇合天理。風齊於俗可隨也，事周於能易爲也。令不施而俗自整，人无欲而事自簡也。矜僞以惑世，軻行以迷衆，聖人不以爲民俗〔三七〕。夫詐僞爲事，坎軻而行，斯迷世惑衆，聖人之所不爲也。

〔一〕淮南子原道篇：「故機械之心藏于胸中，則純白不粹，神德不全；在身者不知，何遠之所能懷。」高誘注：「機械，巧詐也，藏之於胸臆之内，故純白之道不粹，精神專一之德不全也。粹讀禍祟之祟。懷，來也。」案：淮南子本經篇：「機械詐僞。」又曰：「機械巧故之心。」此高注所本。莊子天地篇：「有機械者必有機事，有機事者必有機心。機心存於胸中，則純白不備；純白不備，則神生不定；神生不定者，道之所不載也。」于大成曰：「案：淮南原道篇『壞』作『懷』，高注：『懷，來也。』是其義也。朱弁本、道藏續義本、寶曆本、子彙本、墨海本、守山閣本並作『懷』。惟壞、懷並从褱聲，自可通叚。左傳襄十四年『王室之不壞』，釋文云：『服本作懷。』淮南覽冥篇『羣臣準上意而懷當』，本書上禮篇『懷』作『壞』。又本書微明篇『中世守德而不懷』，淮南繆稱篇『懷』作『壞』。並其證。」

〔二〕原道篇：「欲寅之心亡於中，則飢虎可尾，何況狗馬之類乎？」王念孫曰：「『欲寅之心』，『寅』當爲『宍』，字之誤也。『宍』與『肉』同。（干禄字書云：『宍、肉，上俗，下正。』廣韻亦云：『肉，俗作宍。』墨子迎敵祠篇：『狗彘豚鷄食其宍。』太玄玄數：『爲會爲宍。』）『欲肉』者，欲食肉也。諸本及莊本皆作『欲害之心』，『害』亦『宍』之誤。（「害」字草書作「宮」，與「宍」相似。）文子道原篇亦誤作『害』。劉績注云：『古肉字。』則劉本作『宍』可知，而今本亦作『害』，蓋世人多見『害』少見『宍』，故傳寫皆誤也。（吳越春秋勾踐陰謀外傳：「斷竹續竹，飛土逐宍。」今本「宍」誤作「害」。論衡感虚篇：「厨門木象生肉足。」今本風俗通義「肉」作「害」，「害」亦「宍」之誤。）又齊俗篇：『夫水積則生相食之魚，土積則生自穴之獸。』『穴』亦『宍』之誤，自肉謂獸相食也。『相食之魚』、『自肉之獸』，其義一也。太平御覽禮儀部二引此作『食肉之獸』，食字涉上句『相食』而誤，而『肉』字則不誤。文子上禮篇正作『自肉之狩』（「狩」與「獸」同）。」王叔岷曰：「『害』乃『宍』之誤。宍，俗『肉』字。『欲肉』者，欲食肉也。（本王念孫説。）景宋本淮南子原道篇正作『宂』。」

〔三〕原道篇：「故體道者，逸而不窮，任數者，勞而無功。」

〔四〕原道篇：「夫峭法刻誅者，非霸王之業也。」唐寫本玉篇阜部引作「陗法刻刑」，又引許注：「陗，陵。」誅之作刑，此淮南許高二家注本之異同也。呂氏春秋功名篇高誘注引淮南記作「嚴刑峻罰，非百里之業也」。

〔五〕原道篇：「箠策繁用者，非致遠之術也。」高誘注：「繁，數也。」繆稱篇：「急轡數策者，非千里之御也。」呂氏春秋高誘注引淮南記：「急轡利錣，非千里之御也。」

〔六〕原道篇：「憂悲多恚，病乃成積。好憎繁多，禍乃相隨。」

〔七〕淮南子齊俗篇：「故先王之法籍，非所作也，其所因也；其禁誅，非所爲也，其所守也。」

〔八〕「過」原作「禍」，今從景宋本、景刻宋本校改。

〔九〕淮南子泰族篇：「故因則大，化則細矣。」許慎注：「能循則必大也。化而欲作則小矣。」王念孫曰：「『化』字義不可通，『化』當爲『作』，字之誤也。聖人順民性而條暢之，所謂因也，反是則爲作矣。原道篇曰『任一人之能，不足以治三畝之宅也，循道理之數，因天地之自然，則六合不足均也。』故曰『因則大，作則細』矣。高注本作『能循則必大也，欲作則小矣』，今本『欲作』上有『化而』二字，則後人依已誤之正文加之耳。文子道原篇作『因即大，作即細』，自然篇作『因即大，作即小』皆其證。呂氏春秋君守篇曰：『作者擾，因者平。』任數篇曰：『爲則擾矣，因則静矣。』語意略與此同。」陶方琦曰：「羣書治要引許注：『能循則必大也，欲作則小矣。』按今本

「化」字當爲「作」，文子亦云：「作則細。」説文：「細，散也，小物之散也。」向宗魯先生淮南子簡端記曰：「王氏誤甚。長短經是非篇引孟子曰『天道因則大，化則細』云云。慎子因循篇：『天道因則大，化則細。因也者，因人之情也。人莫不自爲也，化而使之爲我，則莫可得而用。』皆淮南所本。孟子僅佚文數句，而慎子所云『化則細』之意甚明，高（當作許）注有『化而欲作』語，正本文有『化』字之明證，王氏以『化而』二字後人依已誤之正文加之，不知『化而欲作』四字，見老子三十七章，高語本道經，意正密合，（老子以自化爲貴，即此所謂因，以化而欲作爲非，即此所謂化，云吾將鎮之以無名之樸，即謂舍化就因。）非淺人所得妄加也。治要引正文注文皆同今本，則唐本已如此，陶氏因王氏誤説，乃改治要以就之，將誰欺。」

〔一〇〕老子六十七章：「以守則固。」

〔一一〕老子二十九章又六十四章俱曰：「爲者敗之。」

〔一二〕于大成曰：「案：『今』當作『令』，字之壞也。續古逸本，景宋本作『令』，『令』字是。」

〔一三〕原道篇：「夫任耳目以聽視者，勞形而不明；以知慮爲治者，苦心而無功。」

〔一四〕原道篇：「故任一人之能，不足以治三畝之宅也；脩道理之數，因天地之自然，則六合不足均也。」高誘注：「均，平也。」王念孫曰：「『脩』當爲『循』，隸書『循』、『脩』二字相似，故『循』誤爲『脩』。循道理，因天地，『循』亦因也，若作『脩』，則非其指矣。太平御覽地部二、居處部八引此並作『循』，文子道原篇亦作『循』。」

〔一五〕齊俗篇：「聽失於誹譽，而目淫於采色。」

〔一六〕齊俗篇：「故禮豐不足以效愛，而誠心可以懷遠。」顧觀光曰：「『亶』當作『豐』，『故』當作『效』，齊俗訓並不誤。」于大成曰：「案：爾雅釋詁：『亶，厚也。』厚、豐義近，作亶義自可通。朱弁本作『稟』，則『亶』字之誤矣。『放當作效』，是也，朱弁本、寶曆本正作『效』。」

〔一七〕淮南子主術篇：「兵莫憯於志，而莫邪爲下；寇莫大於陰陽，而枹鼓爲小。」高誘注：「小，細。『憯』猶利也。以志意精誠伐人爲利。老子曰：『重積德則無不克。』故以莫邪爲下也。『寇』亦兵也。推陰陽虛實之道爲大，故以枹鼓爲小也。」繆稱篇：「故曰：兵莫憯於意志，莫邪爲下；寇莫大於陰陽，枹鼓爲小。」莊子庚桑楚篇：「兵莫憯於志，鏌鋣爲下；寇莫大於陰陽，無所逃於天地之間。非陰陽賊之，心則使之也。」

〔一八〕老子五十七章：「人多伎巧，奇物滋起。法令滋彰，盜賊多有。」

〔一九〕老子十二章：「是以聖人爲腹不爲目，故去彼取此。」

〔二〇〕老子六十五章：「故以智治國，國之賊；不以智治國，國之福。」

〔二一〕老子十七章：「功成事遂，百姓皆謂我自然。」

〔二二〕老子六十七章：「不敢爲天下先，故能成器長。」

〔二三〕老子四十一章：「大象無形。」淮南子俶真篇：「有有者，有無者，有未始有有無者，有未始有夫未始有有無者。」又曰：「有未始有夫未始有有無者，天地未剖，陰陽未判，四時未分，萬物未生，汪然平静，寂然清澄，莫見其形，若光燿之問（原誤「間」，從陳觀樓校改，事見莊子知北遊篇。）於無有，退而自失也，曰：『子能有無，而未能無無也。及其爲無無，至妙何從及此哉？』」

〔二四〕于大成曰：「『名』下當有『者』字，乃與上下一例。朱弁本、寶曆本、纘義本、墨海本、守山閣本並有。此奪去。」

〔二五〕老子一章：「無，名天地之始，有，名萬物之母。」

〔二六〕老子二章：「故有無相生，難易相成。」

〔二七〕老子十四章：「執古之道，以御今之有。」

〔二八〕老子十五章：「古之善爲士者，微妙玄通，深不可識。」

〔二九〕老子三十九章：「故貴以賤爲本，高以下爲基。是以侯王自謂孤寡不穀，此非以賤爲本邪？非乎？」

〔三〇〕老子三十四章：「功成不名有。」

〔三一〕老子十一章：「故有之以爲利，無之以爲用。」

〔三二〕主術篇：「天道玄默，無容無則。」案：賈子新書容經篇：「容有四起，……視有四則。」容謂儀容，則謂規則也。

〔三三〕齊俗篇：「其衣致煖而無文，其兵戈銖而無刃。」許慎注：「楚人謂刃頓爲銖。」王念孫以致與戈俱衍文，俞樾以爲王說是。案：說文銖無頓義，蓋假作錭，說文金部：「錭，鈍也。」古從周從朱之字得相通用，周禮春官甸祝：「禂牲禂馬。」鄭注：「禂讀如伏誅之誅。」釋文：「禂音誅。」是其證也。廣雅釋詁：「銖，鈍也。」

〔三四〕本書精誠篇：「其民童蒙，不知西東，視瞑瞑，行蹎蹎，侗然自得，莫知其所由。」淮南子覽冥篇：「其行蹎蹎，其視瞑瞑，侗然皆得其和，莫知所由生。」高誘注：「『瞋』讀填寘之填。」

〔三五〕齊俗篇：「鑿井而飲，耕田而食，無所施其美，亦不求得。」

〔三六〕太平御覽八百六引：「不布施以求得，不高下以相假，此古人之德也。」案：「假」當作「傾」，字之誤也。齊俗篇：「故高下之相傾也，脩短之相形也亦明矣。」俱本老子。老子二章：「長短相較，高下相傾。」

〔三七〕齊俗篇：「故行齊於俗可隨也，事周於能易爲也。矜僞以惑世，伉行以違衆，聖人不爲民俗。」案：道藏本纘義釋音：「軻音苛，志不平貌。」尋淮南子覽冥篇：「不嘤喋苛事。」高誘注：「不采取煩苛之事。」齊俗篇：「上無苛令，官無煩治。」淮南子以苛煩對言，高誘注以「煩苛」連文，則「苛行」謂煩苛之行也。

文子疏義卷第二

精誠

精者，明也。誠者，信也。誠者，天之性也。精者，人之明也。誠以志之，明以辯之，非天下至誠，安能盡人物之性，合天地之德。故曰：不精不誠，不能動人〔一〕。斯之謂也。

老子曰：「天致其高，地致其厚，日月照，列星朗，陰陽和，非有爲焉，无爲所致，非有欲也。正其道而物自然〔二〕。言君正其身，民化如神，不言之教，莫之與鄰也。陰陽四時，非生萬物也；雨露時降，非養草木也；神明接，陰陽和，萬物生矣〔三〕。天地和泰，神明交降，非有心也，四時不得不順，萬物不得不生。夫道者，藏精於内，棲神於心，静漠恬惔，悦穆胸中〔四〕，廓然無形，寂然無聲，言聖人懷天心，施德養道，内韞精神，外無人物，都无兆朕〔五〕，豈有形聲。官府若無事，朝廷若無人，无苛政，无佞人。無隱士，無逸民，朝廷皆忠烈，巖野无遺賢。無勞役，無冤刑〔六〕，使民以時，用法無濫。天下莫不仰上之德，象主之旨，絶國殊俗〔七〕，莫不重譯而至，君有其道，人賴其德，遠被八表，旁流殊俗。非家至而人見之也，推其誠心施之天下而已〔八〕。言致重譯，懷殊俗，非人君一一自詣其家，是誠心内發，遠人自至也。故賞善罰暴者，正令也，其所以能行者，精誠也。令雖明，不能獨行，必待精誠。精，明也。誠，信也。非明與信，莫能賞善伐惡。故總道以被民，而民弗從者，精誠弗至也〔九〕。」如禹伐有苗，不伏，然後退舞干羽而有苗格，精誠至也。

〔一〕莊子漁父篇：「真者，精誠之至也。不精不誠，不能動人。」

〔二〕淮南子泰族篇：「天致其高，地致其厚，月照其夜，日照其晝，陰陽化，列星朗，非其道而物自然。」王念孫謂「下三句當從文子精誠篇作『列星朗，陰陽化，非有爲焉，正其道而物自然』」。

〔三〕泰族篇：「故陰陽四時，非生萬物也；雨露時降，非養草木也；神明接，陰陽和，而萬物生矣。」

〔四〕文選爲賈謐作贈陸機李善注引「惔」作「淡」，與淮南子同，古通。泰族篇：「今夫道者，藏精於内，棲神於心，靜漠恬淡，訟繆胸中。」許慎注：「訟，容也。繆，靜也。」原本玉篇系部引許注，同。王引之曰：「高（當作許）所見本作『訟』，故訓爲『容』，『訟』、『容』古同聲也，其實『訟』乃『説』之誤，『説』古『悦』字。『繆』與『穆』同，『穆』亦和悦也。大雅烝民箋曰：『穆，和也。』管子君臣篇：『穆君之色。』尹知章曰：『穆猶悦也。』『説繆胸中』者，所謂不改其樂也。文子精誠篇正作『悦穆胸中』。」

〔五〕「兆朕」原作「爲朕」，今據景宋本、景刻宋本改正。

〔六〕「寃」，景宋本、景刻宋本作「怨」，古同聲通用。一切經音義七：「古文『寃』、『惌』二形，今作『怨』，同。」泰族篇：「廓然無形，寂然無聲，官府若無事，朝廷若無人，無隱士，無軼民，無勞役，無寃刑。」

〔七〕文選還舊園作見顔范二中書李善注引「絶國殊俗」作「殊方偏國」。泰族篇：「四海之内，莫不仰上之德，象主之指，夷狄之國，重譯而至。」

〔八〕泰族篇：「非户辯而家説之也，推其誠心，施之天下而已矣。」

〔九〕泰族篇：「賞善罰暴者，政令也，其所以能行者，精誠也。故弩雖强，不能獨中；令雖明，不能獨行，必自精氣所以與之施道。故攄道以被民，而民弗從者，誠心弗施也。」治要引「攄」作「總」，與文子合。

老子曰：「天設日月，列星辰，張四時，調陰陽，日以暴之〔一〕，夜以息之，風以乾之，雨露以濡之。其生物也，莫見其所養而萬物長；其殺物也，莫見其所喪而萬物亡，此謂神明〔二〕。天道潛運，難可明言。物之生、時也，物之死、時也，生者至時不得不生，死者至時不得不死，即生者合生，死者合死。故生者不謝於天，死者不怨於道，自然而已，所謂神明。是故聖人象之：其起福也，不見其所以而福起；其除禍也，不見其所由而禍除〔三〕。稽之不得，察之不虚，上言天法道，此言聖人法天。天之有生殺，由君之有賞罰。起福謂用賢，除禍謂去惡。惡者不得不誅，賢者不得不進，是賢者自進而非我進，暴者自誅而非我誅。故福非我起，禍非我生，莫知所由，不見其形。日計不足，歲計有餘〔四〕，聖人不謀細，日用似不足，歲計乃有餘也。寂然無聲，一言而大動天下，是以天心動化者也〔五〕。夫聖人其静也天下无聲，其動也萬物歸之，故高宗三年不言，言乃讙，有諸也。故精誠内形，氣動於天〔六〕，景星見，黄龍下，鳳凰至〔七〕，醴泉出，嘉穀生，河不滿溢，海不波涌〔八〕。聖人體道育物，唯德動天，内發於心，上應於天，故龍鳳翔集，河海清澄，非无精誠，曷能至此。逆天暴物，即日月薄蝕，五星失行，四時相乖〔九〕，晝冥宵光〔一〇〕，山崩川涸，冬雷夏霜。天之與人，有以相通〔一一〕。上明天之應以喜祥，此明逆之致咎災。故知禍福无門，唯人所召。故天人相通，氣類相感，必不差也。故國之殂亡也，天文變，世俗亂，虹蜺見，萬物有以相連，精氣有以相薄〔一二〕。悖氣勝，災害以變，物應之以凶。是故聖人審知一身，通乎萬類，兢兢業業，不敢荒寧，將上順天心，以安黔首，不敢侮慢也。故神明之事，不可以智巧爲也，不可以强力致也〔一三〕。夫神明正直，豈容巧僞，非誠心莫應，况强力能通哉？故大人與天地合德，與日月合明〔一四〕，與鬼神合靈，與四合信〔一五〕。唯大聖爲能體至道，合天心，故德无不備，明无不燭，靈不虚應，信不逾時，有能與斯，可謂大哉。懷天心，抱地氣〔一六〕，執冲含和，心氣相通，天地交泰，非體冲合，豈至如此？不下堂而行四海〔一七〕，其唯神化。變易習俗，民化遷善，若出諸己，能以神化者也〔一八〕。夫聖人不以尊卑易己，不以夷夏易情。故不下堂而殊俗化，不馳神而重譯至，德加乎人，若出諸己者。

〔一〕案：說文日部：「㬥，晞也。」段注：「攷工記：『晝㬥諸日。』孟子：『一日㬥之。』引伸爲表㬥、㬥露之義，與夲部『𣋡』義別。凡𣋡疾、𣋡虐、𣋡虎，皆夲部字也，而今隸一之，經典皆作『暴』，難於諟正。」

〔二〕莊子齊物論篇：「勞神明爲一，而不知其同也。」成玄英疏：「夫玄道妙一，常湛以然，非由心智謀度，而後不二。而愚者勞役神明，邂逅言辯，而求一者，與彼不一無一異矣，不足類也。不知至理，理自混同，豈俟措心，方稱不二耶？」

〔三〕泰族篇：「聖人象之，故其起福也，不見其所由而福起；其除禍也，不見其所以而禍除。」尸子貴言篇：「天地之道，莫見其所以長物而物長，莫見其所以亡物而物亡。聖人之道亦然，其興福也，人莫之見而福興矣；其除禍也，人莫之知而禍除矣。故曰神人。」

〔四〕泰族篇：「遠之則邇，延之則踈，稽之弗得，察之不虚，日計無算，歲計有餘。」俶真篇：「其道可以大美興，而難以算計舉也。是故日計之不足，而歲計之有餘。」高誘注：「以限計之，故有餘也。辟若梅矣，百梅足以爲百人酸，一梅不足爲百人酸也。」莊子庚桑楚篇：「今吾日計之而不足，歲計之而有餘。」釋文：「向云：『無旦夕小利也。順時而大穰也。』」成玄英疏：「今我日計利益不足稱，歲計至功其有餘。蓋賢聖之人，與四時合度無近功，故日計不足，有遠德，故歲計有餘。」

〔五〕泰族篇：「高宗諒闇，三年不言，四海之内，寂然無聲，一言聲然，大動天下，是以天心呿唫者也。」俞樾曰：「『聲然』二字，文不成義。聲當作『謦』，涉上文『四海之内，寂然無聲』而誤也。周書太子晉篇：『師曠謦然又稱曰。』孔注曰：『謦然，自嚴整也。』是其義也。下文『故聖人者，懷天心，聲然能動化天下者也』，『聲然』亦『謦然』之誤。『能』讀爲而。」器案：「高宗諒闇，三年不言」，見禮記檀弓下。「呿唫」謂開閉。吕氏春秋重言篇：「君呿而不唫。」高誘注：「呿，開。唫，閉也。」

〔六〕文選東征賦：「精誠通於明神。」李善注引文子：「精誠通於形，動氣於天。」

〔七〕太平御覽七引「景星見」上有「則」字。泰族篇：「故精誠感於内，形氣動天，則景星見，黄龍下，祥鳳至。」

〔八〕泰族篇：「醴泉出，嘉穀生。河不滿溢，海不溶波。」「溶」當爲「涌」，聲近之誤也。

〔九〕「乖」原誤「乘」，今據淮南子校改。泰族篇：「逆天暴物，則日月薄蝕，五星失行，四時干乖。」

〔一〇〕覽冥篇：「晝冥宵明。」高誘注：「沉浮冥明，與道合也。」漢書張敞傳：「晝冥宵光。」師古曰：「冥，闇也。宵，夜也。」

〔一一〕泰族篇：「山崩川涸冬雷夏霜，詩曰：『正月繁霜，我心憂傷。』天之與人，有以相通也。」案：詩小雅正月：「正月繁霜，我心憂傷。」毛傳：「正月，夏之四月。繁，多也。」鄭箋：「夏之四月，建巳之月，純陽用事而霜多，急恒寒若之異，傷害萬物，故心爲之憂傷。」

〔一二〕泰族篇：「故國危亡而天文變，世惑亂而虹蜺見，萬物有以相連，精祲有以相蕩也。」許慎注：「精祲，氣之侵入者也。」漢書匡衡傳：「精祲有以相蕩。」作「精祲」義勝。

〔一三〕泰族篇：「故神明之事，不可以智巧爲也，不可以筋力致也。」

〔一四〕泰族篇：「故大人者，與天地合德，日月合明。」王叔岷曰：「案：初學記十七引『大人』作『聖人者』，兩『合』字下並有『其』字。據此，則下文『與鬼神合靈，與四時合信』，（初學記未引。）兩『合』字下亦當有『其』字，文乃一律。易乾卦文言作『夫大人者，與天地合其德，與日月合其明，與四時合其序，與鬼神合其吉凶』，即其證。淮南子『大人』下亦有『者』字。」

〔一五〕泰族篇：「故大人者，與天地合德，日月合明，鬼神合靈，與四時合信。」王念孫曰：「此用乾文言語也，『日月』、『鬼神』上並脱『與』字。文子精誠篇正作『與日月合明，與鬼神合靈』。」

〔一六〕泰族篇：「故聖人懷天氣，抱天心。」俞樾曰：「文子精誠篇作『懷天心，抱地氣』，是也。上文云：『故聖人者，懷天心。』則此文亦當作『懷天心』矣。『懷天心』之文，既與文子同，則下句亦當作『抱地氣』矣，傳寫誤耳。上文『故聖人者懷天心』下，疑亦當有『抱地氣』三字，今闕此句，文義不備。」

〔一七〕泰族篇：「執中含和，不下廟堂而衍四海。」王念孫曰：「文選東都賦注引此作『不下廟堂而行於四海』，於義爲長。文子精誠篇亦作『不下堂而行四海』。」

〔一八〕泰族篇：「變習易俗，民化而遷善，若性諸己，能以神化也。」文子景宋本、景刻宋本作「生」，「生」、「性」古通，然據注仍是「出」字，作「生」作「出」俱通，當無礙耳。

老子曰：「夫人道者，全性保真，不虧其身，夫人識道，體合天理，在物无害，於身不虧也。遭急迫難，精通乎天，誠至无違。若乃未始出其宗者，何爲而不成〔一〕？死生同域，不可脅凌〔二〕。未始出其宗者，是心與道冥，身齊化物，何往不適，何爲不成，死生已泯，安可脅凌也。又況官天地，府萬物〔三〕，返造化〔四〕，含至和，而已未嘗死者也〔五〕？道者法天象地，含陰吐陽，分布五材，包羅萬品，獨運陶鈞之上，周行造化之表，未嘗有生，孰云其死。精誠形乎內，而外喻於人心，此不傳之道也〔六〕。此言內育精誠，外感人物，其可傳乎！聖人在上，懷道而不言，澤及萬民〔七〕。故不言之教〔八〕，芒乎大哉。君臣乖心，倍譎見于天，神氣相應徵矣〔九〕。此謂不言之辯，不道之道也〔一〇〕。至道无言，玄功不宰，故君臣相保，誦詠其德，上達于天，幽通于神，不言之辯，不道之道，所能致也。夫召遠者使無爲焉〔一一〕，親近者言無事焉〔一二〕，言天之高遠，唯无爲感之而應，无事親之則近也。唯夜行者能有之〔一三〕。夜行謂勤行，如夜行未迨所詣，陪行不息，所以精神内發，上達于天。却走馬以糞〔一四〕，却者罷也，馬者心也，心如佚馬，難可控御。人皆馳心，遠希名利，以榮其身；我則不然，罷走其心，保將虛静，以糞其身也。車軌不接於遠方之外〔一五〕，是謂坐馳陸沉〔一六〕。不行而至，謂之坐馳。隱而不發，謂之陸沉。夫天道無私就也，無私去也。能者有餘，拙者不足〔一七〕。夫天道無私，有德者則就，无德則去。觀夫去彼取此，涉於有私；及乎捨惡親善，理合自然。无欲則有餘，有欲則不贍也已。順之者利，逆之者凶〔一八〕。唯无私无爲，故无利无功。是故以智爲治者，難以持國。已釋上經。唯同乎大和，而持自然應者，爲能有之〔一九〕。唯全大和，自然應之。

〔一〕淮南子覽冥篇：「夫全性保真，不虧其身，遭急迫難，精通于天，若乃未始出其宗者，何爲而不成？」高誘注：「精通于天者，謂聖人質成上通，爲天所助。宗者，道之本也，謂性不外逸，生與道同也。」案：本篇下文又云：「若未始出其宗。」高誘注：「宗，本也。若未始有其形。」又精神篇：「除穢去累，莫若未始出其宗，乃爲大通。」莊子應帝王篇：「鄉吾示之以未始出吾宗。」成玄英疏：「既絶言象，無的宗塗。」宗，俱謂本也。

〔二〕覽冥篇：「夫死生同域，不可脅陵。」「陵」、「凌」古通。詩曹風鳲鳩「凌陰」、左昭四年「凌陰」，釋文俱云：「音陵。」

〔三〕覽冥篇：「又況夫宮天地，懷萬物。」高誘注：「以天地爲宮室。『懷』猶囊也。」惠棟曰：「宮讀如大山宮小山之宮，圍也，謂道也。」案：莊子德充符篇：「而況官天地，府萬物。」成玄英疏：「綱維二儀曰官天地，包藏宇宙曰府萬物。」此與莊子合。然淮南子作「宮」，高誘且從而爲之解，則漢時自有作「宮」之本也。

〔四〕覽冥篇：「而友造化。」高誘注：「造化，陰陽也。與之相朋友。」文子作「返」，疑本作「反」，字形與「友」相似而誤也。

〔五〕覽冥篇：「含至和，直偶于人形，觀九鑽一，知之所不知，而心未嘗死者乎？」高誘注：「心未嘗死者，謂心生與道同者也，不與觀九鑽一等也。」莊子德充符篇：「而況官天地，府萬物，直寓六骸，象耳目，一知之所知，而心未嘗死者乎！」則「觀九鑽一」之説，八公之徒藝增之也。

〔六〕覽冥篇：「精神形於內，而外諭哀於人心，此不傳之道。」高誘注：「言能以精神哀悲，感傷人心，不可學而得之之，故曰不傳之道也。」

〔七〕覽冥篇：「故聖人在位，懷道而不言，澤及萬民。」高誘注：「聖人行自然無爲之道，故澤及萬民也。」

〔八〕老子二章：「是以聖人處無爲之事，行不言之教。」又四十三章：「不言之教，無爲之益，天下希及之。」

〔九〕覽冥篇：「君臣乖心，則背譎見於天，神氣相應徵矣。」高誘注：「日旁五色氣，在兩邊外出爲背，外向爲譎，內向爲珥，在上外出爲冠。」案：呂氏春秋明理篇：「其日有倍僪。」高誘注：「倍僪，日旁之危氣也，在兩傍反出爲倍，在上反出爲僪，在上内向爲冠，兩傍内向爲珥。」廣雅疏證釋天祥氣：「倍僪冠珥。」王念孫曰：「倍，字或作『背』，譎，字或作『鐍』、『璚』、『僪』，又作『穴』。呂氏春秋明理篇云云（見上引）。開元占經日占篇引石氏云：『氣青赤曲向外，中有一横，狀如帶鉤，名爲璚。氣青赤在日上，名爲冠。日兩旁有氣短小青赤，名爲珥。』淮南子覽冥篇云：『背譎見於天。』漢書天文志：『暈適背穴，抱珥虹蜺。』孟康曰：『穴，多作鐍，其形如玉鐍也。』如淳曰：『有氣刺日爲鐍，鐍，抉傷也。』諸家説『譎』字之義各異，未知孰是。」案：王氏未及引淮南高誘注文，實則高誘説冠氣亦内向外出不同也。背鐍即倍僪。冠、珥皆内向之名，覽冥篇注以『在上外出爲冠』，以明理篇注相對，蓋誤也。

〔一〇〕覽冥篇：「所謂不言之辯，不道之道也。」莊子齊物論篇：「夫大道不稱，大辯不言，……道昭而不道，言辯而不及，……故知止其所不知，至矣。孰知不言之辯，不道之道？若有能知，此之謂天府。」

〔一一〕覽冥篇：「故召遠者，使無爲焉。」高誘注：「遠者，四夷也。欲致化四夷者，當以無爲，無爲則夷荒自至也。」

〔一二〕覽冥篇：「親近者，使無事焉。」高誘注：「近者，諸夏也。欲親近者，當以無事，無事則近人自親附之。」王念孫曰：「高説非也。『親近者使無事焉』，使當作言，無爲、無事，猶今人言無用也。此言使不足以召遠，言不足以親近，惟誠足以動之耳。今本言作使者，涉上句使字而誤。高云『欲親近者當以無事』，以字正釋使字，則所見本已誤作使。管子形勢篇曰：『召遠者使無爲焉，親近者言無事焉，唯夜行者獨有之也。』（形勢解曰：「民利之則來，害之則去，故欲民者先起其利，雖不召而民自至；設其所惡，雖召之而民不來也。故曰『召遠者使無爲焉』。道之純厚，遇之有實，雖不言曰吾親民，而民親矣。道之不厚，遇之無實，雖言曰吾親民，民不親也。故曰『親近者言無事焉』。所謂夜行者，心行也，能心行德，天下莫能與之争矣。故曰『唯夜行者獨有之也』。」）此即淮南子所本。文子精誠篇曰：『夫召遠者使無爲焉，親近者言無事焉，唯夜行者能有之。』又本於淮南也。（或謂文子所用乃管子之文，非淮南之文，今知不然者，淮南唯此五句與管子同，其上下文皆管子所無也。文子上下文皆與淮南同，則皆本於淮南明矣。又管子作『唯夜行者獨有之』，淮南作『惟夜行者爲能有之』，文子與淮南同，是此五句亦本於淮南，非本於管子也。）

〔一三〕覽冥篇：「惟夜行者爲能有之。」高誘注：「夜行，謂陰行也。陰行神化，故能有天下也。一説：言入道者，如夜行幽冥之中，爲能有召遠親近之道也。」惠棟曰：「君子慎獨，故天地位，萬物育，此夜行之效。」案：鶡冠子有夜行篇，云：「聖人貴夜行。」亦襲文子、淮南子之文而爲之。

〔一四〕老子四十六章：「天下有道，卻走馬以糞；天下無道，戎馬生於郊。」

〔一五〕覽冥篇：「故卻走馬以糞，而車軌不接於遠方之外。」高誘注：「『卻走馬以糞』，老子詞也。止馬不以走，但以糞，糞田也，行至德之效也。一説：國君無道，則戎馬生于郊，無事止走馬以糞田也，故兵車之軌，不接遠方之外。兩輪之間爲軌。」案：河上公章句：「糞者，糞田也。兵甲不用，卻走馬以治農田也。」蓋其時尚未知以牛耕田也。莊子胠篋篇：「足跡接乎諸侯之境，車軌結乎千里之外。」文子此文似當作「結」爲長，結，交也。

〔一六〕覽冥篇：「是謂坐馳陸沉，晝冥宵明。」高誘注：「言坐行神化，疾於馳傳，沉浮冥明，與道合也。」案：高注説頗可商。莊子人間世篇：「夫且不止，是之謂坐馳。」又則陽篇：「方且與世違而心不屑與之俱，是陸沉者也。」郭象注：「人中隱者，譬無水而沉也。」又案：莊子大宗師篇又言「坐忘」，「坐」字義同。古書言無故而自如彼者，俱謂之「坐」。文選鮑明遠蕪城賦李善注：「無故而飛曰坐飛。」又陸士衡長歌行李善注：「無故自捐曰坐。」又張茂先雜詩李善注：「無故自凝曰坐。」又張景陽雜詩李善注：「無故自吟曰坐。」俱其證也。若由是推之，則孟子離婁下：「千歲之日至，可坐而致也。」風俗通義愆禮篇：「南陽張伯大、鄧子敬坐養聲價。」亦其比也。解南華經者，皆未得莊生之旨也。

〔一七〕覽冥篇：「夫道者，無私就也，無私去也；能者有餘，拙者不足。」高誘注：「言以非時鑠膠造冰，難成之也。天道無私就去。能行道，功有餘也。」太平御覽二七引淮南子「夫道」作「天道」，與文子合。

〔一八〕覽冥篇：「順之者利，逆之者凶。」老子十六章：「不知常，妄作凶。」順之，知常也。逆之，妄作也。莊子天運篇：「天有六極五常，帝王順之則治，逆之則凶。」

〔一九〕覽冥篇：「故以智爲治者，難以持國。唯通于太和，而持自然之應者，爲能有之。」高誘注：「能有持國之術。」

老子曰：「夫道之與德，若韋之與革，遠之即近，近之即疏〔一〕，稽之不得，察之不虛。

夫韋革爲鼓，擊之則應；道德資身，用之則行，聲應莫窮，神化无極，是考之不得，察之不虛也。

是故聖人若鏡，不將不迎〔二〕，應而不藏〔三〕，萬物而不傷〔四〕。

其心若鏡，所鑑无遺，不迎物而求照，必恒照而應物，物无逃像，所遇何傷也。其得之也，乃失之也；其失之也，乃得之也〔五〕。有得有失，斯爲不實。无得无失，斯爲真一。故通於大和者，闇若酕醉，而甘卧以游其中〔六〕，若未始出其宗，是謂大通〔七〕。夫抱道含和，忘形遺累，如飲醇酎甘樂其中，混然而同，可謂大道者也〔八〕。此假不用，能成其用也〔九〕。」此謂悟道以无生，如因醉以忘形也。

〔一〕淮南子覽冥篇：「夫道之與德，若韋之與革，遠之則邇，近之則遠。」高誘注：「革之質象道，韋之質象德，欲去遠之，道反在人側，欲以事求之，去人已遠也。無事者近人，有事者遠人。」器案：周禮地官肆長：「陳其貨賄，名相近者相遠也，實相近者相爾也。」「爾」即「邇」也。謂韋與革名不相近，實則相邇，故以取譬道與德也。

〔二〕覽冥篇：「故聖若鏡，不將不迎。」高誘注：「將，送也。」王念孫校謂「聖」下脱「人」字，是。案：莊子應帝王篇：「至人之用心若鏡，不將不迎。」成玄英疏：「將，送也。」又大宗師篇：「其爲物，无不將也，无不迎也。」成玄英疏：「將，送也。」又知北遊篇：「无有所將，无有所迎。」成玄英疏：「聖人如鏡，不送不迎。」

〔三〕覽冥篇：「應而不藏。」高誘注：「應猶隨也。謂鏡隨人形好醜，不自藏匿者也。」

〔四〕覽冥篇：「故萬化而無傷。」案：以二文相校，疑文子「物」下脱「化」字，淮南子「化」上脱「物」字。莊子知北遊篇：「聖人處物不傷物。」

〔五〕覽冥篇：「其得之乃失之，其失之非乃得之也。」

〔六〕覽冥篇：「故通於太和者，惛若純醉，而甘卧以游其中，而不知其所由至也。」高誘注：「太和，謂等死生之和，齊窮達之端，其中道之中也，不自知所至此也。」案：莊子徐无鬼篇言「孫叔敖甘寢」，成玄英疏謂「高枕而逍遥」，此「甘卧」字義亦如之。

〔七〕覽冥篇：「純温以淪，鈍悶以終，若未始出其宗，是謂大通。」高誘注：「純，一也。温，和也。淪，没也，喻潛伏也。鈍悶，無情也。欲終始于道。宗，本也。若未有其形。」案：脩務篇：「鈍閔條達。」（「鈍閔」原作「鈍聞」，據王念孫説校改，注同。）高誘注：「『鈍閔』猶鈍惛也。」

〔八〕「大道」，疑當作「大通」。

〔九〕覽冥篇：「此假弗用而能以成其用者也。」高誘注：「弗用，無爲。」莊子知北遊篇：「是用之者假不用者也，以長得其用，而況乎无不用者乎？物孰不資焉。」

老子曰：「昔黄帝之治天下，調日月之行，治陰陽之氣，節四時之度，正律曆之數〔一〕，別男女，明上下，使强不掩弱，衆不暴寡〔二〕，民保命而不夭〔三〕，歲時熟而不凶〔四〕，百官正而無私〔五〕，上下調而無尤〔六〕，法令明而不闇，輔佐公而不阿〔七〕，田者讓畔，道不拾遺，市不預賈〔八〕。故於此時，日月星辰，不失其時，風雨時節，五穀豐昌，鳳凰翔於庭〔九〕，麒麟游於郊〔一〇〕。此黄帝以道治天下，德化如是。虙犧氏之王天下，枕石寢繩〔一一〕，殺秋約冬，負方州，抱員天〔一二〕，陰陽所擁，沉滯不通者竅理之〔一三〕，逆氣戾物傷民厚積者絶止之〔一四〕。其民童蒙，不知西東，視瞑瞑，行蹎蹎〔一五〕，侗然自得，莫知其所由，浮游汎然不知所本，罔養不知所如往〔一六〕。此明虙犧氏之治天下也如此。當此之時，禽獸蟲蛇無不懷其爪牙，藏其螫毒，功揆天地〔一七〕。雖含毒螫之情，而无殘害之心，至德所加，故能若此也。至黄帝要繆未詳。乎太祖之下〔一八〕，然而不章其功，不揚其名〔一九〕，隱真人之道，以從天地之固然〔二〇〕。何即〔二一〕？道德上通，而智故消滅也〔二二〕。」太祖，黄帝之先也。其人樸，其性野，有功而不德，有名而不揚。故曰隱真人之道，絶浮囂之智，因自然通於天地也。

〔一〕覽冥篇：「昔者，黄帝治天下，而力牧、太山稽輔之，以治日月之行，律（高誘注：「律，度也。」）治陰陽之氣，節四時之度，正律歷之數。」陳觀樓曰：「『律』下本無『治』字，『律陰陽之氣』，與上下相對爲文，讀者誤以『律』字上屬爲句，則『陰陽之氣』四字文不成義，故又加『治』字耳。高注『律，度也』三字本在『律陰陽之氣』下，傳寫誤在『律』之下、『陰陽』之上，隔斷上下文義，遂致讀者之惑。」王念孫曰：「文子精誠篇作『調日月之行，治陰陽之氣』，此用淮南而改其文也。後人不知『律』字之下屬爲句，故依文子加『治』字耳。」器案：北堂書鈔四引作「理日月之行，治陰陽之氣」，太平御覽七十九引作「以理日月星辰之（下脱一字，當是「行」字。）治陰陽之氣」，足爲陳王二説之證，亟當從之改正。

〔二〕覽冥篇：「使强不得暴寡。」案：此文有脱字，北堂書鈔四、原本北堂書鈔三十二、藝文類聚十一引俱作「使强不得掩弱，衆不得暴寡」。

〔三〕覽冥篇：「人民保命而不夭。」高誘注：「安其性命，不夭折也。」此因唐諱「民」字，注「人」字於其旁，傳寫者誤合之。

〔四〕覽冥篇：「歲時孰而不凶。」高誘注：「不凶，無災害也。」案：周禮地官均人職：「凶札則無力政，無財賦。」賈公彦疏：「凶謂年穀不孰。」

〔五〕覽冥篇：「百官正而無私。」高誘注：「皆在公也。」

〔六〕覽冥篇：「上下調而無尤。」高誘注：「君臣調和，無尤過也。」

〔七〕覽冥篇：「輔佐公而不阿。」高誘注：「卿士公正，不立私曲從也。」案：太平御覽七十九引注作「卿士公正，不阿意曲從」，較今本義長。

〔八〕覽冥篇：「市不豫賈。」案：「預」、「豫」古通。六臣注本文選魏都賦：「不鬻邪而豫賈。」五臣本作「預」。李善注引淮南作「豫賈」。周禮地官司市職：「展成奠賈。」鄭注：「『奠』讀爲定。整勑會者，使定物賈，防誑豫也。」荀子儒效篇：「魯之粥牛馬者不豫賈。」楊注：「豫賈，定爲高價也。『賈』讀爲價。」「高價」即誑價也。

〔九〕覽冥篇：「於是日月精明，星辰不失其行，風雨時節，五穀登孰，虎狼不妄噬，鷙不妄搏，鳳皇翔於庭。」高誘注：「『翔』猶止也。」

〔一〇〕覽冥篇：「麒麟游於郊。」高誘注：「游，行也。郊，邑外也。」太平御覽七十九引淮南子「游」作「擾」。案：潛夫論志氏姓篇：「擾馴鳥獸。」家語五帝德篇：「擾馴猛獸。」漢書高紀贊：「其後有劉累，學擾龍。」應劭注：「擾，馴也，能順養得其嗜欲也。」「擾」字義别，今有馴獸者，則其來尚矣。

〔一一〕覽冥篇：「枕方寢繩。」高誘注：「方，棐，四寸也。寢繩，直身而卧也。」案：淮南子氾論篇高誘注：「棐，方也。」四寸之説未詳，或「寸」爲「方」字之誤耶？未能明也。

〔一二〕覽冥篇：「背方州，抱圓天。」高誘注：「方州，地也。」老子四十二章：「萬物負陰而抱陽。」太平御覽一引京房易傳：「地動陰有餘，天裂陽不足。」則「方州」謂陰，「員天」謂陽也。

〔一三〕覽冥篇：「陰陽之所壅沈不通者，竅理之。」案：文子上禮篇：「覈領天下。」「覈理」、「覈領」義同。上禮篇又云：「領理隱密」、「領理百事」，「領理」連文，義同，與此可互證。

〔一四〕覽冥篇：「逆氣戾物傷民厚積者，絶止之。」高誘注：「逆氣，亂氣也，傷害民物之積財，故絶止之。」

〔一五〕覽冥篇：「其行蹎蹎，其視瞑瞑。」高誘注：「『蹎』讀填寘之填。」案：莊子馬蹄篇：「其行填填，其視顛顛。」釋文：「填填，崔云：『重遲也。』一云：『詳徐貌。』淮南作『莫莫』。顛顛，崔云：『專一也。』淮南作『瞑瞑』。」案：「莫莫」疑當作「真真」。

〔一六〕覽冥篇：「浮游不知所求，魍魎不知所往。」北堂書鈔十五引作「浮游不知所來，罔兩不知所往」，「來」當爲「求」字之誤。俞樾曰：「『本』乃『求』字之誤，『汎然』二字當爲衍文。『自養』當爲『罔養』，後漢書馬嚴傳注：『罔養，猶依違也。』莊子天地篇之『罔象』，楚辭哀時命之『罔兩』，並字異而義同。『如』字衍文。『浮游不知所求，罔養不知所往』，『游』、『求』爲韻，『養』、『往』爲韻。淮南作『浮游不知所求，魍魎不知所往』，『罔兩』二字皆從鬼，此寫者誤增，『浮游』、『罔兩』，皆形容當時之民之不識不知。」王叔岷曰：「案俞説是也，莊子在宥篇：『浮游不知所求，猖狂不知所往。』景宋本此文『自養』作『罔養』，北堂書鈔十五引淮南子『魍魎』作『罔兩』，咸可爲俞説之證。『猖狂』與『罔養』義亦相近。」

〔一七〕覽冥篇：「當此之時，禽獸蝮蛇，無不匿其爪牙，藏其螫毒，無有攫噬之心，考其功烈，上際九天，下契黄壚，名聲被後世，光暉重萬物。」

〔一八〕王叔岷曰：「案：『要繆』當作『宓繆』，淮南子作『宓穆』，『繆』與『穆』同。高誘注：『宓，寧也。穆，和也。』是其義也。杜道堅纘義本作『要妙』，蓋不知要是誤字，而臆改繆爲妙耳。」案：覽冥篇：「宓穆休于太祖之下。」高誘注：「宓，寧也。穆，和也。休，息也。太祖，道之宗也。」

〔一九〕覽冥篇：「然而不彰其功，不揚其聲。」高誘注：「彰、揚，皆明也。」

〔二〇〕覽冥篇：「隱真人之道，以從天地之固然。」高誘注：「隱，藏也。真人，真德之人，固自然也。」案：莊子齊物論篇：「隱机而坐。」釋文：「隱，馮也。」孟子公孫丑下：「隱几而卧。」訓「隱」爲「馮」，義長。高誘注訓爲「藏」，未是。

〔二一〕「何即」即「何則」也。

〔二二〕覽冥篇：「何則？道德上通，而智故消滅也。」高誘注：「智故，巧詐。」

老子曰：「天不定，日月無所載〔一〕。地不定，草木無所立〔二〕。身不寧，是非無所形〔三〕。三才不寧，萬物失所，若不習志專心，反聽内視，則真人不見，真智不生也。是故有真人而後有真智〔四〕，其所持者不明，何知吾所謂知之非不知與〔五〕？所守不明，何以知道，是知者非不知道也。積惠重貨〔六〕，使萬民欣欣人樂其生者，仁也〔七〕。舉大功，顯令名，體君臣，正上下，明親疏，存危國，繼絶世，立無後者，義也〔八〕。仁而建物，義以存誠，人无不懷，事无不濟，此蓋治世王霸之道。閉九竅，藏志意〔九〕，棄聰明，反無識，芒然仿佯乎塵垢之外，逍遥乎無事之際〔一〇〕，含陰吐陽，而與萬物同和者，德也〔一一〕。内冥外順，藏精育真，无爲逍遥，而外塵垢。是故道散而爲德，德溢而爲仁義，仁義立而道德廢矣〔一二〕。」既散純精，空餘糟粕。

〔一〕淮南子俶真篇：「夫天不定，日月無所載。」高誘注：「載，行也。」

〔二〕俶真篇：「地不定，草木無所植。」高誘注：「植，立也。」

〔三〕俶真篇：「所立於身者不寧，是非無所形。」高誘注：「形，見也。」

〔四〕俶真篇：「是故有真人然後有真知。」高誘注：「知不詐，故曰真也。」莊子大宗師篇：「且有真人而後有真知。」郭注：「有真人而後天下之知皆得其真，而不可亂也。」

〔五〕俶真篇：「其所持者不明，庸詎知吾所謂知之非不知歟？」莊子齊物論：「庸詎知吾所謂知之非不知邪？」郭象注：「魚游於水，水物所同，咸謂之知；然自鳥觀之，則向所謂知者，復爲不知矣。夫蛣蜣之知在於轉丸，而笑蛣蟯者，乃以蘇合爲貴，故所同之知，未可正據。」成玄英疏：「夫物或此知而彼不知，彼知而此不知，魚鳥水陸，即其義也。故知即不知，不知即知，凡庸之人，詎知此理耶？」

〔六〕王叔岷曰：「案御覽四一九引『貨』作『厚』，淮南子俶真篇同。」

〔七〕太平御覽四百十九引作「積惠重厚，使萬物忻忻樂其性者，仁也」俶真篇：「今夫積惠重厚，累愛襲恩，以聲華嘔苻，嫗掩萬民百姓，使知（王念孫以爲「知」字衍文，是。）之訢訢然人樂其性者，仁也。」案：覽冥篇：「而忻忻然常自以爲治。」高誘注：「『忻忻』猶自喜，得意之貌也。」「欣」、「忻」古通。爾雅釋獸釋文：「欣，本或作『忻』。」後漢書梁冀傳注、意林、太平御覽三百六十五又四百八十八引風俗通義：「齲齒笑者，若齒痛不忻忻。」續漢書五行志一：「齲齒笑者，若齒痛，樂不欣欣。」俱其證也。

〔八〕俶真篇：「舉大功，立顯名，體君臣，正上下，明親疏，等貴賤，存危國，繼絶世，決拏治煩，興毀宗，立無後者，義也。」案：主術篇：「今人之才，或欲平九州，并方外，存危國，繼絶世，志在直道正邪，決煩理拏。」義相比也。

〔九〕王叔岷曰：「案：御覽四百三引『藏』作『滅』。」案：俶真篇作「閉九竅，藏心志」。

〔一〇〕俶真篇：「棄聰明，反無識，芒然仿佯于塵埃之外，而消摇于無事之業。」俞樾曰：「廣雅釋詁：『業，始也。』無事之業，謂無事之始也。文子精誠篇作『无事之際』，乃淺人不得其義而臆改。九守篇亦作『无事之業』。」案：莊子大宗師篇：「芒然彷徨乎塵垢之外，逍遥乎无爲之業。」成玄英疏：「芒然，無知之貌也。彷徨、逍遥，皆自得逸豫之名也。塵垢，聲色等有爲之物也。前既遺於形骸，此又忘於心智，是以放任於塵累之表，逸豫於清曠之鄉，以此無爲而爲事業也。」亦謂「業」爲事業耳。夫既無爲也，豈復斤斤於有始無始耶？俞説求之深而失之鑿也。

〔一二〕俶真篇：「含陰吐陽，而萬物和同者，德也。」

〔一三〕老子三十八章：「故失道而後德，失德而後仁，失仁而後義，失義而後禮。夫禮者，忠信之薄，而亂之首。」莊子知北遊篇：「故曰：失道而後德，失德而後仁，失仁而後義，失義而後禮。禮者，道之華而亂之首也。」成玄英疏：「引老經重明其旨。」其説是矣。

老子曰：「神越者言華〔一〕，德蕩者行僞〔二〕，至精芒乎中，而言行觀乎外，此不免以身役物也〔三〕。內溢至精，外生華藻，心役於事，身寧免害。精有愁盡而行無窮極〔四〕，所守不定，而外淫於世俗之風〔五〕，內守不定，則絶境致泥；外馳不息，則常若風波。是故聖人內修道術，而不外飾仁義，知九竅四肢之宜，而遊乎精神之和〔六〕，此聖人之游也〔七〕。」聖人內守真旨，外應物宜，故得精神之和，而遊乎无窮者也。

〔一〕俶真篇：「是故神越者其言華。」高誘注：「越，散也。言不守也，故華而不實。」

〔二〕俶真篇：「德蕩者其行僞。」高誘注：「蕩，逸。僞，不誠也。」

〔三〕俶真篇：「至精亡於中，而言行觀於外，此不免以身役物矣。」高誘注：「與物爲役。」

〔四〕俶真篇：「精有湫盡而行無窮極。」案：「愁」當爲「湫」之誤。廣雅釋詁：「湫，盡也。」王念孫疏證一：「『湫』讀爲遒。玉篇、廣韻並云：『遒，盡也。』廣韻『湫』、『遒』並即由切。爾雅：『酋，終也。』大雅卷阿篇：『似先公酋矣。』毛傳云：『酋，終也。』正義作『遒』。楚辭九辯云：『歲忽忽而遒盡兮。』淮南子俶真訓云：『精有湫盡而神無窮極。』並字異而義同。」

〔五〕俶真篇：「其所守者不定，而外淫於世俗之風。」高誘注：「風，化也。」

〔六〕俶真篇：「是故聖人内修道術，而不外飾仁義，不知耳目之宣，而遊於精神之和。」俞樾曰：「『宣』當作『宜』，字之誤也。莊子德充篇：『夫若然者，且不知耳目之所宜，而遊心乎德之和。』即淮南所本。文子精誠篇作『知九竅四肢之宜，而遊乎精神之和』，字正作『宜』，但知上脱『不』字耳。」

〔七〕俶真篇：「若然者，下揆三泉，上尋九天，橫廓六合，揲貫萬物，此聖人之游也。」

老子曰：「若夫聖人之游也，即動乎至虚〔一〕，游心乎太無，馳於方外，行於無門〔二〕，聽於無聲，視於無形，不拘於世，不繫於俗。夫動乎至虚，則无所不通，游乎太无，則无所不有，何門户之拘制，豈視聽之滑昏哉？故聖人所以動天下者，真人不過；賢人所以矯世俗者，聖人不觀〔三〕。夫真聖異迹，功業相縣，由祀不得庖，各司其位。夫人拘於世俗，必形繫而神泄，故不免於累〔四〕。未有居榮顯不役精神，既受其禄，必憂其事也。使我可拘係者，必其命有在外者矣〔五〕。」既受羈係，則命不在我也。

〔一〕俶真篇「若夫真人則動溶于至虛」云云。案：疑文子此文「動」下當補「溶」字，與下句「游心」相儷，於義爲長。孟子盡心下：「動容周旋中禮者。」「動溶」即「動容」也。

〔二〕俶真篇：「若夫真人，則動溶于至虛，而游于滅亡之野，騎蜚廉而從敦圄，馳於方外，休乎宇內。」

〔三〕俶真篇：「聖人之所以駭天下者，真人未嘗過焉；賢人之所以矯世俗者，聖人未嘗觀焉。」高誘注：「矯，拂也。」莊子外物篇：「聖人之所以駴天下，神人未嘗過而問焉；賢人所以駴世，聖人未嘗過而問焉。」郭象注：「神人即聖人也。聖言其外，神言其內。」成玄英疏：「駭，驚也。神者，不測之號；聖者，顯迹之名；爲其垂教動人，故不過問。證空爲賢，並照爲聖，從深望淺，故不問之。」

〔四〕俶真篇：「夫人之拘於世也，必形繫而神泄，故不免於虛。」高誘注：「形繫者身形疾，而精神越泄，不處其守，故曰不免于虛疾。」案：呂氏春秋去尤篇：「外有所重者泄。」此之謂也。

〔五〕俶真篇：「使我可係羈者，必其有命在於外也。」王念孫曰：「『有命在於外』，當作『命有在於外』，言既爲人所係羈，則命在人而不在我也。今本『有命』二字誤倒，則文義不明，文子精誠篇正作『必其命有在外者矣』。莊子山木篇：『物之所利，乃非己也，吾命有在外者也。』即淮南所本。」

老子曰：「人主之思，神不馳於胸中〔一〕，智不出於四域〔二〕，懷其仁誠之心〔三〕，甘雨以時〔四〕，五穀蕃殖〔五〕，春生夏長，秋收冬藏，月省時考，終歲獻貢〔六〕，夫有道之主，不勞神慮，不炫智能，而遠方懷之，故得上順天心，下因物宜，萬姓奉戴，貢獻不絕。養民以公，威厲以誠〔七〕，法省不煩〔八〕，教化如神，法寬刑緩，囹圄空虛，天下一俗〔九〕，莫懷姦心，此聖人之恩也。公而无私，威而不猛，法約刑緩，人從其化，可謂至神。故萬方攸同，殊俗一軌，此聖人恩治天下。夫上好取而無量，即下貪功而无讓，民貧苦而分争，生事力勞而無功〔一〇〕，智詐萌生，盜賊滋彰〔一一〕，上下相怨，號令不行〔一二〕。言上數者，非聖人之所治天下也。若以此治，即亡无日矣。夫水濁者魚噞，政苛者民亂〔一三〕，上多欲即下多詐〔一四〕，上煩擾即下不定〔一五〕，上多求即下交争，不治其本而救之於末，無以異於鑿渠而止水，抱薪而救火〔一六〕。執本以御末，則功簡而天下治，持末以求本〔一七〕，則身勞而天下亂，由決渠水溢，益薪火熾，莫能救也。聖人事省而治，求寡而贍〔一八〕，不施而仁，不言而信，不求而得，不爲而成〔一九〕，懷自然，保至真，抱道推誠〔二〇〕，天下從之，如響之應聲，影之像形，所脩者本也〔二一〕。」至聖之理，在乎簡易，則天下所宗，如聲應響，影之像形，莫不應也。

〔一〕淮南子主術篇：「昔者，神農之治天下也，神不馳於胸中。」高誘注：「言釋安靜，不躁動也。」

〔二〕主術篇：「智不出於四域。」高誘注：「信身在中。」案：注「信」字，疑當作「言」。莊子德充符篇：「和而不唱，知不出乎四域。」

〔三〕主術篇：「懷其仁誠之心。」高誘注：「懷，思也。」案：「懷」謂褱裛，高氏訓「思」，未安。

〔四〕主術篇：「甘雨時降。」案：北史及隋書宇文愷傳、太平御覽七十八引淮南子作「甘雨以時」，與文子同。

〔五〕主術篇：「五穀蕃植。」高誘注：「蕃，茂。植，長。」

〔六〕主術篇：「歲終獻功。」隋書宇文愷傳引淮南子「功」作「貢」，與文子同。案：周禮秋官小行人職：「令諸侯春入貢，秋獻功。」鄭注：「功，考績之功也，秋獻之。」作「獻功」，義長。

〔七〕「以誠」原誤作「不誠」，今據景宋本、景刻宋本校改。

〔八〕主術篇：「刑錯而不用，法省而不煩。」高誘注：「省，約也。煩，多也。」

〔九〕主術篇：「當此之時，法寬刑緩，囹圄空虛，而天下一俗。」高誘注：「一同其俗。」

〔一〇〕主術篇：「民貧苦而忿爭，事力勞而無功。」案：詩大雅蕩之什烝民：「威儀是力。」鄭箋：「力，勤也。」

〔一一〕老子五十七章：「法令滋彰，盜賊多有。」淮南子道應篇引老子，同。即此文所本。

〔一二〕主術篇：「智詐萌興，盜賊滋彰，上下相怨，號令不行。」

〔一三〕王叔岷曰：「案意林、御覽六二四引兩『者』字並作『則』，『者』猶則也。淮南子、韓詩外傳一、說苑政理篇皆作『則』。治要引下『者』字作『即』，『即』亦猶則也。御覽八引『噞』下有『喁』字，蓋由噞一本作喁，傳寫因並竄入耳。韓詩外傳『噞』作『喁』，可證。」案：主術篇：「夫水濁則魚噞，政苛則民亂。」高誘注：「魚短氣出口於水，喘息之諭也。」說山篇：「水濁而魚噞，形勞則神亂。」高誘注：「魚短氣黃噞，出口於水上。」（「黃」疑「喁」之誤。）韓詩外傳一：「傳曰：『水濁則魚喁，令苛則民亂。』」說文口部：「喁，魚口上見。」段注：「淮南書：『水濁則魚噞喁。』」案：今所見淮南子無作「魚噞喁」之本，説文無「噞」字。

〔一四〕主術篇：「是以上多故則下多詐。」高誘注：「故，詐。」洪頤煊曰：「原道訓：『不設智故，而方圓曲直弗能逃也。』高注：『智故，巧飾也。』俶真訓：『不以曲故是非相見。』高注：『曲故，曲巧也。』本經訓：『懷機械巧故之心而性失矣。』俶真訓：『巧故萌生。』吕氏春秋下賢篇：『空空乎其不爲巧故也。』故當訓爲巧不爲詐也。」案：洪説是。宋本、藏本、劉績本注「故詐」並作「故巧」。管子心術篇：「恬愉無爲，去智與故。」

〔一五〕主術篇：「上多事則下多態，上煩擾則下不定。」高誘注：「不定，不知所從也。」

〔一六〕治要、文選上書諫吴王注、太平御覽五十八引「火」下有「也」字。又文選注引「救之於末」作「救其末」。主術篇：「不直之於本而事之於末，譬猶揚堁而弭塵，抱薪以救火也。」高誘注：「堁，塵壓也，楚人謂之堁。堁，動塵之貌。弭，止也。」

〔一七〕「求本」原誤作「忘本」，今據景宋本、景刻宋本校改。

〔一八〕主術篇：「故聖人事省而易治，求寡而易澹。」高誘注：「澹，給。」宋本、藏本「澹」俱作「贍」，「贍」、「淡」古通。荀子王制篇：「物不能澹則必爭。」楊倞注：「『澹』讀爲贍。」漢書食貨志：「流民入關者數十萬人，置養澹官以稟之。」師古曰：「澹，古『贍』字。」

〔一九〕主術篇：「不施而仁，不言而信，不求而得，不爲而成。」老子四十七章：「不爲而成。」荀子君道篇：「爲乎不可成。」

〔三〇〕主術篇：「塊然保真，抱德推誠。」高誘注：「誠，實。」

〔三一〕主術篇：「天下從之，如響之應聲，景之像形，其所修者本也。」高誘注：「詹何曰：『未聞身治而國亂。』故曰其所修者本也。」案：淮南子詮言篇：「詹何曰：『未嘗聞身治而國亂者也，未嘗聞身亂而國治者也。』」吕氏春秋執一篇：「楚王問爲國於詹子，詹子對曰：『何聞爲身，不聞爲國。』」高誘注：「詹何，隱者。身治國亂，未之有也。故曰爲身。」列子説符篇：「楚莊王問詹何，詹何對曰：『臣未嘗聞身治而國亂者也，又未嘗聞身亂而國治者也。故本在身。』」

老子曰：「精神越於外，智慮蕩於内者，不能治形〔一〕。神之所用者遠，則所遺者近〔二〕。求之非分，恣之无厭，内傷精神，外遺形體。故不出於户，以知天下；不窺於牖，以知天道。其出彌遠，其知彌少〔三〕。此言精誠發於内，神氣動於天也〔四〕。」舉要會以觀天下，故人情可察；執璇璣以觀大運，則天道可明。故誠言發乎中，精氣應乎天，所守者近，所明者遠，所務者多，所知者少也。

〔一〕淮南子道應篇：「此言精神之越於外，智慮之蕩於内，則不能漏理其形也。」許慎注：「漏，補空也。」

〔二〕道應篇：「是故神之所用者遠，則所遺者近也。」許慎注：「『近』謂身也。」

〔三〕老子四十七章：「不出户，知天下；不闚牖，見天道。其出彌遠，其知彌少。」道應篇引老子此文。

〔四〕淮南子泰族篇：「故聖人者，懷天心，聲然能動化天下者也。故精誠感於内，形氣動於天。」

老子曰：「冬日之陽，夏日之陰，萬物歸之，而莫之使，極自然〔一〕。至精之感，弗召自來，不去而往〔二〕，窈窈冥冥，不知所爲者而功自成〔三〕。冬日之陽，寒者附之。夏日之陰，炎者庥之。彼聖人以治天下，陰陽无情，聖人无情，爲物自懷人自歸，故來非所召，往未嘗遣也。待目而照見，待言而使命，其於治難矣〔四〕。皋陶暗而爲大理〔五〕，天下無虐刑，何貴乎言者也〔六〕。師曠瞽而爲太宰，晉國無亂政，何貴乎見者也〔七〕。不言之令，不視之見，聖人所以爲師也〔八〕。夫不言而化，天下无虐刑，豈煩於言哉？不視而治，晉國无亂政，何假乎見哉？是以不待目而視，不須言而令，故聖人所以爲師也。民之化上，不從其言，從其所行〔九〕。上古行而不言，末世言而不行。故人君好勇，弗使鬭争，而國家多難，其漸必有劫殺之亂矣〔一〇〕。人君好色，弗使風議〔一一〕，而國家昏亂，其積至於淫佚之難矣〔一二〕。民化其上，如水順下，宜杜其原本，慎之細微，故秦莊有折脅之禍，夏桀有妲己之亂也哉。故聖人精誠别於内，好憎明於外〔一三〕，出言以副情，發號以明指〔一四〕。内无偏僻，外絶愛憎，言出響應，令出風行。是故刑罰不足以移風，殺戮不足以禁姦，可以德化，難以刑制。唯神化爲貴〔一五〕。精至爲神，精之所動，若春氣之生，秋氣之殺〔一六〕。其生也，暄然如春，物得其生；其死也，肅然如秋，物終於死。故生不祈報，死无歸怨，生之死之，以其无心也。故君子者其猶射者也，於此毫末，於彼尋丈矣〔一七〕。故理人者慎所以感之〔一八〕。」故君子理人，猶如射也，發矢之際，期於中的，及其至垛，以縣尋丈所，毫氂之差，天地縣隔。

〔一〕主術篇：「冬日之陽，夏日之陰，萬物歸之，而莫使之然。」高誘注：「冬日仁，物歸陽；夏日猛，物歸陰；莫使之，自然如是也。」案：周書大聚篇：「譬之若冬日之陽，夏日之陰，不召而自來。」六韜虎韜：「夫民之所利，譬之如冬日之陽，夏日之陰，冬日之從陽，夏日之從陰，不召自來。」王叔岷曰：「治要、意林無『極自然』三字」。

〔二〕主術篇：「故至精之像，弗招而自來，不麾而自往。」王叔岷曰：「案『而往』本作『自往』，涉上『而莫之使』而誤也。『弗召自來，不去自往』相對成義。治要引此正作『自往』。淮南子同。」

〔三〕主術篇：「窈窈冥冥，不知爲之誰，而功自成。」

〔四〕主術篇：「待目而照見，待言而使令，其於爲治難矣。」王叔岷曰：「案治要引『治』上有『以』字，淮南子『治』上有『爲』字，『爲』猶以也。」

〔五〕太平御覽七百四十引「大理」作「士師」，同書二百三十一引仍作「大理」。

〔六〕主術篇：「故皋陶瘖而爲大理，天下無虐刑，有貴於言者也。」高誘注：「雖瘖，平獄理訟，能得人之情，故貴於多言者也。」治要引杜恕體論：「皋繇瘖而爲大理，有不貴乎言也。」王應麟困學紀聞二曰：「皋繇瘖而爲大理，猶夔一足之説，皋陶陳謨賡歌，謂之瘖，可乎？」

〔七〕主術篇：「師曠瞽而爲太宰，晉無亂政，有貴於見者也。」高誘注：「雖盲，而大治晉國，使無有亂政，故貴於有所見。」杜恕體論：「師曠瞽而爲太宰，有不貴乎見也。」

〔八〕主術篇：「故不言之令，不視之見，此伏犧、神農之所以爲師也。」高誘注：「不言之令，皋陶瘖也。不視之見，師曠瞽也。」案：宋本、藏本「師也」有注云：「以用師法。」莊逵吉本誤删。

〔九〕主術篇：「故民之化也，不從其所言，而從其所行。」下「其」字，據宋本補，與文子合。

〔一〇〕主術篇：「故齊莊公好勇，不使鬬争，而國家多難，其漸至於崔杼之亂。」高誘注：「莊公，齊靈公之子光。崔杼，齊大夫也。亂，殺莊公也。」

〔一一〕詩小雅谷風北山：「或出入風議。」鄭箋：「風猶放也。」孔疏：「風議，謂閒暇無事，出入放恣，議量時政者。」案：風議猶諷諫，史記楚世家載楚人以弋説楚頃襄王，即以弋託諷。宋玉神女賦，當即諷頃襄王之好色也。

〔一二〕主術篇：「頃襄好色，不使風議，而民多昏亂，其積至昭奇之難。」高誘注：「楚頃襄王。昭奇，楚大夫也。」案：昭奇之難未詳。治要引「國家」作「國多」。

〔一三〕顧觀光曰：「『明』字誤，主術訓作『忘』。」王叔岷曰：「『别』當作『刑』，字之誤也。『刑』與『形』同，治要引此正作『形』。淮南子同。『明』，當從淮南子作『忘』，涉下『發號以明指』而誤也。注：『外絶愛憎。』是正文本作『忘』矣。」案：主術篇：「古聖王至精形於内，而好憎忘於外。」高誘注：「形見好憎，情欲以充。」

〔一四〕主術篇：「出言以副情，發號以明旨。」

〔一五〕治要古抄本及刊本「貴」下有「也」字。主術篇：「故太上神化，其次使不得爲非，其次賞賢而罰暴。」高誘注：「暴，虐亂也。」

〔一六〕治要兩本「精」上俱有「夫」字。主術篇：「故至精之所動，若春氣之生，秋色之殺也，雖馳傳騖置，不若此其亟。」高誘注：「亟，疾。」

〔一七〕管子明法篇：「有尋丈之數者，不可差以長短。」案：此即風俗通義正失篇「易稱『失之毫釐，差以千里』」之意，主術篇改「尋丈」爲「尋常」，未當。

〔一八〕主術篇：「故君人者，其猶射者乎，於此豪末，於彼尋常矣。故慎所以感之也。」

老子曰：「懸法設賞，而不能移風易俗者，誠心不抱也〔一〕。法不可以禁民，唯至德可以易俗也。故聽其音則知其風，觀其樂即知其俗，見其俗即知其化〔二〕。審音以知樂，審樂以知政，觀政以知俗，觀俗以知化。夫抱真效誠者，感動天地，神踰方外，令行禁止〔三〕。誠通其道而達其意，雖無一言，天下萬民、禽獸鬼神，與之變化〔四〕。夫聖人之治天下，民從其化，有若轉丸，禁姦忒其猶止方，故不恃之德，不言之教，禽獸鬼神，无不悦服，況於人也。故太上神化，歸自然也。其次使不得爲非，立法以制。其下賞賢而罰暴〔五〕。」道德既廢，賞罰始行。進賢之路開，則不肖者亦有居其位；去暴之端起，則賢者亦有受其戮矣。故知非法不明，守之者濫；衡非不平〔六〕，用之者弱。

〔一〕主術篇：「縣法設賞，而不能移風易俗者，其誠心弗施也。」「抱」疑當作「施」，形近之誤也。

〔二〕主術篇：「故曰：『樂聽其音則知其俗，見其俗則知其化。』」王念孫曰：「『樂』字與下文不相應，當有脱文。文子精誠篇作『聽其音則知其風，觀其樂即知其俗，見其俗即知其化』。」

〔三〕文選任彦昇齊竟陵文宣王行狀李善注引作「夫抱順効誠者，令行禁止」，「真」作「順」者，避宋諱改。

〔四〕主術篇：「陳之以禮樂，風之以歌謡，業（王念孫以爲「業」當作「葉」）貫萬世而不壅，横扃四方而不窮，禽獸昆蟲，與之陶化，又況於執法施令乎？」高誘注：「化，從。『昆蟲』或作『鬼神』。」案：廣雅釋詁：「匋，……變，匕也。」王念孫疏證：「匋者，管子地數篇云：『吾欲陶天下而以爲一家。』淮南子本經訓云：『天地之合和，陰陽之陶化萬物，皆乘一氣者。』是『陶』爲化也。匋、陶，匕、化竝通。」案：「變化」，淮南子作「陶化」。高誘注引「昆蟲」或作「鬼神」，文子正作「鬼神」，蓋作「鬼神」者，許慎注本也。

〔五〕主術篇：「故太上神化，其次使不得爲非，其次賞賢而罰暴。」高誘注：「暴，虐亂也。」

〔六〕「衡」字原脱，據景宋本、景刻宋本補。

老子曰：「大道無爲〔一〕。無爲即無有，無有者，不居也〔二〕。不居者即處無形。無形者不動，不動者，無言也〔三〕。無言者，即静而無聲。無形無聲：無形者視之不見，聽之不聞〔四〕，是謂微妙〔五〕，是謂至神。緜緜若存，是謂天地根〔六〕。无爲者，爲而不恃，故曰无爲。无言者，言而不矜，故曰无聲。无聲何聽〔七〕，無色何視，可謂神微。獨立不改，緜緜常存，爲天地根。道无形無聲，故聖人强爲之形，以一字爲名〔八〕。天地之道，此言得道之要。大以小爲本，多以少爲始。有生於无，多起於一。夫推本則返於无形，尋末則惑於多數，故知返則以无爲宗，感多則求一爲主也。天子以天地爲品，言廣大也。以萬物爲資，无不有也。功德至大，勢名至貴〔九〕，二德之美，與天地配〔一〇〕。故不可不軌大道，以爲天下母〔一一〕。」自四海之尊，與天地相匹，安得不軌，以亂乎天經者也？

〔一〕老子三十七章：「道常无爲而无不爲。」又三十八章：「上德无爲而无以爲。」

〔二〕老子二十四章：「有道者不處。」不處即不居也。

〔三〕老子五十六章：「知者不言，言者不知。」

〔四〕「聽之不聞」上，疑奪「无聲者」三字。

〔五〕老子十五章：「古之善爲士者，微妙玄通，深不可識。」

〔六〕老子六章：「谷神不死，是謂玄牝。玄牝之門，是謂天地根。緜緜若存，用之不勤。」

〔七〕「无聲」原作「无形」，今改。

〔八〕老子二十五章：「有物混成，先天地生，寂兮寥兮，獨立不改，周行而不殆，可以爲天下母，吾不知其名，字之曰道，强爲名之曰大。」此以「一」字爲名之説也。

〔九〕老子五十一章：「道生之，德畜之，物形之，勢成之。是以萬物莫不尊道而貴德。」又三十二章：「道常無名。」此老子之言「勢」與「名」也。

〔一〇〕老子六十八章：「是謂配天，古之極。」

〔一二〕老子五十二章：「天下有始，以爲天下母。」

老子曰：「賑窮補急則名生〔一〕，起利不行小惠。除害即功成〔二〕。不有其功者善。世無災害，雖聖無所施其德，上下和睦，雖賢無所立其功〔三〕。時有災害，聖人平之。國有禍亂，賢以定之。今災害不生，禍亂不作，雖聖无作聖之階，雖賢无立功之地也。故至人之治，含德抱道，推誠樂施，無窮之智，寢説而不言〔四〕，天下莫知貴其不言者〔五〕。鼓腹擊壤，不知帝力。故道可道，非常道也〔六〕。名可名，非常名也〔七〕。無名之道，道之至也。有名之道，名之天下也。故以道可道非道也，以名可名非名也。著於竹帛，鏤於金石，可傳於人者，皆其麤也〔八〕。華而多飾。三皇五帝三王，殊事而同心，異路而同歸〔九〕。言雖異時殊治，其歸於道一也。末世之學者，不知道之所體一，德之所總要〔一〇〕，取成事之迹，跪坐而言之〔一一〕，雖博學多聞，不免於亂〔一二〕。」今之學者，不原其本，不體於要，不究其理而尋其迹，務在廣聞，只益生亂也。

〔一〕淮南子本經篇：「振困窮，補不足，則名生。」高誘注：「名，仁名也。」

〔二〕本經篇：「興利除害，伐亂禁暴，則功成。」高誘注：「功，武功也。」

〔三〕本經篇：「世無災害，雖神無所施其德，上下和輯，雖賢無所立其功。」史記滑稽列傳褚先生補曰：「傳曰：『天下無害菑，雖有聖人，無所施其才，上下和同，雖有賢者，無所立其功。』」文選東方曼倩答客難同。

〔四〕本經篇：「今至人生亂世之中，含德懷道，抱（原誤「拘」，據王念孫説校改。）無窮之智，鉗口寢説，遂不言而死者衆矣。」高誘注：「至人，至德之人。」

〔五〕本經篇：「然天下莫知貴其不言也。」高誘注：「無有貴鉗口不言而死也。」

〔六〕本經篇：「故道可道，非常道。」高誘注：「至道無名不可道，故曰『可道者非常道也』。」老子一章：「道可道，非常道。」

〔七〕本經篇：「名可名，非常名。」高誘注：「真人之名，不可得名也。」老子一章：「名可名，非常名。」

〔八〕本經篇：「著於竹帛，鏤於金石，可傳於人者，其粗也。」墨子魯問篇：「書之於竹帛，鏤之於金石，以爲銘於鐘鼎，傳移後世子孫。」

〔九〕本經篇：「五帝三王，殊事而同指，異路而同歸。」高誘注：「五帝：黄帝，顓頊，帝嚳，帝堯，帝舜。三王：夏禹，商湯，周文王。同歸，同歸修仁義也。」案：繆稱篇：「故至德者，言同略，事同指。」易繫辭下：「天下同歸而殊塗，一致而百慮。」正義：「天下同歸而殊塗者，言天下萬事，終則同歸於一；但初時殊異其塗路也。一致而百慮者，所致雖一，慮必有百，言慮雖百種，必歸於一致也。」

〔一〇〕本經篇：「晚世學者，不知道之所一體，德之所總要。」高誘注：「總，凡也。要，約也。」王叔岷以爲「體一」乃「一體」之誤倒。

〔一一〕本經篇：「取成之迹，相與危坐而説之，鼓歌而舞之。」案：莊子在宥篇：「跪坐以進之。」繆稱篇：「相與危坐而稱之。」危坐即跪坐也。釋名釋姿容：「跪，危也，兩膝隱地，體危隉也。」

〔一二〕本經篇：「故博學多聞，而不免於惑。詩云：『不敢暴虎，不敢馮河，人知其一，莫知其他。』此之謂也。」高誘注：「無兵搏虎曰暴虎。無舟檝而渡曰馮河。言小人而爲政，不可不敬，不敬則危，猶暴虎馮河之必死。人皆知暴虎馮河立至害也，故曰知其一而不知當畏脅小人危亡也。故曰莫知其佗。此不免於惑，此之謂也。」

老子曰：「心之精者，可以神化，而不可説道〔一〕。其神化者，不可説以非道。聖人不降席而匡天下，情甚於謼呼〔二〕。夫呼聲可聞，不過數步；政令一出，天下咸服也。故同言而信，信在言前也。同令而行，誠在令外也〔三〕。與民同憂，故言至而信，信以前立矣，莫敢不應也。與民同利，故令行而誠，誠以外發，無有違者也。聖人在上，民化如神，情以先之。縣得彼意，所應如神。動於上，不應於下者，情令殊也〔四〕。夫飢者利食，寒者思裘，今飢者與裘，寒者遺食，上令既乖，下情安附也。三月嬰兒，未知利害，而慈母愛之愈篤者，情也〔五〕。赤子之心，豈言飢飽，慈母覘候之情，察其燥溼而恩育之。夫人主撫百姓，如愛赤子，何憂天下不治，四海不平。故言之用者，變變乎小哉〔六〕；不言之用者，變變乎大哉〔七〕。言有言言則小，言无言言則大。信君子之言，忠君子之意〔八〕，忠信形於內，感動應乎外，聖賢之化也〔九〕。」言忠信由是君子本意，非有忘也。故形於內而動於外，雖賢聖无不從也。

〔一〕日本古抄本羣書治要「不可」下有「以」字，與淮南子合。淮南子繆稱篇：「心之精者，可以神化，而不可以導人。」許慎注：「導，教也。」

〔二〕繆稱篇：「故舜不降席而天下治，桀不下陛而天下亂，蓋情甚乎叫呼也。」許慎注：「言雖叫呼大語，不如心行真直也。」案：漢書息夫躬傳：「如使狂夫嘄謼於東崖。」師古曰：「嘄，古『叫』字。」「譟」即「嘄」之俗别字。

〔三〕繆稱篇：「同言而民信，信在言前也。同令而民化，誠在令外也。」案：意林一、後漢書王良傳注、太平御覽四百三十引子思子累德篇：「同言而信，信在言前。同令而化，化在令外。」徐幹中論貴驗篇：「子思曰：『同言而信，信在言前也。同令而化，化在令外也。』」顔氏家訓序致篇：「夫同言而信，信其所親。同令而行，行其所服。」劉晝新論履信篇：「同言而信，信在言前。同教而行，誠在言外。」

〔四〕繆稱篇：「聖人在上，民遷而化，情以先之也。動於上，不應於下者，情與令殊也。故易曰：『亢龍有悔。』」許慎注：「仁君動極在上，故有悔也。」

〔五〕日本兩治要本「愈篤」俱作「喻焉」，是。此因字形相近而誤也。繆稱篇：「三月嬰兒，未知利害也，而慈母之愛諭焉者，情也。」吕氏春秋具備篇：「三月嬰兒，軒冕在前，弗知欲也，斧鉞在後，弗知惡也，慈母之愛諭焉，誠也。」俱其證也。

〔六〕日本兩治要本無「變變乎」三字，下同。繆稱篇：「故言之用者，昭昭乎小哉。」案：書堯典：「黎民於變時雍。」漢孔宙碑作「於卞時雍」，「卞」通作「弁」，左成十八年釋文：「『弁』本又作『卞』，同。」又襄二十九年釋文：「『弁』本又作『卞』。」爾雅釋言及釋訓釋文並言：「『弁』音卞。」俱其證。詩小雅小弁毛傳：「弁，樂也。」是其義也。又案：書顧命：「率循大卞。」十三經注疏校勘記：「『率循大卞』，古本作『帥修大辨』。論語鄉黨篇：「便便如也。」鄭玄注：「便便，辯也。」邢疏作「便便，辨也」。「便」、「變」一音之轉，毛訓「弁」爲「樂」，則「變變」亦喜樂之意，與「昭昭」及下文「曠曠」義近。

〔七〕繆稱篇：「不言之用者，曠曠乎大哉。」

〔八〕日本兩治要本作「夫信，君子之言也，忠、君子之意也」。繆稱篇：「身、君子之言信也，中、君子之意忠也。」許慎注：「身君子之言，體行君子之言也。」梁玉繩瞥記曰：「身君子之言信也，即左傳『人言爲信，中心爲忠』之義。周禮大宗伯：『侯執信圭。』注：『信當爲身，聲之誤也。』身言爲信，較人言爲信，義更勝。」

〔九〕繆稱篇：「忠信形於内，感動應於外，故禹執干戚舞於兩階之間，而三苗服。」

老子曰：「子之死父，臣之死君，非出死以求名也，恩心藏於中，而不違其難也〔一〕。子死父難，臣死君難，非矯世求譽，特以恩覆之甚，而忘其身，直趨其難，誠發於中也。君子之憯怛，非正爲也，自中出者也，亦察其所行〔二〕。憯怛，謂刑法也，刑戮非正道也。所以懲惡勸善，不得已而行之，不可濫也。聖人不慙於景，貴不爲非。君子慎其獨也，謂不欺闇室也。舍近期遠塞矣〔三〕。近不求己，遠而求人，不謂窒塞〔四〕。故聖人在上，則民樂其治，在下則民慕其意〔五〕，志不忘乎欲利人也〔六〕。」志在利人，人皆悦慕也。

〔一〕繆稱篇：「子之死父也，臣之死君也，世有行之者矣，非出死以要名也，恩心之藏於中，而不能違其難也。」

〔二〕繆稱篇：「故人之甘甘，非正爲蹠也，而蹠焉往？君子之慘怛，非正爲僞形也，諭乎人心，非從外入，自中出者也。」

〔三〕朱弁本「聖人」上有「夜行」二字。繆稱篇：「夫察所夜行，周公慙乎景，故君子慎其獨也，釋近斯遠塞矣。」王念孫據文子此文，以爲「慙」上當有「不」字。

〔四〕「不謂」疑當作「之謂」，形近之誤。「之謂窒塞」，即釋斯「遠塞」矣。

〔五〕繆稱篇：「聖人在上，則民樂其治，在下，則民慕其意。」

〔六〕下文聖人之從事章：「志不忘乎欲利人也。」

老子曰：「勇士一呼，三軍皆辟，其出之誠也〔一〕。勇者一呼，萬人皆駭。賢者治世，天下所望也。唱而不和，意而不載〔二〕，中必有不合者也。所宗者異故也。不下席而匡天下者，求諸己也〔三〕。夫憂樂與民同，好惡與民等，故省諸己，可以化人也。故説之所不至者，容貌至焉；雖未達其精微，可仿佛其容貌。容貌所不至者，感忽至焉〔四〕。感乎心，發而成形，可以心靈感，不以狀貌結也。精之至者，可形接，不可以照期〔五〕。」形自无形，至精之精，无不生形，而形見焉，照不求精，而精存矣。

〔一〕繆稱篇：「勇士一呼，三軍皆辟，其出之也誠。」案：韓詩外傳六：「勇士一呼，而三軍皆避，士之誠也。」新序雜事四：「勇士一呼，三軍皆辟，士之誠也。」太平御覽四百三十七引新序，「辟」下有「易」字。

〔二〕繆稱篇：「意而不戴。」許慎注：「意，恚聲。戴，嗟也。」王念孫曰：「高說非也。『戴』讀爲載，鄭注堯典曰：『載，行也。』言上有其意，而不行於下者，誠不足以動之也。下文云：『上意而民載，誠中者也。』高注曰：『上有意而未言，則民皆載而行之。』是其證矣。文子精誠篇正作『意而不載』。」洪頤煊曰：「意而不戴，謂上有意而民不載而行之，是必中心之不合也。高注非。」案：繆稱篇乃許慎注，王、洪二氏以爲高注，非是。

〔三〕繆稱篇：「故倡而不和，意而不戴，中心必有不合者也。故舜不降席而王天下者，求諸己也。」韓詩外傳：「夫倡而不和，動而不債，中心有不全者矣。夫不降席而匡天下者，求之己也。」新序：「唱而不和，動而不隨，中必有不全者矣。夫不降席而匡天下者，求之己也。」搜神記十一引劉向與新序同。王念孫謂淮南子「王」字當從文子、韓詩外傳及新序作「匡」，是矣。

〔四〕繆稱篇：「說之所不至者，容貌至焉；容貌之所不至者，感忽至焉。」許慎注：「說之粗，不如容貌精微，入人深也。」王念孫曰：「感忽者，精誠之動人者也。故下文曰：『感乎心，明乎智，發而成形，精之至也。可以形勢接，而不可以昭誋。』（廣雅：「誋，告也。」）荀子議兵篇曰：『善用兵者，感忽悠闇，莫知其所從出。』義與此相近。」案：荀子議兵篇楊倞注引魯連子：「弃感忽之恥，立累世之功。」

〔五〕繆稱篇：「感乎心，明乎智，發而成形，精之至也，可以形勢接，而不可以照誋。」又：「目之精者，可以消釋，而不可昭誋。」許慎注：「昭，道。誋，戒也。」齊俗篇：「日月之所照誋。」鹽鐵論相刺篇：「天設三光以照記。」琴操下箕山操：「日月運照，靡不記睹。」「記」、「期」並「誋」之借。廣雅釋詁：「誋，誥也。」廣韻七至：「誋，告也。」「誥」、「告」、「戒」義同。

老子曰：「言有宗，事有本〔一〕。失其宗本，伎能雖多，不如寡言。以道爲宗，以德爲本，離宗失本，故多不如寡也。害衆著倕，而使斷其指，以明大巧之不可爲也〔二〕。夫巧藏於心，不在於指，絶其不可得也。由道在心，明非關言得，若貴言爲道，不可冀也。故匠人智爲不以能，以時閉，不知閉也，故必杜而後開〔三〕。」匠人，工人也，閑爲扃鐍〔四〕。夫至巧故善以智閉也，莫能啓，拙者專以力捍，雖壯必開。此諭知用窮微，力不足任也。

〔一〕道應篇：「故老子曰：『言有宗，事有君。』」此老子七十章文也，文子「君」作「本」，下句即承以「失其宗本」，此蓋爲黄老之學者演繹老子之言也。

〔二〕道應篇：「夫言有宗，事有本。失其宗本，技能雖多，不若其寡也。故周鼎著倕，而使齕其指，先王以見大巧之不可爲也。」（「爲」字據王念孫説補。）案：本經篇：「故周鼎著倕，使銜其指，以明大巧之不可爲也。」高誘注：「倕，堯之巧工也。周鼎著倕像於鼎，使銜其指。假令倕在見之，伎巧不能復踰，但當銜齧其指，故曰以明大巧之不可爲也。一説：周人鑄鼎畫象，鏤倕身於鼎，使自銜其指，以戒後世，明不當大巧爲也。」呂氏春秋離謂篇：「夫其多能，不若寡能，其有辯不若無辯。周鼎著倕，而齕其指，先王有以見大巧之不可爲也。」高誘注：「倕，堯之巧工也，以巧聞天下。周家鑄鼎，著倕於鼎，使自齧其指，明不當大巧爲也。一説：周鑄鼎象百物，技巧絶殊，假令倕見之，則自銜齧其指，不能復爲。故言大巧之不可爲也。」案：文子「害衆」當作「周鼎」，字形近之誤也。又案：易林小畜之益、又漸之臨俱云：「禹作神鼎，伯益銜指。」則鼎爲夏鼎，後遷於周，故謂之周鼎也。

〔三〕道應篇：「故慎子曰：『匠人知爲門，能以門，所以不知門也。故必杜然後能門。』」許慎注：「慎子名到，齊人。不知門，不知門之要也。門之要在門外。」孫詒讓曰：「今本慎子殘缺，無此文，義亦難通。文子精誠篇襲此云：『故匠人智爲不以能以時閉不知閉也，故必杜而後開。』彼文亦有譌捝，參合校繹，此似當云：『不能以閉，所以不知門也。故必杜然後能開。』言門以開閉爲用，若匠人爲門，但能開而不能閉，則終未知門之要也。文子『開』、『閉』二字尚未譌，可據以校正。」

〔四〕「扃」原誤「局」，今據景宋本、景刊宋本校改。

老子曰：「聖人之從事也，所由異路而同歸，今古雖殊，治則一也。存亡定傾若一，志不忘乎欲利人也〔一〕。亡者存之，傾者安之，豈唯潤己，常在利人。故秦楚燕魏之歌，異音而皆樂〔二〕，九夷八狄之哭，異聲而皆哀〔三〕。夫歌者樂之徵，哭者哀之效也〔四〕，憤於中，發於外〔五〕，故在所以感之矣〔六〕。聲氣相應，悲歡相召，故歌雖異國而皆樂，哭乃殊方而共悲也。聖人之心，日夜不忘乎欲利人，其澤之所及亦遠矣。」利人不已，澤乃遐臨。

〔一〕日本兩治要本「存亡」上均有「其」字。淮南子修務篇：「聖人之從事也，殊體而合於理，其所由異路而同歸，其存危定傾若一，志不忘於欲利人也。」案：上文子之死父章亦云：「志不忘乎欲利人也。」

〔二〕日本古抄本治要「歌」作「哥」，下同。刊本治要「音」作「轉」。案：説文：「哥，聲也。从二可，古文以爲『歌』字。」修務篇：「故秦楚燕魏之謳也，異轉而皆樂。」高誘注：「轉，音聲也。」氾論篇：「譬猶不知音者之歌也，濁之則鬱而無轉，清之則燋而不謳。」高誘注：「『轉』讀傳譯之傳也。」案：文選謝玄暉和伏武昌登孫權故城詩：「歌梁想遺轉。」六臣注本云：「五臣作『囀』。」李善注即引淮南修務篇此文，然則「轉」謂「囀」也，高氏所作音義俱是。

〔三〕修務篇：「九夷八狄之哭也，殊聲而皆悲，一也。」高誘注：「東方之夷九種，北方之狄八種。」

〔四〕修務篇：「夫謌者，樂之徵也，哭者，悲之效也。」高誘注：「徵，應也。效，驗也。」

〔五〕日本兩治要本作「愔愔於中，而應於外」。案：風俗通義十反篇：「然無聲響，徒喑喑而已。」修務篇：「憤於中則應於外。」高誘注：「憤，發也。」一作「喑」，一作「憒」，蓋許高二注本之異同也。

〔六〕修務篇：「故在所以感。」高誘注：「感，發也。」俞樾謂「感」下當據文子補「之矣」二字，文義始完。

老子曰：「人無爲而治，有爲也即傷〔一〕。無爲而治者爲無爲〔二〕，爲者不能無爲也〔三〕。不能無爲者，不能有爲也〔四〕。言无爲者，還是有爲，有爲即非无爲而治也，唯有爲而不爲，即无爲。

人無言而神〔五〕，有言也即傷〔六〕。無言而神者載無〔七〕，言則傷有神之神者〔八〕。」神貴无言，聖尚不作，言則迹見，爲則人之粗，唯兩无傷，能全於道也。

〔一〕淮南子說山篇：「人無爲則治，有爲則傷。」高誘注：「道貴無爲，故治也。有爲則傷，道不貴有爲也。傷猶病也。」

〔二〕說山篇：「無爲而治者，載無也。」高誘注：「言無爲而能致治者，常載行其無爲。」

〔三〕說山篇：「爲者不能有也。」高誘注：「爲者有爲也，有謂好憎情欲，不能恬澹靜漠，故曰不能無爲也。」王念孫曰：「『不能有也』本作『不能無爲也』，下文『不能無爲者』，即承此句而申言之，高注云：『好憎情欲，不能恬淡靜漠，故曰不能無爲也。』是其明證矣。今本作『不能有者』，涉下文『不能有爲』而誤。文子精誠篇正作『爲者不能無爲也』。」

〔四〕說山篇：「不能無爲者，不能有爲也。」高誘注：「不能行清靜無爲者，不能大有所致，致其治，立其功也。故曰不能有爲也。」

〔五〕說山篇：「人無言而神。」高誘注：「無言者，道不言也，道能化故神。」

〔六〕說山篇：「有言者則傷。」高誘注：「道貴不言，故言有傷。」

〔七〕說山篇：「無言而神者載無。」高誘注：「道貴無言，能致于神。載，行也。常行其無言也。」

〔八〕說山篇：「有言則傷其神之神者。」高誘注：「道賤有言，而多反有言，故曰傷其神。」

文子曰：「名可强立，功可强成〔一〕。勸勉之道。昔南榮趎〔二〕老子弟子。恥聖道而獨亡於己，南見老子，受教一言〔三〕。精神曉靈〔四〕，屯閔條達〔五〕，勤苦十日不食，如享太牢〔六〕。既受一言，精思十日，忘飢味道，如享太牢也。是以明照海内，名立後世，智略天地〔七〕，察分秋毫〔八〕，稱譽華語，至今不休〔九〕，此謂名可强立也〔一〇〕。至言已受，羣疑頓銷，若太陽回照，闇室俱明也。故田者不强，困倉不滿〔一一〕。官御不勵，誠心不精〔一二〕。將相不强，功烈不成〔一三〕，王侯懈怠，後世無名〔一四〕。自庶人至於王侯，未有不勤勵而能使倉廪實，功名著也。至人潛行〔一五〕，譬猶雷霆之藏也，隨時而舉事，因資而立功〔一六〕，進退無難，無所不通。夫大人之道，其隱也寂然，天下莫能見其行也。雷動，天下无不聞。進无喜容，退无慙色，是謂大道也。夫至人精誠内形，德流四方，見天下有利也，喜而不忘，天下有害也，怵若有喪〔一七〕。喜則受利，憂其遇害。夫憂民之憂者，民亦憂其憂，樂民之樂者，民亦樂其樂，故憂以天下，樂以天下，然而不王者，未之有也〔一八〕。憂於民，民亦憂之；樂於民，民亦樂之。憂樂共之，民不戴者，未之有也。聖人之法，始於不可見，終於不可及，德義无方，終始无際。處於不傾之地，立身无爲之地。積於不盡之倉，用之不既。載於不竭之府，運之而无窮也。出令如流水之原，使民於不爭之官，令行則民知禁，事省則官无訟。開必得之門，安其所業。不爲不可成，不求不可得，不處不可久，不行不可復〔一九〕。大人之令，動必有益，作則興利，不處不久，不求不復。大人行可説之政，而人莫不順其命〔二〇〕，命順則從小而致大，命逆則以善爲害，以成爲敗。其政教順之，以凶爲吉，逆則以大爲小。夫所謂大丈夫者，内强而外明。内强如天地，外明如日月，天地無不覆載，日月無不照明。如天地之覆載，如日月之照明，是謂大丈夫也。大人以善示人，不變其故，不易其常，天下聽令，如草從風〔二一〕。革其故則俗難安，循其性則人易治。草之從風，无敢違者。政失於春，歲星盈縮，不居其常〔二二〕。政失於夏，熒惑逆行〔二三〕。政失於秋，太白不當，出入無常〔二四〕。政失於冬，辰星不效其鄉〔二五〕。四時失政，鎮星摇蕩，日月見謫，五星悖亂，彗星出。四時有差，五星失常，謫見於天，災及於人。春政不失禾黍滋，夏政不失雨降時〔二六〕，秋政不失民殷昌，冬政不失國家寧康。」此明主不可失政。君失其政，天降百殃。君守其政，天降百祥。一人之慶，萬民樂康。

〔一〕淮南子修務篇：「名可務立，功可彊成。」高誘注：「務，事也。彊，勉也。」

〔二〕莊子庚桑楚篇：「南榮趎蹵然正坐。」釋文：「昌于反。向音疇。……李云：『庚桑弟子也。』漢書古今人表作『南榮疇』，或作『儔』，又作『壽』。淮南作『南榮幬』，亦作『疇』。」案：古今人表師古注：「即南榮趎也。趎音直俱反。」淮南修務篇作「南榮疇」。

〔三〕修務篇：「昔者，南榮疇恥聖道之獨亡於己，身淬霜露，敕蹻趹，跋涉山川，冒蒙荆棘，百舍重跰，不敢休息，（莊子庚桑楚篇釋文引作「南榮幬」，云：「敕蹻趹步，百舍不休。」）南見老聃，受教一言。」高誘注：「老聃，老子，字伯陽，楚苦縣賴鄉曲里人。今陳國東瀨鄉有祠存。據在魯南，故曰南見老子聃，一言道合也。」

〔四〕修務篇：「精神曉泠。」高誘注：「曉，明。泠猶了也。」案：古從霝從令之字古通，漢書蘇武傳「丁令」，師古注：「令音零，即上所謂丁靈也。」劉伶，晉書有傳，文選顔延之五君詠：「劉靈善閉關。」李善注引臧榮緒晉書亦作「劉靈」。俱其證也。一切經音義十四引許慎注：「泠然，解悟之意也。」

〔五〕修務篇：「鈍聞條達。」高誘注：「鈍聞猶鈍惛也。」王念孫曰：「文子精誠篇作『屯閔條達』。案：「閔」與「惛」聲相近，故高注云：『鈍聞猶鈍惛。』方言曰：『頓愍，惛也，江湘之間謂之頓愍。』」器案：俶真篇：「狡猾鈍惛。」覽冥篇：「鈍悶以終。」高誘注：「鈍悶，無情也。」廣雅釋詁：「頓愍，音義與此同。」又案：俶真篇：「條達有無之際。」又曰：「通洞條達。」莊子至樂篇：「名止於實，義設於適，是之謂條達而福特。」成玄英疏：「條理通達。」

〔六〕修務篇：「欣然七日不食，如饗太牢。」高誘注：「丈夫七日不食則斃，故以七日爲極。三牲具曰太牢。」王引之曰：「『七日不食』上當有『若』字，如讀爲而。言聞老聃之言，若七日不食，而饗太牢也。賈子勸學篇云：『南榮跦既遇老聃，見教一言，若飢十日而得太牢。』是其證。文子精誠篇襲用此文，而改之曰『勤苦七日不食，如享太牢』，失其指矣。」俞樾曰：「『勤』字衍文，『苦』乃『若』字之誤，『如』讀爲『而』，此本云：『若十日不食，而享太牢。』淮南子修務篇作『欣然七日不食，如饗太牢』。疑此文『十日』亦當從淮南作『七日』。」

〔七〕修務篇：「是以明照四海，名施後世，達略天地。」高誘注：「施，延也。達猶通也。略猶數也。」案：俶真篇：「知終天地。」太平御覽四百六十四引作「智絡天地」，「達略天地」，蓋即「智絡天地」也。

〔八〕修務篇：「察分秋豪。」高誘注：「察，明。」

〔九〕修務篇：「稱譽葉語，至今不休。」高誘注：「葉，世也。言榮疇見稱譽，世傳相語，至今不止。」王念孫曰：「『葉』當爲『華』，俗書華字作『華』，與『葉』相似而誤。華，榮也。『稱譽華語，至今不休』，言榮名常在人口也。高所見本已誤作『葉』，故訓葉爲世。文子正作『稱譽華語』。」

〔一〇〕修務篇：「此所謂名可彊立者。」俞樾曰：「『彊立』本作『務立』，上文『名可務立，功可彊成』，高注曰：『務，事也。』然則此亦當言『務立』，今作『彊立』者，乃後人據文子精誠篇改之，不知彼上文云：『名可强立，功可强成。』與此文本不相同，不得據彼以改此也。」

〔一一〕修務篇：「是故田者不强，囷倉不盈。」高誘注：「强，力也。」

〔一二〕修務篇：「官御不厲，心意不精。」高誘注：「精，專也。」

〔一三〕修務篇：「將相不强，功烈不成。」高誘注：「烈，業也。」

〔一四〕修務篇：「侯王懈惰，後世無名。」高誘注：「世猶身也。」莊逵吉曰：「京房易有世應，郭璞洞林以爲身，是世身也之證。」

〔一五〕莊子達生篇：「至人潛行不窒。」又見列子黃帝篇。成玄英曰：「潛伏行世，不爲物境障礙。」

〔一六〕說林篇：「聖人者，隨時而舉事，因資而立功。」

〔一七〕王叔岷曰：「案景宋本『怵』作『憂』，治要引同。」

有也。」

〔一八〕孟子梁惠王下:「樂民之樂者,民亦樂其樂,憂民之憂者,民亦憂其憂,樂以天下,憂以天下,然而不王者,未之有也。」

〔一九〕管子牧民篇士經:「錯國於不傾之地,積於不涸之倉,藏於不竭之府,下令於流水之原,使民於不爭之官,明必死之路,開必得之門,不爲不可成,不求不可得,不處不可久,不行不可復。錯國於不傾之地者,授有德也。積於不涸之倉者,務五穀也。藏於不竭之府者,養桑麻,育六畜也。下令於流水之原者,令順民心也。使民於不爭之官者,使各爲其所長也。明必死之路者,嚴刑罰也。開必得之門者,信慶賞也。不爲不可成者,量民力也。不求不可得者,不彊民以其所惡也。不處不可久者,不偷取一世也。不行不可復者,不欺其民也。」案:史記管晏列傳:「故其稱曰:『下令如流水之原,令順民心。』」即據牧民篇爲言也。

〔二〇〕治要「命」作「令」,下同。牧民篇:「令順民心。」

〔二一〕文選任彦昇天監二年策秀才文:「上之化下,草偃風從。」李善注:「論語:『子曰:君子之德風,小人之德草,草上之風必偃。』」張銑注:「言上之化下,如草之偃卧,必從於風。」

〔二二〕史記天官書:「東方,木,主春,日甲乙。義失者,罰出歲星。歲星贏縮,以其舍命國,所在國不可伐,可以罰人。其趨舍而前曰贏,退舍曰縮。」索隱:「趨音聚,謂促。」

〔二三〕天官書:「南方,火,主夏,日丙丁。禮失,罰出熒惑。熒惑失行,是也。」

〔二四〕太平御覽二十四引無「不當」二字。天官書:「西方,秋,司兵,月行及天矢,日庚辛,主殺。殺失者,罰出太白。

太白失行，以其舍命國。……當出不出，當入不入，是謂失舍。」失舍，即此所謂不當、無常也。

〔二五〕天官書：「北方，水，太陰之精，主冬，日壬癸。刑失者，罰出辰星，以其宿命國，是正四時。……其時宜效，不效爲失。」正義：「效，見也。言宜見不見，爲失罰之也。」

〔二六〕太平御覽卷二十二引作「夏政不失則降時雨」非是。時與滋韻，作「則降時雨」失韻，且多一字，亦與上句不儷也。

文子疏義卷第三

九守

此篇有九目，故曰九守。九者，易之數終，明極則變，變則乖道。守之者，居亢龍无悔，可越三清之表；忽之者，則牝馬不利，將淪九幽之下；固宜守道，不可失常也。

顧觀光曰：「雲笈七籤九十一卷全引此篇，分爲九節：『天地未形』以下爲守和節，『人受天地變化而生』以下爲守神節，『夫血氣者，人之華也』以下爲守氣節，『輕天下即神無累』以下爲守仁節，『尊勢厚利』以下爲守節節，『古之爲道者』以下爲守易節，『人受氣於天者』以下爲守清節，『天子公侯』以下爲守盈節，『聖人與陰俱閉』以下爲守弱節。必宋本分段如是。今本首兩條無題，而自守氣節後半至末，分守虛、守無、守平、守易、守清、守真、守靜、守法、守弱、守樸十段，與七籤全不合。篇名九守，而分十段，譌謬已甚。又以守虛、守無等目與九守並列，支榦不分，篇題雜糅，於是文子十二篇，溢爲二十二篇矣。」于大成曰：「案：九守而分十目，誠與七籤引不合。然汪中不云乎：『一奇二偶，一二不可以爲數。二乘一則爲三，故三者，數之成也。積而至十，則復歸於一。十不可以爲數，故九者，數之終也。於是先王之制禮，凡一二之所不能盡者，則以三爲之節，三加、三推之屬是也。三之所不能盡者，則以九爲之節，九章、九命之屬是也。此制度之實數也。因而生人之措辭，凡一二之所不能盡者，則約之三以見其多，三之所不能盡者，則約之九以見其極多。此言語之虛數也。……楚辭：「雖九死其猶未悔。」此不能有九也；詩：「九十其儀。」史記：「若九牛之亡一毛。」又：「腸一日而九迴。」此不必限以九也；孫子：「善守者藏於九地之下，善攻者動於九天之上。」此不可以言也。故知九者，虛數也。』（述學釋三九上），此亦猶楚辭九歌十一章而稱九耳。顧氏謂『必宋本分段如是』，亦非是也。朱弁本於十目之下皆有注，纘義逐章分疏章旨，所分並與今本合。朱弁云：『此篇自守樸已上，至於守虛，凡有十章。』是所據本分十章也，續古逸叢書本、景宋本亦並同今本，是宋本與今本合也。顧氏不見宋本，故云然耳。七籤乃君房肊改，不足據。纘義本篇名十守，云：『十守原作九守，今據明刊本改。』則所謂『刻書而書亡』者矣。」器案：此卷小題有十，日刊本治要大題九守，有眉批云：『「九」作「十」。』徐靈府注謂「此篇有九目，故曰九守」，非也。敦煌卷子伯二四五六號大道通玄要卷第一道生一品作「文子九守第三」，與今本合，惜僅存第一章耳。

老子曰〔一〕：「天地未形，窈窈冥冥〔二〕，渾而爲一〔三〕，氣象未分。寂然清澄〔四〕。重濁爲地，精微爲天〔五〕，形質已具。離而爲四時〔六〕，春生夏長，秋收冬藏。分而爲陰陽〔七〕。剛柔立矣。精氣爲人，粗氣爲蟲〔八〕。所本則一，所稟則異。氣有清濁，物有精粗。剛柔相成，萬物乃生。從是萬化，至乎无窮。精神本乎天，骨骸根于地〔九〕。本乎天者親上，本乎地者親下。精神入其門〔一〇〕，骨骸反其根，我尚何存〔一一〕。入无窮之門，反造化之根，莫識其真，孰云有我也。故聖人法天順地〔一二〕，不拘於俗，不誘於人〔一三〕，以天爲父，以地爲母，陰陽爲綱，四時爲紀。翺翔天地，履蹈紀綱，逍遥於自得之境，恢曠於无爲之宅，俗不能拘，世不能誘也。天静以清，地定以寧，萬物逆之者死，順之者生〔一四〕。天无心於逆順，人有生於禍敗。故静漠者〔一五〕，神明之宅，虚無者，道之所居〔一六〕。道處於静默，神游於虚極。夫精神者所受於天也，骨骸者所禀於地也〔一七〕。天氣清，化而爲精神。地氣重，疑而爲骨骸〔一八〕，故言禀受。道生一〔一九〕，天也。一生二，地也。二生三，人也。三生萬物〔二〇〕。變化廣也。萬物負陰而抱陽，沖氣以爲和〔二一〕。皆柔和氣而生〔二二〕。

〔一〕雲笈七籤「九守」篇名下注「凡九篇」三字。又提行頂格題「守和第一」四字以爲小題。其章首「老子曰」作「老君曰」，本篇各章同。

〔二〕王叔岷曰：「案雲笈七籤九一引『窈窈』作『窅窅』，古字通用。」今案：敦煌唐寫本作「窅窅冥冥」。淮南子精神篇：「窈窈冥冥。」高誘注：「皆未成形之氣也。」

〔三〕老子十四：「視之不見名曰夷，聽之不聞名曰希，搏之不得名曰微。此三者不可致詰，故混而爲一。」渾、混通用。

〔四〕「寂然清澄」，敦煌唐寫本作「河水清澄」，雲笈七籤作「自然清澄」。

〔五〕王叔岷曰：「案七籤引『重』作『凝』。」于大成曰：「案：淮南天文篇云：『清陽者薄靡而爲天，重濁者凝滯而爲地。」（宋本淮南「凝滯」二字倒。）字作『重濁』，此正用其文。説文：『地，元氣初分，輕清陽爲天，重濁陰爲地。』（集韻「地」字注、爾雅釋地疏引並同。）關尹子四符篇：『風散故輕清，輕清者上天；金堅故重濁，重濁者入地。』列子天瑞篇：『清輕者上爲天，濁重者下爲地。』（文選左太沖魏都賦注引同，潘安仁西征賦注引作「輕清」、「重濁」。）禮記禮運篇疏：『混沌元氣既分，輕清爲天，在上，重濁爲地，在下。』唐律疏議卷一：『氣之輕清者上浮而爲天，重濁者下沉而爲地。』字並作『重濁』；朱弁注云：『一至清澄，則自有輕重之比。』亦明出重字；説郛本引此，字亦作『重濁』。下文『骨骸根於地』，朱注亦云：『稟重濁而系滯。』亦以『重濁』釋正文地字。七籤引作『凝』，疑非其舊。又案：七籤引『精』作『清』。精、清古通。禮記緇衣：『精知略而行之。』注：『精或爲清。』春秋繁露通國身：『氣之清者爲精。』説文、關尹子、列子、禮記疏、唐律疏議並作清。淮南同。周易乾鑿度亦云：『清輕者爲天。』（後漢書班固傳注引。）下文『精神本乎天』，朱注：『稟輕清以虚通。』以『輕清』釋天字，字亦作『清』。」

〔六〕敦煌唐寫本無「而」字。

〔七〕敦煌唐寫本無「而」字。

〔八〕顧觀光曰：「七籤『麄』作『煩』，與精神訓合。」于大成曰：「朱弁本『粗』正作『煩』。雲笈七籤九十連珠亦云：『煩氣謂之蟲。』」器案：敦煌唐寫本「粗」作「煩」。精神篇高注：「煩，亂也。」

〔九〕王叔岷曰：「七籤引『骸』作『骼』，下同。」于大成曰：「説郛引作『骸』，下同，與淮南合。」器案：敦煌唐寫本作

「骸」，「于」作「乎」。

〔一〇〕精神篇：「是故精神天之有也，而骨骸者地之有也。精神入其門，而骨骸反其根，我尚何存？」高誘注：「精神無形，故能入天門；骨骸有形，故反其根歸土也。」列子天瑞篇：「黄帝曰：『精神入其門，骨骸反其根，我尚何存？』」弘明集八釋僧順釋三破論：「門者，本也，明理之所出入，出入從本而興焉。釋氏有不二法門，老子有衆妙之門，書云：『禍福無門。』皆是會通之林藪，機妙之淵宅。」

〔一一〕精神篇：「我尚何存？」高誘注：「言人死各有所歸，我何猶（由）尚存。」敦煌唐寫本「何」作「可」，未可據。

〔一二〕「法天順地」，敦煌唐寫本作「法地順天」，精神篇作「法天順情」。

〔一三〕精神篇：「不拘於俗，不誘於人。」高誘注：「誘猶惑也。」

〔一四〕王叔岷曰：「七籤引『逆』作『失』，淮南子精神篇同。」于大成曰：「淮南此文作『萬物失之者死，法之者生』，其誼雖同，其文則異。默希子注云：『天無心於逆順。』知所據本不作『失』也。逆本字作屰，説文：『屰，不順也。』與失形近，遂又誤爲失矣。又案：七籤『逆』下、『順』下無二『之』字，朱弁本、寶曆本同。續古逸本、景宋本有二『之』字，無二『者』字。『之』猶者也。」器案：敦煌唐寫本作「失者死，順者生」，失亦逆之誤。

〔一五〕七籤「漠」作「寞」。

〔一六〕王叔岷曰：「七籤引『宅』下、『居』下並有『也』字。淮南子同。」于大成曰：「朱弁本正有二『也』字。」

〔一七〕于大成曰：「天中記二十一引淮南、文子『骨骸』作『形體』，與淮南精神篇合。又七籤引『骨』上有『而』字，朱弁本正有『而』字，淮南同。」器案：敦煌唐寫本無二「者」字，無二「也」字，「骨骸」作「而骨骼」。

〔一八〕「疑」當作「凝」。

〔一九〕顧觀光曰：「句首，七籤有『故曰』二字，與精神訓合。」于大成曰：「朱弁本、寶曆本句首正有『故曰』二字。此下老子四十二章文也。」器案：敦煌唐寫本「道生一」作「故曰」，七籤同。顧說未審。

〔二〇〕精神篇：「故曰：一生二，二生三，三生萬物。」高誘注：「一謂道也，二曰神明也，三曰和氣也。或說：一者，元氣也。生二者，乾坤也。二生三，三生萬物，天地設位，陰陽通流，萬物乃生。」

〔二一〕精神篇：「萬物背陰而抱陽，沖氣以爲和。」高誘注：「萬物以背爲陰，以腹爲陽，身中空虛，和氣所行。爲陰故腎雙，爲陽故心特。陰陽與和，共生物形，君臣以和，致太平也。」老子四十二章：「道生一，一生二，二生三，三生萬物。萬物負陰而抱陽，沖氣以爲和。」案：雲笈七籤「沖氣以爲和」句下有「故貴在守和」五字，此張君房之所附益也。

〔二二〕「柔」疑當作「由」，音近之誤也。

老子曰：「人受天地變化而生〔一〕，受生天地之間，而居萬物之上。一月而膏〔二〕，凝也。二月血脈〔三〕，形兆肧也。三月而肧〔四〕，定府靈也。四月而胎〔五〕，五月而筋〔六〕，六月而骨〔七〕，七月而成形〔八〕，開竅通明。八月而動〔九〕，神其降靈。九月而躁〔一〇〕，宮室列布，以定精也。十月而生，萬像成也。形骸已成，五藏乃分〔一一〕。肝主目，腎主耳〔一二〕，脾主舌〔一三〕，肺主鼻，膽主口。五藏此唯四，與今說不同，未詳。外爲表，中爲裏，頭圓法天，足方象地〔一四〕。一人之身，萬像悉備，不可輕也。天有四時、五行、九曜〔一五〕，三百六十日。人有四支、五藏、九竅，三百六十節〔一六〕。天有風雨寒暑，人有取與喜怒〔一七〕。膽爲雲，肺爲氣〔一八〕，脾爲風〔一九〕，腎爲雨〔二〇〕，肝爲雷〔二一〕。人與天地相類，而心爲之主〔二二〕。心爲身主，總統五藏六府，四支九竅之要，上通於天，下應於地，中合於萬物，所謂神。百姓日用不知，知此道者鮮矣。耳目者日月也，血氣者風雨也。日月失行，薄蝕無光。風雨非時，毀折生災〔二三〕。天有日月，不可不明，風雨不可不節。不時不節則爲災。人有耳目，不可不清，血脈不可不平。不和不平則爲病矣。五星失行，州國受其殃〔二四〕。五星所犯，分野受災。五藏受邪，一身生病。天地之道，至閎以大〔二五〕，尚由節其章光，愛其神明〔二六〕；人之耳目，何能久燻而不息，精神何能馳騁而不乏〔二七〕？天地至大，猶節四時，調五緯，護其神明；況乎人役耳目，馳心慮，而能全其性靈者乎？是故聖人守內而不失外〔二八〕。內保精神，外全形體。夫血氣者，人之華也〔二九〕，五藏者，人之精也〔三〇〕。血氣專乎內而不外越，則胸腹充而嗜欲寡〔三一〕，夫見表知裏，視本知末。且嗜欲生乎中，則華色彫乎外，精氣和於內，而肌膚充乎外。嗜欲寡則耳目清而聽視聰達，聽視聰達謂之明。夫聽无不察，明无不照，莫不由乎寡情杜欲也。五藏能屬於心而無離，則氣意勝勝，去。而行不僻，精神盛而氣不散，以聽無不聞，以視無不見，以爲無不成。任能正定其心，五藏不受於邪，則悖之氣散，而精神之用明，微无不照，幽无不察，事无不濟，爲无不成也。患禍無由入，邪氣不能襲〔三二〕。動用常正，禍患自亡，内精不蕩，外邪莫入。故所求多者所得少，所見大者所知小。自少以求多即易，因小以知大則明。夫孔竅者，精神之户牖。血氣者，五藏之使候〔三三〕。決户牖，精神洞明玄鑒；通使候〔三四〕，則五藏疏達而不悖也。故耳目淫於聲色，即五藏動揺而不定〔三五〕，血氣滔蕩而不休，精神馳騁而不守〔三六〕。禍福之至，雖如丘山，無由識之矣〔三七〕。惑於聲色，役其精神，志於彼而忘於此。亦猶水之平也，則毫髮之微可覩；人之蔽也，雖丘山之禍莫之見。故聖人愛而不越〔三八〕。雖通嗜欲，務在節宣，不祈分外也。聖人誠使耳目精明玄達，無所誘慕，意氣無失，清静而少嗜欲，五藏便寧，精神内守形骸而不越，即觀乎往世之外，來事之内，禍福之間，可足見也〔三九〕。聖人知嗜欲蔽塞聰明，故一心氣而止亂，守精神而不越，則内外之情可見，禍福之兆自明也。故其出彌遠者其知彌少〔四〇〕，遠徇於物，近責其身，所棄者大，所得者小。以言精神不可使外淫也〔四一〕。故五色亂目，使目不明〔四二〕。五音入耳，使耳不聰〔四三〕。五味亂口，使口生創〔四四〕。音爽。外有所欲，内有所損。趣舍滑心，使行飛揚〔四五〕。故嗜欲使人氣淫，好憎使人精勞〔四六〕，不疾去之，則志氣日耗〔四七〕。精氣泄漏，則形神日逝也。夫人所以不能終其天年者，以生生之厚〔四八〕，厚生者，謂貪饕无厭，只求快心，誠自疎也。夫唯無以生爲者，即所以得長生〔四九〕。无以生爲不厚生，不厚生者，不處必死之地也。夫天地運而相通，萬物總而爲一〔五〇〕，能知一，即無一之不知也〔五一〕。不能知一，即無一之能知也〔五二〕。自天地萬物輪轉无窮，皆乘一而有。萬類雖差，同根於一。

故知萬物爲一，理无不悉。不知萬物爲一，則觸事皆失。吾處天下，亦爲一物〔五三〕。而物亦物也。物之與物，何以相物〔五四〕！此明物我玄同，好憎无生，故云吾處天下，亦天下之一物耳。同爲一物，何以相物？物我兩忘，是非安繼？故游刃虚宗，全真大樸也。欲生，不可事也〔五五〕。憎死，不可辭也〔五六〕。欲不可縱，事不可繁。賤之不可憎也，貴之不可喜也〔五七〕。貴賤以冥，好憎安在？因其資而寧之，弗敢極也〔五八〕。弗敢極，即至樂極矣〔五九〕。此一節總叙九守，爲治國修身之至誠，向道君子，宜精詳其旨也。

〔一〕雲笈七籤此章前有「守神第二」四字，提行另起。王叔岷曰：「案七籤引作『人之受天地變化而生也』。」于大成曰：「案：五行大義論諸人篇、説郛、天中記二十一引並與今本同，知隋時本已如是矣。七籤所引疑肊改。」器案：太平御覽三百六十引「人受天地變化而生」上有「精氣爲人」四字。

〔二〕王叔岷曰：「案御覽三百六十引此下有注云：『初形骸如膏脂。』」器案：淮南子精神篇：「故曰一月而膏。」高誘注：「始育如膏也。」

〔三〕孫詒讓曰：「御覽三百六十『血』作『而』。七籤作『二月而胞』。」王叔岷曰：「案『血』乃『而』之誤，孫詒讓已言之。淮南子亦作『而』。御覽引此下有注云：『漸生筋脈。』」于大成曰：「按蕭吉五行大義論諸人篇引『血』作『而』。此文自一月至十月，文例並同。今本惟二月作『血脈』，其誤明矣。張君房所引，疑肊改，不盡足據也。」器案：太平御覽三百六十三引淮南子：「二月而血。」今本「血」作「肤」，疑音近之誤。

〔四〕王叔岷曰：「案：御覽引此下有注云：『肧，胞也，三月如水龍狀也。』」于大成曰：「案：説文繫傳八『肧』字注引文子注：『胚，胚也，形如水中泡。』徐鍇『以爲肧，肧即如衃。衃，凝血』。按小徐引雖不云誰氏注，例之他文所引，即是李暹注。又續博物志引范子，亦有注云：『謂如水胞之狀。』李氏所引，實文子而非范子，特誤以文子爲計然，遂致誤收耳。」

〔五〕王叔岷曰：「案御覽引此下有注云：『如水中蝦蟆之胎。』」于大成曰：「案：説文繫傳八『胎』字注引李暹注：『胎，如水中蝦蟆胎。』續博物志引范子，亦有注云：『如水中鰕蟆胎也。』則李石所引，亦暹注也。惟五行大義引『胎』作『肌』，與淮南同。」案：太平御覽三百六十三引淮南子作「四月而胞」。

〔六〕王叔岷曰：「案御覽引此下有注云：『氣積而成筋。』」

〔七〕王叔岷曰：「案御覽引此下有注云：『血化肉，肉化脂，脂化骨。』」于大成曰：「續博物志引范子，並有注云：『謂血氣變爲肉，肉爲脂，脂爲骨也。』」

〔八〕孫詒讓曰：「御覽無『而』字，七籤無『形』字。案精神訓亦無『形』字。」王叔岷曰：「案御覽引此下有注云：『四肢九竅成。』」于大成曰：「案：無『形』字是也，朱弁本、寶曆本正無『形』字。」

〔九〕王叔岷曰：「案御覽引此下有注云：『動，作。』」

〔一〇〕王叔岷曰：「案御覽引此下有注云：『動數如前。』」

〔一一〕王叔岷曰：「案景宋本『分』作『形』。御覽引同。」于大成曰：「案：五行大義、七籤引『分』亦作『形』。朱弁本、續古逸本正作『形』，與淮南子合。」

〔一二〕王叔岷曰：「案：御覽十三、三七六引『耳』並作『鼻』，淮南子同。惟與下文『肺主鼻』複，未知孰是。」于大成曰：「萬卷菁華引此，『耳』亦作『鼻』。惟白虎通情性篇引元命苞曰：『鼻者，肺之使。』又曰：『耳者，腎之候。』又曰：『腎繫於耳。』管子水地篇曰：『腎發爲耳。』長短經察相篇：『肺主鼻。』又曰：『腎主耳。』並與此義合，知今本是，而御覽、萬卷精華皆非，淮南亦誤也。說郛、七籤、天中記二十一引並與今本同。」

〔一三〕顧觀光曰：「七籤『脾』作『心』。精神訓無此句。」于大成曰：「案：淮南無此句者，誤奪也。王念孫有說。七籤『脾』作『心』，亦阸改，孫詒讓有說。惟孫引白虎通五行篇云：『脾繫於舌。』乃情性篇文，孫氏失檢。說郛、天中記引並與今本同。」器案：七籤：「肺主鼻，腎主耳，心主舌，肝主眼。」淮南子精神篇：「是故肺主目，（高注：「肺象朱雀，朱雀，火也，火外景，故主目。」）腎主鼻，（高注：「腎象龜，龜，水也，水所以通溝，鼻所以通氣，故主鼻。」）膽主口，（高注：「膽，勇者決所以處，故主口。」）肝主耳。（高注：「肝，金也，金，内景，故主耳。」）惠棟校補「脾主舌」三字。管子水地篇：「脾發爲鼻，肝發爲目，腎發爲耳，肺發爲口，心發爲舌。」言五藏之主五官，亦未講若畫一耳。

〔一四〕王叔岷曰：「案御覽三六三、七籤並引作『頭之圓以法天，足之方以象地』。淮南子『頭』下、『足』下亦並有『之』字。」于大成曰：「案朱弁本正與御覽、七籤所引合。五行大義論諸人篇引左慈相決云：『人頭圓以法天，足方以象地。』惟引本書則仍作『頭員法天，足方象地』，天中記二十一引孝經援神契亦云：『人頭圓像天，足方法地』。說郛本與今本合。」

〔一五〕顧觀光曰：「御覽三百六十『曜』作『解』，與精神訓合。」（于大成曰：「案：此條不見守山閣本校勘記，從孫詒讓氏引。孫氏四庫簡明目録標注云：『尚之別有增訂本，余從張歗山文虎假録。』孫氏所引顧說，往往有出守山閣本外者，皆是也。惜不知此本今在何許爾。」）孫詒讓曰：「景宋本正與淮南書、御覽合。」于大成曰：「說文繫傳八『胑』字注引此，亦作『九解』。」器案：淮南子精神篇：「天有四時、五行、九解、三百六十六日。」高誘注：「四時，春夏秋冬。五行，金木水火土也。九解，謂九十爲一解。一說，九解，六一之所解合也。一說，八方中央，故曰九解。」俞樾曰：「高注『九解』有三說，當以『八方中央』之義爲塙。天文篇：『天有九野：中央曰鈞天，東方曰蒼天，東北曰變天，北方曰玄天，西北方曰幽天，西方曰顥天，西南方曰朱天，南方曰炎天，東南方曰陽天。』即此『九解』矣。解者，分也，謂分周天三百六十五度四分度之一而爲九。」今案：周禮冬官考工記：「鳧氏爲鐘，鐘帶謂之篆，篆間謂之枚，枚謂之景。」注：「鄭司農云：『枚，鐘乳也。』」北堂書鈔百八、初學記十六引樂叶圖徵：「君子鑠金爲鐘，四時九乳。」宋均注：「九乳法九州，爲象天也。」玉燭寶典引天文篇許慎注：「乳，古解字。」然則「九乳」即「九解」也。宋均以爲「九州」，與高誘注第三說正同。太平御覽三百六十引淮南注：「九解者，八方中央也。」然則以「九解」爲「八方中央」，此許慎說也。

〔一六〕淮南子天文篇：「跂行喙息，莫貴於人，孔竅肢體，皆通於天。天有九重，人亦有九竅。天有四時以制十二月，人亦有四肢以使十二節。天有十二月以制三百六十日，人亦有十二肢以使三百六十節。故舉事而不順天者，逆其生者也。」韓非子解老篇：「人之身三百六十節，四肢九竅，其大具也。四肢與九竅十有三者，十有三者之動靜，盡屬於生焉，屬之謂徒也，故曰『生之徒也十有三』。」黄帝内經素問生氣通天論篇：「黄帝曰：『夫自古通天者生之本，本於陰陽。天地之間，六合之内，其氣九州九竅，五臟十二節，皆通乎天氣。』」亦謂九竅通九州也。

〔一七〕王叔岷曰：「御覽引『人』下有『亦』字，淮南子亦有『亦』字。」于大成曰：「五行大義引『人』下亦有『亦』字。」

〔一八〕于大成曰：「案：御覽三六三引『氣』作『雨』，蓋誤，五行大義、説文繫傳、七籤、天中記引並作『氣』，淮南子同。白虎通亦云：『肺所以義者何？肺者，金之精。義者，斷決。西方亦金，成萬物也。故肺象金色白也。鼻爲之候何？鼻出入氣，高而有竅。山亦有金石累積，亦有孔穴，出雲布雨，以潤天下，雨則雲消。鼻能出納氣也。』故上文云：『肺主鼻』也。」

〔一九〕顧觀光曰：「精神訓『脾』作『肝』。」于大成曰：「案：淮南作『肝』，乃後人改之也，詳王念孫説。五行大義引本書及淮南並云：『脾爲風。』説文繫傳八脾字注、七籤、天中記引此，並與今本同。」

〔二〇〕顧觀光曰：「御覽十三、又三百六十三並引作『腎爲雹。』」孫詒讓曰：「五行大義引此及淮南子並作『腎爲雨，肝爲雹』，今本淮南精神訓與此書同。高注云：『雨，或作雹。』豈此書亦有别本，與淮南或本同與！」王叔岷曰：「七籤亦引作『腎爲雹』。」于大成曰：「案：説文繫傳八『腎』字注，天中記引此，仍作『腎爲雨』。」器案：太平御覽十三引作『腎爲雹，主鼻』。

〔二一〕顧觀光曰：「精神訓『肝』作『脾』。」于大成曰：「案：淮南『肝』作『脾』，非是，詳王念孫説。説文繫傳八肝字注、天中記引此並與今本同。」

〔二二〕顧觀光曰：「七籤『相』下有『比』字。」于大成曰：「案：有『比』字是也，朱弁本『相』下有『裨』字。依段氏六書音韻表，比字在十五部，裨字在十六部，二部合音最近，此叚裨爲比也。孫詒讓曰：『五行大義引下句作「而心爲天」。』檢蕭書仍作『主』，不作『天』，孫氏蓋偶失檢也。」

〔二三〕「折」原誤「拆」，今從于大成説改正。于大成曰：「『拆』當爲『折』，字之誤也。淮南子不誤。七籤、天中記引並作『折』。續古逸本、景宋本、説郛本、寶曆本、墨海本、守山閣本並作『折』。道德篇『風雨不毁折』，上禮篇『雷霆毁折』，字並作『折』。」

〔二四〕王叔岷曰：「案七籤引作『五星失其度，郡受其殃』。（『郡』下疑脱『州』字。）淮南子『失』下亦有『其』字。御覽引『州國』作『州土』。」

〔二五〕王叔岷曰：「案七籤引作『至闊且大』。」

〔二六〕「愛」原作「授」，今從于大成説改正。于大成曰：「案『授』爲『愛』字之誤，他本並作『愛』，七籤、天中記引亦並作『愛』，淮南子同。朱注亦明出『愛其神明』。蓋『愛』誤爲『受』，『受』又易爲『授』耳。」

〔二七〕顧觀光曰：「七籤『熏』作『勞』。」王叔岷曰：「御覽引作『人之耳目何能久勤而不愛，精神何能久馳而不止』。『熏』當作『勤』，『勤』壞爲『堇』，因誤爲『熏』，復易爲『熏』耳。（淮南子作『薰』，亦『勤』之誤，孫詒讓有説。）七籤作『勞』，勤猶勞也。」于大成曰：「朱弁本、寶曆本『久熏』並作『久視聽』，與他本異趣。」

〔二八〕顧觀光曰：「七籤無『外』字，『守內』二字倒。」于大成曰：「案：七籤非也，此文徐注云：『內保精神，外全形體。』朱注云：『善守其內者，不爲外之所失也。』是正文本有『外』字明矣。」器案：太平御覽三百六十三引「外」作「也」。

〔二九〕七籤於「夫血氣者人之華也」前有「守氣第三」一行，頂格另起，蓋以爲此章之小題也。

〔三〇〕精神篇：「是故血氣者，人之華也，而五藏者，人之精也。」

〔三一〕精神篇：「夫血氣能專於五藏，而不外越，則胸腹充而嗜欲省矣。」高誘注：「專，一。」

〔三二〕精神篇：「胸腹充而嗜欲省，則耳目清聽視達矣。耳目清聽視達謂之明。五藏能屬於心而無乖，則教志勝而行不僻矣。教志勝而行之不僻，則精神勝而氣不散矣。精神盛而氣不散則理，理則均，均則通，通則神。神則以視無不見，以聽無不聞也，以爲無不成也。是故憂患不能入也，而邪氣不能襲。」高誘注：「教志勝，言己之教志也。僻，邪也。『勝』或作『遯』。『襲』猶因也。亦入。」案：莊子刻意篇：「憂患不能入，邪氣不能襲。」

〔三三〕精神篇：「夫孔竅者，精神之户牖也。而氣志者，五藏之使候也。」王念孫曰：「『氣可言五藏之使候，志不可言五藏之使候，『氣志』當爲『血氣』，此涉下文『氣志』而誤也。上文曰『血氣能專於五藏而不外越，則胸腹充而嗜欲省矣』，下文曰『五藏搖動而不定，則血氣滔蕩而不休矣』，故曰血氣者，五藏之使候。文子九守篇正作『血氣』。」于大成曰：「案：左傳襄公二十一年：『使候出諸轘轅。』注云：『候，送迎賓客之官。』周禮夏官序官候人，注云：『候，候迎賓客之來者。』然則『使』、『候』一也，出使爲使，候迎爲候，皆即今之外交官也。朱注云：

『意氣爲使，則五藏可候。』殊不明晰。」今案：文選高唐賦注引「孔竅」作「九竅」。

〔三四〕于大成曰：「案：續古逸本、景宋本『玄鑒』上有『而』字，與下句『通使候，則五藏疏達而不悖也』一例。又依下句例之，『精神』上亦當有『而』字。」

〔三五〕于大成曰：「案：七籤『動摇』二字倒，與淮南子合。」

〔三六〕精神篇：「耳目淫於聲色之樂，則五藏摇動而不定矣。五藏摇動而不定，則血氣滔蕩而不休矣。血氣滔蕩而不休，則精神馳騁於外而不守矣。」高誘注：「多情欲，故神不内守。」

〔三七〕精神篇：「精神馳騁於外而不守，則禍福之至，雖如丘山，無由識之矣。」高誘注：「『丘山』諭大。識，知也。」韓非子喻老篇：「空竅者，神明之户牖也。耳目竭於聲色，精神竭於外貌，故中無主。中無主，則禍福雖如丘山，無從識之。」

〔三八〕于大成曰：「案：初學記十七、七籤、説郛本並無『而』字。淮南俶真篇：『神越者，其言華。』注：『越，散也。』」

〔三九〕精神篇：「使耳目精明玄達而無誘慕，氣志虚静恬愉而省嗜慾，五藏定寧充盈而不泄，精神内守形骸而不外越，則望於往世之前，而視於來事之後，猶未足爲也，豈直禍福之間哉？」高誘注：「猶，尚也。爲，治也。」

〔四〇〕精神篇：「故曰其出彌遠者其知彌少。」高誘注：「言難以道故也。」老子四十七章：「不出户，知天下。不窺牖，見天道。其出彌遠，其知彌少。」

〔四一〕精神篇：「以言夫精神之不可使外淫也。」

〔四二〕精神篇：「是故五色亂目，使目不明。」高誘注：「不明，視而昏也。」

〔四三〕精神篇：「五聲譁耳，使耳不聰。」高誘注：「不聰，聽無聞也。」

〔四四〕顧觀光曰：「七籤作『厲爽』，同莊子天地篇文。」于大成曰：「案：朱弁本、寶曆本正作『使口厲爽』。」器案：精神篇：「五味亂口，使口爽傷。」高誘注：「爽，病，病傷滋味也。」王念孫曰：「『使口爽傷』本作『使口厲爽』，注本作『厲爽，病傷滋味也』。大雅思齊箋曰：『厲，病也。』逸周書謚法篇：『爽，傷也。』（廣雅同。）故云：『厲爽，病傷滋味也。』後人以韻書『爽』在上聲，與明、聰、揚三字音不相協，故改『厲爽』爲『爽傷』，不知『爽』字古音讀若霜，正與明、聰、揚爲韻。（衛風氓篇：「女也不爽。」與湯、裳、行爲韻。小雅蓼蕭篇：「其德不爽。」與瀼、光、忘爲韻。楚辭招魂：「厲而不爽。」與方、粱、行、芳、羹、漿、鶬、鸉、涼、妨爲韻。案爽字古皆讀霜，毛詩、楚辭而外不煩覼縷。）故老子『五味令人口爽』亦與盲、聾、狂、妨爲韻。而莊子天地篇：『五色亂目，使目不明。五聲亂耳，使耳不聰。五味濁口，使口厲爽。趣舍滑心，使性飛揚。』即淮南所本也。且『爽』即是傷，若云『使口爽傷』，則是使口傷傷矣。（文子九守篇作「使口生創」，亦是後人所改。）乃既正文之『厲爽』爲『爽傷』，又改注文之『厲爽』爲『爽病』，甚矣其謬也。（諸書無訓「爽」爲病者。又高注「不明，視而昏也。不聰，聽無聞也。厲爽，病傷滋味也。飛揚，不從軌度也」，皆先列正文而後釋其義，今改「厲爽」爲「爽病」，則與上下注文不類矣。）」

〔四五〕精神篇：「趣舍滑心，使行飛揚。」高誘注：「滑，亂也。飛揚，不從軌度也。」顧觀光曰：「七籤『行』作『性』，同莊子天地篇文。」于大成曰：「案：本書上禮篇正有『性命飛揚』之文。」

〔四六〕王叔岷曰：「七籤引作『故嗜欲使人之氣衰殺，好憎使人之心勞倦』。淮南子兩『人』字下亦並有『之』字。」于大成曰：「朱弁本兩『人』下正有『之』字。」

〔四七〕精神篇：「故曰：嗜欲者使人之氣越，而好憎者使人之心勞，弗疾去則志氣日秏。」高誘注：「越，失。勞，病。『秏』猶亂也。」

〔四八〕精神篇：「夫人之所以不能終其壽命，而中道夭於刑戮者，何也？以其生生之厚。」高誘注：「言生生之厚者，何必極嗜欲，淫濫無厭，以傷耳目情性，故不終其壽命，中道夭殞於刑辟之戮也。」器案：老子五十章：「人之生動之死地亦十有三，夫何故？以其生生之厚。」韓非子解老篇解爲「凡民之生生而生」，莊子大宗師篇「生生者不生」，釋文：「崔云：常營其生爲生生。」易繫辭上：「生生之謂易。」孔穎達正義：「生生，不絕之辭。」嚴遵道德真經指歸九以生生爲「攝生」，陸希聲道德真經傳三以「生生」爲「求生」，文選張茂先鷦鷯賦劉良注以「生生」爲「養生」，類能得老氏之旨，而「養生」之訓，尤爲酌古而通今也。

〔四九〕精神篇：「夫惟能無以生爲者，則所以脩得生也。」高誘注：「無以生爲者，輕利害之鄉，除情性之欲，則長得生矣。」

〔五〇〕精神篇：「夫天地運而相通，萬物總而爲一。」高誘注：「總，合。一，同也。萬物合同，統於一也。」

〔五一〕精神篇：「能知一，則無一之不知也。」

〔五二〕精神篇：「不能知一，則無一之能知也。」高誘注：「上一，道也。下一，物也。」

〔五三〕精神篇：「譬吾處於天下也，亦爲一物矣，不識天下之以我備其物與？且惟無我而物無不備者乎？」高誘注：「與，邪。詞也。」

〔五四〕王叔岷曰：「文選陸士衡豪士賦序注引作『譬吾處於天下，亦爲一物也。然則我亦物也，而物亦物也。物之與物也，有何以相物也』；淮南子作『譬吾處於天下也，亦爲一物矣』。矣猶也也。『物亦物也』上無『而』字，餘與文選注引此文合。」

〔五五〕精神篇：「其生我也，不彊求已。其殺我也，不彊求止。欲生而不事。」高誘注：「已，止也。言不惡生也。『不彊求止』，言不畏死。事，治。」

〔五六〕精神篇：「憎死而不辭。」高誘注：「唯義所在，故不辭也。」

〔五七〕精神篇：「賤之而弗憎，貴之而弗喜。」高誘注：「人有惡賤己者，己不憎也。人有尊己者，己不喜也。」

〔五八〕精神篇：「隨其天資而安之不極。」高誘注：「資，時也。一曰：性也。極，急也。喻道人不急求生也。」

〔五九〕器案：淮南子俶真篇：「故能致其極。」高誘注：「極，至也。」此解「極」字義勝。本書道原篇：「極無極。」是其證也。雲笈七籤作「弗敢極也，敢極即失至樂矣」，「至樂」與莊子至樂篇「至樂無樂」之義相比也。

守虚九守一數

老子曰〔一〕：「所謂聖人者，因時而安其位，當世而樂其業〔二〕。安人之所不安，至安。樂人之所不樂，至樂也。夫哀樂者，德之邪。好憎者，心之累。喜怒者，道之過〔三〕。凡人則有，道者則无。故其生也天行，其死也物化〔四〕。生非我有，故謂天行。死非我終，故謂物化。靜即與陰合德，動即與陽同波〔五〕。此動靜不失其正也。故心者形之主也，神者心之寶也，神，心之舍也，人之所寶也。形勞而不休即蹷〔六〕，精用而不已則竭，是以聖人遵之不敢越也〔七〕。形者、神之宅，精者、氣之靈，相依而生，相違而死。聖人遺之，不敢輕用也。以無應有，必究其理。以虛受實，必窮其節。萬物自无而生，无所不有。天地以虛而受，无所不容也。恬愉虛靜，以終其命。保虛靜，達生死。無所疏，無所親。其貴也不可親，其賤也不可疏也。抱德煬和，以順於天〔八〕。與道爲際，與德爲鄰〔九〕。不爲福始，不爲禍先〔一〇〕。死生無變於己，故曰至神〔一一〕。合乎道德，齊乎死生，福之不能祐，禍之不能傾，自非至神，安能若此？神則以求無不得也，以爲無不成也。能與天地同道，與神靈合德，則所求无不得，所爲无不成，可謂至神也。

〔一〕雲笈七籤此章與前章之間無小題。

〔二〕淮南子精神篇：「是故聖人因時以安其位，當世而樂其業。」高誘注：「業，事也。」

〔三〕王叔岷曰：「案七籤引『邪』下、『累』下、『過』下，皆有『也』字，淮南子精神篇同。唐寫本莊子刻意篇：『悲樂者，德之邪也。喜怒者，道之過也。好惡者，德之失也。』（今本脱三『也』字。）淮南子原道篇：『喜怒者，道之邪也。憂悲者，德之失也。好憎者，心之過也。嗜欲者，性之累也。』並與此句法同。」

〔四〕精神篇：「故曰：其生也天行，其死也物化。」高誘注：「天行，似天氣也。物化，如物之變化也。」莊子天道篇：「故曰：知天樂者，其生也天行，其死也物化。」成玄英疏曰：「其生也同天道之四時，其死也混萬物之變化。」又刻意篇：「故曰：聖人之生也天行，其死也物化。」郭象注：「天行，任自然而運動。物化，蛻然無所係。」

〔五〕精神篇：「靜則與陰俱閉，動則與陽俱開。」莊子天道篇：「靜而與陰同德，動而與陽同波。」又刻意篇：「靜而與陰同德，動而與陽同波。」郭象注：「動靜無心，而付之陰陽也。」

〔六〕精神篇：「故心者，形之主也，而神者，心之寶也。形勞而不休則蹶。」高誘注：「蹶，顛。」

〔七〕精神篇：「精用而不已則竭，是故聖人貴而尊之，不敢越也。」莊子刻意篇：「故曰：形勞而不休則弊，精用而不已則勞，勞則竭。」

〔八〕精神篇：「是以聖人以無應有，必究其理。以虛受實，必窮其節。恬愉虛靜，以終其命。是故無所甚疏而無所甚親。抱德煬和，以順于天。」高誘注：「煬，炙也，向火中炙和氣，以順天道也。『煬』讀供養之養。」又俶真篇：「古之真人，立於天地之本，中至優游，抱德煬和，而萬物雜累焉。」（惠棟、孫詒讓俱謂「雜累」當從莊子在宥篇作「吹累」。）高誘注：「煬，炙也。抱其志德而炙於和氣，故萬物雜累，言成熟也。煬讀供養之養。」器案：雲笈七籤「煬」作「養」。唐寫本莊子亦作「養」。

〔九〕精神篇：「與道爲際，與德爲鄰。」高誘注：「際，合也。鄰，比也。」

〔一〇〕于大成曰：「案：二句三國志曹植傳引之（亦見文選曹子建求通親親表），作僞者采彼文以入本書，不當以爲東阿所見，即今本文字也。又符言篇亦云：『不爲福先，不爲禍始。』彼文本於淮南詮言篇也。」今案：精神篇及莊子刻意篇俱有此二句，不必引後出之曹子建文也。且此語自是黄老家恒言，未可遽誣爲作僞也。

〔一一〕精神篇：「魂魄處其宅，而精神守其根，死生無變於己，故曰至神。」高誘注：「變，動。」莊子齊物論：「死生無變於己。」郭象注：「與變爲體，故死生若一。」

守無

老子曰〔一〕：「輕天下即神無累〔二〕，細萬物即心不惑〔三〕，无以天下爲萬物盜，則神何累。不爲萬物盜，則心何惑也。齊生死則意不懾〔四〕，同變化則明不眩〔五〕。知死生以假名，不足以恐懼，識變化以虛誕，不足以驚怛。夫至人倚不撓之柱，行無關之途〔六〕，不撓之柱，道也。無關之途，德也。以道爲柱，所以无傾。以德爲途，所以皆適。稟不竭之府，神用无極。學不死之師，本乎不生。無往而不遂〔七〕，無之而不通〔八〕，屈伸俯仰，抱命不惑而宛轉〔九〕，禍福利害，不足以患心〔一〇〕。死生无迫於己，利害安足介懷。夫爲義者可迫以仁，而不可劫以兵，存義者可以仁道勸，不可以兵威脅。可正以義，不可懸以利〔一一〕，重於義則輕於利也。君子死義，不可以富貴留也〔一二〕，寧蹈義而死，不苟富而生。爲義者不可以死亡恐也〔一三〕，死義以忘生也。又況於無爲者乎？無爲者即無累〔一四〕，无累之人以天下爲影柱〔一五〕，影柱，虚无也。既无形質，安所係累？夫存義者猶不可以兵威脅之，況有道者而可以死亡恐之乎？上觀至人之倫〔一六〕，深原道德之意〔一七〕，下考世俗之行，乃足以羞也〔一八〕。羞，進也。觀古視今，抱道守德，深明旨趣，足以進修也。夫無以天下爲者，學之建鼓也〔一九〕。夫上古之君，无不以天下爲己，不思至道，公然有爲，其由擊鼓而欲無聲不應者也。」

〔一〕雲笈七籤此前有「守仁第四」一行，頂格另起。

〔二〕淮南子精神篇：「輕天下則神無累矣。」高誘注：「輕薄天下寵勢之權者，許由是也，故其精神無留累于物也。」莊子達生篇：「棄世則無累。」

〔三〕精神篇：「細萬物則心不惑矣。」高誘注：「以萬物爲小事而弗欲，故心不惑物也。」

〔四〕精神篇：「齊死生則志不懾矣。」高誘注：「齊，等也。不畏義死，不樂不義生，其志意無所懾懼，故曰等也。」王叔岷曰：「案：七籤引『生死』二字倒，淮南子精神篇亦作『齊死生』。」于大成曰：「案：朱弁本、寶曆本正作『齊死生』，道德篇亦云：『三皇五帝輕天下，細萬物，齊死生，同變化。』彼用淮南齊俗篇文，齊俗亦作『齊死生』。又朱弁本『則』字作『即』，與上一律，下句同。」

〔五〕精神篇：「同變化則明不眩矣。」高誘注：「眩，惑。」

〔六〕精神篇：「夫至人倚不拔之柱，行不關之塗。」高誘注：「倚于不可拔揺之柱，行于不可關閉之塗，言無不通。」

〔七〕精神篇：「稟不竭之府，學不死之師，無往而不遂。」高誘注：「往而遂也。」

〔八〕精神篇：「無至而不通。」高誘注：「至而通也。」

〔九〕精神篇：「生不足以挂志，死不足以幽神，屈伸俛仰，抱命而婉轉。」高誘注：「抱天命而婉轉，不離違也。」案：文選潘安仁射雉賦徐爰注：「婉轉，綢繆之稱。」

〔一〇〕精神篇：「禍福利害，千變萬紾，孰足以患心。」高誘注：「紾，轉。」案：莊子田子方篇：「夫孰足以患心。」

〔一一〕王叔岷曰：「七籤引『不可』上有『而』字，與上文句法一律。淮南子亦有『而』字。」于大成曰：「案：朱弁本正有『而』字。又朱弁本『懸』作『縣』，淮南子同。『懸』字後起。此『縣』字當借爲眩，廣雅釋言：『眩，惑也。』是其義也。」器案：精神篇：「殖華可止以義，而不可縣以利。」高誘注：「縣，視也。言不爲利動也。」又：「知養生之和，則不可縣以天下。」高誘注：「養生之和謂正道也。已脩正道不惑，故不可示以天下之窮勢而移也。」「示」同「視」，俱讀「縣」音玄。

〔一二〕精神篇：「君子義死，而不可以富貴留也。」

〔一三〕精神篇：「義爲而不可以死亡恐也。」

〔一四〕精神篇：「由此觀之，至貴不待爵，至富不待財。天下至大矣，而以與佗人；身至親矣，而棄之淵；外此其餘，無足利矣，此之謂無累之人。」

〔一五〕顧觀光曰：「句費解。當依精神訓作『不以天下爲貴矣』。七籤引此句，『影柱』作『量夫』，疑即『貴矣』二字之誤。」于大成曰：「『影柱』二字，亦見淮南，繆稱篇云：『列子學壺子，觀影柱而知持後矣。』事見列子說符篇；

又俶真篇云：『提挈天地，而委萬物，以鴻濛爲景柱。』『委萬物』即『無累』也。注云：『影柱，虚無也。』『以天下爲影柱』，即以天下爲虚無也，以天下爲虚無，即『不以天下爲貴』也，句尚可解。」器案：淮南子原道篇：「照日光而無景。」高誘注：「爲日光所照無景柱也。」又俶真篇高誘注：「鴻濛，東方之野，日所出，故以爲景柱。」案：顔氏家訓書證篇：「凡陰景者，因光而生，故即謂爲景。淮南子呼爲景柱，廣雅：『晷柱挂景。』並是也。至晉世葛洪字苑，傍始加彡，音於景反。」案所引廣雅見釋天，今本作「晷柱景也」。

〔一六〕七籤「倫」作「論」。

〔一七〕七籤「原」作「源」。

〔一八〕七籤「下」作「以」，「以羞」作一「薄」字。精神篇：「上觀至人之論，深原道德之意，以下考世俗之行，乃足羞也。」高誘注：「考，觀。」

〔一九〕于大成曰：「七籤無此二句。淮南精神篇云：『今夫窮鄙之社也，叩盆拊瓴，相和而歌，自以爲樂矣。嘗試爲之擊建鼓，撞巨鐘，乃始仍仍然知其盆瓴之足羞也。』（今本淮南『乃始』誤『乃性』，莊逵吉、王念孫並有説。王云：『乃始，猶然後也。』）故下云：『夫無以天下爲者，學之建鼓矣。』（今本淮南『夫』下脱『無』字，詳王念孫説。）高注云：『建鼓，樂之大者。』今用淮南而删其上文，而此句『建鼓』二字乃無所承，作僞迹，章矣著矣。」又案：「建鼓」二字見莊子，天道篇曰：「又何偈偈乎揭仁義，若擊建鼓而求亡子焉。」器案：莊子天道篇郭象注：「無由得之。」成玄英疏：「偈偈，勵力貌也。揭，儋負也。亡子，逃人也。言孔丘勉勵身心，儋負仁義，强行於世，以教蒼生，何異乎打擊大鼓而求覓亡子，是以鼓聲愈大而亡子愈離，仁義彌彰而去道彌遠，故無由得之。」案：又見天運篇：「又奚傑然若負建鼓而求亡子者邪？」郭象注：「夫揭仁義以趨道德之鄉，其猶擊鼓而求逃者，無由得也。」由莊子二文觀之，則文子之説頗得莊生之旨也。

守平〔一〕

老子曰：「尊勢厚利，人之所貪，比之身則賤〔二〕。尊勢者重世而賤身，修道者貴身而輕貨。故聖人食足以充虚接氣，衣足以蓋形禦寒〔三〕，適情辭餘，不貪得，不多積〔四〕，養足而已，有餘委之。清目不視，靜耳不聽，閉口不言，委心不慮〔五〕，棄聰明反太素，休精神去知故〔六〕，無好無憎，是謂大通，除穢去累，莫若未始出其宗，何爲而不成〔七〕。未始出其宗者，謂本來虚寂，无所貪愛，故萬緒紛然，皆爲穢累，故遣滌除，還原復樸也。知養生之和者，即不可懸以利〔八〕，通內外之符者，不可誘以勢〔九〕。無外之外至大，無內之內至貴〔一〇〕。能知大貴，何往不遂〔一一〕。」大道其出无外，其入无內，无之不通，可謂大貴也。

〔一〕雲笈七籤作「守簡第五」。

〔二〕淮南子精神篇：「尊勢厚利，人之所貪也。」高誘注：「尊勢窮位，厚利重禄。」

〔三〕于大成曰：「七籤『禦』作『蔽』，疑非其舊。下德篇：『食充虚，衣禦寒。』字亦作『禦』。文選曹子建雜詩注引此亦作『禦』，劉子防慾篇同。」器案：精神篇：「聖人食足以接氣，衣足以蓋形。」高誘注：「接，續也。蓋，覆也。」墨子辭過篇：「故聖人爲衣服，適身體，和肌膚而足矣，非榮耳目而觀愚民也。」文選曹子建贈徐幹詩注引墨子：「古之人，其爲食也，足以增氣充虚而已。」韓非子解老篇：「故聖人衣足以犯寒，食足以充虚，則不憂矣。」此皆以衣食並舉，與此文可以互參。亦有單就衣裳言之者，淮南子齊俗篇「故明主制禮義而爲衣，分節行而爲帶，衣足以覆形」云云。春秋繁露度制篇：「凡衣裳之生也，爲其蓋形暖身也。」是其證也。

〔四〕精神篇：「適情不求餘。」高誘注：「餘，饒也。」同篇又云：「適情辭餘，以己爲度。」高誘注：「適猶節也。」

〔五〕精神篇：「清目而不以視，静耳而不以聽，鉗口而不以言，委心而不以慮。」高誘注：「清，明。」

〔六〕顧觀光曰：「『太素』，七籤作『太一』。」于大成曰：「七籤作『泰一』，非是。素與上『委心不慮』，下『去知故』爲韻(段氏五部)。淮南精神篇亦作『太素』，又俶真篇亦云：『偃其聰明，而抱其太素。』高彼注云：『素，樸性也。』周易正義論易之三名引乾鑿度云：『故有太易，有太初，有太始，有太素。太易者，未見氣也。太初者，氣之始也。太始者，形之始也，太素者，質之始也。』亦見列子天瑞篇。反太素者，反於性之始也。列子張注：『質，性也。』」器案：淮南子原道篇高注：「智故，巧飾也。」

〔七〕精神篇：「除穢去累，莫若未始出其宗，乃爲大通。」于大成曰：「案：精誠篇亦云：『若未始出其宗，是謂大通。』」器案：莊子大宗師篇：「墮肢體，黜聰明，離形去知，同於大通。」成玄英疏：「大通，猶大道也，道能通生萬物，故謂道爲大通也。」又秋水篇：「無西無東，始於玄冥，反於大通。」郭象注：「言其無不至也。」成玄英疏：「大通，迹也。」又曰：「大通於物也。」案：上來所陳諸義，相輔相成，故老子曰：「古之善爲士者，微妙玄通，深不可識。」

〔八〕顧觀光曰：「七籤句首有『故』字。」于大成曰：「案，朱弁本正作『故知養生之和者』，淮南子亦有。」

〔九〕顧觀光曰：「七籤『符』作『府』。」王叔岷曰：「案：七籤引『通』下有『乎』字，淮南子精神篇『通』下有『于』字，于猶乎也。」于大成曰：「案：符、府古通。守清節：『智者，心之府也。』朱弁本『府』作『符』，長短經昏智篇、治要、記纂淵海五十二（誤爲文中子）引亦作『符』，又下德篇『謂之天府』，文選班孟堅答賓戲注引『府』作『符』。是其證。七籤『通』下有『乎』字，衍文也。蓋淮南以『知養生之和，則不可縣以天下』，與上文『知宇宙之大，則不可劫以死生』爲配，二句並無『乎』字。本書其下句，而別以淮南下文『非通于外內，孰能無好憎』改竄以儷之，自無須存其『于』字。七籤引有『乎』字者，疑後人據淮南增益之也。無者爲是。有『乎』字，則與上文『知養生之和者』不相耦矣。又案『內外』二字，七籤作『外內』，是也，朱弁本正作『外內』，淮南子同。」案莊子田子方篇：「生有所乎萌，死有所乎歸，始終相反乎无端，而莫知其所窮，且孰爲之宗。」義與此文相比也。

〔一〇〕精神篇：「非通於外內，孰能無好憎。無外之外至大也，無內之內至貴也。」高誘注：「好憎，情欲。」「言天無有垠外，而能爲之外，喻極大也。無內言其小，小無內而能爲之內，道尚微妙，故曰至貴也。」

〔一一〕精神篇：「能知大貴，何往而不遂。」高誘注：「大貴謂無內之內也。言道至微，能出入于無間，故曰何往而不遂。遂，通也。」案：徐幹中論脩本篇：「古語曰：『至德之貴，何往而不遂；至德之榮，何往而不成。』」所引古語，與文子、淮南子合，即黃老家言也。

守易〔一〕

老子曰：「古之爲道者，理情性，治心術，養以和，持以適，樂道而忘賤，安德而忘貧〔二〕，得情性之和，忘貧賤之品。性有不欲，無欲而不得〔三〕。心有不樂，無樂而不爲〔四〕。有欲，則所欲者不足。无樂，則所遇者皆遂。無益於性者，不以累德。不便於生者，不以滑和〔五〕。名利傷德，嗜欲害生，故不爲也。不縱身肆意〔六〕，而制度可以爲天儀〔七〕。自能矜慎，可爲儀表也。量腹而食，制形而衣〔八〕，容身而居〔九〕，適情而行，餘天下而不有，委萬物而不利〔一〇〕，豈爲貧富貴賤失其性命哉〔一一〕？夫若然者，可謂能體道矣〔一二〕。」惟體道知足者，故有餘天下，不利萬物，豈從欲害奪其性命也。

〔一〕雲笈七籤作「守易第六」。下文首句作「古之道者」。

〔二〕精神篇：「達至道者則不然，理情性，治心術，養以和，持以適，樂道而忘賤，安德而忘貧。」

〔三〕精神篇：「性有不欲，無欲而不得。」高誘注：「言其守虛執持不欲之情性，則無有所欲而不得也。」

〔四〕精神篇：「心有不樂，無樂而不爲。」高誘注：「言其志正不樂邪淫之樂，則無有正樂而不爲樂，言皆爲之樂也。」

〔五〕王叔岷曰：「案：七籤引『性』作『情』，『生』作『性』，淮南子精神篇同。」案：淮南子精神篇：「無益情者，不以累德，而便性者，不以滑和。」（王念孫謂：「劉績本依文子九守篇改爲『無益於情者，不以累德，不便於性者，不以滑和』，當是也。」）案：高誘注：「滑，亂。」又淮南子原道篇：「聖人不以身役物，不以欲滑和。」高誘注：「不以情欲亂中和之道。」『滑和』又見俶真、精神、詮言、齊俗等篇。莊子德充符篇：「不足以滑和。」郭象注：「淡然自若，和理在身。」成玄英疏：「滑，亂也。雖復事變命遷，而隨形任化，淡然自若，不亂於中和之道也。」

〔六〕顧觀光曰：「精神訓『不』作『故』，『故』字是也。此即『從心所欲不踰矩』之義。」王叔岷曰：「『不』字涉上文諸『不』字而衍，七籤引此，正無『不』字。」于大成曰：「案朱弁本正無『不』字，亦無『故』字，與七籤引此文合。荀子解蔽篇曰：『聖人縱其欲。』即其義也。」器案：精神篇：「故縱體肆意。」高誘注：「縱，放也。肆，緩也。」

〔七〕王叔岷曰：「七籤引『制度』作『度制』，淮南子同。」于大成曰：「朱弁本正作『度制』，道藏纘義本作『席制』，『席』即『度』字之誤。史記孟荀列傳『因載其禨祥度制』，漢書董仲舒傳『情非度制不節』，字並作『度制』。」器案：精神篇：「而度制可以爲天下儀。」高誘注：「儀，法也。」

〔八〕淮南子俶真篇：「夫聖人量腹而食，度形而衣，節於己而已，貪污之心，奚由生哉？」顧觀光曰：「『制』字誤，七籤作『度』，與精神訓合。」王叔岷曰：「度之作制，涉上文『制度』字而誤。下守真一目，亦有『度形而衣』之文，淮南子俶真篇同。」于大成曰：「呂氏春秋高義篇載墨子之言曰：『若越王聽吾言，翟度身而衣，量腹而食，比於賓萌，未敢求仕。』即淮南所本，字亦作『度』。」器案：高義篇注：「『量』一作『裹』。」「裹」疑當作「果」。晏子春秋内篇雜下：「嬰聞古之事君者，稱身而衣。」皆「節於己」、「適情而行」之意也。

〔九〕顧觀光曰：「七籤『居』作『游』，與精神訓合。」于大成曰：「案：劉子清神篇作『容身而處』，處亦居也。記纂淵海五十一引仍作『居』。『游』字疑後人據淮南改之也。」

〔一〇〕精神篇：「餘天下而不貪，委萬物而不利。」高誘注：「委，棄也。不以萬物爲利矣。」于大成曰：「七籤兩『不』字並作『弗』，朱弁本正作『弗』。」

〔一一〕于大成曰：「七籤引『貧富貴賤』作『貴賤貧富』。」

〔一二〕莊子知北遊篇郭象注：「體道者，人之宗主也。」成玄英疏：「體道之人，世間共重，賢人君子，繫屬歸依。」案：體道者，謂於道能身體力行之人。淮南子氾論篇：「聖人以身體之。」高誘注：「體，行也。」

守清〔一〕

老子曰：「人受氣於天者〔二〕，耳目之於聲色也，鼻口之於芳臭也〔三〕，肌膚之於寒温也，其情一也〔四〕。貴賤所同。或以死，或以生，或爲君子，或爲小人，所以爲制者異〔五〕。所好則同，所得則異，隨心所欲；爲物所制，性有賢愚，情有厚薄，故或貴或賤，或死或生，不一也。神者，智之淵也；神清則智明。鑒无遺物。智者，心之府也〔六〕，智公則心平。動不私己。人莫鑒於流潦而鑒於澄水〔七〕，以其清且静也〔八〕。水非濁而能照，神非清而不居。故神清意平，乃能形物之情〔九〕。唯清與平，可察物情。故用之者必假於不用者〔一〇〕。謂有无相成，形神相保也。夫鑒明者，則塵垢不汙也〔一一〕。神清者，嗜欲不誤也〔一二〕。明則不垢其身，清則不誤其神。故心有所至，則神慨然在之，心靈相通，故心至則神存。反之於虛，則消躁藏息矣。心無靜躁，神則虛遊。此聖人之遊也〔一三〕。故治天下者必達性命之情而後可也〔一四〕。」

〔一〕雲笈七籤作「守清第七」，頂格另起。

〔二〕王叔岷曰：「七籤引『受』上有『所』字，淮南子俶真篇同。」于大成曰：「案：七籤『氣』作『形』。」器案：俶真篇：「夫人之所受於天者。」並無「氣」字或「形」字。

〔三〕俶真篇：「耳目之於聲色也，口鼻之於芳臭也。」王念孫曰：「下句本作『口鼻之於臭味』，謂口之於味、鼻之於臭也，後人誤讀『臭』爲腐臭，而改『臭味』爲芳臭，則與『口』字義不相屬矣。太平御覽方術部一引此正作『鼻口之於臭味』。」案：王校淮南據太平御覽引改正爲「鼻口之於臭味」，其説是，文子此文亦當改正爲「鼻口之於臭味」。

〔四〕俶真篇：「肌膚之於寒燠，其情一也。」

〔五〕顧觀光曰：「七籤有『也』字，與俶真訓合。」王叔岷曰：「七籤引『所』上有『其』字，亦與淮南子合。」于大成曰：「朱弁本正作『其所以爲制者異也』，與七籤引合。道藏纘義本奪『其』字，而『也』字猶在。」案：俶真篇：「或通於神明，或不免於癡狂者，何也？其所爲制者異也。」

〔六〕俶真篇：「是故神者，智之淵也，淵清則智明矣。智者，心之府也，智公則心平矣。」王念孫曰：「以下二句例之，則『淵清』當爲『神清』，此涉上句『淵』字而誤也。太平御覽引此正作『神清』，文子九守篇同。」王叔岷曰：「案：治要引『府』作『符』，『符』亦借爲『府』。上守平：『通内外之符者，不可誘以勢。』七籤引『符』作『府』，亦『府』、『符』通用之證。」

〔七〕王叔岷曰：「案：治要、七籤『流潦』並作『流水』。莊子德充符同。治要、七籤引『澄水』下並有『者』字，淮南子俶真篇、説山篇、劉子新論清神篇亦皆有『者』字。」于大成曰：「朱弁本正作『人莫覽於流水，而覽於澄水者』。」器案：俶真篇：「人莫鑑於流沫，而鑑於止水者，以其靜也。」高誘注：「沫，雨潦上沫起覆甌也。」説山篇：「人莫鑑於沫雨，而鑑於澄水者，以其休止不蕩也。」高誘注：「沫雨，雨潦上覆瓮也。澄，止水也。蕩，動也。『沫雨』或作『流潦』。」尋梁書處士傳叙引作「人皆鑑於止水，不鑑於流潦」。倭名類聚抄一引注：「沫雨，雨潦上沫起如覆盆。」此奪「沫起若」三字。俶真篇注「雨潦上沫起覆甌也」，「覆甌」上亦當補「若」字，因明白矣。

〔八〕俶真篇：「以其靜也。」高誘注：「言其濁擾，不見人形也。」説山篇：「以其休止不蕩也。」高誘注：「蕩，動也。」莊子德充符篇：「人莫鑑於流水，而鑑於止水，唯止能止衆止。」

〔九〕七籤「刑」作「制」。兩治要本作「乃能形物，物之（誤重「之」字）情也」，義勝。

〔一〇〕王叔岷曰：「七籤引『之』字在『假』字下，與淮南子合。」

〔一一〕俶真篇：「夫鑑明者，塵垢弗能薶。」高誘注：「薶，污也。薶讀倭語之倭。」案：莊子德充符篇：「鑑明則塵垢不止，止則不明也。」成玄英疏：「鑑，鏡也。夫鏡明則塵垢不止，止則非明照。」

〔一二〕俶真篇：「神清者，嗜欲弗能亂。」高誘注：「神清者，精神内守也。情之嗜欲，不能干亂。」七籤引此二句作「夫鑑明者，塵垢弗汙染也，神清者，嗜欲弗躭著也」。

〔一三〕器案：七籤「慨然」誤作「既然」，俶真篇作「喟然」。高誘注：「反之於虛，則情欲之性消鑠滅息，故曰聖人之游。游，行也。」莊子德充符篇：「故聖人有所遊。」郭象注：「遊於自得之場，放之而無不至者，才德全也。」成玄英疏：「物我雙遣，形德兩忘，故放任乎變化之場，遨遊於至虛之域也。」亦謂聖人之游也，義與此相比。

〔一四〕俶真篇：「誠達于性命之情，而仁義固附矣，趨舍何足以滑心。」

守真〔一〕

老子曰：「夫所謂聖人者，適情而已，量腹而食，度形而衣〔二〕，節乎己而貪汙之心無由生也〔三〕。絶貪汙而情可適，節衣食而性可全。故能有天下者，必無以天下爲也〔四〕，能有名譽者，必不以越行求之〔五〕。能有大名蓋天下者，必不以驕矜處之〔六〕，故天下樂推而不厭。能有令譽，而州里必不以誇耀而得，故百姓戴之而不重也。誠達性命之情〔七〕，仁義因附也〔八〕。自非審窮通之分，得人物之情，則天下自歸，百姓自附也。若夫神無所掩，心無所載，通洞條達〔九〕，澹然無事，勢利不能誘，聲色不能淫，辯者不能說，智者不能動，勇者不能恐〔一〇〕，此真人之遊也〔一一〕。神之明者，物不能蔽，事不能惑，雖勢傾王公，利積山嶽，聲駐行雲，色能傾國，辯若連環，智若流水，勇絶扛鼎，且匹夫猶不可奪，況真人者乎？**夫生生者不生，化化者不化**〔一二〕，唯不生者能生生，不化者能化化。不生不化，故能爲生化之本。**不達此道者**〔一三〕，**雖知統天地**〔一四〕，**明照日月，辯解連環**〔一五〕，**辭潤金石，**〔一六〕**猶無益於治天下也**〔一七〕。不知性命之理，不達危微之機，縱氣呑宇宙，辯吐江河，雖曰神奇，而臭腐矣，柰天下何。**故聖人不失所守。」**所賤者勢名，所貴者道德。

〔一〕雲笈七籤無此小題。

〔二〕王叔岷曰：「案：御覽四三一引『形』作『身』。」器案：上文守易篇作「形」，淮南子俶真、精神篇俱作「形」，御覽不足據。

〔三〕器案：太平御覽四百三十一引此作「節乎己者，貪心不生矣」。此文「而」下奪「己」字，屬上爲句。

〔四〕王叔岷曰：「案：七籤引『也』上有『者』字。」

〔五〕顧觀光曰：「七籤『越』作『趨』，『之』作『也』，並與俶真訓合。」王叔岷曰：「案：七籤引『之』作『者也』，與淮南子合。顧氏失檢。」于大成曰：「朱弁本、寶曆本正作『者也』。淮南齊俗篇亦云：『由此觀之，則趣行各異，何以相非也。』趣與趨同。」器案：俶真篇：「夫聖人量腹而食，度形而衣，節於己而已，貪污之心，奚由生哉？故能有天下者，必無以天下爲也，能有名譽者，必無以趨行求者也。」高誘注：「以，用也。」

〔六〕于大成曰：「『之處』二字當倒。」其說是，今據乙轉。

〔七〕顧觀光曰：「七籤『達』下有『乎』字。」王叔岷曰：「淮南子『達』下有『于』字。于猶乎也。」于大成曰：「朱弁本、寶曆本『達』下正有『乎』字。」

〔八〕顧觀光曰：「七籤『因』作『自』，無『也』字。」王叔岷曰：「淮南子『因』作『固』。『因』即『固』之形誤。『因』俗作『囙』，遂更誤爲『自』矣。」于大成曰：「案：『因』字不誤。論語學而篇『因不失其親』，集注云：『因，猶依也』；呂氏春秋盡數篇『因智而明之』，注云：『因，依也。』『仁義因附』者，仁義依附也。上仁篇亦有『仁義因附』之文。又案：『自』猶因也。史記漢文紀：『二者之咎，皆自於朕之德薄，而不能達遠也。』韓愈答劉正夫書：『要若有司馬相如、劉向、揚雄之徒出，必自于此，不自于循常之徒也。』諸『自』字皆當訓爲因。上文『因其資而寧之，非敢極也』，七籤引『因』亦作『自』，亦『自』、『因』通用之證。淮南作『固』，即是『因』字之誤。又案：七籤無『也』字，非也。淮南『附』下有『矣』字，矣猶也也。」

〔九〕于大成曰：「案：朱弁本、寶曆本『洞』作『同』，七籤同；淮南俶真篇與本書同。同、洞古通。淮南原道篇：『與天地鴻洞。』高注云：『洞，通也。讀同異之同也。』本書道原篇『洞』作『同』；又精神篇：『鴻濛鴻洞。』高注云：『讀同游之同。』洞，通也；『同』亦通也。山海經海内經：『伯陵同吴權之妻阿女緣婦。』注：『同，猶通。』洞、同音義並同，故可通用。又案：『條達』，七籤作『修達』，『修』、『條』古亦通。本書上仁篇：『百官修達，羣臣輻輳。』淮南脩務篇作『百官條達而輻輳』，是其證。」

〔一〇〕王叔岷曰：「七籤引『誘』下、『淫』下、『説』下、『動』下、『恐』下皆有『也』字，淮南子同。」于大成曰：「案：朱弁本、寶曆本正並有五『也』字。」器案：淮南子俶真篇：「勢利不能誘也，辯者不能説也，聲色不能淫也，美者不能濫也，智者不能動也，勇者不能恐也。」高誘注：「誘，惑也，進也。説，釋也。濫，覦也，或作『監』。不能使之過濫。」案：莊子田子方篇：「古之真人，知者不得説，美人不得濫，盜人不得劫，伏羲、黄帝不得友。」成玄英疏：「智人不得辨説，美色不得淫濫，盜賊不能劫剥，三皇、五帝何足交友也！」則文子、淮南之説，實本之莊子也。

〔一一〕顧觀光曰：「七籤『遊』作『道』，與俶真訓合。」王叔岷曰：「『道』乃『遊』之誤，遊者，行也。淮南子『道』亦當作『游』，詳王念孫説。」于大成曰：「王先生説是也。上守清節云：『故心有所至，則神慨然在之，反之於虛，則消爍滅息矣（今本「爍滅」誤「躁藏」，詳彼校），此聖人之遊也』（亦見淮南俶真篇）；下守樸節云：『故生生者未嘗死，其所至者即死（今本二「死」字並誤「生」，詳彼校），化化者未嘗化，其所化者即化，此真人之遊也。』並可證此『遊』字不誤。」案：俶真篇：「此真人之道也。」王念孫曰：「『道』本作『遊』，此後人以意改之也。文子九守篇正作『遊』。遊者，行也。言真人之所行如此也。上文曰：『心有所至，而神喟然在之，反之於虛，則銷鑠滅息，此聖人之遊也。』高注曰：『游，行也。』精神篇：『是故真人之所游。』高注亦曰：『游，行也。』莊子天運篇：『古之至人，假道於仁，託宿於義，以遊逍遥之虛，食於苟簡之田，立於不貸之圃，古者謂是采真之遊。』並與此『真人之遊』同意。」

〔一二〕七籤引作「夫生生不生，化物者不化」。俶真篇：「夫化生者不死，而化物者不化。」高誘注：「化生者，天也。

化物者，德也。」俞樾曰：「『化生』當作『生生』，涉下句而誤。精神篇曰：『故生生者未嘗死也，其所生則死矣。化物者未嘗化也，其所化則化矣。』是其證也。」器案：莊子大宗師篇：「无古今，而後能入於不死不生。殺生者不死，生生者不生。」成玄英疏：「殺，滅也；死，亦滅也。謂此死者未曾滅，謂此生者未曾生，既死既生，能入於無死無生，故體於法，無生滅也。法既不生不滅，而情亦何欣何惡耶？任之而無不適也。」是文子、淮南俱本莊子爲説，蓋亦黄老家言也。

〔一三〕王叔岷曰：「案：七籤引『達』下有『乎』字。」

〔一四〕器案：俶真篇作「智終天地」。此文「統」當爲「終」之誤。大戴禮記明堂篇：「朱草日生一葉，至十五日，生十五葉，十六日一葉落，終而復始也。」後漢書光武紀注引「終」作「周」，終、周一聲之轉，義亦相比。左襄九年：「十二年矣，是謂一終，一星終也。」注：「歲星十二年而一周天。」一終即一周也。漢書翟方進傳：「旬歲閒。」師古曰：「旬歲，猶言滿歲也，若十日之一周。」「一周」即「一終」也。是其證也。

〔一五〕莊子天下篇：「連環可解也。」成玄英疏：「環之相貫，貫於空處，不貫於環。是以兩環貫空，不相涉入，各自通轉，故可解者也。」

〔一六〕俶真篇：「澤潤玉石。」高誘注：「澤，潤澤也。」王念孫曰：「『澤潤玉石』本作『辭潤玉石』，高注『澤潤澤也』，本作『潤澤也』，此解『潤』字之義，非解『澤』字之義。『辭潤玉石』，謂其辭潤澤如玉石也。『目數千羊』二句以耳目言之，『足蹀陽阿』二句以手足言之，『智終天地』二句以心言之，『辯解連環』二句以口言之；若云『澤潤玉石』，則文不成義矣。今案：正文『澤』字涉注文『潤澤也』而誤，（太平御覽人事部一百五引此已誤）後人不達，又於注内加一『澤』字，以從已誤之文耳。文子九守篇正作『辭潤玉石』。」器案：淮南原道篇：「潤於草木，浸於金石。」義與此比。文選沈休文宋書謝靈運傳論：「英辭潤金石。」即用文子此文。六臣注呂向曰：「英，美也。言美辭可以潤澤金石也。」

〔一七〕俶真篇：「智終天地，明照日月，辯解連環，澤潤玉石，猶無益於治天下也。」

守靜〔一〕

老子曰：「靜漠恬惔，所以養生也〔二〕。和愉虛無，所以據德也〔三〕。自非恬愉，豈能全道。外不亂内，即性得其宜。靜不動和，即德安其位〔四〕。養生以經世〔五〕，抱德以終年，可謂能體道矣。外物不撓，内和自生，育之有質，歸乎自然。若然者，血脈無鬱滯〔六〕，五藏無積氣〔七〕，禍福不能矯滑〔八〕，非譽不能塵垢〔九〕，身心虛暢，情氣調達。禍福已冥，非譽安垢？非有其世，孰能濟焉〔一〇〕。有其才不遇其時〔一一〕，身猶不能脱，又況無道乎〔一二〕？夫君臣相遇，猶雲龍相感。有非常之主，用非常之人，亦千載一逢，所謂稀矣。今才可經世，時非有道，心宜遁迹，无復干求，是以文種就戮，范子汎舟，故賢愚相縣，眇然千里也。夫目察秋毫之末者，耳不聞雷霆之聲，耳調金玉之音者，目不見太山之形，故小有所志，則大有所忘〔一三〕。專視則廢耳，專目則廢聽。至雷霆之聲，非細耳不聞者，非謂聾者；太山之形，非小目不覩者，非謂瞽者，以心不兩用。志不兼功，故知見利忘道，徇物遺身多矣。今萬物之來擢拔吾生〔一四〕，攓取吾精〔一五〕，若泉原也，雖欲勿禀，其可得乎〔一六〕？聲色之娱，滋味之美，金玉之音，惑眩情性，昏翳精神，相發濫觴，浸成巨壑，非夫至人，安能奮翅冲霄，揚鬐慧海也。今盆水若清之經日〔一七〕，乃能見眉睫〔一八〕，濁之不過一撓，即不能見方圓也〔一九〕。人之精神，難清而易濁，猶盆水也〔二〇〕。」凡人之情，易染於俗。知易染之情，必固難行之道。水之性難清，於器審難清之性，去易昏之鑑也。

〔一〕七籤無此小題。

〔二〕七籤「惔」作「淡」，文選謝靈運登江中孤嶼詩李善注引同，古通。莊子列禦寇注：「以恬惔爲上者。」釋文：「『惔』本作『淡』。」是其證也。又案：淮南子俶真篇：「靜漠恬澹，所以養性也。」

〔三〕七籤「據」作「處」，義勝。俶真篇：「和愉虚無，所以養德也。」

〔四〕俶真篇：「外不滑内，則性得其宜。性不動和，則德安其位。」

〔五〕七籤「經世」作「安世」，此出張君房肊改。文選薦譙元彦表及養生論李善注引俱作「經世」。莊子齊物論篇：「春秋經世先王之志，聖人議而不辯。」又外物篇：「是以未嘗聞任氏之風俗，其不可與經於世亦遠矣。」尋呂氏春秋求人篇：「終身無經天下之色。」高誘注：「經，横理也。」淮南子原道篇：「經天下之氣。」高誘注：「經，理也。」「經世」猶言經天下也。

〔六〕七籤「滯」作「墐」。器案：「墐」當爲「湮」，字之誤也。淮南子氾論篇注：「鬱，湮也。」左昭二十九年：「鬱湮不育。」杜注：「湮，塞也。」莊子天道篇：「唯循大變无所湮者，爲能用之。」釋文：「湮，李云：『塞也，亦滯也。』」是其證也。

〔七〕俶真篇作「五藏無蔚氣」，高誘注：「蔚，病也。」器案：蔚謂鬱也。禮記大學篇釋文：「蔚音鬱。」吕氏春秋達鬱篇：「病之留、惡之生也，精氣鬱也。」高誘注：「鬱，滯，不通也。」後漢書仲長統傳：「彼之蔚蔚，皆匈詈腹詛，幸我之不成。」注：「蔚與鬱，古字通。」則「蔚氣」謂積鬱之氣也。

〔八〕七籤「嬌」作「撓」，俶真篇同。

〔九〕七籤「非」作「毁」，「垢」作「累」。俶真篇：「非譽弗能塵垢。」七籤蓋出張君房肊改。

〔一〇〕俶真篇：「禍福弗能撓滑，非譽弗能塵垢，故能致其極，非有其世，孰能濟焉。」高誘注：「極，至。」

〔一一〕七籤「才」作「人」，「不遇其時」作「不待時」。俶真篇作「有其人不遇其時」。

〔一二〕俶真篇：「身猶不能脱，又況無道乎？」高誘注：「道不得行。」

〔一三〕七籤「形」作「峻」。淮南子俶真篇：「夫目察秋豪之末，耳不聞雷霆之音，耳調玉石之聲，目不見太山之高，何則？小有所志，而大有所忘也。」

〔一四〕七籤「生」作「性」，俶真篇同。

〔一五〕案：俶真篇：「攓取吾情。」上文又云：「擢德攓性。」高誘注：「擢，取也。攓，縮也。」攓即攓之俗别字。龍龕手鑑手部：「攓，去乾反。攓，縮也，亦縮也。」即本淮南注。莊子駢拇篇：「枝於仁者，擢德塞性，以收名聲。」「塞」當爲「攓」之誤。七籤作「攓取吾情精」，衍「情」字。

〔一六〕顧觀光曰：「七籤『稟』作『衰』。」俶真篇：「有若泉源，雖欲勿稟，其可得邪？」高誘注：「稟猶動用也。」俞樾曰：「國語晉語：『將稟命焉。』楚語：『是無所稟命也。』韋注並曰：『稟，受也。』此言萬物之來擢拔吾性，攓取吾情，吾雖欲勿受之，而不可得也。高注曰：『稟猶動用也。』於意未合。且『稟』字亦無動用之義。」器案：太平御覽七百二十引「稟」作「廩」，稟、廩古通。孝經士章：「則順食稟。」釋文：「必錦反。公羊傳云：『廩賜槃禄也。』」是其證。俶真篇高誘注「動」疑「賜」字之誤。

〔一七〕于大成曰：「案：意林、七籤引『清』上並無『若』字，淮南子同。金樓子立言篇曰：『夫水，澄之半日，必見目睫。』亦無『若』字。」

〔一八〕王叔岷曰：「七籤引『乃能』作『不能』，是也。『清之終日，不能見眉睫』，正以見其難清也。淮南子作『未能』，義同。作『乃能』者，淺人所改耳。」于大成曰：「案：荀子解蔽篇曰：『人心譬如槃水，正錯而勿動，則湛濁在下，而清明在上，則足以見鬚眉。』莊子天道篇曰：『水靜則明燭鬚眉。』金樓子立言篇曰：『夫水，澄之半日，必見目睫。』是作『乃能』固自可通。朱注云：『澄水之鑒，惟有靜者能之。』是所據本作『乃能』也。意林引此，亦作『乃能』。又莊子德充符篇曰：『人莫鑑於流水，而鑑於止水。』（亦見淮南俶真篇、説山篇，本書上德篇及上守清、劉子清神篇，文小異。）墨子非攻篇曰：『古者有語曰：君子不鏡於水，而鏡於人。鏡於水，見面之容；

鏡於人，則知吉與凶。』史記范睢蔡澤傳曰：『吾聞之：鑒於水者，見面之容；鑒於人者，知吉與凶。』淮南原道篇曰：『夫鏡、水之與物接也，不設智故，而方圓曲直弗能逃也。』又説林篇曰：『水靜則平，平則清，清則見物之形。』（亦見本書上德篇）本書上德篇曰：『清之爲明，杯水可見眸子。』（亦見淮南説山篇）通鑑一九五貞觀十一年魏徵上疏曰：『夫鑒形莫如止水。』困學紀聞二十引真文忠公集曰：『鑑明水止，其體雖靜，而可以鑒物。』諸上所舉，咸可證水清可以見物，七籤所引，當是肊改，淮南作『未能』，於義未允，當以正書正其失。」

〔一九〕于大成曰：「七籤無『也』字，朱弁本正無『也』字。淮南子同。又案：淮南『見』作『察』，高注云：『察，見。』此作『見』，作僞者據彼文以改之也。」

〔二〇〕于大成曰：「意林、七籤引此，並無『人之』二字。」案：俶真篇：「人神易濁而難清，猶盆水之類也，況一世而撓滑之，曷得須臾平乎？」

守法〔一〕

老子曰：「上聖法天，无爲。其次尚賢〔二〕，形教也。其下任臣。任臣者，危亡之道也。權政在人，危亡无日。尚賢者，癡惑之原也〔三〕。君尚賢則下矯性而爲之。矯性者非正真，故曰癡惑。法天者，治天地之道也〔四〕。治世之道，則天下之行也。虛靜爲主，虛無不受，靜無不持〔五〕。守清静，故能維持天下，而萬物之主也。知虛靜之道，乃能終始。故聖人以靜爲治，以動爲亂。自静者則心不撓，自治者故物不亂。故曰：勿撓勿纓〔六〕，萬物將自清。勿驚勿駭，萬物將自理〔七〕。是謂天道也〔八〕。」撓者，煩動也。駭者，散亂也。言治民之道如是，則萬姓萬物皆不失其所也。

〔一〕七籤無此小題。

〔二〕于大成曰：「案：朱弁本『尚』作『上』，下同。『上』、『尚』古通。老子三章：『不尚賢，使民不爭。』」

〔三〕七籤「癡」作「疑」，「原」作「源」。

〔四〕于大成曰：「守山閣本『地』作『下』。」

〔五〕七籤「持」作「待」。案文選頭陀寺碑文李善注引作「持」，「持」字不誤。莊子庚桑楚篇：「靈臺者有持，而不知其所持，而不可持者也。」郭象注：「有持者，謂不動於物耳，其實非持。」持字義與相比也。

〔六〕七籤作「勿惑勿攖」，惑字蓋張君房所改。淮南繆稱篇：「勿撓勿攖。」許慎注：「攖，纓。」器案：文選陸士衡文賦：「若翰鳥纓繳而墜層雲之峻。」又謝靈運述祖德詩：「兼抱濟物性，而不纓垢氛。」李善注：「纓，繞也。」又孔德彰北山移文：「乃纓情於好爵。」李善注：「周易曰：『我有好爵，吾與爾縻之。』」又曰：「今見解蘭縛塵纓。」纓字義與此比。尋呂氏春秋本生篇：「能養天之所生而勿攖之，謂之天子。」高誘注：「攖猶戾也。」莊子庚桑楚篇：「不以人物利害相攖。」成玄英疏：「攖，擾亂也。」又徐无鬼篇：「脩胸中之誠，以應天地之情而勿攖。」成玄英疏：「攖，擾也。」此則「纓」、「攖」古通之證也。竊疑淮南於此有異文，即許、高二本之分也。

〔七〕繆稱篇：「勿驚勿駭，萬物將自理。勿撓勿攖，萬物將自清。」許慎注：「攖，纓。言治天下各順其情。」「勿驚勿駭」二句與「勿撓勿攖」二句，文子倒置。

〔八〕七籤作「謂之天道」。

守弱〔一〕

老子曰：「天子公侯，以天下一國爲家，以萬物爲畜〔二〕。懷天下之大，有萬物之多，即氣實而志驕〔三〕。矜其大者，雖大必亡。憂其危者，雖危必存。大者用兵侵小〔四〕，小者倨傲凌下，恃强者亡，凌下者滅。用心奢廣，譬猶飄風暴雨，不可長久〔五〕。明强不可恃，暴不可久。是以聖人以道鎮之〔六〕，執一無爲〔七〕，而不損冲氣〔八〕，唯聖人知强暴不久，故鎮以道德，一以好憎，則和氣不傷，太平可至。見小守柔，退而勿有〔九〕，不可光大。法於江海〔一〇〕：江海不爲，故功名自化〔一一〕；弗强，故能成其王〔一二〕。言聖君有功不居，民自從化；有德不宰，物自歸往也。爲天下牝〔一三〕，故能神不死〔一四〕；神者淪九幽之不昧，騰三清而不皎，本乎无始，豈曰有終也。自愛，故能成其貴〔一五〕。萬乘之勢，以萬物爲功名，權任至重，不可自輕〔一六〕，自輕則功名不成。夫聖人以萬物爲貴，今輕萬物，是輕其身；輕其身是輕天下，輕天下物不歸矣。夫道大以小而成，多以少爲主〔一七〕。道以小而成大，物緣衆而宗之，一也。故聖人以道莅天下〔一八〕，柔弱微妙者，見小也〔一九〕，儉嗇損缺者，見少也〔二〇〕。見小故能成其大，見少故能成其美。有天下者，不遺小國之臣，故能成其大。治身者，不棄片善之益，故能歸其美也。天之道抑高而舉下，損有餘補不足〔二一〕。天道惡盈而益謙也。江海處地之不足，故天下歸之奉之〔二二〕。聖人卑謙清靜辭讓者、見下也，江海以容納爲大，聖人以謙濟爲尊。虛心無有者、見不足也。見下故能致其高，見不足故能成其賢〔二三〕。矜者不立，奢者不長〔二四〕；强梁者死〔二五〕，滿溢者亡〔二六〕。保虛柔者久存，矜奢溢者速亡。飄風暴雨不終日〔二七〕，小谷不能須臾盈。飄風暴雨，行强梁之氣，故不能久而滅。小谷處强梁之地，故不得不奪。是以聖人執雌牝〔二八〕，去奢驕〔二九〕，不敢行强梁之氣。執雌牝故能立其雄牡〔三〇〕，不敢奢驕故能長久〔三一〕。惟人不驕侈，執雌牝，而英雄歸之，爲羣雄之王也。

〔一〕七籤作「守盈第八」，提行頂格另起。

〔二〕七籤「畜」作「稸」，字同。子彙本作「蓄」，義同。莊子知北遊篇：「萬物畜而不知，此之謂本根。」郭象注：「畜之而不得其本性之根，故不知其所以畜也。」成玄英疏：「畜養萬物。」

〔三〕于大成曰：「朱弁本『實』作『逸』。」

〔四〕七籤「小」作「伐」。

〔五〕淮南子道應篇：「飄風暴雨日中，不須臾。」許慎注：「言其不終日也。」老子二十三章：「希言自然。故飄風不終朝，驟雨不終日。」

〔六〕七籤「鎮」作「損」。

〔七〕案：呂氏春秋執一篇：「君執一而萬物正。……一則治，兩則亂。」

〔八〕七籤作「以損沖氣」，蓋出張君房肊改。老子四十二章：「萬物負陰而抱陽，沖氣以爲和。」

〔九〕七籤「勿有」作「無爲」。案：老子五十一章：「故道生之，德畜之，長之育之，亭之毒之，養之覆之。生而不有，爲而不恃，長而不宰，是謂玄德。」即此「退而勿有」之義，七籤作「無爲」，不可據。

〔一〇〕老子三十二章：「譬道之在天下，猶川谷之於江海。」莊子刻意篇：「若夫不刻意而高，无仁義而修，无功名而治，无江海而閒，不道引而壽。无不忘也，无不有也，澹然无極，而衆美從之，此天地之道，聖人之德也。」言聖人法江海，於此可得其消息也。

〔一一〕莊子刻意篇：「无功名而治，无江海而閒。」以江海與功名連舉，與此從同。尋韓非子、呂氏春秋俱有功名篇，春秋繁露保位權篇：「功出於臣，名功於君。」

〔一二〕七籤作「江海弗爲，百川自歸，故能成其大；聖人弗强，萬兆自歸，故能成其王。」言江海及聖人之所以成爲王，語較明晰，蓋出張君房之所爲也。

〔一三〕老子六十一章：「大國者下流，天下之交，天下之牝。牝常以静勝牡。」

〔一四〕七籤「故能神不死」作「故能不死」。老子六章：「谷神不死，是謂玄牝。」

〔一五〕七籤「自」上有「人」字。

〔一六〕于大成曰：「七籤『不可』下有『以』字，朱弁本正有『以』字。」

〔一七〕于大成曰：「案：朱弁本、寶曆本作『大以小成，多以少生』，七籤引同。」

〔一八〕老子六十章：「以道莅天下。」

〔一九〕老子七十八章：「弱之勝强，柔之勝剛，天下莫不知，莫能行。」又十五章：「古之善爲士者，微妙玄通，深不可識。」

〔二〇〕老子六十七章：「我有三寶，持而保之：……二曰儉。……儉故能廣。」又五十九章：「治人事天，莫若嗇。」

〔二一〕老子七十七章：「天之道，其猶張弓與，高者仰之，下者舉之，有餘者損之，不足者補之。天道損有餘而補不足。人之道則不然，損不足以奉有餘。」

〔二二〕淮南子天文篇：「地不滿東南，故水潦塵埃歸焉。」又原道篇：「昔共工之力，觸不周之山，使地東南傾。」高誘注：「傾猶下也。天文言『天傾西北，地傾東南』，先言傾，高也。此言東南後言傾，明其下也。」老子六十六章：「江海所以能爲百谷王者，以其善下之，故能爲百谷王。」

〔二三〕老子六十六章：「是以欲上民，必以言下之；欲先民，必以身後之。是以聖人處上而民不重，處前而民不害，是以天下樂推而不厭。以其不争，故天下莫能與之争。」

〔二四〕七籤作「跂者不立，矜者不長」。

〔二五〕老子四十二章：「强梁者不得其死。」

〔二六〕「溢」原作「日」，音近之誤。景宋本、景刻宋本、朱弁本均作「溢」，七籤同，注以奢溢爲言，則所據本亦作「溢」，今據改正。

〔二七〕七籤「暴」作「㬥」，下同。

〔二八〕老子二十八章：「知其雄，守其雌。」

〔二九〕顧觀光曰：「七籤『驕』作『泰』，下同。」于大成曰：「朱弁本此句仍作『驕』，而下文『不敢奢泰』，則與七籤合。作『泰』者，與老子二十九章『是以聖人去甚、去奢、去泰』合。惟『驕』亦『泰』也：吕氏春秋貴生篇：『世之人主，多以貴富驕。』高注曰：『驕，泰也。』」

〔三〇〕七籤無「牡」字。

〔三一〕七籤「久」下有「也」。

老子曰：「天道極即反〔一〕，盈即損〔二〕，日月是也。聖人日損而冲氣〔三〕，不敢自滿，日進以牝，功德不衰，天道然也。天道惡盈而好謙，故唐虞法之而成大。人道惡暴而忌驕，故桀紂忽之以致亡也。人之情性，皆好高而惡下，好得而惡亡，好利而惡病，好尊而惡卑，好貴而惡賤〔四〕，衆人爲之，故不能成，執之，故不能得。衆人隨俗，好尊高，惡卑下，故欲高而不能自高。是以聖人法天〔五〕，弗爲而成，弗執而得。聖人法天，不好尊高，不惡卑下，故不尊而自尊，不高而自高也。與人同情而異道，故能長久。晦其光，同其塵。故三皇五帝有戒之器，命曰侑巵〔六〕，其冲即正，其盈即覆〔七〕。其器今亦有之，以存至戒。故知虛則自全，盈不可久。夫物盛則衰，日中則移〔八〕，月滿則虧，樂終而悲〔九〕。天道有盈虧，人道有盛衰，或始吉終凶，或前樂後悲。是故聰明廣智守以愚〔一〇〕，任智則太察也。多聞博辯守以儉，縱辯則害正也。武力勇毅守以畏〔一一〕，恃勇則輕也。富貴廣大守以狹，乘亢則多悔也。德施天下守以讓，此五者，先王所以守天下也〔一二〕。服此道者，不欲盈。夫唯不盈，是以弊不新成〔一三〕。」謹守弊陋，不令盈滿，服膺此道，可保天下，況於一身也。

〔一〕日本古鈔本治要「天」上有「夫」字，文選張茂先女史箴李善注引無「夫」字，與今本同。

〔二〕七籤作「天道極即盈，盈即損」，兩治要本作「盈則損」，下接「物盛則衰」。于大成曰：「案：上禮篇亦云：『天道之道，極則反，益則損。』彼用淮南泰族篇文，淮南『益』作『盈』，疑上禮篇『益』字亦當作『盈』也。」

〔三〕顧觀光曰：「句費解。七籤作『故聖人保冲氣』。」器案：七籤是。老子四章：「道冲而用之，或不盈。」又四十二章：「冲氣以爲和。」又四十五章：「大盈若冲，其用不窮。」故文子曰「聖人保冲氣，不敢自滿」也，「盈」之作「滿」，此避漢惠帝諱也。

〔四〕七籤無「好貴而惡」四字，以「好尊而惡卑賤」爲句。

〔五〕老子二十五章：「故道大，天大，地大，王亦大。域中有四大，而王居其一焉。人法地，地法天，天法道，道法自然。」

〔六〕荀子宥坐篇：「孔子觀於魯桓公之廟，有欹器焉，孔子問於守廟者曰：『此爲何器？』守廟者曰：『此蓋宥坐之器。』」楊倞注：「宥與右同，言人君可置於坐右，以爲戒也。」說苑作『坐右』。或曰：『宥與侑同，勸也。』文子曰：『三皇五帝有勸戒之器，名侑巵。』注云：『欹器也。』」尋道藏非字號通玄真經纘義釋音卷三九守：「侑巵：上音宥，欹器也。」此唐人所見文子舊注也。案：淮南子道應篇：「孔子觀桓公之廟，有器焉，謂之宥巵。」許慎注：「宥在坐右。」後漢書文苑杜篤傳載篤論都賦，注引淮南子作「宥坐」，此蓋許、高二本之異同也，「宥巵」言其器，「宥坐」言其用。

〔七〕荀子宥坐篇：「孔子曰：『吾聞宥坐之器者，虛則欹，中則正，滿則覆。』孔子顧謂弟子曰：『注水焉。』弟子挹水而注之，中而正，滿而覆，虛而欹。孔子喟然而嘆曰：『吁！惡有滿而不覆者哉？』」顧觀光曰：「『其冲即正』，『冲』字誤，淮南、荀子並作『中』。」于大成曰：「案：韓詩外傳三、說苑敬慎篇、家語三恕篇述此事，亦皆作『中』。又新唐書嗣曹王皐傳：『少則水弱，多則强，中則水力均，雖動搖乃不覆。』續資治通鑑長編一七二仁宗皇祐四年夏四月戊寅：『中則正，滿則覆，虛則欹。』（玉海九十述此事，在三月戊辰，「正」字作「平」。）字亦並作『中』。道藏纘義本正作『中』。惟『冲』亦非誤字，『冲』亦『中』也。老子四章：『道冲而用之。』河上注云：『中也。』一切經音義二十六引字書、文選張茂先鷦鷯賦注引字書，並云：『冲，中也。』上文『執一無爲，而不損冲氣』，朱弁注云：『冲，中也。』並其證。」器案：晉書杜預傳：「周廟欹器，至東漢猶在御座。」南史祖冲之傳：「造欹器獻竟陵王子良，與周廟不異。」則欹器非獨周廟有之，後世且有仿製之者，此則魏收所謂「周廟之人，三緘其口。漏巵在前，欹器留後。俾諸來裔，傳之坐右」（見北齊書魏收傳載收所著枕中篇）者是也。故徐靈府曰：「其器今有之，以存至戒也。」」

〔八〕兩治要本「則」作「而」。

〔九〕道應篇：「夫物盛而衰，樂極則悲，日中而移，月盈而虧。」

〔一〇〕王叔岷曰：「七籤引『廣智』作『俊智』。」于大成曰：「案：淮南子、韓詩外傳、家語並作『睿智』。韓詩外傳三周公踐天子之位章、又八孔子曰易先同人章同。說苑敬慎篇昔成王封周公章作『叡』，叡與睿同（景寫宋本淮南道應篇作「叡」）。蓋『聰明睿智』四字連文，古書習見。易繫辭上：『古之聰明睿智，神武而不殺者夫。』禮中庸：『惟天下之至聖，爲能聰明睿智。』韓非子解老：『聰明睿智，天也。』獨斷上、爾雅釋言注：『聰明睿智曰獻。』（漢書河間獻王傳『智』作『知』。莊子天地篇：『齧缺之爲人也，聰明睿智。』朱子大學章句序：『一有聰明睿知。』字並作『知』，『知』、『智』古通。周書謚法、史記正義謚法解並作『聰明叡哲獻。』『哲』亦『智』也。荀子作『聰明聖知』，聖亦睿也，書洪範曰：『睿作聖。』可證。）惟本書疑即作『廣智』，不作『睿智』。治要、長短經德表篇、小學紺珠三性理類引仍作『廣』，文選何平叔景福殿賦『故將廣智』句注引本書亦作『廣』，尤可證本書是『廣』字也。」

〔一一〕王叔岷曰：「七籤引『武力勇毅』作『武勇驍力』。」于大成曰：「案：治要、小學紺珠引與本書同。長短經『勇毅』二字倒，與淮南子合。」

〔一二〕七籤「王」下有「之」字。道應篇：「此五者，先王所以守天下而弗失也；反此五者，未嘗不危也。」

〔一三〕顧觀光曰：「道應訓『是以』下有『能』字，與老子合。」王叔岷曰：「七籤引此，『是以』下亦有『能』字。」于大成曰：「案：朱弁本、道藏纘義本『是以』下正有『能』字，此老子十五章文也。又案淮南『弊』下有『而』字，此與老子並奪去，當據淮南補，俞樾老子平議、劉師培老子斠補並有説。上仁篇曰：『不敢積藏者，自損弊不敢堅也。不敢廉成者，自虧缺不敢全也。不敢清明者，處濁辱而不敢新鮮也。』以彼例此，則『弊』即『損弊』，『新』即『新鮮』，『成』即『廉成』，『能』字與『寧』，一聲之轉，『能』猶寧也。此言寧損弊而不欲清新廉成也。劉師培説。易順鼎疑當作『弊而新成』，非是。」器案：道應篇：「故老子曰：『服此道者不欲盈。夫唯不盈，故能弊而不新成。』」案：老子十五章：「保此道者不欲盈。夫唯不盈，故能弊不新成。」「保」、「服」一聲之轉，「服」與老子五十九章「夫唯嗇，是謂早服，早服之謂重積德」之「服」義同。詩關雎：「寤寐思服。」毛傳：「服，事也。」又老子二十二章：「敝則成。」敝、蔽古通。詩鄭風緇衣釋文：「『敝』本又作『蔽』。」是其證。

老子曰〔一〕：「聖人與陰俱閉，與陽俱開〔二〕。可隱則隱，可顯則顯也。能至於無樂也，即無不樂也，無不樂〔三〕，即至樂極矣〔四〕。是內樂外，不以外樂內，故有自樂也，即有自志貴乎天下〔五〕，所以然者，因天下而爲天下之要也〔六〕。夫至樂者，非謂鏗鏘八音，端研殊色，所貴清虛澄澹，无爲絶欲，以爲至樂。而亡内樂外者，以樂樂人，而與天爲儔。外樂内者，以樂樂身，即與身爲仇。故因其樂而樂之，爲天下要道也。不在於彼而在於我，不在於人而在於身，身得則萬物備矣〔七〕。求之於外，與道相背，脩之於身，與德爲鄰。故達於心術之論者，即嗜欲好憎外矣〔八〕。是故無所喜，無所怒〔九〕，無所樂，無所苦，萬物玄同，無非無是〔一〇〕。心術既明，道德脩備，苦樂兼忘，好憎安係？萬物不異，自然玄同也。故士有一定之論，女有不易之行〔一一〕。士之有道，萬僞不能遷其心。女之有行，千金不能變其節。不待勢而尊〔一二〕，不須財而富，不須力而强，不利貨財，不貪世名〔一三〕，不以貴爲安，不以賤爲危，形神氣志，各居其宜〔一四〕。尊道富德，輕勢委利，志氣清凝，形神相接矣。夫形者生之舍也，氣者生之元也〔一五〕，神者生之制也，一失其位，即三者傷矣〔一六〕。此三者，謂形神氣也。精神即逝，形氣亦凋，一失其所，二者何依也。故以神爲主者，形從而利，以形爲主者〔一七〕，神從而害。養神爲主，虚静存乎本，則神運而氣全。養形爲主，欲害傷乎本，則形斃而神遁。其生貪饕多欲之人〔一八〕，顛冥乎勢利〔一九〕，誘慕乎名位，幾以過人之知〔二〇〕，位高於世〔二一〕，即精神日耗以遠，久淫而不還〔二二〕，形閉中拒，即無由入矣〔二三〕。是以時有盲忘自失之患〔二四〕。夫精神難御，勢名易惑，必宜中拒，不可開兑〔二五〕，猶恐有失於濟事，則終身不救也。夫精神志氣者，静而日充以壯，躁而日耗以老〔二六〕。静則復元，躁則失生也。是故聖人持養其神，和弱其氣，平夷其形，而與道浮沉〔二七〕，如此則萬物之化，無不偶也〔二八〕，百事之變，無不應也〔二九〕。」神和氣平，志强形泰，故能與道浮沉，乘時變化，无不應者也。

〔一〕此前，七籤有「守弱第九」四字，提行頂格另起。

〔二〕「閉」，一本誤作「閑」，本書道原篇、淮南子原道篇俱作「閉」，七籤亦作「閉」。

〔三〕七籤無「無不樂」三字，原道篇有。

〔四〕原道篇：「能至於無樂者，則無不樂，無不樂，則至樂極矣（原誤爲「則至極樂矣」，從王念孫説乙正）。」高誘注：「至樂，至德之樂。『極』亦『至』也。」

〔五〕顧觀光曰：「句費解，七籤作『即至貴乎天下』，原道訓作『志遺於天下』。『貴』、『遺』二字形相似。」王叔岷曰：「案：此本作『即志遺乎天下』。『有自』二字，涉上文『故有自樂也』而衍。七籤引此無『有自』二字，是也。七籤引『志』作『至』，『至』、『志』古通，（老子：『終日號而不嗄，和之至也。』敦煌卷子本『至』作『志』；莊子漁父篇：『真者，精誠之至也。』文選嵇叔夜幽憤詩注引『至』作『志』；本書道德篇：『至德道行，命也。』淮南子俶真篇『至』作『志』。皆其比。）『貴』乃『遺』之壞字，當據淮南子正。」器案：王説是。莊子天道篇：「故外天地，遺萬物，其神未嘗有所困也。」「遺萬物」與「遺天下」，義相比也。

〔六〕原道篇：「所以然者，何也？因天下而爲天下也。」七籤引本書亦作「因天下而爲天下也」。

〔七〕七籤「不在於彼而在於我」句上有「天下之要」四字一句，與淮南子合。原道篇：「天下之要，不在於彼而在於我。不在於人而在於身（「身」上原衍「我」字，據王念孫説校删。），身得則萬物備矣。」高誘注：「『彼』謂堯也，『我』謂許由。」

〔八〕原道篇：「徹於心術之論，則嗜欲好憎外矣。」高誘注：「外不在心。」

〔九〕原道篇「無所喜而無所怒」在「無所樂而無所苦」之下。

〔一〇〕原道篇：「是故無所喜而無所怒，無所樂而無所苦，萬物玄同（原有「也」字，據王念孫説校删），無非無是，化育玄燿，生而如死。」高誘注：「玄，天也。」

〔一一〕原道篇：「故士有一定之論，女有不易之行。」高注：「士有同志同（原衍「志」字，文選詣建平王上書李善注引無，今據删。國語晉語四：「同姓則同德，同德則同心，同心則同志。」）德也，至其交接，有一會而交定（文選注引作「分定」，義勝，宋本、藏本俱作「公定」，即「分定」之譌。），故曰『有一定之論』也。貞女專一，亦無二心，雖有偏喪，不復更醮，故曰『有不易之行』也。」案：文選班孟堅答賓戲：「蓋聞聖人有一定之論，烈士有不易之分。亦云名而已矣。」吕向注：「聖人一定其志，烈士不易其心者，蓋爲求名於一時，以振於後世。」

〔一二〕原道篇：「是故不待勢而尊。」與下句一律，是。

〔一三〕七籤「世」作「勢」，淮南同，高誘注：「勢位爵號之名也。」

〔一四〕原道篇：「不以貴爲安，不以賤爲危，形神氣志，各居其宜，以隨天地之所爲。」

〔一五〕原道篇：「夫形者生之舍也，氣者生之充也，神者生之制也。」作「充」義勝。淮南下文云：「故夫形者非其所安也，而處之則廢；氣不當其所充，而用之則泄；神非其所宜，而行之則昧。此三者不可不慎守也。」即承此而言。孟子公孫丑上：「氣，體之充也。」董子循天之道篇：「精神者，生之内充也。」俱以「充」爲言，亦其證也。

〔一六〕七籤「三」作「二」，文選養生論李善注引同。徐靈府注云：「一失其所，二者何依。」字亦作「二」，當據改正。

〔一七〕原道篇：「故以神爲主者，形從而利；以形爲制者，神從而害。」高誘注：「神清静故利，形有情欲故害也。」

〔一八〕七籤作「貪驕多欲之人」，此出張君房肊改，原道篇亦作「貪饕」。

〔一九〕案：「顛冥乎勢利」，朱弁本同；景印宋本、景刻宋本作「莫宜乎勢利」；七籤作「冥乎勢利」，「冥」上脱一字。原道篇：「漠睧於勢利。」高誘注：「『漠睧』猶鈍睧，不知足貌。」王念孫云：「『漠睧』皆當爲『滇眠』之誤。」器案：莊子則陽篇：「顛冥乎富貴之地。」釋文：「音眠，司馬云：『顛冥，猶迷惑也，言其交結人主，情馳富貴。』」則「莫宜」當爲「漠冥」之誤。「睧」、「冥」聲近義同。

〔二〇〕原道篇「幾」作「冀」，高誘注：「『冀』猶庶幾也。」

〔二一〕原道篇：「植高于世。」（從王念孫校）高誘注：「植，立也。庶幾立高名於世也。」

〔二二〕原道篇：「則精神日以秏而彌遠，久淫而不還。」高誘注：「淫，過。還，復。」

〔二三〕「閉」原誤「閑」，七籤作「閉」，今據改正。又七籤「拒」作「距」，原道篇同。原道篇：「形閉中距，則神無由入矣。」高誘注：「神，精神也。清静之性，無從還入也。」

〔二四〕七籤作「是以時有盲妄之患」，原道篇：「是以天下時有盲妄自失之患。此膏燭之類也，火逾然而消逾亟。」

〔二五〕老子五十二章：「塞其兑，閉其門，終身不勤。開其兑，濟其事，終身不救。」此用爲開脱意，詩大雅緜：「行道兑矣。」釋文「脱，通外反，本亦作『兑』。」

〔二六〕原道篇：「夫精神氣志者，静而日充者以壯，躁而日秏者以老。」俞樾謂據文子九守篇下兩「者」字皆衍文。

〔二七〕原道篇：「是故聖人將養其神，和弱其氣，平夷其形，而與道沈浮俛仰。」高誘注：「『沈浮』猶盛衰，『俛仰』猶升降。」七籤「浮沉」作「沉浮」，與淮南子同。

〔二八〕顧觀光曰：「原道訓『偶』作『遇』。」于大成曰：「已上四句，亦見道原篇。偶，周也，通也，『無不偶』即周通之義（本孫詒讓淮南札迻説）。淮南作『遇』，『遇』與『偶』通。釋名釋親屬：『耦，遇也，二人相對遇也。』『耦』即『偶』字。」器案：淮南子高誘注：「遇時也。」謂「無不遇」者，「遇時」非釋「遇」爲「時也」。管子心術篇：「有道之君，其處也，若無知；其應物也，若偶之，静因之道也。」韓非子難三篇：「術者，藏之於胸中，以偶衆端而潛御羣臣者也。」淮南子齊俗篇：「夫以一世之變，欲以耦化應時。」又氾論篇：「人以其位，達其好憎，以其威勢，供其嗜欲，而欲以一行之禮，一定之法，應時偶變，其不能中權，亦明矣。」高誘注：「一行之禮，非隨時禮也，一定之法，非隨時法也，故曰『不能中權』。權則因時制宜，不失中道也。」又説林篇：「聖人之偶物也，若以鏡視形，曲得其情。」高誘注：「『偶』猶周也。」又要略篇：「所以應待萬方，覽耦百變也。」許慎注：「耦，通也。」上來所引諸「偶」字，義相比也，故孫詒讓以爲「『無不遇』亦即周通之義」。

〔二九〕原道篇：「而百事之變無不應。」高誘注：「應，當之也。」

守樸〔一〕

老子曰：「所謂真人者，性合乎道也〔二〕。故有而若無，實而若虚〔三〕，治其内不治其外〔四〕，明白太素，無爲而復樸〔五〕，體本抱神〔六〕，以遊天地之根〔七〕，芒然仿佯塵垢之外〔八〕，逍遥乎無事之業〔九〕，履真反樸，即遊天地之根。无爲无事，即逍遥塵垢之外也。機械智巧，不載於心〔一〇〕，審於无假，不與物遷〔一一〕，真性已著，外物不移。見事之化，而守其宗〔一二〕，心意專於内，通達禍福於一〔一三〕，守本不易，見化无疑，禍福素冥，升沉何累也。居不知所爲，行不知所之〔一四〕，脩然无心。不學而知〔一五〕，弗視而見，弗爲而成，弗治而辯。知於无知，見於不見，爲而不爲，辯於不辯，明无知爲真，知知之爲僞。感而應，迫而動，不得已而往〔一六〕，如光之燿，如影之效〔一七〕，動之如光，流而不滯。静之如影，處而隨意。以道爲循，有待而然〔一八〕。廓然而虚，清静而無〔一九〕，廓然獨處，忽若有待。泛然不係，實亦无謂。以千生爲一化，以萬異爲一宗〔二〇〕，千生雖殊，同乘一化。萬形各異，同出一虚。有精而不使，有神而不用〔二一〕，内保湛然，外无役用。守太渾之樸，立至精之中〔二二〕，含真育神，樸渾精粹。其寢不夢〔二三〕，絶諸想也。其智不萌〔二四〕，无他慮也。其動無形，神用微也。其静無體〔二五〕，存而若亡，生而若死，出入無閒，役使鬼神〔二六〕，精神之所能登假于道者也〔二七〕。今以存爲亡、以生爲死者，謂隳體黜聰，離形去智，故能出入无閒，役使鬼神，是登假于道也。使精神暢達而不失於元〔二八〕，元者，精氣也。日夜無隙而與物爲春〔二九〕，如陽春之照萬物，豈有邊際者也？即是合而生時於心者也〔三〇〕。非假他術，唯心契道。故形有靡而神未嘗化〔三一〕，形有同无，神无常有。以不化應化，千變萬轉，而未始有極〔三二〕。唯不化者能化，故隱顯无窮，變化无極也。化者復歸於無形也，不化者與天地俱生也〔三三〕。故生生者未嘗生，其所生者即生，化化者未嘗化，其所化者即化〔三四〕，萬物受生化，不得不生化，故淪於无形。天地不生化，而能生化，故所以常生常化。此真人之遊也〔三五〕，純粹之道也〔三六〕。」言純氣精妙，遊於不生不化之途，故曰真人。

〔一〕七籤無此小題。

〔二〕王叔岷曰：「七籤引『也』上有『者』字。」案：淮南子精神篇：「所謂真人者，性合于道也。」高誘注：「真人者，伏羲、黄帝、老聃是也。」

〔三〕七籤無二「而」字。

〔四〕七籤「不治」作「不知」，精神篇：「處其一不知其二，治其内不識其外。」高誘注：「治其内，守精神也。不識其外，不好憎也。」案：莊子天地篇：「識其一，不知其二；治其内，而不治其外。」成玄英疏：「守道抱素，治内也。不能隨時應變，不治外也。」

〔五〕王叔岷曰：「案：七籤引『太』作『入』，是也。此本作『明白入素，無爲復樸』，相對爲文。『太』乃『入』字之誤，『而』字涉上文而衍。莊子天地篇正作『明白入素，無爲復樸』。淮南子作『明白太素，無爲復樸』，『太』亦『入』之誤。」器案：王説是。成玄英疏：「夫心智明白，會於質素之本。」即據「入」字爲説也。

〔六〕顧觀光曰：「七籤『本』作『性』。」王叔岷曰：「莊子『本』亦作『性』。」器案：成玄英疏：「悟真性而抱精淳。」亦就「性」字爲説也。淮南子作「抱本」。老子十九章：「見素抱樸，少私寡欲。」

〔七〕顧觀光曰：「七籤『根』作『間』，精神訓作『樊』。」王叔岷曰：「莊子『根』亦作『間』。」于大成曰：「案：注云：

「履真返樸，即遊天地之根。」纘義云：『真人守太渾之樸，游天地之根。』是所據本作「根」，不作「間」、「樊」也。老子六章：『是謂天地根。』此以老子改淮南之文耳。」

〔八〕精神篇：「芒然仿佯于塵垢之外。」高誘注：「『芒』讀王莽之莽。」案：淮南子俶真篇：「芒然仿佯于塵埃之外。」無高注，失之。

〔九〕精誠篇有此文，説詳彼注。

〔一〇〕于大成曰：「案：七籤引『不』作『弗』，朱弁本正作『弗』。淮南子同。」

〔一一〕于大成曰：「淮作『而不與物糅』，莊子德充符、天道並作『遷』，此用莊文也。」器案：精神篇：「審乎無瑕，而不與物糅。」高誘注：「瑕猶釁也。其見利欲之來也，能審順之，故不與物相雜也。」莊子德充符篇：「審乎無假，而不與物遷。」郭慶藩：「『假』是『瑕』之誤。淮南精神訓正作『審乎無瑕』。謂審乎己之無可瑕疵，斯任物自遷，而無役於物也。左傳『傅瑕』，鄭世家作『甫假』，禮檀弓『公肩假』，漢書人表作『公肩瑕』。『瑕』、『假』形近，易致互誤。」

〔一二〕于大成曰：「案：淮南『化』作『亂』，此作『化』，用莊子德充符文也。」器案：莊子德充符篇：「命物之化，而守其宗也。」又天道篇：「極物之真，能守其本。」

〔一三〕顧觀光曰：「七籤『通達歸於一』，精神訓『通達耦於一』。」王叔岷曰：「『遠』乃『達』之形誤。」于大成曰：「案：朱弁本正作『通達偶於一』，與淮南子合。『偶』與『耦』同。」器案：精神篇：「心志專于內，通達耦于一。」高誘

注：「一者，道也。」

〔一四〕精神篇：「居不知所爲，行不知所之。」高注：「言志意無所繫。」案：莊子馬蹄篇：「夫赫胥氏之時，民居不知所爲，行不知所之，含哺而熙，鼓腹而遊，民能以此矣。」又庚桑楚篇：「行不知所之，居不知所爲，與物委蛇，而同其波。」成玄英疏：「之，往也。泛若不繫之舟，故雖行而無所的詣也。居不知所爲，恬淡無爲，寂寞之至。」

〔一五〕于大成曰：「七籤引『不』作『弗』，與下三句一例。朱弁本、寶曆本正並作『弗』。淮南四句胥作『不』，亦一律。」

〔一六〕精神篇：「感而應，迫而動，不得已而往。」高誘注：「迫切不得不動，然後乃動也。」莊子刻意篇：「感而後應，迫而後動，不得已而後起。」

〔一七〕七籤作「如光之不耀，如景之不炎」，不，詞也。精神篇：「如光之燿，如景之放。」王念孫曰：「劉績依文子九守篇改『放』爲『效』，案：劉改是也。『如景之效』，謂如景之效形也，『效』與『燿』爲韻，若作『放』則失其韻矣。」

〔一八〕精神篇：「以道爲紃，有待而然。」高誘注：「紃者，法也。以道待萬物，故曰『有待』，而默默如是。」案：荀子非十二子篇：「反紃察之，則倜然無所歸宿。」楊倞注：「『紃』與『循』同。」又云：「反覆循察。」王引之以爲「反紃」與榮辱篇之「反鉛」及禮論篇之「反鉛」相通，「紃」、「鉛」古聲相近。

〔一九〕七籤「無」下有「爲」字。王叔岷曰：「案『清靜而無』文意不完，七籤引『無』下有『爲』字，是也。淮南精神篇作『清靖而無思慮』，亦可證此有脫文。」于大成曰：「案：自然篇云：『故常虛而無爲。』『虛』即清靜也，『無』下正有『爲』字。」

〔二〇〕七籤「千生」作「死生」，「一宗」作「一方」。精神篇：「以死生爲一化，以萬物爲一方。」高誘注：「方，類也。」案：莊子大宗師篇：「又況萬物之所係，而一化之所待乎？」義亦相比。

〔二一〕精神篇：「有精而不使，有神而不行。」高誘注：「不濁其精，不勞其神，此之謂也。」

〔二二〕精神篇：「契大渾之樸，而立至清之中。」高誘注：「樸猶質也。渾，不散之貌。『渾』讀揮章之揮。」

〔二三〕精神篇：「是故其寢不夢。」高誘注：「其寢不夢，神内守也。」又俶真篇：「其寐不夢。」高誘注：「精神無所思慮，故不夢。」

〔二四〕精神篇：「其智不萌。」高誘注：「其智不萌，無思念也。」

〔二五〕精神篇：「其動無形，其静無體。」高誘注：「無形無體，道之容也。」

〔二六〕精神篇：「存而若亡，生而若死，出入無間，役使鬼神。」高誘注：「言耐化也。人不與鬼同形，而耐使之者道也。天神曰神，人神曰鬼也。」

〔二七〕七籤無「登」字。精神篇：「此精神之所以能登假於道也。」高誘注：「假，至也。上至於道也。」莊子大宗師篇：「是知之能登假於道也若此。」成玄英疏：「登，昇也。假，至也。」

〔二八〕王叔岷曰：「案：『元』當作『充』，字之誤也。七籤引此正作『充』。淮南子同。高注：『充，實也。』是其義也。」

〔二九〕精神篇：「日夜無傷，而與物爲春。」高誘注：「日夜喻賊害也。無傷，無所賊害也。與物爲春，言養物也。」案：莊子德充符篇：「使日夜無郤，而與物爲春。」成玄英疏：「郤，間也。慈照有生，恩霑動植，與物仁惠，事等青春。」

〔三〇〕精神篇：「則是合而生時干心也。」高誘注：「若是者，合於道，生四時，化其心也。言不干時害物也。」劉績曰：「文子作『則是合而生時於心者也』，莊子作『是接而生時於心者也』，則『干』乃『于』字之誤。」王念孫曰：「高注『生四時化其心也』，當作『生四時之化于其心也』，此是釋『生時于心』之義。生時于心而與物爲春，則是順時以養物，故注又云『言不干時害物也』。今本正文『于』字作『干』，即涉注文『干時』而誤。」

〔三一〕精神篇：「故形有摩而神未嘗化者。」高注：「摩，滅。猶死也，神變歸於無形，故曰『未嘗化』。『化』猶死也。」器案：「摩」、「靡」古通，禮記學記釋文：「『摩』本又作『靡』。」是其證。又淮南子脩務篇：「精摇摩監。」要略篇作「精摇靡覽」，許慎注：「靡小皆覽之。」「摩監」與「靡覽」之分別，當是許、高之異同也。

〔三二〕七籤作「以不化應化，千變萬化，千變萬轉，而未始有極」。精神篇：「以不化應化，千變萬抮，而未始有極。」高誘注：「化猶死也。不化者精神，化者形骸。死者形爲灰土，爲日化也。」精神篇下文作「千變萬紾」，高誘注：「紾，轉。」案：説文：「紾，紾轉也。」作「抮」者，形近之誤。

〔三三〕王叔岷曰：「案：七籤引兩『也』字上並有『者』字。」案：精神篇：「化者復歸於無形也，不化者與天地俱生也。」

〔三四〕七籤作「故生生者未嘗其生，化者未嘗其化」。案：精神篇：「故生生者未嘗死也，其所生則死矣；化物者未嘗化也，其所化則化矣。」高誘注：「生生者道，喻道之人若天氣未嘗死也。下『所生』者，萬物矣。化物者道也，道不化，故未嘗化也，所化者萬物也。萬物有變，故曰『則化』。」又俶真篇：「夫化生者不死，而化物者不化。」高誘注：「化生者天也，化物者德也。」俞樾曰：「『化生』當作『生生』，涉下句而誤。精神篇曰：『故生生者未嘗死也，其所生則死矣；化物者未嘗化也，其所化則化矣。』是其證也。」器案：莊子大宗師篇：「生生者不生。」又知北遊篇：「與物化者一不化。」列子天瑞篇：「故生物者不生，化物者不化。」張湛注：「莊子亦有此言，向秀注曰：『吾之生也，非吾之所生，則生自生耳，生生者豈有物哉？故曰「不生」也。吾之化也，非物之所化，則化自化耳，化化者豈有物哉？無物也，故不化焉。若使生物者亦生，化物者亦化，則與俱化，亦奚於物？明夫不生不化者，然後能爲生化之本也。』」

〔三五〕案：淮南子俶真篇：「此聖人之游也。」高誘注：「游，行也。」

〔三六〕王叔岷曰：「七籤引作『純粹素樸之道矣』，是也。景宋本作『純粹素道』，亦有脱文。」于大成曰：「王先生説是也。道原篇云：『真人體之以虚無、平易、清浄、柔弱、純粹素樸。』又云：『故道者，虚無、平易、清浄、柔弱、純粹素樸。此五者，道之形體也。』又云：『純粹素樸者，道之幹也。』咸以『純粹素樸』四字連文，知此『純粹』下當有『素樸』二字也。莊子刻意篇：『能體純素，謂之真人。』『純素』即『純粹素樸』之節文。」

文子疏義卷第四

符言

符者，契也。言者，理也。故因言契理之微，悟道忘言之妙，可謂奥矣。

老子曰：「道至高無上，至深無下。上乎无上，下乎无下，故能高能深，能上能下也。平乎準，直乎繩，非衡能平，无處不夷。非繩而直，无處不正。圓乎規，方乎矩，非圓能圓而无圓，非方能方而无方。包裹天地，而無表裏。其大无外，其細无内。洞同覆蓋〔一〕，而無所硋〔二〕。大圓无涯，大通无滯。是故體道者不怒不喜，其坐無慮，寢而不夢〔三〕，見物而名〔四〕，事至而應〔五〕。」前已解。

〔一〕「洞同」猶言通洞混同，淮南子詮言篇：「洞同天地，渾沌爲樸。」義與此同。

〔二〕于大成曰：「朱弁本、道藏纘義本『硋』作『礙』，淮南繆稱篇同。集韻：『礙，説文：止也。或從亥。』説文九下石部段注云：『列子黄帝篇作硋。』是『硋』爲『礙』字也。」

〔三〕莊子大宗師篇：「古之真人，其寢不夢。」淮南子俶真篇作「其寐不寢」。

〔四〕于大成曰：「淮南作『物來而名』，與下句一例。」

〔五〕淮南子繆稱篇：「道至高無上，至深無下。平乎準，直乎繩，圓乎規，方乎矩，包裹宇宙，而無表裏，洞同覆載，而無所礙。是故體道者不哀不樂，不喜不怒，其坐無慮，其寢無瘮，物來而名，事來而應。」許慎注：「礙，挂也。」

老子曰：「欲尸名者必生事〔一〕，事生即舍公而就私，尸，主。求名者必有事，事生即不和，故令去名而就和。倍道而任己，見譽而爲善，立而爲賢〔二〕，倍，背也。背道祈譽，非善之善。趨俗求名，非賢之賢也。即治不順理，而事不順時。治不順理則多責，事不順時則無功。順理則用心寡而成事大，乘時則用力多而見功尠〔三〕。妄爲要中，功成不足以塞責，事敗足以滅身〔四〕。」要譽立效，求合時君者，功未濟物，敗以及身也。

〔一〕莊子應帝王篇：「无爲名尸。」淮南子詮言篇：「聖人不爲名尸。」許注、成疏俱曰：「尸，主也。」

〔二〕于大成曰：「案：淮南『立』下有『名』字，此奪去。朱弁本、道藏纘義本、寶曆本、子彙本、墨海本、守山閣本並有。」

〔三〕于大成曰：「案：朱弁本『乘』作『逆』，『尠』作『鮮』。『逆』字是也，此與上句『順理則用心寡而成事大』相對。說文二下是部：『尟，是少也。』此『尟』之本字也。俗作『尠』。『鮮』之訓爲『鮮魚』（魚名，見說文十一下魚部），以音近叚爲『尟』字耳。（二字皆在段十四部。）」

〔四〕淮南子詮言篇：「欲尸名者必爲善，欲爲善者必生事，事生則釋公而就私，背數而任己（「背」原誤「貨」，從王引之説校改）。欲見譽於爲善，而立名於爲賢（「賢」原誤「質」，從王念孫説校改。），則治不循故而事不順時。（「循」原誤「修」，「順」原誤「須」，今改，下同。）治不循故則多責，事不順時則無功。責多功鮮，無以塞之，則妄發而邀當，妄爲而要中，功之成也，不足以更責，事之敗也，不足以獘身。」許慎注：「更，償也。」王念孫曰：「『不足以獘身』，『不』字涉上文而衍。此言功成則不足以償其責，事敗則適足以獘其身也。文子符言篇作『事敗足以滅身』，是其證。」

老子曰：「無爲名尸，無爲謀府，無爲事任，無爲智主〔一〕。藏於無形，行於無怠〔二〕。不爲福先，不爲禍始〔三〕。動不爲主則无形，无形故无將迎之禍；唱而方應則无怠，无怠故无未來之禍也。始於無形，動於不得已。欲福先無禍，欲利先遠害。治未兆之事則爲福，絶非常之利則无害也。故無爲而寧者失其所寧即危，無爲治者失其所治即亂〔四〕。失其所寧者，謂捨内寧而外求寧則困矣。失所治者，謂遺身而求治人則惑矣。故不欲碌碌如玉，落落如石〔五〕。謂玉石有分而争奪生。其文好者皮必剥〔六〕，其角美者身必殺〔七〕。甘井必竭〔八〕，直木必伐〔九〕。物有美而見害，人希名而召禍。華榮之言後爲愆〔一〇〕，先騁華辭，後招身禍。石有玉，傷其山，山若藏寶必見鑿，人不慎言必招禍。黔首之患固在言前〔一一〕。」且君子攸戒，尚有三緘；小人騰口，得不招禍也。

〔一〕莊子應帝王篇：「无爲名尸，无爲謀府，无爲事任，无爲知主。」郭象注：「无爲名尸，因物則各自當其名也。无爲謀府，使物各自謀也。无爲事任，付物使各自任。无爲知主，无心則物各自主其知也。」

〔二〕顧觀光曰：「詮言訓作『无迹』。」于大成曰：「案：莊子天地篇：『是故行而无迹。』字亦作『迹』。道原篇：『游乎无怠。』『怠』亦當作『迹』。」案：詮言篇：「藏無形，行無迹，遊無朕。」許慎注：「朕，兆也。」

〔三〕莊子刻意篇：「不爲福先，不爲禍始。」詮言篇：「不爲福先，不爲禍始。」

〔四〕詮言篇：「保於虛無，動於不得已。欲福者或爲禍，欲利者或離害。故無爲而寧者失其所以寧則危，無事而治者失其所以治則亂。」

〔五〕老子三十九章：「不欲琭琭如玉，珞珞如石。」王弼注：「玉石琭琭珞珞，體盡於形，故不欲也。」蘇轍注：「非若玉之碌碌，貴而不能賤，石之落落，賤而不能貴者也。」「琭」、「碌」，「落」、「珞」，俱聲同通用。

〔六〕周書周祝篇：「文之美也以身剥，自謂智者故不足。」朱右曾曰：「孔翠以文受害，人自謂智，乃其所以愚也。」

〔七〕周祝篇：「角之美，殺其牛。」

〔八〕王叔岷曰：「御覽四五九引『必竭』作『先竭』。莊子山木篇、藝文類聚八八引淮南子亦並云：『甘井先竭。』」于大成曰：「案：墨子親士篇、事文類聚後集二十三引淮南佚文亦並作『甘井先竭』。惟逸周書周祝篇作『甘泉必竭』，與本書同，喻林九十引本書亦同。文選謝靈運遊赤石進帆海詩注引莊子亦作『甘泉』。」

〔九〕王叔岷曰：「御覽九五二引『直木』作『良木』。」于大成曰：「案：御覽此引誤也。御覽四五九、喻林九十引此，藝文類聚二十三引晏子，御覽一八九引范子，藝文類聚八十八、事文類聚後集二十三引淮南，逸周書周祝篇、莊子山木篇並作『直木』，咸與本書同。」

〔一〇〕周祝篇：「榮華之言後有茅。」孔鼂曰：「虚言致穢也。」器案：後人言茅司當本此。又案：莊子齊物論篇：「道隱於小成，言隱於榮華。」成疏：「榮華者，謂浮辯辭，華美之言也。只爲滯於華辯，所以蔽隱至言。所以老君經云：『信言不美，美言不信。』」

〔一一〕周祝篇：「石有玉而傷其山，萬民之患故在言。」

老子曰：「時之行，動以從，不知道者福爲禍〔一〕。夫聖人治道，先知存亡，縣料得失，故舒卷靡定，寵辱不驚，方獲終吉，以保其身。至於昧者，多承福而作威，故福極而禍生；非禍福相傾，乃動用之乖分耳〔二〕。天爲蓋，地爲軫，善用道者終無盡。地爲軫，天爲蓋，善用道者終無害〔三〕。以天爲蓋，覆无涯而皆善。以地爲軫，運无窮而莫害。陳彼五行必有勝，金火相攻，衰王遞作。天之所覆無不稱〔四〕。天道包弘各稱。故知不知上，不知知病也〔五〕。」知无知者善，不知强知者病也。

〔一〕周書周祝篇：「時之行也順無逆，爲天下者用大略。」

〔二〕原本「夫聖人治道」句上有「時人從，動以行，不知道者以福亡」十三字，朱弁本同，係以正文誤入注文，又誤「時之」二字爲「時人」，今删去。

〔三〕周祝篇：「故天爲蓋，地爲軫，善用道者終無盡。地爲軫，天爲蓋，善用道者終無害。天地之間有滄熱，善用道者終不竭。」孔鼂注：「滄，寒。竭，盡也。」

〔四〕周祝篇：「陳彼五行必有勝，天之所覆盡可稱。」

〔五〕老子七十一章：「知不知上，不知知病。」淮南子道應篇：「故老子曰：『知而不知，尚矣；不知而知，病也。』」

老子曰：「山生金，石生玉，反相剥。木生蟲，還自食。人生事，還自賊〔一〕。名顯道喪，事起害生。夫好事者未嘗不中，争利者未嘗不窮〔二〕。未有涉水不濡其足，蒙塵不垢其身。善游者溺，善騎者墮，各以所好，反自爲禍〔三〕。矜誇其能喪厥功，騁其伎喪厥身，必也。得在時，不在争；治在道，不在聖〔四〕。時會自得，不假力争；道在自尊，何煩矜聖。土處下，不争高，故安而不危。水流下，不争疾，故去而不遲〔五〕。道之所貴，德之所尚，不争而高，不疾而速。是以聖人無執故無失，無爲故無敗〔六〕。」道无形狀，不可把握，故執之則失；又非形體，難以雕刻，故爲之則敗者也。

〔一〕案：文選四子講德論李善注引「木林生蠹還自食，人生事因自賊」，太平御覽九百四十九引「山生金，反自刻，木生蠹，還自食」，俱作「蠹」。尋淮南子説林篇：「山生金，反自刻。木生蠹，反自食。人生事，反自賊。」高誘注：「賊，敗也，害也，物自然也。」説苑辨物篇：「夫肉自生蟲，而還自食也。木自生蠹，而還自刻也。人自興妖，而還自賊也。」字亦作「蠹」，作「蠹」義勝。

〔二〕淮南子原道篇：「是故好事者未嘗不中，争利者未嘗不窮也。」高誘注：「中，傷也。好爲情欲之事者，未嘗不自傷也。」

〔三〕原道篇：「夫善游者溺，善騎者墮，各以其所好，反自爲禍。」高誘注：「禍，害也。」惠棟淮南子簡端記曰：「騎始戰國，文子與老子同時，焉得有善騎者？以此知後人僞託也。」于大成曰：「今案文子之爲僞書，前人言之甚詳，惠氏以此定其僞託，則大謬也。說文十上馬部『騎』字段氏注云：『左傳「左師展將以昭公乘馬而歸」，此必謂騎也。然則古人非無騎矣。「趙旃以其良馬二，濟其兄與叔父」，非單騎乎？』又『驛』字，說文云：『置騎也。』段注云：『言騎以別於車也，馹爲傳車，驛爲置騎，二字之別也。周禮「傳遽」注曰：「傳遽，若今時乘傳、騎驛而使者也。」蓋「乘傳」謂車，「騎驛」謂馬；玉藻注云：「傳遽，以車馬給使者也。」車謂傳，馬謂遽。渾言則傳遽無二，析言則傳遽分車馬。亦可證單騎從古而有，非經典所無。』今案：段說甚是。詩大雅綿：『古公亶父，來朝走馬。』則單騎之法，周初已有之矣。顧炎武日知録二十九騎、驛二條，釋此甚詳。惠氏之說，蓋偶疏矣。」

〔四〕原道篇：「由此觀之，得在時，不在爭；治在道，不在聖。」高誘注：「治，爲也。雖聖不得爲，故曰在道。孔子是也。」

〔五〕原道篇：「土處下，不爭高，故安而不爲。水下流，不爭先，故疾而不遲。」

〔六〕老子六十四章：「是以聖人無爲故無敗，無執故無失。」次序與此顛倒。

老子曰：「一言，不可窮也。二言，天下宗也。三言，諸侯雄也。四言，天下雙也〔一〕。貞信則不可窮。道德則天下宗。舉賢德，諸侯雄。惡少愛衆，天下雙。」兼得四句者，上爲皇爲帝，偏得一言，則下爲霸爲佐也。

〔一〕纘義釋音：「雙，兼也。兼者霸。」

老子曰：「人有三死，非命亡焉：言非命者，人自取之也。飲食不節，簡賤其身，病共殺之。樂得無已，好求不止，刑共殺之。以寡犯衆，以弱凌强，兵共殺之〔一〕。」故死生在我，禍福无門，匪降自天，職競由人也〔二〕。

〔一〕韓詩外傳一哀公問孔子曰：「有智壽乎？」孔子曰：「然。人有三死而非命也者，自取之也：居處不理，飲食不節，勞過者，病共殺之。居下而好干上，嗜慾無厭，求索不止者，刑共殺之。少以敵衆，弱以侮强，忿不量力者，兵共殺之。故有三死，而非命者，自取之也。」説苑雜言篇：「魯哀公問於孔子曰：『有智者壽乎？』孔子曰：『然。人有三死而非命也者，人自取之：夫寢處不時，飲食不節，佚勞過度者，疾共殺之。居下位而上忤其君，嗜慾無厭，而求不止者，刑共殺之。少以犯衆，弱以侮强，忿怒不量力者，兵共殺之。此三死者非命也，人自取之。』」文又見家語五儀篇及孔子集語孔子御篇。

〔二〕詩小雅十月之交：「職競由人。」傳：「職，主也。」

老子曰：「其施厚者其報美，其怨大者其禍深〔一〕。薄施而厚望，畜怨而無患者，未之有也。察其所以往者，即知其所以來矣〔二〕。」功高則報厚，怨深則患大，隨其輕重，遺之恩怨也。

〔一〕羣書治要引新序：「德厚者報美，怨大者禍深。」

〔二〕淮南子繆稱篇：「其施厚者其報美，其怨大者其禍深。薄施而厚望，畜怨而無患者，古今未之有也。是故聖人察其所以往，則知其所以來者。」

老子曰：「原天命，治心術，理好憎，適情性，即治道通矣。原天命即不惑禍福，治心術即不妄喜怒，理好憎即不貪無用，適情性即欲不過節。不惑禍福即動靜順理，不妄喜怒即賞罰不阿，不貪無用即不以欲害性，欲不過節即養生知足。凡此四者，不求於外，不假於人，反己而得矣〔一〕。」明此四者，可謂大通，不因於人，省己而已。

〔一〕淮南子詮言篇：「原天命，治心術，理好憎，適情性，則治道通矣。原天命則不惑禍福，治心術則不妄喜怒，理好憎則不貪無用，適情性則欲不過節。不惑禍福則動靜循理，不妄喜怒則賞罰不阿，不貪無用則不以欲害性，欲不過節則養性知足。凡此四者，弗求於外，弗假於人，反己而得矣。」文又見韓詩外傳二，「反己而得矣」作「反諸己而存矣」，下文又云：「夫人者，說人者也，形而爲仁義，動而爲法則。詩曰：『伐柯伐柯，其則不遠。』」

老子曰：「不求可非之行〔一〕，不憎人之非己，无譎詐之行，人何非我。懷仁恕之情，我无尤人也。修足譽之德，不求人之譽己。自修己德，不求人譽。不能使禍無至，信己之不迎也。不能使福必來，信己之不讓也〔二〕。不能防不測之禍，信命不造。不能要必至之福，來者當受也。禍之至，非己之所生，故窮而不憂。福之來，非己之所成，故通而不矜。禍生非己，雖禍而何憂。福生非我〔三〕，雖福而何恃也。是故閑居而樂，無爲而治〔四〕。」恬泊優游而已。

〔一〕顧觀光曰：「『求』字誤，詮言訓作『爲』。」于大成曰：「案：『求』字涉下『不求人之譽己』而誤，纘義本從明刊本作『求不可非之行』，蓋不知『求』是誤字，而妄乙其文耳。」

〔二〕俞樾曰：「讓，當從淮南子詮言篇作『攘』。高注曰：『攘，郤也。』」于大成曰：「讓，古通『攘』，不煩改字。禮曲禮上：『左右攘辟。』注云：『攘，古讓字。』說文通訓定聲壯部讓字注云：『叚借爲攘。』又案：詮言篇乃許注，非高注也。」

〔三〕于大成曰：「朱弁本『生』作『至』。」案：淮南作「至」。

〔四〕淮南子詮言篇：「聖人不爲可非之行，不憎人之非己也，修足譽之德，不求人之譽己也。不能使禍不至，信己之不迎也。不能使福必來，信己之不攘也。禍之至也，非其求所生，故窮而不憂；福之至也，非其求所成，故通而弗矜。知禍福之制，不在於己也，故閒居而樂，無爲而治。」許慎注：「矜，自伐其功也。」

老子曰：「道者守其所已有，不求其所以未得〔一〕。求其所未得，即所有者亡；循其所已有〔二〕，即所欲者至〔三〕。以有者，一身之精神。未有者，多方之伎術。今廢已有之精神，祈未得之方術，未得者未至，所得也以忘，不保得一之由，難追兩失之悔，故至人守其本，不尋其末，貴得於內，而制於外也〔四〕。治未固於不亂而事爲治者，必危。行未免於無非而急求名者，必剉〔五〕。本固邦寧，行周不辱。故福莫大於無禍，利莫大於不喪。无禍之福，福之厚矣。无喪之利，利之大矣。故物或益之而損，損之而益〔六〕。唯无禍福，則无損益。夫道不可以勸就利者，而可以安神避害〔七〕。道者不可誘以利，无利則无害，故神自安、道自來也。故嘗無禍，不嘗有福。嘗无罪，不嘗有功〔八〕。无禍无福，无罪无功，是爲大通。道曰：『芒芒昧昧，從天之威，與天同氣〔九〕。』無思慮也，無設儲也。道曰，道君也。芒昧，謂道窈冥，不可得見，今但法天，以虛爲身，以无爲心，不慮而成，不勞而物積也。來者不迎，去者不將。任其自得。人雖東西南北，獨立中央。身應物而无窮，道居中而獨運。故處衆枉，不失其直。曲全故大。與天下並流，不離其域。至氣流轉，真精常存。不爲善〔一〇〕，不避醜，遵天之道。不爲始，不專己，循天之理。不豫謀，不棄時，與天爲期。不求得，不辭福，從天之則〔一一〕。天无心，不言而萬物生。人无爲，不謀而百事遂。內無奇福，外無奇禍，故禍福不生，焉有人賊〔一二〕？凡有福即有禍，今禍福已冥，孰爲人賊害。故至德言同略〔一三〕，事同福，上下一心無歧道旁見者，退之於邪〔一四〕，開道之於善，而民向方矣〔一五〕。」偏見不足以化俗，正道而可以誘民。

〔一〕于大成曰：「案：『以』字衍，當從淮南詮言篇刪。朱弁本、道藏纘義本、子彙本、墨海本、守山閣本正無『以』字。」案：下文承此而言，作「求其所未得」，無「以」字。

〔二〕王叔岷曰：「景宋本『循』作『脩』，是也。脩、循隸書形近，往往相溷。淮南子詮言篇亦作『脩』。」

〔三〕淮南子詮言篇：「聖人守其所以有，不求其所未得。求其所無，則所有者亡矣。修其所有，則所欲者至。」王念孫曰：「『求其所無』本作『求其所未得』，『脩其所有』，本作『脩其所已有』，此皆承上文而申言之，不當有異文，今本作『求其所無』、『脩其所有』，皆後人以意改之也。羣書治要引此正作『求其所未得』、『脩其所已有』。文子符言篇同。下文亦云：『不知道者，釋其所已有，而求其所未得。』」

〔四〕于大成曰：「朱弁本『而』作『不』。」

〔五〕詮言篇：「故治未固於不亂而事爲治者，必危。行未固於無非而急求名者，必剉也。」許慎注：「治不亂之道，尚未牢固也。」

〔六〕詮言篇：「福莫大無禍，利莫美不喪。動之爲物，不損則益。」許慎注：「動，有爲也。」

〔七〕詮言篇：「故道不可以勸而就利者，而可以寧避害者。」王念孫曰：「『勸』下『而』字，因下句而衍，文子符言篇無『而』字。」

〔八〕詮言篇：「故常無禍，不常有福。常無罪，不常有功。」俞樾曰：「『常』與『尚』通。史記衛綰傳：『劍尚盛』，漢書『尚』作『常』。賈誼傳：『尚憚以危爲安。』賈子宗首篇『尚』作『常』，並其證。」

〔九〕器案：此三語，此文以爲「道曰」，上仁篇以爲「道之言」，徐靈府注曰：「道，道君也。」尋呂氏春秋應同篇、淮南子繆稱篇及泰族篇引作「黄帝曰」。荀子解蔽篇嘗引道經，經者一家之經典也，墨子有墨經，韓非子内、外儲説引經及傳，蓋法家之經也。莊子天道篇言孔子繙十二經以説老聃，馬王堆漢墓帛書有十大經，外此其餘，見於漢書藝文志者，非可一二數，則九流十家亦頗有經名其書者矣。案：列子天瑞篇載黄帝書：「谷神不死，是謂玄牝。玄牝之門，是謂天地之根，綿綿若存，用之不勤。」此老子六章文也。然則以老子爲黄帝書，蓋黄老家言也。漢志道家有黄帝經四篇，當即呂氏、淮南所引之黄帝書也。隋書經籍志道經部云：「漢道書之流，其黄帝四篇、老子二篇，最得深旨。」則隋唐間人猶及見黄帝經也。又案：呂氏、淮南「與天同氣」俱作「與元同氣」（淮南兩引同）。呂氏應同篇高誘注：「芒芒昧昧，廣大之貌。天之威，無不敬也，非同氣不協。」「從天之威」，淮南繆稱篇作「從天之道」，王念孫以爲當從文子作「從天之威」，案：呂氏高誘注云：「『威』一作『道』。」則「威」之作「道」，其來尚矣。

〔一〇〕于大成曰：「案：『善』當作『好』，『好』與『醜』、『道』爲韻（段氏三部）。下文並三句爲韻。此即書洪範『無有作好，遵王之道』之誼。若作『善』，即失其韻矣。淮南亦誤『善』，王念孫有説。」

〔一一〕淮南子詮言篇：「聖人無思慮，無設儲。來者弗迎，去者弗將。人雖東西南北，獨立中央。故處衆枉之中，不失其直。天下皆流，獨不離其壇域。故不爲善，不避醜，遵天之道。不爲始，不專己，循天之理。不豫謀，不棄時，與天爲期。不求得，不辭福，從天之則。」許注：「將，送也。」王念孫曰：「『善』當爲『好』，『不爲好，不避醜，遵天之道』，猶洪範言『無有作好，遵王之道』也。今作『不爲善』者，後人據文子符言篇改之耳。『好』、『醜』、『道』爲韻，『始』、『已』、『理』爲韻，『謀』、『時』、『期』爲韻，『得』、『福』、『則』爲韻，若作『善』，則失其韻矣。」

〔一二〕詮言篇：「不求所無，不失所得，內無旁禍，外無旁福，禍福不生，安有人賊？」王念孫曰：「『旁』字義不可通，文子符言篇作『奇禍』、『奇福』，是也。俗書『奇』字作『竒』，『㫄』字作『旁』，二形相似而誤。」器案：莊子庚桑楚篇：「禍福无有，惡有人災也？」義與此同。

〔一三〕「略」，原作「畧」，義不可通，繆稱篇作「略」，今據改正。

〔一四〕王叔岷曰：「景宋本『退之於邪』作『退章於邪』。此本作『退障之於邪』，與『開道之於善』對言。『章』乃『障』之壞字。淮南繆稱篇作『遏障之於邪』，可證。」

〔一五〕繆稱篇：「故至德者，言同略，事同指，上下一心無岐道旁見者，遏障之於邪，開道之於善，而民鄉方矣。」

老子曰：「爲善即勸，爲不善即觀。勸即生責，觀即生患〔一〕。勸，勉也。觀，察也。夫人爲善，當日自勉之。有不善者，察見己過，則向方矣，是不勉其爲善矣。若以己爲善，察求人之不善而責之者，則有患矣，故勸爲善而不善矣。故道不可以進而求名，可以退而修身〔二〕。故聖人不以行求名，不以知見譽〔三〕，治隨自然〔四〕，己无所與。進不飾智以求名，退而修身以自治。推之自然，豈希人譽也。爲者有不成，求者有不得，人有窮而道無通〔五〕。人有求而不得，道无爲而自周。有智而無爲，與無智同功。有能而無事，與無能同德。有智若無智，有能若無能，道理達而人才滅矣〔六〕。夫至德内充，人才外滅者，故有若无實若虚者也。人與道不兩明〔七〕。人愛名即不用道，道勝人即名息，道息人名章即危亡〔八〕。道須一致，事不兩全。

〔一〕淮南子詮言篇：「爲善則觀，爲不善則議。觀則生貴，議則生患。」許慎注：「爲善則觀，衆人之所觀也。」王引之曰：「『貴』當爲『責』字之誤也。此言爲善則觀之者多，觀之者多則責之者必備。下文曰：『責多功鮮，無以塞之。』正謂此也。文子符言篇作『爲善即勸，勸即生責。』」

〔二〕詮言篇：「故道術不可以進而求名，可以退而修身；不可以得利，而可以離害。」

〔三〕「不以知見譽」，原作「不以知見求譽」，涉上句衍「求」字，今删去。

〔四〕詮言篇：「法修自然，己無所與。」「修」當作「循」，形近之誤。「循」與「隨」義相比也。

〔五〕顧觀光曰：「『無』下脱『不』字，當依詮言訓補。」王叔岷曰：「顧説是也。注『道無爲而自周』，正以釋『道無不通』之義，是正文原有『不』字明矣。」于大成曰：「案：莊子繕性篇云：『道，理也。』淮南主術篇：『人有困窮而理無不通。』高注亦云：『理，道。』本書下德篇用主術篇文，亦作『人有窮而理無不通』。皆有『不』字。然則此文『無』下當有『不』字明矣。」

〔六〕詮言篇：「有智而無爲，與無智者同道。有能而無事，與無能者同德。其智也，告之者至，然後覺其動也；使之者至，然後覺其爲也。有智若無智，有能若無能，道理爲正也。故功蓋天下，不施其美，澤及後世，不有其名，道理通而人僞滅也。」「僞」宋本作「爲」。

〔七〕詮言篇：「名與道不兩明。」「名」字義勝。

〔八〕詮言篇：「人受名則道不用，道勝人則名息矣。道與人競長，章人者，息道者也。人章道息，則危不遠矣。」許慎注：「章，明也。息，止也。」王念孫曰：「『受』當爲『愛』字之誤也，愛名則不愛道，故道不用也。文子符言篇正作『愛』。」案：王説是也，當據以改正。

老子曰：「使信士分財，不如定分而探籌〔一〕，何則？有心者之於平，不如無心者也。使廉士守財，不如閉户而全封〔二〕，以爲有欲者之於廉，不如無欲者也。探籌絶疑於无心，廉士見猜於有欲。人舉其疵則怨，鑑見其醜則自善〔三〕。賢者舉過而思改，愚者自媒而爲善。人能接物而不與己，則免於累矣〔四〕。」先人後己，終身无咎。

〔一〕于大成曰：「意林、御覽八三六、記纂淵海五六（誤標文中子）引此，並無『定分而』三字。纘義云：『分財探籌，有心不如無心之平。』亦不出『定分』二字。淮南詮言篇有。」淮南子詮言篇：「天下非無信士也，臨貨分財，必探籌而定分，以爲有心者之於平，不若無心者也。」許慎注：「探籌，捉籌也。」案：荀子君道篇：「探籌投鉤，所以爲公也。」又曰：「不待探籌投鉤而公。」郝懿行曰：「探籌，剡竹爲書，令人探取，蓋如今之掣籤。」

〔二〕于大成曰：「案：御覽、記纂淵海引此，並無『而全封』三字。纘義云：『守財閉户，有欲不若無欲之廉。』亦不出『全封』二字。」俞樾曰：「『全』無義，乃『璽』字之誤。國語魯語：『追而予之璽書。』韋注：『璽書，璽封書也。』此『璽封』二字之證。時則篇曰：『固封璽。』『封璽』與『璽封』同。五音集韻曰：『璽，俗書作坌。』與『全』字形相似，故誤爲『全』矣。氾論篇：『盜管金。』高注曰：『金，印封所以爲信。』『金』亦『璽』字之誤，彼誤『璽』爲『金』，此『璽』誤爲『全』，其誤正同。」器案：俞説是。呂氏春秋孟冬紀：「固封璽。」高誘注：「固，堅。璽，印封也。」淮南子時則篇：「孟冬之月，固封璽。」高誘注：「封璽，印封也。」亦「璽封」之證。惟劉子去情篇用此，已作「全封」矣。

〔三〕詮言篇：「人舉其疵則怨人，鑑見其醜則善鑑。」許注：「舉説己之疵則怨之。鑑，鏡也。鏡見人之好醜，以爲美鏡也。」宋本注「美鏡」作「善鏡」。

〔四〕詮言篇：「人能接物，而不與己焉，則免於累矣。」許注：「而不與己，若鏡人形而不有好憎。」

老子曰：「凡事人者，非以寶幣，必以卑辭。幣單而欲不厭〔一〕，君子不重寶幣，服以謙敬，人能行之，久而无厭也。卑體免辭〔二〕，論説而交不結，約束誓盟，約定而反先日〔三〕。君子之交，不假結約，一言而定，終身不易。小人之交，要以誓盟，未盈旬時，以違舊要也。是以君子不外飾仁義而內修道德，內秉真淳，外无虛飾。修其境內之事，盡其地方之廣〔四〕，勸民守死〔五〕，堅其城郭，上下一心，與之守社稷，即爲民者不伐無罪〔六〕，爲利者不攻難得，此必全之道，必利之理〔七〕。」與民同利，民樂死之。與民同心，民共守之。求名者不貪濫，爲利者不乖分，此聖王之道〔八〕，即社稷共守，郊境同固也。

〔一〕顧觀光曰：「此上詮言訓有『事以玉帛』句，此脱去。」于大成曰：「顧説是也。荀子富國篇此上有『事之以貨寶』句，亦其證。又淮南詮言篇『單』作『殫』，此『單』字叚爲『殫』。廣雅釋詁一：『殫，盡也。』詩天保：『俾爾單厚。』箋云：『單，盡也。』是其證也。纘義本、墨海本、守山閣本亦作『殫』。荀子『則貨寶單而交不結』，亦用借字也。」

〔二〕俞樾曰：「『免』猶俛也。古冠冕字通作免。師冕，古今人表作『師免』，是其證也。周禮弁師疏曰：『冕則俛也，以低爲號也。』此云『免辭』，與卑辭同。淮南子詮言篇作『婉辭』，轉非其舊矣。」于大成曰：「墨海本、守山閣本亦作『婉辭』，與淮南同，當以俞説正之。」

〔三〕詮言篇：「凡事人者，非以實幣，必以卑辭。事以玉帛，則貨殫而欲不饜；卑體婉辭，則諭説而交不結；約束誓盟，則約定而反無日。」許慎注：「反，背叛也。」顧觀光曰：「荀子富國篇注引此文『先』作『無』，與詮言訓合。」俞樾曰：「『反先日』者，謂先所約之日而反也。正見約束之不可恃。淮南子詮言篇作『反無日』，由後人不達其意而臆改也。」于大成曰：「俞説非也。『無日』古籍習見：禮記樂記：『如此，則國之滅亡無日矣。』左傳宣公十二年：『禍至之無日。』孟子離婁上：『上無禮，下無學，賊民興，喪無日矣。』荀子君道篇：『主闇於上，臣詐於下，滅亡無日。』本書道德篇：『其亡無日。』皆是也。作『先』，蓋由『無』字作『无』，與『先』形近，遂以致誤耳。當從淮南及荀子注正之。顧氏之説是也。荀子作『約定而畔無日』，楊注云：『無日，言不過一日。』正淮南所本。」

〔四〕于大成曰：「淮南『地方』作『地力』。『地力』是。」

〔五〕于大成曰：「朱弁本作『厲其民死』，與淮南子合。」

〔六〕于大成曰：「朱弁本、子彙本、墨海本、守山閣本『民』作『名』，是也。此『爲名者』與下『爲利者』對文。淮南子亦作『名』。吕氏春秋名類篇：『治則爲利者不攻矣，爲名者不伐矣。』與此二句同義而文小異，亦以名、利相對。注云：『求名者不貪濫，爲利者不乖分。』是正文本作『名』字也。」

〔七〕詮言篇：「雖割國之錙錘以事人，而無自恃之道，不足以爲全。若誠外釋交之策，而慎脩其境内之事，盡其地力，以多其積，厲其民死，以牢其城，上下一心，君臣同志，與之守社稷，斅死而民弗離，則爲名者不伐無罪，而爲利者不攻難勝，此必全之道也。」

老子曰：「聖人不勝其心，衆人不勝其欲〔一〕。心勝則道全，欲勝則心危。君子行正氣，小人行邪氣。内便於性，外合於義，循理而動，不繫於物者，正氣也。推於滋味〔二〕，淫於聲色，發於喜怒，不顧後患者，邪氣也。邪與正相傷，欲與性相害，不可兩立，一起一廢。故聖人損欲而從性，目好色，耳好聲，鼻好香〔三〕，口好味，合而説之，不離利害嗜欲也〔四〕。耳目鼻口，不知所欲，皆心爲之制，各得其所。由此觀之，欲不可勝亦明矣〔五〕。」六情所欲，一心爲制。氣正於中，則欲不害性，心邪於外，則僞己惑真。故知邪正在我，與奪因心。且一心自正，羣物何累也。

〔一〕淮南子詮言篇：「聖人勝心，衆人勝欲。」許慎注：「心者，欲之所生也。聖人止欲，故勝其心，而以百姓爲心也。勝欲者，心欲之而能勝止也。」王念孫曰：「勝，任也。言聖人任心，衆人任欲也。耳目之官不思而蔽於物，心之官則思，聖人先立乎其大者，則其小者不能奪，故曰聖人任心也。若衆人則縱耳目之欲，而不以心制之，故曰衆人任欲也。下文曰：『食之不寧於體，聽之不合於道，視之不便於性，三關交争，（高注：「三關謂食視聽。」今本正文「三關」作「三官」，注作「三官，三關，食視聽」，皆後人以意改之也。主術篇曰：「目妄視則淫，耳妄聽則惑，口妄言則亂。夫三關者，不可不慎守也。」今據以訂正。）以義爲制者，心也。』又曰：『耳目鼻口不知所取去，心爲之制，各得其所。』皆其證矣。說苑說叢篇曰：『聖人以心導耳目，小人以耳目導心。』即此所謂『聖人勝心，衆人勝欲』也。說文：『勝，任也。』『任』與『勝』聲相近，『任心』、『任欲』之爲『勝心』、『勝欲』，猶『戴任』之爲『戴勝』，（月令：「戴勝降于桑。」吕氏春秋季春篇作「戴任」。）高解『聖人勝心』曰：『心者，欲之所生也，聖人止欲，故勝其心。』則誤以勝敗之勝矣。如高說則是心與耳目口無以異，下文何以言『三關交争、以義爲制者心』乎？又解『衆人勝欲』曰：『心欲之而能勝止也。』心欲之而能勝止，則是賢人矣，安得謂之衆人乎？且下文言『欲不可勝』，則『勝』之訓爲『任』明矣。文子符言篇作『聖人不勝其心，衆人不勝其欲』，此亦未解『勝』字之義而以意改之也。」

〔二〕本書下德篇：「口惟滋味。」兩治要本「惟」作「欲」。今案：「推」、「惟」俱「噍」字形近之誤。漢書高帝紀：「襄城無噍類。」師古注：「如淳曰：『無復有活而噍食者也。青州俗呼無孑遺爲無噍類。』」史記高帝紀作「襄城無遺類」，集解：「徐廣曰：『遺一作噍，噍食也。』」則噍類與孑遺同義，噍類謂盡其類也，故噍類一作遺類，噍類因上文而增益無字，文義不通。如淳、徐廣俱未知噍之訓盡，而訓噍爲食，未當。古从焦从爵之字多通假，説文噍下云：「噍或从爵。」禮記少儀篇釋文：「噍，字又作嚼。」荀子不苟篇「潐潐」，楊倞注：「潐，盡也。」韓詩外傳一作「釂」。續漢書五行志一：「『嚼復嚼，今年尚可後年鐃。』(注引風俗通作「譑」)嚼復嚼者，京都飲酒相强之辭也。」説文酉部：「釂，飲酒盡也。」段玉裁注：「『酒』當作『爵』，此形聲包會意字也。曲禮注曰：『盡爵曰釂。』按欠部：『㰂，酒盡也。』與此音義同，而本部醮、釂則各義。水部曰：『潐，盡也。』謂水也。」案：段説是。今人飲酒言乾杯，亦謂飲酒盡也。又案：淮南子作「重」者，重讀如吕氏春秋去私篇引黄帝曰「聲禁重，色禁重，衣禁重，香禁重，味禁重，室禁重」之重。荀子富國篇：「若夫重色而衣之，重味而食之，重財物而制之。」楊倞注：「重，多也。」文又見荀子王霸篇，楊注同，即其義也。今本淮南子詮言篇爲許慎注，而宋本、道藏本、茅本及太平御覽七百二十引淮南子作「推」，此蓋許、高二注本異同之故也。

〔三〕案：詮言篇無「鼻好香」句，而以爲「三官」，許慎注云：「三官，三關，謂食視聽也。」然下文又云：「此四者耳目口鼻不知所取去。」則「三官」當爲「四官」，而許氏就「三官」爲説，則所見本已誤矣。吕氏春秋貴生篇：「聖人深慮，莫貴於生。夫耳目鼻口，生之役也，耳雖欲聲，目雖欲色，鼻雖欲芬香，口雖欲滋味，害於生則止在四官者，不欲利於生者則弗爲。由此觀之，耳目鼻口，不得擅行，必有所制，譬之若官職，不得擅爲，必有所制，此貴生之術也。」高誘注：「不得擅行，必有所制，擅，專也，制，於心也。」

〔四〕詮言篇：「接而説之，不知利害嗜慾也。」顧廣圻曰：「『嗜』當作『者』，句絶。『慾也』自爲句，與下『心也』對文。」

〔五〕詮言篇：「聖人勝心，衆人勝欲。君子行正氣，小人行邪氣。內便於性，外合於義，循理而動，不繫於物者，正氣也。重於滋味，淫於聲色，發於喜怒，不顧後患者，邪氣也。邪與正相傷，欲與性相害，不可兩立，一置一廢。故聖人損欲而從事於性。目好色，耳好聲，口好味，接而説之，不知利害嗜慾也。食之不寧於體，聽之不合於道，視之不便於性，三官交争，以義爲制者，心也。割痤疽非不痛也，飲毒藥非不苦也，然而爲之者，便於身也。渴而飲水，非不快也，飢而大飧，非不澹也，然而弗爲者，害於性也。此四者，耳目鼻口不知所取去，心爲之制，各得其所。由是觀之，欲之不可勝，明矣。」

老子曰：「治身養性者，節寢處，適飲食，和喜怒，便動静，內在己者得，善不外求。而邪氣無由入〔一〕。飾其外者傷其內〔二〕，扶其情者害其神，見其文者蔽其真，夫須臾無忘其爲賢者，必困其性〔三〕，言人賢不可暫忘，若須臾離之，必受困辱。百步之中無忘其爲容者，必累其形〔四〕。夫輔身御性，必宜節飲全和，使心氣內平，而神明可保。君子慎微，不在於遠，雖十步之内，必慮朽株之患，須臾之間，卒遇非意之事，安可怠哉？故羽翼美者傷其骸骨〔五〕，枝葉茂者害其根荄，能兩美者，天下無之〔六〕。」翡翠以文彩見害，春華以芳菲見折，物有雙美，事能兼濟，未之有也。

〔一〕淮南子詮言篇：「凡治身養性，節寢處，適飲食，和喜怒，便動靜，使在己者得，而邪氣因而不生，豈若憂瘕疵之興（「興」原誤「與」，今從太平御覽七百二十引校改），痤疽之發，而豫備之哉？」

〔二〕「者」字原脫，今據于大成說訂補。于大成曰：「寶曆本、子彙本、纘義本、墨海本、守山閣本『外』下有『者』字，與下句一例。淮南子亦有『者』字。」

〔三〕詮言篇：「飾其外者傷其內，扶其情者害其神，見其文者蔽其質，無須臾忘爲質者，必困於性。」許慎注：「常思爲質，不修自然，則性困也。」顧廣圻曰：「『蔽其質』文子作『蔽其真』，與韻叶，疑此因下『質』字而誤。」今案：正文及注文「爲質」當作「爲賢」，說本王念孫。

〔四〕景宋本及景刻宋本「中」下脫「無」字。

〔五〕文選鷦鷯賦李善注引「骸骨」作「骨骸」，淮南同。

〔六〕詮言篇：「故羽翼美者傷骨骸，枝葉美者害根莖，能兩美者，天下無之也。」孫詒讓曰：「『莖』，文子符言篇作『荄』，與『骸』協韻，是也。『荄』、『莖』形近而誤。」

老子曰：「天有明，不憂民之晦也。地有財，不憂民之貧也〔一〕。天之道，明照大闇，至幽能察。地之利，育於萬物，廣濟无違也。至德道者，若丘山嵬然不動，行者以爲期〔二〕，直己而足物〔三〕，不爲人賜〔四〕；用之者，亦不受其德，故安而能久〔五〕。天地無與也，故無奪也；無德也，故無怨也。至人者，勢名不能動，欲害不能傾，塊然獨處，巋然不動，以其常足，不受賜，脱其所取，輒亦无讓，故與之不德，奪之无怨，故能長久也。善怒者必多怨，善與者必善奪，唯隨天地之自然，而能勝理〔六〕。超喜怒之域，忘與奪之情，任之自得，以全天理也。故譽見即毁隨之，善見即惡從之。利爲害始，福爲禍先。不求利即無害，不求福即無禍。身以全爲常，富貴其寄也〔七〕。」譽者、人之所美，善者、人之所慕，但不欲顯，顯則有毁有怨，非待絶善譽，將无毁怨；若不矜不伐，自然无禍无福，道德自全，全身爲常，富貴若寄也。

〔一〕慎子威德篇：「天有明，不憂人之暗也。地有財，不憂人之貧也。」淮南子詮言篇：「天有明，不憂民之晦也，百姓穿户鑿牖，自取照焉。地有財，不憂民之貧也，百姓伐木芟草，自取富焉。」

〔二〕詮言篇：「至德道者，若邱山嵬然不動，行者以爲期也。」許慎注：「行道之人，指以爲期。」

〔三〕詮言篇：「直己而足物。」許慎注：「己，己山也。言山特自生萬物，以足百姓，不爲百姓故生之也。」

〔四〕于大成曰：「案：淮南『賜』作『贛』。説文：『贛，賜也。』淮南精神篇『今贛人敖倉』高注、又要略篇『朝用二千鍾贛』許注亦並云：『贛，賜也。』此作『賜』，僞託者據彼注以改此正文耳。」

〔五〕「久」原作「人」，壞字也，今據景宋本及景刻宋本校訂。

〔六〕詮言篇：「喜德者必多怨，喜予者必善奪，唯滅迹於無爲，而隨天地自然者，唯能勝理。」許慎注：「理，事理情欲也，勝理去之。」王念孫謂「勝理」即任理，說見上文聖人不勝其心章。

〔七〕詮言篇：「故譽生則毀隨之，善見則怨（王念孫謂當依文子符言篇改爲惡）從之。利則爲害始，福則爲禍先。唯不求利者爲無害，唯不求福者爲無禍。侯而求霸者，必失其侯；霸而求王者，必喪其霸。故國以全爲常，霸王其寄也；身以生爲常，富貴其寄也。」案：據淮南則文子「全」當作「生」。

老子曰：「聖人无屈奇之服〔一〕，詭異之行。服不雜〔二〕，行不觀，服不驚衆，行不異人。通而不華，窮而不懾，榮而不顯，隱而不辱〔三〕，異而不怪，窮通，命也，故不華不懾。榮隱，時也，故不顯不辱。雖異於人，何足怪也。同用無以名之，是謂大通〔四〕。」用无則无滯，是爲大通也。

〔一〕淮南子詮言篇：「聖人無屈奇之服。」許慎注：「屈，短。奇，長也。服之不衷，身之災也。」王念孫曰：「『屈奇』猶瑰異耳，周官閽人：『奇服怪民不入宮。』鄭注曰：『奇服，衣非常屈奇之服。』即奇服也。司馬相如上林賦：『摧崣崛崎。』義與『屈奇』相近。『屈奇』雙聲，似不當分爲兩義也。」陶方琦曰：「一切經音義十二又十五引許注：『屈，短也。奇，長也。』按二注文正同。漢書廣川惠王越傳：『謀屈奇。』注：『屈奇，異也。』說苑君道篇：『則未有布衣屈奇之士。』許注以『屈』爲短，即說文『屈，無尾也』之訓。以『奇』爲長，即漢書『操其奇贏』之訓。」案：唐本玉篇可部引許慎注：「屈，短也。奇，長也。」陶引漢書見食貨志。

〔二〕「服不雜」，詮言篇作「服不視」，許注曰：「其所服，衆不觀視也。」

〔三〕于大成曰：「朱弁本『辱』作『窮』，與淮南詮言篇合。」

〔四〕詮言篇：「榮而不顯，隱而不窮，異而不見怪，容而與衆同，無以名之，此之謂大通。」「窮」、「同」、「通」協韻，義亦較勝。文子「容而與衆同」句作「同用」二字，纘義又從而解之曰：「光而不耀，廉而不劌，與民同用而已，夫是之謂大通。」殆未必然也。

老子曰：「道者直己而待命，時之至不可迎而返也，時之去不可足而援也〔一〕。故聖人不進而求，不退而讓。正身待命，直道從時，不將不迎也。隨時三年，時去我走。去時三年，時在我後。無去無就，中立其所〔二〕。此言先之太過，後之不及，唯迎之无前，隨之无後，獨立其中，而安其所也。天道無親，唯德是與〔三〕。福之至，非己之所求，故不伐其功。禍之來，非己之所生，故不悔其行。前已釋也。中心其恬，不累其德。非譽不能生，寵辱不能驚。狗吠不驚，自信其情〔四〕，誠無非分〔五〕。自明无非，故不驚懼。故通道者不惑，知命者不憂〔六〕。知道知命，何憂何懼。帝王之崩，藏骸於野，其祭也，祀之於明堂〔七〕，神貴於形也〔八〕。言古帝王歸骸於野，不封不樹，示民有終。祀神明堂，不謟不濫，示民知嚴也。故神制形則從〔九〕，形勝神則窮〔一〇〕，聰明雖用，必反諸神〔一一〕，謂之大通〔一二〕。」依神形全，縱欲神逝，自非明達，焉能保之。

〔一〕于大成曰：「案：『足』字誤，當從淮南詮言篇作『追』。朱弁本、道藏纘義本、續古逸本、景宋本、墨海本、守山閣本並作『追』，寶曆本作『進』，『進』、『追』形近，尤可證爲『追』字之誤。」器案：詮言篇：「直己而待命，時之至不可迎而反也；要遮而求合，時之去不可追而援也。」據淮南則「時之去不可足而援也」句上脱「要遮而求合」一句五字。

〔二〕詮言篇：「聖人常後而不先，常應而不唱，不進而求，不退而讓。隨時三年，時去我先。去時三年，時在我後。無去無就，中立其所。」

〔三〕老子七十九章：「天道無親，常與善人。」

〔四〕詮言篇：「君子爲善，不能使福必來；不爲非，而不能使禍無至。福之至也，非其所求，故不伐其功。禍之來也，非其所生，故不悔其行。內修極而横禍至者，皆天也，非人也。故中心常恬漠，累積其德。狗吠而不驚，自信其情。」

〔五〕于大成曰：「案：淮南無此句。上文『中心其恬，不累其德。犬吠不驚，自信其情』，兩兩相對，此四字了無着處。」

〔六〕詮言篇：「故知道者不惑，知命者不憂。」于大成曰：「案：淮南『通道』作『知道』，二句一律。據注云云，疑所據本亦作『知道』也。唯纘義云『通道』、『知命』，是其所據乃作『通』也。或者亦有二本乎？」

〔七〕詮言篇：「萬乘之主卒，葬其骸於廣野之中，祀其鬼神於明堂之上。」許慎注：「廟之中謂之『明堂』也。」

〔八〕詮言篇：「神貴於形也。」許慎注：「以人神在堂，而形骸在野。」

〔九〕詮言篇：「故神制則形從。」許慎注：「『神制』謂情也，情欲使不作也，而形體從心以合。」吳承仕曰：「注疑當作『神制謂制情欲使不作也』。」

〔一〇〕詮言篇：「形勝則神窮。」許慎注：「『形勝』謂人體躁動，勝其精神，神窮而去也。」俞樾曰：「文子符言篇作『故神制形則從，形勝神則窮』，當從之。此申明上文『神貴於形』之義，言可使神制形，不可使形勝神也。觀高注則其所據已誤。」

〔一一〕詮言篇：「聰明雖用，必反諸神。」許慎注：「聰明雖用于内以守明，神安而身全。」

〔一二〕詮言篇作「謂之太沖」，許慎注：「沖，調也。」案：當從淮南作「太沖」，莊子應帝王篇：「吾鄉示之以太沖莫勝。」郭象注：「居太沖之極，浩然治心，而玄同萬方，故勝負莫得措其間也。」與此文言「神制形」、「形勝神」之義相比，此涉上「聖人无屈奇之服」章言「同用无以名之，是謂大通」而誤。

老子曰：「古之存己者〔一〕，樂德而忘賤，故名不動志〔二〕；樂道而忘貧，故利不動心。是以謙而能樂，靜而能澹〔三〕。道德備身，貧賤無恥，心志不虧，名利不惑，故能謙之，樂以靜而澹然也。以數筭之壽〔四〕，憂天下之亂，猶憂河水之涸，泣而益之也〔五〕。故不憂天下之亂而樂其身治者，可與言道矣〔六〕。」喻人不憂壽之將盡，而憂天下之不治，是猶泣數滴之淚，欲增其河水之流，无益之謂也。唯忘治人而治其身，可與言乎道也。

〔一〕莊子人間世篇：「古之至人，先存諸己，而後存諸人。」郭象注：「有其具然後可以接物也。」成玄英疏：「諸，於也。存，立也。古昔至德之人，虛懷而遊世間，必先安立己道，然後拯救他人，未有己身不存而能接物者也。援引古人以爲鑒誡。」

〔二〕淮南子詮言篇：「古之存己者，樂德而忘賤，故名不動志。」許慎注：「不以名移志也。」

〔三〕詮言篇：「樂道而忘貧，故利不動心。名利充天下，不足以概志，故廉而能樂，靜而能澹。故其身治者，可與言道矣。」

〔四〕詮言篇：「以數雜之壽。」許慎注：「雜，帀也。人生子（此三字原脱，據宋本、道藏本、汪本訂補。）從子至亥爲一帀。」案：周禮天官大宰：「挾日而斂之。」注：「從甲至甲，謂之挾日，凡十日。」釋文：「『挾』字又作『浹』，同。干本作帀，子合反。」又夏官大司馬注：「挾日，十日也。」左成九年：「浹辰之間。」注：「浹辰，十二日也。」孔穎達疏：「『浹』爲周匝也。從甲至癸爲十日，從子至亥爲十二辰。周禮『縣治象，浹日而斂之』，謂用甲癸十日，此言『浹辰』，謂用子亥十二辰，故爲十二日也。」「數雜」用法與「挾日」、「浹辰」相同，不過彼謂日子，此則謂一生光陰。人之一生，自生至死，一自有至無也，故謂之一帀。數，天然之數，猶今言自然規律。人之一生，世謂之百年之期，百年之期，世以爲上壽，然以道視之，則不過不知晦朔之朝菌，不知春秋之蟪蛄，猶大年之視小年也，此泰族篇所謂「以一世之壽，而觀千歲之知也」。故曰：「以數雜之壽，憂天下之亂，猶憂河水之少，泣而益之也。」「筭」當作「雜」，形近之誤。呂氏春秋圜道篇：「圜周復雜。」高誘注：「『雜』猶匝。」淮南子原道篇：

「周而復匝。」即「圜周復雜」也。荀子禮論篇：「並行而襍。」下文云：「方皇周挾。」楊倞注：「『挾』讀爲浹，匝也。」史記禮書作「房皇周浹」，集解：「周浹猶周匝。」説苑脩文篇：「如矩之三雜，規之三雜，周而又始，窮則反本也。」俱其證也。

〔五〕藝文類聚三十五、太平御覽三百八十七引尸子：「子思曰：『今以一人之身，憂世之不治，而涕泣不禁，是憂河水濁而泣以清之也。』」又見孔叢子抗志篇。

〔六〕詮言篇：「龜三千歲，浮游不過三日，以浮游而爲龜憂養生之具，人必笑之矣。故不憂天下之亂而樂其身之治者，可與言道矣。」許慎注：「龜吐故納新，故壽三千歲。浮游，渠略也，生三日死。」嵇康答難養生論：「欲驗之以年，則朝菌無以知晦朔，蜉蝣無以識靈龜。」亦以「龜」與「浮游」對言。

老子曰：「人有三怨〔一〕：爵高者人妬之，官大者主惡之，禄厚者人怨之〔二〕。高而能卑，厚而能散，自保元吉也。夫爵益高者意益下，官益大者心益小，禄益厚者施益博，脩此三者怨不作。故貴以賤爲本，高以下爲基〔三〕。」三者不脩，殃及己身。

〔一〕顧觀光曰：「道應訓以爲狐邱丈人與孫叔敖問答，此易爲老子，不知淮南本用荀子堯問篇文，安可妄改！」于大成曰：「案：御覽五百十引袁淑真隱傳亦以爲狐丘與孫叔敖問答。説苑敬慎篇雖不言狐丘丈人，亦以爲孫叔敖。」器案：淮南子道應篇、韓詩外傳七、列子説符篇、袁淑真隱傳俱以爲狐丘丈人（真隱傳作「狐丘先生」）

與孫叔敖問答，説苑以爲老人與孫叔敖問答。荀子引「語曰」，則以繒丘封人告孫叔敖，云「語曰云云」，則在荀卿之前，此事已十口相傳矣。

〔二〕王叔岷曰：「藝文類聚三五、御覽八三引『人怨之』並作『怨處之』，淮南子道應篇同，是也。『處』與上文『妬』、『惡』爲韻。作『人惡之』者，後人妄改之也。册府元龜七八八引韓詩外傳七、御覽四五九引列子説符篇亦並作『怨處之』（今本外傳『處』作『歸』，列子『處』誤『逮』）。」于大成曰：「案：王先生説是也。御覽引袁淑真隱傳亦作『怨處之』。説苑作『患處之』，『患』字雖異，『處』字則同。作『人怨之』者，疑後人據荀子『民怨之』改之也。惟御覽引此文，在四八三卷，王先生作八三卷者，合是手民誤奪。」

〔三〕于大成曰：「案：淮南原道篇、道應篇上下兩『以』字上並有『必』字，本書道原篇同。皆本於老子三十九章，老子亦當有『必』字，今本奪之，朱謙之有説。」案：淮南子道應篇：「狐丘丈人謂孫叔敖曰：『人有三怨，子知之乎？』孫叔敖曰：『何謂也？』對曰：『爵高者士妬之，官大者主惡之，禄厚者怨處之。』孫叔敖曰：『吾爵益高，吾志益下；吾官益大，吾心益小；吾禄益厚，吾施益博，以是（原作「是以」，據王念孫説校改。）免三怨，可乎！』故老子曰：『貴必以賤爲本，高必以下爲基。』」許慎注：「丈人，老而杖于人者。」案：許氏所謂「杖于人者」，即論語鄉黨篇「杖者」之義。禮記王制篇：「五十杖於家，六十杖於鄉，七十杖於國，八十杖於朝。」則「杖者」包舉五十、六十、七十、八十而言之，故謂之「杖於人」也。

老子曰：「言者所以通己於人也。聞者所以通人於己也。言己情以達人情，得人意以通己也。既闇且聾，人道不通〔一〕。故有闇聾之病者，莫知事通。豈獨形骸有闇聾哉？心亦有之，塞也〔二〕。目不覩太山，耳不聞雷霆，此形骸其闇聾。有鑒疑鹿馬，智昏菽麥，此人之闇聾也〔三〕，即事不辨，況大道哉？莫知所通，此闇聾之類也。夫道之爲宗也，有形者皆生焉，其爲親也亦戚矣；饗穀食氣者皆壽焉，其爲君也亦惠矣；諸智者學焉，其爲師也亦明矣〔四〕。生以道爲親，无形而形焉，其爲親也大矣。穀與氣爲君，非壽焉〔五〕，其爲惠也厚矣。智以學爲師，非師而師焉，其爲明也至矣。人皆以無用害有用，勤无用之事，傷有涯之情〔六〕。故知不博而日不足〔七〕。君子常以所知未遠，渴日不足〔八〕，以自勉勵也。以博弈之日問道，聞見深矣〔九〕。移博弈之功，而專道德，可致深妙也。問與不問，猶闇聾之比於人也〔一〇〕。」不聞不問，是謂闇聾〔一一〕。

〔一〕易林乾卦：「譯闇且聾，莫使道通。」

〔二〕淮南子泰族篇：「夫言者所以通己於人也，聞者所以通人於己也。瘖者不言，聾者不聞，既瘖且聾，人道不通。故有瘖聾之病者，雖破家求醫，不顧其費。豈獨形骸有瘖聾哉？心志亦有之。夫指之拘也，莫不事申也；心之塞也，莫知務通也，不明於類也。」莊子逍遥遊篇：「豈唯形骸有聾盲哉？夫知亦有之。」義相比也。

〔三〕「此人」，道藏輯要作「此心」。

〔四〕泰族篇：「夫道，有形者皆生焉，其爲親亦戚矣；享穀食氣者皆受焉，其爲君亦惠矣；諸有智者皆學焉，其爲師亦博矣。」

〔五〕于大成曰：「朱弁本『壽』下有『而壽』二字，此奪去。上文『無形而形爲』，正與此相對。『與』猶以也。『穀與氣爲君』，即穀以氣爲君也。淮南齊俗篇：『夫稟道以通物者。』本書自然篇『以』作『與』，亦其比。上『生以道爲親』，下『智以學爲師』，與此相對，字皆作『以』。」

〔六〕于大成曰：「『情』當作『生』，莊子養生主：『吾生也有涯。』此用其意也。」

〔七〕泰族篇：「人皆多以無用害有用，故智不博而日不足。」

〔八〕案：「渴日」，竭日也。爾雅釋詁音義：「渴，音竭，本或作『竭』。」是其證。

〔九〕泰族篇：「以弋獵博奕之日誦詩讀書，聞識必博矣。」論語陽貨篇：「不有博奕者乎？爲之猶賢乎已。」

〔一〇〕泰族篇：「故不學之與學也，猶瘖聾之比於人也。」

〔一一〕「不聞」，原誤作「不闇」，今從朱弁本改正。

老子曰：「人之情，心服於德，不服於力。可以德制，不可以力爭也。德在與，不在來。德施於人，不望來報。是以聖人之欲貴於人者，先貴於人〔一〕；欲尊於人者，先尊於人；欲勝人者，先自勝；欲卑人者，先自卑。故貴賤尊卑，道以制之。夫古之聖王〔二〕，以其言下人，以其身後人，即天下樂推而不厭，戴而不重〔三〕，此德重有餘而氣順也〔四〕。故知與之爲取，後之爲先，即幾於道矣〔五〕。」尊人者、非尊其人而取尊，先人者、非先其人而取先，是氣順於道，德歸諸己，故推而不厭、戴而不重也。

〔一〕顧觀光曰：「此『於』字衍，下『先尊於人』同。」于大成曰：「顧説是也。朱弁本、寶曆本正作『先貴人』、『先尊人』，二句皆無『於』字。」

〔二〕兩治要本「夫」作「故」。

〔三〕本書道原篇：「是以處上而民不重，居前而人不害。」老子六十六章：「是以欲上民，必以言下之；欲先民，必以身後之。是以聖人處上而民不重，處前而民不害，是以天下樂推而不厭。」

〔四〕兩治要本無「重」字，纘義本同。

〔五〕「於」原誤「之」，今從景宋本及景刻宋本改正。

老子曰：「德少而寵多者譏，才下而位高者危，無大功而有厚禄者微。故物或益之而損，或損之而益〔一〕。才職不稱，危亡必至，損益相隨，禍福斯驗也。衆人皆知利利，而不知病病；唯聖人知病之爲利，利之爲病。衆人知利爲利，不知以利爲病；聖人知利是病，以不病爲利也。故再實之木，其根必傷；掘藏之家，其後必殃〔二〕。夫大利者反爲害，天之道也〔三〕。」木之再成者，必傷其根；家藏寶貨者，必殃其身。謂非意而得者，先利後害，天之道也。

〔一〕淮南子人間篇：「天下有三危：少德而多寵，一危也；才下而位高，二危也；身無大功而受厚祿，三危也。故物或損之而益，或益之而損。」老子四十二章：「物或損之而益，或益之而損。」

〔二〕于大成曰：「案：後漢書明德馬皇后紀注引『多』作『掘』，是也。朱弁本、續古逸本、景宋本正作『掘』，淮南子人間篇同。說文一下茻部：『葬，臧也。』（『臧』即今『藏』字。）『葬』、『藏』音近，此處即叚『藏』爲『葬』。『掘藏』即發冢也（楊樹達淮南子證聞說）。後人不達『藏』字之義，改『掘』爲『多』，失其指矣。」

〔三〕人間篇：「衆人皆知利利而病病也，唯聖人知病之爲利、知利之爲病也。夫再實之木根必傷，掘藏之家必有殃，以言大利而反爲害也。」許慎注：「『掘藏』謂發冢。得伏藏，無功受財。」

老子曰：「小人從事曰苟得，君子曰苟義。爲善者非求名者也，而名從之；名不與利期，而利歸之；所求者同，所極者異〔一〕。小人從事，以苟得爲利，利從而害之。君子直道，不以利爲期，而名歸之。故受利同而遇害異也。故動有益，則損隨之〔二〕。言無常是、行無常宜者，小人也。不恒其德，或承之羞。察於一事、通於一能者〔三〕，中人也。所見不周，拘於一域。兼覆而并有之，技能而才使之者〔四〕，聖人也。」黜姦去邪，任賢使能，此聖人也。

〔一〕淮南子繆稱篇：「小人之從事也曰苟得，君子曰苟義，所求者同，所期者異乎。」

〔二〕繆稱篇：「動而有益，則損隨之。」許慎注：「益所以爲損也。」

〔三〕「能」下原奪「者」字，今從于大成說訂補。于大成曰：「『能』下奪『者』字，當依淮南繆稱篇補，乃上下一律。子彙本、纘義本、墨海本、守山閣本並有。」

〔四〕繆稱篇：「言無常是、行無常宜者，小人也。察於一事、通於一技者，中人也。兼覆蓋而并有之，度伎能而裁使之者，聖人也。」許慎注：「裁，制也，度其伎能而裁制使之。」「裁」，文子作「才」，古通。漢書王貢兩龔鮑傳序「裁日」注：「師古曰：『裁與才同。』」是其證也。

老子曰：「生所假也，死所歸也。故世治即以義衛身，世亂即以身衛義，死之日，行之終也。世治即以義保身，世亂即以身死義。故君子有益於人，雖殺身不恨，故視死若歸，猶生之年也。故君子慎一，用之而已矣〔一〕。依道而行，動不乖正。故生所受於天也，命所遭於時也。有其才不遇其世，天也。求之有道，得之在命。遇、時也，不遇、天也，得之不喜，失之不怨也。君子能爲善，不能必得其福；不忍而爲非，而未必免於禍〔二〕。君子爲善，未必要福；去非，未必能遠禍。終不捨義以求福，易行而脱禍，何則？如是正不可革〔三〕，心苟无二故也。故君子逢時即進，得之以義，何幸之有？不時即退，讓之以禮，何不幸之有〔四〕？故雖處貧賤而猶不悔者，得其所貴也。」君子進不以爲幸，義得之也。不遇不以爲恥，悔何有焉。所存道義，豈若貧賤〔五〕。

〔一〕淮南子繆稱篇：「生所假也，死所歸也。故弘演直仁而立死，王子閭張掖而受刃，不以所託害所歸也。故世治則以義衛身，世亂則以身衛義，死之日，行之終也。故君子慎一用之。」

〔二〕繆稱篇：「性者所受於天也，命者所遭於時也，有其材不遇其世，天也。太公何力？比干何罪？循性而行指，或害或利。求之有道，得之在命。故君子能爲善，而不能必得其福；不忍爲非，而未能必免其禍。」「必得其福」原作「必其得福」，依王念孫校乙正。

〔三〕「正」，朱弁本作「性」。

〔四〕繆稱篇：「君子時則進，得之以義，何幸之有？不時則退，讓之以義，何不幸之有？」

〔五〕「豈若貧賤」，朱弁本作「豈苦貧賤哉」。

老子曰：「人有順逆之氣生於心〔一〕，心治則氣順，心亂則氣逆。心之治亂在於道德〔二〕，得道則心治，失道則心亂。心治則交讓，心亂則交争。讓則有德，争則生賊。有德則氣順，賊生則氣逆。一其心則順而正，二其氣即逆而邪。正則道隆，邪則害生。道存則神清，清則和治。賊生則氣濁，濁則争亂。既濁且亂，亡無日矣。氣順則自損以奉人，氣逆則損人以自奉。二氣者，可道已而制也〔三〕。難以事消，可以道制。天之道，其猶響之報聲也，德積則福生，怨積則禍生〔四〕。人能行之，天能鑒之，善惡必臻，有如影響。宦敗於官茂，孝衰於妻子，患生於憂解，病甚於且瘉。故慎終如始，則無敗事也〔五〕。」宦敗失於正法，孝衰匿於私房，憂雖暫解，猶慮患生，病且瘉，仍宜節欲。故慎終如始，則无敗事也。

〔一〕禮記樂記：「凡姦聲感人，而逆氣應之，逆氣成象而淫樂生焉。正氣感人，而順氣應之，順氣成象而和樂生焉。」言順逆之氣，與此相輔相成。

〔二〕于大成曰：「案：道藏纘義本、纘義本無『德』字，是也。『德』字涉下句『得道則心治』而衍。」

〔三〕于大成曰：「案：道藏纘義本、纘義本、墨海本、守山閣本『二』作『夫』。『夫』字是。『二』蓋『夫』之壞字。」又曰：「案：『道已』二字誤倒，當乙正。『已』即以字。此本云：『可以道而制也』，朱弁本、道藏纘義本、纘義本、墨海本、守山閣本並如此。」

〔四〕「怨積則禍生」，原誤作「禍積則怨生」，今從于大成説改正。于大成曰：「案：墨海本、守山閣本下句作『怨積則禍生』，是也。二句以『德』與『怨』、『福』與『禍』相耦，當從之。且『禍積則怨生』，于義亦難通也。纘義本『禍』、『怨』二字亦相易。朱弁本、道藏纘義本、纘義本二『生』字並作『至』，『至』、『生』同誼。」

〔五〕鄧析子轉辭篇：「患生於官成，病始於少瘳，禍生於懈慢，孝衰於妻子：察此四者，慎終如始。詩曰：『靡不有初，鮮克有終。』」韓詩外傳八：「官怠於有成，病加於小愈，禍生於懈惰，孝衰於妻子：察此四者，慎終如始。易曰：『小狐汔濟，濡其尾。』詩曰：『靡不有初，鮮克有終。』」説苑敬慎篇：「官怠於宦成，病加於少愈，禍生於懈惰，孝衰於妻子：察此四者，慎終如始。詩曰：『靡不有初，鮮克有終。』」薛據孔子集語引新序：「孔子謂曾子曰：『君子不以利害義，則恥辱安從生哉？官怠於宦成，病加於小愈，禍生於怠惰，孝衰於妻子：察此四者，慎終如始。』」尋管子樞言篇：「衆人之用其心也，愛者憎之始也，德者怨之本也，其事親也，妻子具，則孝衰矣，其事君也，有好業，家室富足，則行衰矣，爵禄滿，則忠衰矣。」荀子性惡篇：「妻子具而孝衰於親，嗜欲得而信衰於友，爵禄盈而忠衰於君。」義與此相比。

老子曰：「舉枉與直，如何不得。舉直與枉，勿與遂往〔一〕。所謂同汚而異泥者〔二〕。」

知人不易，舉人必明。今舉枉爲直，以愚爲賢，豈有同汚而異泥也？

〔一〕于大成曰：「案：四句又見上德篇。」案：淮南子説山篇：「季孫氏劫公家，孔子説之，先順其所爲，而後與之入政，曰：『舉枉與直，如何而不得。舉直與枉，勿與遂往。此所謂同汚而異塗者。』」高誘注：「直順其謀而從。勿遂，大與同小。」則以爲孔子語。新序節士篇：「文公曰：『吾聞之也：直而不枉，不可與往。方而不圓，不可與長存。』」則以爲晉文公所聞之語也。然則此亦爾時之恒言也。

〔二〕顧廣圻曰：「『汚』疑『杇』。」譚獻曰：「案：亦通用。」顧觀光曰：「説山訓『泥』作『塗』。」于大成曰：「案：『塗』亦泥也，不煩改字。廣雅釋詁三：『塗，泥也。』孟子公孫丑上：『如以朝衣朝冠坐於塗炭。』趙注：『塗，泥。』書仲虺之誥：『民墜塗炭。』僞孔傳云：『民之危險，若陷泥墜火。』（後漢趙憙傳：『塗炭饑困不能前。』章懷注亦云：『塗炭者，若陷泥墜火。』）此皆以『泥』訓『塗』字。呂氏春秋慎勢篇：『塗用輴。』史記河渠書集解引尸子佚文：『行塗以楯。』本書自然篇作『泥用輴』，淮南脩務篇作『泥之用輴』，則『塗』、『泥』同誼。易睽：『見豕負塗。」集解引虞翻曰：『土得雨爲泥塗。』詩出車：『雨雪載塗。』疏：『言雨雪載塗，雪落而釋爲泥塗，是春凍始釋也。』此二字同義而連用也，淮南作『塗』，本書作『泥』，其義一也。」

老子曰：「聖人同死生，愚人亦同死生。聖人同死生，明於分理；愚人同死生，不知利害之所在〔一〕。聖人一死生，不利彼此，故无死生。愚人異死生，則在得失，故喻死生。道懸天，物布地，和在人。人主不和，即天氣不下，地氣不上，陰陽不調，風雨不時，人民疾飢。」道係於天，物産於地，中和在人。人者，天之精，地之靈。故爲人之主，必和治其氣，安撫萬物，則風雨不愆，災害不作也。

〔一〕淮南子說山篇：「故聖人同死生，愚人亦同死生。聖人之同死生，通於分理；愚人之同死生，不知利害所在。」

老子曰：「得萬人之兵，不如聞一言之當〔一〕；得隋侯之珠，不如得事之所由；得和氏之璧〔二〕，不如得事之所適〔三〕。一言有益，萬兵非貴；一事可尊〔四〕，和璧非寶。天下雖大，好用兵者亡；國雖安，好戰者危〔五〕。故小國寡民，雖有什伯之器而勿用〔六〕。」大國莫若修德，小國莫若事人，則征伐不興，上下安泰也。

〔一〕淮南子說山篇：「得萬人之兵，不如聞一言之當。」高誘注：「『當』謂明天時地利知人之言，可以不戰屈人之兵也。」吳承仕曰：「案：注『知人』疑當作『人和』，語本孟子，謂一言之當，不外此天時地利人和三事也。」

〔二〕「和氏」，説山篇作「咼氏」，案：文選盧子諒覽古詩：「趙氏有和璧。」李善注引蔡邕琴操：「昭王得咼氏璧。」云：「咼」，古「和」字。蓋因以玉名而加偏旁也。

〔三〕説山篇：「得隋侯之珠，不若得事之所由；得咼氏之璧，不若得事之所適。」高誘注：「由，用。適，宜適也。」

〔四〕「尊」原作「當」，景宋本、影刻宋本作「尊」，義勝，今據改正。

〔五〕于大成曰：「司馬法仁本篇云：『國雖大，好戰必亡。天下雖安，忘戰必危。』此一改，便不可通。天下大，與『好用兵者亡』何干？朱弁本『好戰』作『忘戰』，與司馬法合，此當云：『國雖大，好用兵者亡。天下雖安，忘戰者危。』」

〔六〕于大成曰：「案：續古逸本、景宋本『雖』作『使』，與老子八十章合。」案：老子八十章：「小國寡民，使有什伯之器而不用。」器案：「什伯」謂十倍百倍。禮記中庸篇：「人一能之己百之，人什能之己千之。」孔穎達疏謂「己當百倍用功」。孟子滕文公上：「或相什伯，或相千萬。」趙岐注：「什，十倍也。至於千萬相倍。」是其證也。

老子曰：「能成霸王者〔一〕，必得勝者也〔二〕。非首不御〔三〕。能勝敵者必强者也〔四〕，非德不勝。能强者必用人力者也，能用人力者必得人心者也，用賢者之力，得衆人之心也。能得人心者必自得者也〔五〕。能自得者必柔弱者也〔六〕。能勝不如己者，至於若己者而格〔七〕，柔勝出於若己者，其事不可度〔八〕。故能衆不勝，成大勝者也〔九〕。」惟保謙柔，衆不能屈，故能成其勝也。

〔一〕兩治要本以此章入道德篇，則唐人所見本於此分卷也。

〔二〕原脱「得」字，兩治要本有，今據訂補。于大成曰：「案：道藏纘義本、纘義本、墨海本、守山閣本「勝」上有「德」字，是也。淮南詮言篇、泰族篇並有『得』字。『得』、『德』古通。治要引此，正有『得』字，惟誤在道德篇。纘義云：『德勝者霸。』明正文有『德』字也。」

〔三〕于大成曰：「案：朱弁本『首』作『道』。『道』从首聲。」

〔四〕淮南子詮言篇：「能成霸王業者，必得勝者也。」又泰族篇：「欲成霸王之業者，必得勝者也。」王念孫謂「欲」當作「能」，不知詮言篇及文子正作「能」，亦云疎矣。

〔五〕詮言篇：「能成霸王者必得勝者也，能勝敵者必强者也，能强者必用人力者也，能用人力者必得人心也，能得人心者必自得者也。」泰族篇：「欲成霸王之業者必得勝者也，能得勝者必强者也，能强者必用人力者也，能用人力者必得人心者也，能得人心者必自得者也。」案：詮言篇尤與文子相合。

〔六〕「能」字原脱，據兩治要本訂補。「也」原作「已」，亦據兩治要本改正。詮言篇：「能自得者必柔弱也。」

〔七〕詮言篇：「强勝不若己者，至於與同則格。」許慎注：「言人力能與己力同也，己以强加之，則戰格也。」又原道篇：「强勝不若己者，至於若己者而同。」高誘注：「夫强者能勝不如己者。同，等也。至於如己者則等不能勝也。言强之爲小也，道家所不貴也。」王叔岷曰：「『能勝不如己者』，『能』本作『强』。『强』與下文『柔』對言。

淮南子原道篇、詮言篇、列子黃帝篇皆作『强』。上文多『能』字，故誤爲『能』。」于大成曰：「王先生説是也。本書道原篇『能』亦作『强』。」

〔八〕詮言篇：「柔勝出於己者，其力不可度。」王叔岷曰：「『若』字涉上『若己者』而衍。淮南子、列子皆無『若』字。」于大成曰：「本書道原篇亦無『若』字。又案：『其事不可度』，『事』當作『力』。本書道原篇、淮南原道篇、詮言篇、列子黃帝篇並作『力』。」案：淮南子原道篇：「柔勝出於己者，其力不可量。」高誘注：「夫能弱柔勝己者，其力不能訾也。言柔之爲大也，道家所貴。」今案：「强勝」、「柔勝」之説，淮南子原道篇及詮言篇皆載之，而文不同，其注亦異。今本原道篇爲高誘注，詮言篇爲許慎注，疑此爲許、高二本之異同也。

〔九〕于大成曰：「案：此句有奪誤，朱弁本、道藏纘義本、纘義本、墨海本、守山閣本作『故能以衆不勝成大勝，惟聖人能之』，是也。淮南詮言篇不誤。纘義亦明用此十五字。莊子秋水篇云：『夫折大木，蜚大屋者，唯我能也。故以衆小不勝爲大勝也。（此下當奪「以衆小不勝」五字，錢穆説。）爲大勝者，唯聖人能之』，文雖小異，而『唯聖人能之』五字則有。」

文子疏義卷第五

道德

此篇上問道德，下及禮智，雖前篇具明，今更起問，以其玄奥，故宜精審，將成後學悟道之由。

文子問道。老子曰：「學問不精，聽道不深。非學不知。非精不達。凡聽者，將以達智也〔一〕，將以成行也，將以致功名也〔二〕。疑則有問，聽則須審，亦猶撞鐘，聲不虚應，必將有益以致功名也。不精不明，不深不達。故上學以神聽，玄覽无遺。中學以心聽，或存或亡。下學以耳聽〔三〕。瞥若風過。以耳聽者，學在皮膚；以心聽者，學在肌肉；以神聽者，學在骨髓。故聽之不深，即知之不明；知之不明，即不能盡其精；不能盡其精，即行之不成。道德高妙，知見明了，則功業可就也。凡聽之理，虚心清静，損氣無盛，無思無慮，目無妄視，耳無苟聽，專精積稸，内意盈并，既以得之，必固守之，必長久之。此爲神聽之法，悟道之由。既以得之，必能守之，善聽不忘，善抱不脱也。夫道者，原産有始，欲聽其理，必先明本。始於柔弱，成於剛强；始於短寡，成於衆長〔四〕。

十圍之木始於把，百仞之臺始於下〔五〕，此天之道也。自无生有，從微至著，天道常然，況於人乎？聖人法之，卑者所以自下也，退者所以自後也，儉者所以自小也，損者所以自少也。卑則尊，退則先，儉則廣〔六〕，損則大，此天道所成也。凡人多自尊而卑人，故失人之所尊；聖人後己而先人，故得人之所先。是知忤物則羣情莫應，順天則樂推而不厭也。夫道者，德之元，天之根，福之門，萬物待之而生，待之而成，待之而寧。道爲生化之主，德爲畜養之資。羣物之根，莫不待而生，百福之門，莫不由而出也。夫道無爲無形，无爲而萬物生，无形而萬物化。內以修身，外以治人，功成事立，與天爲鄰，無爲而無不爲〔七〕，修身治人，无爲无形，與天爲鄰，與道俱冥，合乎无爲而无不寧也。莫知其情，莫知其真，其中有信〔八〕。雖非情可察，非真可識，然窈冥之中，信而有焉。天子有道，則天下服，長有社稷。公侯有道，則人民和睦，不失其國。士庶有道，則全其身，保其親。上至天子，下及庶人，皆宜守道，安國睦民，全身保親。强大有道，不戰而克；小弱有道，不争而得。舉事有道〔九〕，功成得福。君臣有道則忠惠，父子有道則慈孝〔一〇〕，士庶有道則相愛。故有道則和，无道則苛〔一一〕。由是觀之，道之於人，无所不宜也〔一二〕。夫道者，小行之小得福，大行之大得福，盡行之天下服，服則懷之。有其所行，皆原其福。故帝者天下之適也，王者天下之往也〔一三〕，天下不適不往，不可謂帝王。言其无道，民不歸往，雖處其位，何能久乎？故帝王不得人不能成，國以人爲本，本固邦寧也。得人失道，亦不能守。言人无道，是謂空國。夫失道者〔一四〕，奢泰驕佚，慢倨矜傲〔一五〕，見餘自顯自明〔一六〕，執雄堅强，作難結怨，爲兵主，爲亂首。小人行之〔一七〕，身受大殃；大人行之，國家滅亡。淺及其身，深及子孫。夫罪莫大於无道〔一八〕，怨莫深於无德，天道然也〔一九〕。」罪大怨深，有國者不得不亡，有身者不得不死，以其道喪德滅，天亡之故也。

〔一〕吕氏春秋下賢篇：「堯論其德行達智而弗若，故北面而問焉。」「達智」謂通達之智慧。

〔二〕案：吕氏春秋察賢篇：「賢者之致功名。」下文言「立功名」。春秋繁露保位權篇：「功出於臣，名歸於君。」

〔三〕于大成曰：「莊子人間世云：『無聽之以耳，而聽之以心。無聽之以心，而聽之以氣。』爲此文所本。」

〔四〕于大成曰：「案朱弁本、説郛本『短寡』作『寡短』，是也。『寡短』與『寡長』爲耦。朱弁注云：『生生故不寡，是以衆也。資生故不短，是以長也。』先注『寡』字，然後『短』字。當從之。」

〔五〕于大成曰：「此用老子文。老子六十四章：『合抱之木生於毫末，九層之臺起於累土。』施元之注東坡詩十五滕縣時同年西園引上句作『十圍之大始於拱把』，王十朋集注分類東坡詩十五引作『十圍之大始於把拱』，疑非舊觀。喻林一百一引與今本同。」

〔六〕老子六十七章：「儉故能廣。」

〔七〕老子四十八章：「無爲而無不爲。」

〔八〕于大成曰：「案：此老子二十一章文也。淮南道應篇亦引之。上二句老子、淮南作『莫知其精，其精甚真』，朱弁本、寶曆本正如此。『情』、『精』古通。『信』、『伸』古通，『伸』即『神』字，于省吾説。」

〔九〕王叔岷曰：「案唐寫本『舉』作『興』，『興』猶舉也，淮南子覽冥篇：『帝道揜而不興。』高注：『興，舉也。』即其證。」

〔一〇〕左隱三年：「君義，臣行，父慈，子孝，兄愛，弟敬，所謂六順也。」

〔一一〕案：「苛」，唐寫本作「荷」，古通。漢書酈食其傳：「好荷禮。」師古曰：「『荷』與『苛』同。苛，細也。」案：史記酈生傳「荷」作「苛」。集韻七歌：「荷，譏察也，或作『苛』。」尋本篇下文釋道而任智者危章：「進其仁義，而无荷氣。」今本作「苛氣」，與此一例。

〔一二〕唐寫本無「也」字。下文分段另起，未可據。

〔一三〕唐寫本「之適」作「適之」，「之往」作「往之」。案：呂氏春秋下賢篇：「帝也者，天下之適也。王也者，天下之往也。」即文子所本，唐寫本未可據。

〔一四〕王叔岷曰：「唐寫本『失』作『背』。」于大成曰：「『失道』承上『得人失道』而言，『失』字不可易也。作『背』者，其意雖同，而非其舊。」

〔一五〕唐寫本「倨」作「㤴」，「傲」作「搌」。

〔一六〕于大成曰：「朱弁本無『自明』二字，是。二字疑是舊注之竄入者。」

〔一七〕唐寫本「小人」作「小夫」，未可據。

〔一八〕唐寫本「夫」作「故」，纘義本、朱注本同。

〔一九〕唐寫本不分段，未足據。

老子曰：「夫行道者〔一〕，使人雖勇，刺之不入，雖巧，擊之不中。夫刺之不入，擊之不中，而猶辱也〔二〕。未若使人雖勇不敢刺，雖巧不敢擊。夫不敢者，非无其意也，未若使人无其意〔三〕；夫无其意者，未有愛利害之心也，夫行道者，勇刺不傷，巧擊不中，雖曰无害，而已受辱，於譬俗則爲神奇，在至道謂之兒戲，不若使彼不起刺擊意，我无愛利害之心，忘詭世之迹，道亦全矣。不若使天下丈夫女子莫不懽然皆欲愛利之。若然者，无地而爲君，无官而爲長〔四〕，天下莫不願安利之。庚桑尸〔五〕羽俗，孔丘稱素王〔六〕，即其人也。故勇於敢則殺〔七〕，勇於不敢則活〔八〕。」勇於敢則死，勇於不敢則存也。

〔一〕唐寫本無「者」字。

〔二〕于大成曰：「案：呂氏春秋順説篇、淮南子道應篇、列子黄帝篇『而』作『此』。」

〔三〕王叔岷曰：「唐寫本、景宋本『无』上並有『本』字。呂氏春秋順説篇、淮南子道應篇、列子黄帝篇皆同。」于大成曰：「朱弁本、續古逸本『无』上亦有『本』字。」

〔四〕「无地而爲君，无官而爲長」，唐寫本作「无地爲長」，傳寫脱誤。

〔五〕案：「尸」當作「户」，形近之誤。「桑户」見莊子大宗師篇。亢倉子全道篇：「亢倉子居羽山之顔，（莊子庚桑楚篇作「北居畏壘之山」。）三年，俗無疵癘而仍穀熟，（莊子道遥遊篇：「使物不疵癘而年穀熟。」）其俗竊相謂曰：『亢倉子之始來，吾鮮然異之，（庚桑篇「鮮然」作「洒然」。）今吾日計之不足，歲計之有餘，其或聖者邪？盍相尸而祝之。社而稷之乎？』亢倉子聞之，色有不釋。其徒黶吸從而啓之。（庚桑楚篇作「弟子異之」。）亢倉子曰：『吾聞至人尸居環堵之室，而百姓猖狂，不知其所如往，今以羽俗父子竊竊焉將俎豆予，（釋文：「竊竊，如字，司馬云：『細語也。』一云：『計較之貌。』崔本作『察察』。」）我其的之人邪？（「的」，莊子作「杓」，釋文：「郭音的，又匹么反，又音弔。廣雅云：『樹表也。』郭云：『爲物之標杓也。』王云：『斯由爲人準的也。』向云：『馬氏作彴，音的。』」）吾是以不釋於老聃之言。』」（成玄英疏：「老子云：『功成弗居，長而不宰。』楚既虔稟師訓，畏壘反此，故不釋然。」案：僞亢倉子本莊子庚桑楚篇爲説，徐靈府注乃據以爲言，謂「其徒黶吸」，則又僞亢倉子之所增益也。

〔六〕漢書董仲舒傳載仲舒對策：「孔子之作春秋，先正王而繫萬事，見素王之文焉。」説苑貴德篇：「孔子哀道不行，德澤不洽，於是退作春秋，明素王之道，以示後人。」

〔七〕唐寫本「則殺」作「即放」，「即」、「則」古通。「放」即「殺」字形近之誤。

〔八〕唐寫本「勇於不敢則活」作「即勇於不敢即活」，「勇」上「即」字衍。老子第七十三章：「勇於敢則殺，勇於不敢則活。」呂氏春秋順説篇：「惠盎見宋康王，康王蹀足謦欬，疾言曰：『寡人之所説者，勇有力也，不説爲仁義者，客將何以教寡人？』惠盎對曰：『臣有道於此，（高誘注：「有道於此，勇有力者也。」）使人雖勇，刺之不入，雖有力，擊之弗中，大王獨無意邪？（高誘注：「不可入，不可中，如此者，大王獨無意欲之邪？」）王曰：『善！此寡人所欲聞也。』惠盎曰：『夫刺之不入，擊之不中，此猶辱也；臣有道於此，使人雖有勇弗敢刺，雖有力不敢擊，大王獨無意邪？』王曰：『善！此寡人之所欲也。』惠盎曰：『夫不敢刺，不敢擊，非無其志也；臣有道於此，使人本無其志也，（高誘注：「本無有擊刺之志也。」）大王獨無意邪？』王曰：『善！此寡人之所願也。』惠盎曰：『夫無其志也，未有愛利之心也；臣有道於此，使天下丈夫女子莫不驩然皆欲愛利之，此其賢於勇有力也，（高誘注：「言以仁義之德，使民皆欲愛利之也，故賢於勇有力。」）居四累之上，大王獨無意邪？』王曰：『此寡人之所欲得。』（高誘注：「欲得人愛利也。」）惠盎對曰：『孔、墨是也。（高誘注：「言當爲孔丘、墨翟之德，則得所欲也，故曰『是也』。當法則之也。」）孔丘、墨翟，無地爲君，（高誘注：「以德見尊。」）無官爲長，（高誘注：「以道見敬。」）天下丈夫女子莫不延頸舉踵而願安利之。（高誘注：「延頸，引領也。舉踵，企望之也。願其尊高安而利也。」）今大王萬乘之主也，誠有其志，（高誘注：「有孔墨之志。」）則四境之內，皆得其利矣，其賢於孔、墨也遠矣。』宋王無以應。」文又見淮南子道應篇，「惠盎」作「惠孟」，許慎注：「無地爲君，以道富也。無官爲長，以德尊也。」

文子問德〔一〕。向已知道，今更問德，兼之仁義，次及禮智，自非廣問，何能大通也。老子曰：「畜之養之，遂之長之，兼利无擇〔二〕，與天地合，此之謂德〔三〕。」畜之成之，无爲无私，澤滋萬物，合乎天地，謂之至德。「何謂仁？」曰：「爲上不矜其功，爲下不羞其病，於大不矜，於小不偷〔四〕，兼愛无私，久而不衰，此之謂仁也〔五〕。」貴爲天子而不驕，賤爲匹夫而不憂，慈惠不偏〔六〕，博施濟衆，所謂仁也。「何謂義？」曰：「爲上則輔弱〔七〕，爲下則守節，達不肆意，窮不易操，一度順理，不私枉撓，此之謂義也。」扶傾拯溺，固窮守節，隨宜順理，所謂義也。「何謂禮？」曰：「爲上則恭嚴〔八〕，爲下則卑敬，退讓守柔，爲天下雌〔九〕，立於不敢，設於不能，此之謂禮也。」敬尊撫下，卑己先物，秉謙柔之德，无怠傲之容，此之謂禮者也。故修其德則下從令，修其仁則下不争，修其義則下平正〔一〇〕，修其禮則下尊敬〔一一〕。四者既修，國家安寧〔一二〕。四者有虧，以治人即敗國，以修身則喪生。故物生者道也〔一三〕，長者德也，愛者仁也，正者義也，敬者禮也。五者兼修，天下无敵。不畜不養，不能遂長。不慈不愛，不能成遂。不正不匡，不能久長。不敬不寵，不能貴重。故德者民之所貴也，仁者民之所懷也，義者民之所畏也，禮者民之所敬也。此四者，文之順也〔一四〕，聖人之所以御萬物也〔一五〕。備此四德，謂之聖人，故能承順天心，攝御羣類。君子无德則下怨，无仁則下争，無義則下暴，無禮則下亂。四經不立〔一六〕，謂之無道。無道不亡者〔一七〕，未之有也。」夫道既隱，四經乘之。文子問其本末，老子陳其得失。若四者俱廢，怨暴所作，争亂必興，所謂无道，立見亡敗也。

〔一〕日本古寫本羣書治要作「文子問德仁義禮」，極是。下文即就德仁義禮分別言之，且謚之爲「四經」也，徐注云：「次及禮智。」無端加一「智」字，非是。

〔二〕「擇」字，唐寫本同，餘本或作「懌」字。

〔三〕老子十章：「生之畜之，生而不有，爲而不恃，長而不宰，是謂玄德。」

〔四〕唐寫本、日本古寫本治要「大」上、「小」上並有「於」字。

〔五〕唐寫本無「也」字，下文「此之謂義也」、「此之謂禮也」同。

〔六〕「偏」原誤「遍」，于大成謂「『遍』當作『偏』。」是，今據以改正。

〔七〕「則」，唐寫本作「即」，下文諸「則」字同。

〔八〕唐寫本「爲上則恭嚴」作「爲上恭能」，「能」即「嚴」字形近之誤。

〔九〕老子十章：「天門開闔，能爲雌乎？」王弼注：「天門，謂天下之所由從也。開闔，治亂之際也。或開或闔，經通於天下，故曰『天門開闔』也。雌應而不倡，因而不爲，言天門開闔，能爲雌乎？則物自賓而處自安矣。」

〔一〇〕唐寫本「則下平正」作「即下和平」。

〔一一〕唐寫本「尊」作「遵」。

〔一二〕唐寫本「寧」作「定」。于大成曰：「朱弁本『寧』亦作『定』。」

〔一三〕唐寫本無「物」字。

〔一四〕「文之順也」，兩治要本無此四字。唐寫本、文選辨命論李注引俱有此四字，與今本同。

〔一五〕　兩治要本無「之」字。

〔一六〕　小學紺珠性情類：「四經：德，仁，義，禮。」即本此爲言。

〔一七〕　兩治要本「無道」下有「而」字。

老子曰：「至德之世，賈便其市，農樂其野〔一〕，大夫安其職，處士修其道，人民樂其業〔二〕。非夫至德之化，豈能各安其分，以樂其業。是以風雨不毁折，草木不夭死〔三〕，河出圖，洛出書〔四〕。圖謂龜負八卦。書即洪範九疇。惟德動天，澤沾庶物，此聖人至治所致也。及世之衰也，賦斂无度，殺戮无止〔五〕，刑諫者〔六〕，殺賢士，是以山崩川涸〔七〕，蠕動不息〔八〕，壄无百蔬〔九〕。季世之君，隳綱敗紀，誅賢任佞，聚斂不時，荒怠无厭，逆氣陵沴，上達於天，星辰乖殊，不應於地，故山崩川竭，人無聊生，昆蟲草木，咸失其所，唯爲人主者，不可不儆也。故世治則愚者不得獨亂，正不容邪。世亂則賢者不能獨治〔一〇〕。寡不勝衆。聖人和愉寧静，生也〔一一〕；至德道行，命也〔一二〕。故生遭命而後能行，命得時而後能明〔一三〕，必有其世而後有其人〔一四〕。」遭時遇命，得主有人。高梧自然棲靈鳳，尺瀆不能容巨鱗。

〔一〕　唐寫本「野」作「墅」，俗別字。爾雅釋地釋文：「『野』本或作『埜』，古字。」漢張壽碑作「壄」，即「埜」之俗別字。

〔二〕　唐寫本「人民樂其業」作「人之自樂其間」。案：淮南子俶真篇：「世之主有欲利天下之心，是以人得自樂其間。」高誘注：「自樂其道于天地之間也。或作『文德自樂其間，先王之道也』。」據此，則此文當從唐寫本爲是。

俶真篇：「古者，至德之世，賈便其肆，農樂其業，大夫安其職，而處士脩其道。」高誘注：「職，事。道，先王之道也。」

〔三〕俶真篇：「當此之時，風雨不毁折，草木不夭。」

〔四〕唐寫本「洛」作「雒」。案：漢書地理志河南郡「雒陽」，師古注：「魚豢云：漢火行，忌水，故去『洛』水而加隹。如魚氏説，則光武以後改爲『雒』字也。」

〔五〕唐寫本「戮」作「僇」，古通。禮記音義一：「僇禽，音六，本或作『戮』。」又唐寫本「止」誤「上」。

〔六〕唐寫本「刑」作「形」，古通。孝經天子章：「形于四海。」釋文：「形，法也。字又作『刑』。」是其證也。

〔七〕俶真篇：「當此之時，嶢山崩，三川涸。」高誘注：「嶢山蓋在南陽。三川，涇、渭、汧也。涸，竭也。傳曰：『山崩川竭，亡國徵也。』」案：竹書紀年：「帝受四十三年，嶢山崩。」

〔八〕史記匈奴傳：「跂行喙息蠕動之類，莫不就安利而辟危殆。」索隱：「三蒼云：『蠕蠕，動貌，音軟。』淮南子云：『昆蟲蠕動。』」

〔九〕唐寫本作「野无百疏」。案：「蔬」、「疏」古通。禮記射義釋文：「菜蔬，一本作『疏』，所魚反。」國語魯語上：「其子曰柱，能殖百穀百蔬。」韋注：「草實曰蔬。」案：周禮天官大宰：「八曰臣妾，聚斂疏材。」鄭注：「疏材，百草根實可食者。」楊泉物理論：「稻、粱、粟各二十種爲六十，疏果之實助穀各二十，凡爲百穀。」然則「百穀」亦謂「百疏」也。

〔一〇〕唐寫本「則」作「即」，下同。俶真篇：「故世治則愚者不能獨亂，世亂則智者不能獨治。」

〔一一〕唐寫本「聖人和愉寧静生也」作「故聖人和愉寧生也」，脱「静」字，纘義本、朱弁注本有「故」字，與唐寫本同。俶真篇：「古之聖人，其和愉寧静，性也。」

〔一二〕唐寫本「至德道行」作「志得道行」，纘義本、朱弁注本同。俶真篇：「其志得道行，命也。」高誘注：「命，天命也。」

〔一三〕唐寫本「後」作「后」，下同。俶真篇：「是故性遭命而後能行，命得性而後能明。」高誘注：「得其本，清静之性故能明。」

〔一四〕唐寫本「而後有其人」作「然后有其人」。

文子問聖智。問聖與智。老子曰：「聞而知之，聖也。見而知之，智也。聖人常聞禍福所生而擇其道，智者常見禍福成形而擇其行〔一〕。見可而爲，知難而止。聖人知天道吉凶，故知禍福所生。智者先見成形，故知禍福之門〔二〕。聖人知吉凶倚伏，察其未形，故治於未亂。智者知禍福相傾，監於已兆，故不游其門也。聞未生，聖也。先見成形，智也。无聞見者愚迷〔三〕。」聞未生之事，非聖如何？覩已形之禍，非智如何？无聞无見，真謂愚迷也已矣。

〔一〕唐寫本無二「其」字。

〔二〕唐寫本「之門」二字作「也」。

〔三〕唐寫本「迷」作「也」，朱弁注本同。

老子曰：「君好義則信時而任己〔一〕，棄數而用惠〔二〕。人主信一時之義，不慮將來之患，略大道之數，矜巧惠之能，非賢君也。物博智淺〔三〕，以淺贍博，未之有也。指杯爲海，短綆汲深，何以能濟也。獨任其智，失必多矣〔四〕。獨任多敗，詢衆可允。好智，窮術也。好勇，危亡之道也〔五〕。獨眩所知，必致窮屈。專勇无料，坐見危亡。好與則无定分。上之分不定，則下之望无止。若多斂則與民爲讎；少取而多與，其數無有，故好與來怨之道也〔六〕。凡有所與，必先所取，取則有窮，與則有竭，以有竭之物，給无窮之費，亦難爲恒也。而易彼與此，一得一失。況取非其道，與非其當，得者未喜，失者爲仇。是以志人絶取捨之心，守平和之分，怨何從而生也。由是觀之，財不足任，道術可因，明矣〔七〕。」觀取與之分，乃仇怨之府。是以財不足以救時，唯道可以輔衆。

〔一〕唐寫本「則」作「即」，纘義本、朱弁注本同。

〔二〕唐寫本「數」作「数」，俗別字。「惠」，唐寫本作「思」，朱弁注本同，纘義本作「才」。淮南子詮言篇：「君子好智，則倍時而任己，棄數而用慮。」「倍」字義勝。

〔三〕荀子修身篇：「多聞曰博，少聞曰淺。」

〔四〕詮言篇：「天下之物博而智淺，以淺澹博，未有能者也。獨任其智，失必多矣。」

〔五〕詮言篇：「故好智，窮術也。好勇則輕敵而簡備，自偩而辭助，一人之力以禦强敵，不杖衆多而專用身才，必不堪也。故好勇，危術也。」許慎注：「自偩，自恃也。辭助，不受傍人之助也。」

〔六〕詮言篇：「好與則無定分。上之分不定，則下之望無止。若多賦斂、實府庫，則與民爲讎；少取多與，數未之有也，故好與，來怨之道也。」

〔七〕詮言篇：「仁智勇力，人之美才也，而莫足以治天下。由此觀之，賢能之不足任也，而道術之可修，明矣。」王念孫、孫詒讓俱謂「修」當作「循」，是也。「循」與「因」義相會也。

文子問曰：「古之王者，以道莅天下〔一〕，爲之柰何？」問先王之道，諷當時之主。言今時之弊，不及昔者之政，將如之何也。老子曰：「執一無爲，因天地與之變化〔二〕。天下，大器也，夫上古帝王爲治，非謂神奇，唯法天地，執一无爲，與時消息。大器者，謂有天下也。不可執也，不可爲也，爲者敗之，執者失之〔三〕。神而无形，不可執也，執者非也。微而无狀，不可爲也，爲者敗之。執一者，見小也〔四〕，見小故能成其大也〔五〕。唯一故能總衆以御物，唯大故能見小而不遺。無爲者守静也，守静能爲天下正〔六〕。動不逾分，静不滯方，此静之至也，故能爲天下正也。處大滿而不溢，居高貴而无驕。處大不溢，盈而不虧，居上不驕〔七〕，高而不危。盈而不虧，所以長守富也。高而不危，所以長守貴也。富貴不離其身，禄及子孫〔八〕，古之王道，具於此矣〔九〕。」夫理契无爲，心符至道，處大滿而不溢，履高位而不危，澤濡品物，德貽子孫，昔者明王，皆守此道以化天下也。

〔一〕「莅」，唐寫本作「立」，古通。史記范雎傳：「臣聞明主立政。」索隱：「案：戰國策『立』作『莅』。」案：今秦昭襄王策下作「臣聞明王莅正」。

〔二〕老子三十七章：「無欲以静，天下將自正。」又四十五章：「清静爲天下正。」河上公章句：「知清静則爲天下長。」韓非子揚權篇：「聖人執一以静，使名自静，令事自定。」吕氏春秋君守篇：「天之大静，既静而又寧，可以爲天下正。」高誘注：「寧，安。正，主。」又有度篇：「正則静，静則清明，清明則虚，虚則無爲而無不爲也。」高誘注：「虚者，道也，道尚空虚，無爲而無不爲；人能行之，亦無不爲也。」

〔三〕老子二十九章：「天下神器，不可爲也。爲者敗之，執者失之。」于大成曰：「老子『大器』作『神器』，淮南原道篇、莊子讓王篇作『大器』，與本書同。今本老子、淮南並奪『不可執也』句，當從本書補之。」

〔四〕唐寫本作「執者，見小也。無爲，守静也」，今本「無爲，守静也」移植在「小故能成其大也」句下，唐寫本義勝。

〔五〕唐寫本作「見小故能成大」。

〔六〕唐寫本「能」上有「故」字。

〔七〕于大成曰：「案：孝經諸侯章作『在上不驕』。『居』、『在』同誼。此别用紀孝行章『居上不驕』文」。

〔八〕孝經諸侯章：「在上不驕，高而不危，制節謹度，滿而不溢。高而不危，所以長守貴也。滿而不溢，所以長守富也。富貴不離其身，然後能保其社稷，而和其民人，蓋諸侯之孝也。」

〔九〕王叔岷曰：「案唐寫本『具』作『期』，景宋本作『其』。『具』乃『其』之誤。『其』、『期』古通，易繫辭：『死其將至。』釋文：『其，亦作期。』韓非子十過篇：『至於期日之夜。』淮南子人間篇『期』作『其』，並其比。」于大成曰：「案：王先生説是。書呂刑：『王享國百年。』僞孔傳：『言百年大期。』阮元云：『古本「大期」作「大其」。』亦『其』、『期』古通之證。『其』之與『具』，以其形似，故易相亂，易乾象正義：『或難其解。』阮氏云：『宋本其作具。』是其證也。朱弁本、道藏纘義本亦作『期』，與唐寫本同。寶曆本、續古逸本作『其』，與景宋本同。」器案：「具」有備義，作「具」亦通。

老子曰：「民有道所同道，有法所同守〔一〕，義不能相固，威不能相必，故立君以一之。譎僻之俗，澆薄之民，有道不守，有法不一，外飾於義以求譽，內作其威以伏衆，不立君長，何以齊之也。君執一即治，無常即亂〔二〕。一法不明，萬民失據也。君道者，非所以有爲也，所以无爲也〔三〕。智者不以德爲事，勇者不以力爲暴，仁者不以位爲惠，可謂一矣〔四〕。不擇道而妄爲，不馮位而濟惠，能全五者，可謂一矣。一也者，无適之道也，萬物之本也〔五〕。一者，法也。適者，往也。言君致法而治，則萬物皆歸往於君，故无不適也〔六〕。君數易法，國數易君，法數變，君數易，是君无一，則民物勞弊，天下不安。君无恒法，隨時遷變，固无恒主〔七〕，亦廢興也。人以其位，達其好憎，下之任懼〔八〕，不可勝理。凡爲君者，宜鎮以道德，不妄好憎，恣其胸臆，逾於賞罰不當，則下吏斯懼，懼則刑濫，何可勝理也。故君失一，其亂甚於无君也〔九〕。君必執一而後能羣矣〔一〇〕。」天下所以戴君上者，以君有道故也。今國有君而无道，是民无主，雖有其主，使姦臣竊柄，賢者受害，徵斂无厭，民物勞苦，故云「甚於无君」也。

〔一〕「同道」，原作「同行」，今據唐寫本校改，淮南子詮言篇同。淮南子詮言篇：「民有道所同道，有法所同守。」許慎注：「民凡所道行者同道，而法度有所共守也。」

〔二〕呂氏春秋執一篇：「天子必執一，所以摶之也。一則治，兩則亂。」「兩」即謂「无常」也。

〔三〕唐寫本無「有」字，淮南子同。詮言篇：「君道者，非所以爲也，所以無爲也。」

〔四〕詮言篇：「何謂無爲？智者不以位爲事，勇者不以位爲暴，仁者不以位爲患，可謂無爲矣。夫無爲則得於一也。」王念孫曰：「劉本『患』作『惠』。案：劉本是也。『不以位爲惠』，謂不假位以行其惠也。『爲惠』與『爲暴』相對。主術篇：『重爲惠，重爲暴，則治道通矣。』義與此同。」案：王説是，文子正作「惠」。

〔五〕詮言篇：「一也者，萬物之本也，無敵之道也。」「適」、「敵」古通。

〔六〕于大成曰：「此注大謬。『適』即『敵』字。此用淮南詮言篇文，淮南正作『敵』。呂氏春秋爲欲篇：『執一者至貴也，至貴者無敵。聖王託於無敵，故民命繫焉。』（今本呂氏春秋「繫」作「敵」，从陳昌齊説改。）淮南齊俗篇作『夫一者至貴，無適於天下。聖人託於無適，故民命繫。』本書下德篇用淮南齊俗篇文，字亦作『適』。」

〔七〕于大成曰：「『固』當作『國』，字之誤也。此釋正文『國數易君』。」

〔八〕顧觀光曰：「此二字誤甚，詮言訓作『徑衢』。」王叔岷曰：「唐寫本正作『徑衢』，與淮南子合。」于大成曰：「案：朱弁本、寶曆本亦作『徑衢』。注云：『則下吏斯懼。』是所據本已誤。孫星衍以爲當於『任』字讀，作『下之任，懼不可勝理』（見問字堂集四文子序），殊爲無據。」

〔九〕詮言篇：「凡人之性，少則猖狂，壯則暴强，老則好利，一人之身，既數變矣；又況君數易法，國數易君，人以其位，通其好憎，下之徑衢，不可勝理。故君失一，則亂甚於無君之時。故詩曰：『不愆不忘，率由舊章。』此之謂也。」

〔一〇〕白虎通號篇：「君之爲言羣也。」陳立疏證：「廣雅釋言云：『君，羣也。』韓詩外傳云：『君者，羣也。』周書諡法：『從之成羣曰君。』又太子晉云：『侯能成羣謂之君。』皆以『羣』訓『君』，疊韻也。」

文子問曰：「王道有幾？」老子曰：「一而已矣。」皇王之號雖殊，古今之道唯一也。

文子曰：「古有以道王者，有以兵王者〔一〕，何其一也？」唐、虞揖讓，湯、武征伐，其不一也。

曰：「以道王者德也，以兵王者亦德也。道无升降，時有澆淳，理在變通，義非膠柱。故適時而舉，因資濟物，大矣哉，其誰知之！且結繩而理、用道以化者德也，夷暴殄逆、用兵而治亦德也，動不逾正，靜不乖道，雖曰凶器，實爲至德也。用兵有五：有義兵，有應兵，有忿兵，有貪兵，有驕兵〔二〕。夫兵者，動有危亡，用有可否也。誅暴救弱謂之義〔三〕；敵來加己，不得已而用之謂之應；爭小故不勝其心謂之忿〔四〕；利人土地，欲人財貨謂之貪〔五〕；恃其國家之大，矜其人民之衆〔六〕，欲見賢於敵國者謂之驕〔七〕。義兵王，應兵勝，忿兵敗，貪兵死，驕兵滅，此天道也〔八〕。」國有五兵，輕用則死敗。身有五賊，輕用之則危亡，天道賞善懲姦，其理不差，仁者慎之也。

〔一〕唐寫本作「古有以道王者，有以兵」，省略「王者」二字，當出傳抄者所爲。

〔二〕于大成曰：「案：此下取漢書魏相傳文。吴子圖國篇云：『其名又有五：一曰義兵，二曰强兵，三曰剛兵，四曰暴兵，五曰逆兵。』與此不同，各是其是可已。」

〔三〕唐寫本作「誅暴溺謂之義」，脱「救」字。文選五等論注引作「用兵有五，誅暴救弱謂之義」。王叔岷曰：「『溺』與『弱』同。」于大成曰：「寶曆本『弱』亦作『溺』。」

〔四〕唐寫本無「其」字。

〔五〕唐寫本「土」、「財」字俱作「之」。

〔六〕唐寫本「人民」作「民人」，與漢書合。

〔七〕于大成曰：「漢書『賢』作『威』。『威』字勝。」

〔八〕王叔岷曰：「唐寫本『也』上有『然』字。」于大成曰：「案：朱弁本、寶曆本『也』上亦有『然』字。漢書無。」

老子曰：「釋道而任智者危，棄數而用才者困〔一〕。捨平夷之道，專巧詐之智，遺禍福之數，騁譎詭之才，抑本趨末，得不危亡也？故守分循理，失之不憂，得之不喜〔二〕。成者非所爲，得者非所求〔三〕。不驚得失，自无憂喜。入者有受而无取，出者有授而无與〔四〕。受无貪取之心，與无矜出之態。因春而生，因秋而殺〔五〕，所生不德，所殺不怨，則幾於道矣〔六〕。」春秋无心，生殺有時。人主无爲，賞罰必當。遠違其理，近失其道〔七〕。

〔一〕唐寫本「釋」作「精」，「才」作「枉」，俱不可據。

〔二〕唐寫本「喜」誤「善」。

〔三〕唐寫本「爲」下、「求」下俱有「也」字。于大成曰：「案：朱弁本、道藏纘義本『爲』下、『求』下並有『也』字，與淮南詮言篇合。」

〔四〕唐寫本無「受」字，「取」下有「即」字。

〔五〕唐寫本「殺」作「收」。

〔六〕太平御覽二十四引「則」作「即」。

〔七〕太平御覽引注「失」作「合」。

文子問曰：「王者得其歡心〔一〕，爲之奈何？」帝王之理，何以得百姓歡心。老子曰：「若江海是也〔二〕，淡兮无味〔三〕，用之不既〔四〕，先小而後大〔五〕。夫明王之德，湛若江海，來者不逆，酌者不竭；淡然无味，五味成焉；施之无窮，萬物賴焉。故得萬姓歡心，子孫不絶也。夫欲上人者，必以其言下之；欲先人者，必以其身後之〔六〕。天下必效其歡愛〔七〕，進其仁義，而无苛氣〔八〕，居上而民不重，居前而衆不害〔九〕，天下樂推而不厭〔一〇〕，雖絶國殊俗、蜎飛蠕動〔一一〕，莫不親愛〔一二〕，无之而不通，无往而不遂，故爲天下貴。」欲上人者，非有欲上之心，有欲人之不上矣。先人者，非有先人之心，則推先而不害。若然者，德惠動天地，況於人乎？

〔一〕王叔岷曰：「唐寫本作『王天下，得天下之驩心』。」于大成曰：「朱弁本作『王天下，得其歡心』。」

〔二〕于大成曰：「案：唐寫本『也』作『矣』，朱弁本作『已』。又朱弁本無『即』字。」

〔三〕老子三十五章：「淡乎其無味。」

〔四〕老子三十五章：「用之不足既。」河上公章句：「既，盡也。」

〔五〕唐寫本「後」誤「居」，當由「后」字形近而誤。

〔六〕老子六十六章：「江海所以能爲百谷王者，以其善下之，故能爲百谷王。是以欲上民，必先以言下之；欲先民，必以身後之。」

〔七〕唐寫本「效」作「放」，「歡」作「驩」。

〔八〕唐寫本「苛」作「荷」，古通。説見前文子問道章。

〔九〕唐寫本「居上而民不重」作「君即不重」，不可據。于大成曰：「案：二句亦見道原篇。『害』當作『容』。」案：老子六十六章作「害」。

〔一〇〕老子六十六章：「是以聖人處上而民不重，處前而民不害，是以天下樂推而不厭。」

〔一一〕史記匈奴傳：「跂行喙息蠕動之類。」索隱：「淮南子云：『昆蟲蠕動。』」

〔一二〕鬼谷子揣篇：「蛸飛蠕動，莫不親愛。」

老子曰：「執一世之法籍，以非傳代之俗，譬猶膠柱調瑟〔一〕。執一隅之說，非通代之典，其猶膠柱調瑟，何典節之能全也？聖人者，應時權變，見形施宜〔二〕，世異則事變，時移則俗易，論世立法，隨時舉事〔三〕。夫聖王救時濟物，衆人抑止，猶飢而待食，渴而思飲，人誰不願也。上古之王，法度不同，非古相反也，時務異也〔四〕。是故不法其已成之法，而法其所以爲法者，與化推移〔五〕。道无隆替，而俗有變革，是以五帝不同治，三王不共法，非欲相返，因時宜者也。聖人法之可觀也〔六〕，其所以作法，不可原也。法未然，人不可知。政已治，衆有可觀。其言可聽也，其所以言，不可形也〔七〕。言可聽者，當時用也。不可形者，不可以當時之言，爲後時之用。三皇、五帝輕天下，細萬物，齊死生，同變化〔八〕，輕天下者，非鄙薄也。細萬物者，非簡賤也。言非有欲取天下而天下歸，无心利萬物，萬物自附者也。齊死生，則憂懼不能入。同變化，則詭異不能移也。抱道推誠，以鏡萬物之情〔九〕，神而爲鏡，照无不得。上與道爲友，下與化爲人〔一〇〕。上與道交，下與化游。今欲學其道，不得清明玄聖，守其法籍，行其憲令，必不能以爲治矣〔三〕。」夫存其典籍，行其法制，實賴玄聖發揚導達，使後之學者，知貴其道，内以治身，外以治國也。

〔一〕唐寫本「柱」下有「而」字，「瑟」下有「也」字。淮南子齊俗篇：「今握一君之法籍，以非傳代之俗，譬由膠柱而調瑟也。」史記藺相如傳：「藺相如曰：『王以名使括，若膠柱而鼓瑟耳。』」胡三省通鑑注：「鼓瑟者，絃有緩急。調絃之緩急，在柱之運轉，若膠其柱，則絃不可得而調，緩者一於緩，急者一於急，無活法矣。」

〔二〕唐寫本「權變」作「偶變」，朱弁本同。淮南子齊俗篇：「此皆聖人之所以應時耦變，見形而施宜者也。」器案：「偶」與「耦」同。文選顏延年五君詠：「中散不偶世。」李善注引呂氏春秋：「耦世接俗。」見今本呂氏春秋贊能篇。韓非子難三篇：「術者，藏之於胸中，以偶衆端，而潛御羣臣者也。」淮南子氾論篇：「而欲以一行之禮、一定之法，應時偶變，其不能中權，亦明矣。」又要略篇：「所以應待萬方，覽耦百變也。」許慎注：「『偶』猶周也。」又説林篇：「聖人之偶物也，若以鏡視形，曲得其情。」高誘注：「耦，通也。」「通」與「周」義相比也。要略篇又云：「已言俗變，而不言往事，則不知道德之應；知道德而不知世曲，則無以耦萬方。」或作「耦」，或作「偶」，一也。

〔三〕于大成曰：「案：朱弁本『論世』下、『隨時』下並有『而』字，淮南齊俗篇同。道原篇：『故聖人隨時而舉事，因資而立功。』精誠篇：『隨時而舉事，因資而立功。』自然篇：『循理而舉事，因資而立功。』（用淮南脩務篇文，淮南奪「功」字。）淮南説林篇：『聖人者，隨時而舉事，因資而立功。』句法並同，『隨時』下皆有『而』字。」

〔四〕唐寫本「古」作「故」，纘義本、朱弁本同。「故」猶今言故意。漢書韓安國傳：「王恢曰：『不然。臣聞：五帝不相襲禮，三王不相復樂，非故相反也，各因事宜也。』」文與此同。淮南子齊俗篇：「尚古之王，封於泰山，禪於梁父，七十餘聖，法度不同，非務相反也，時世異也。」務，今言務必，與故意義亦相比也。

〔五〕唐寫本「而法其所以爲法者」作「而法二其二所二以二爲二法二者」，此古鈔本重文作小「二」者也。如以正規書式繕寫，則當爲「而法其所以爲法，法其所以爲法者」，下緊承「與化推移」，唐寫本「移」下有「也」字。案：齊俗篇正作「是故不法其已成之法，而法其所以爲法，所以爲法者，與化推移者也。」今本文子奪去小「二」，則文不成義矣。又案：呂氏春秋察今篇：「故擇先王之成法，而法其所以爲法。」淮南子要略篇：「兼稽時勢之變，而與化推移者也。」

〔六〕唐寫本作「聖人之爲法可觀也」，齊俗篇：「聖人之法可觀也，其所以作法，不可原也。」

〔七〕齊俗篇：「辯士言可聽也，其所以言，不可形也。」

〔八〕齊俗篇：「五帝、三王輕天下，細萬物，齊死生，同變化。」精神篇：「輕天下則神無累矣，細萬物則心不惑矣，齊死生則志不懾矣，同變化則明不眩矣。」高誘注：「輕薄天下寵勢之權者，許由是也，故其精神無留累于物也。以萬物爲小事而弗欲，故心不惑物也。齊，等也。不畏義死，不樂不義生，其志意無所懾懼，故曰等也。眩，惑。」

〔九〕齊俗篇：「抱大聖之心，以鏡萬物之情。」唐寫本「情」誤「精」。

〔一〇〕唐寫本「友」作「交」。文選何敬祖（孫志祖文選考異四謂當作「何敬宗」。）遊仙詩：「友道發伊、洛。」李善注：「文子曰：『三皇、五帝輕天下，細萬物，上與道爲友，下與化爲人。』張湛曰：『上能友於道。』『友』或爲『反』。」淮南子原道篇：「精通于靈府，與造化者爲人。」高誘注：「爲，治也。」王引之曰：「高未解『人』字之義，故訓爲治。人者，偶也。言與造化者爲偶也。中庸：『仁者，人也。』鄭注曰：『人也，讀如相人偶之人，以人意相存問之言。』檜風匪風箋曰：『人偶能割亨者。』『人偶能輔周道治民者。』聘禮注曰：『每門輒揖者，以相人偶爲敬也。』公食大夫禮注曰：『每曲揖及當碑揖，相人偶。』是『人』與『偶』同義，故漢時有『相人偶』之語。上文云：『與造化爲人。』曰俱、曰爲友、曰爲人、曰相雌雄，皆是相偶之意。故本經篇『與造化者相雌雄』，文子下德篇作『與造化者爲人』，此尤其明證矣。莊子大宗師篇：『彼方且與造物者爲人。』應帝王篇：『予方將與造物者爲人。』天運篇：『久矣夫丘不與化爲人。』並與淮南同意，解者亦失之。」

〔一一〕唐寫本「不得清明玄聖」作「不得其情明玄聖」，「憲」作「慮」。于大成曰：「禮記學記：『發慮憲。』『憲』亦『慮』也（俞樾說），禮記以『憲』爲『慮』，唐寫本則以『慮』爲『憲』耳。」淮南齊俗篇：「今欲學其道，不得其清明玄聖，而守其法籍憲令，不能爲治亦明矣。」

文子問政〔一〕。政者，政教也。老子曰：「御之以道〔二〕，養之以德，無示以賢，無加以力，教之以道，无見其智能；臨之以德，无矜其威勢。損而執一，無處可利〔三〕，無見可欲〔四〕，清虚爲體，欲利自亡也。方而不割，廉而不劌〔五〕，正不割物，廉不傷義。無矜無伐，御之以道則民附，養之以德則民服，無示以賢則民足，無加以力則民朴〔六〕。無示以賢者儉也，無加以力者不敢也〔七〕，下以聚之，略以取之〔八〕，儉以自全，不敢自安〔九〕，不下則離散，弗養則背叛〔一〇〕，示以賢則民爭〔一一〕，加以力則民怨〔一二〕，離散則國勢衰，民背叛則上無威〔一三〕，人爭則輕爲非〔一四〕，下怨其上則位危〔一五〕，四者誠修，正道幾矣〔一六〕。」儉而自全，養以親衆，賢而不恃，威而不暴，四者兼修，正道存矣。

〔一〕唐寫本作「文子問爲政」。

〔二〕唐寫本「御」作「仰」，未可據。老子十四章：「執古之道，以御今之有。」「御」字義與此同。

〔三〕老子五十六章：「不可得而利。」與此義相比也。

〔四〕老子三章：「不見可欲，使民心不亂。」

〔五〕唐寫本「不劌」作「元劌」，未可據。老子五十八章：「是以聖人方而不割，廉而不劌。」于大成曰：「亦見本書上義篇。」

〔六〕唐寫本「民朴」作「民自朴」。

〔七〕「力」下原脱「者」字，今據唐寫本訂補。

〔八〕「略」原誤「路」，今改正。左宣十五年注：「略，取也。」「略以取之」，謂取之以道也。本書符言篇：「至德言同略，事同指，上下一心，无歧道旁見者。」淮南子繆稱篇作「至德言同略，事同指，上下一心，無岐道旁見者。」「略」誤爲「輅」，「賂」與「輅」形近。

〔九〕唐寫本無「敢」字，未可據。

〔一〇〕唐寫本「背叛」作「倍伴」，下同。案：「背」、「倍」古通，莊子養生主篇「倍情」釋文：「本又作『背』。」是其證。「叛」作「伴」者，楚辭九章悲回風：「伴張弛之信期。」洪興祖補注：「『伴』讀若背畔之畔。」與此正同。

〔一一〕唐寫本無「民」字。

〔一二〕唐寫本「民怨」倒置作「怨民」。

〔一三〕唐寫本無「民」字。

〔一四〕唐寫本「人」作「民」。

〔一五〕唐寫本「位」誤「倍」。

〔一六〕唐寫本「四者」作「署」，誤合二字爲一也。又句末無「矣」字。

老子曰〔一〕：「上言者，下用也。下言者，上用也。上言者，常用也。下言者，權用也〔二〕。唯聖人爲能知權〔三〕。言而必信，期而必當。上言謂道，下言謂權。唯聖人能知用之，不失其道義用權也。小人用之，則喪其軀，不知權也。唯權不言而信，不期而當也。天下之高行〔四〕。直而證父，信而死女〔五〕，孰能貴之〔六〕。世知所謂證父爲賢，死女爲信，而天下莫不高之。斯不然。其矯性而求直，飾行以存誠，乃末世之詭法，非至德之真意，則故不足信貴也。故聖人論事之曲直〔七〕，與之屈伸，無常儀表〔八〕，理在稱機，事无定體。祝則名君，溺則捽父〔九〕，勢使然也。捽，祚骨切〔一〇〕。名君非禮，在祝即當。捽父非法，於溺即可。事在適時，誰云適禮也。夫權者，聖人所以獨見〔一一〕。夫先迕而後合者之謂權，先合而後迕者不知權〔一二〕。不知權者，善反醜矣〔一三〕。善用權者，先譎而後通。不善用者，始吉而終凶也。

〔一〕顧觀光曰：「氾論訓以此下四句爲周書文，今易爲老子。故戰國策引老子『將欲敗之』四句亦稱周書之例。」于大成曰：「韓非子説林下亦云：『此周書所謂下言而上用者，惑也。』」案：淮南子氾論篇：「昔者，周書有言曰：『上言者，下用也。下言者，上用也。』」高誘注：「可否相濟。」

〔二〕俞樾曰：「『兩』『用』字皆涉上文而衍，淮南子氾論篇止作『常也』、『權也』，無兩『用』字。蓋此兩句申説上文『上言』、『下言』之意，『上言』謂經常之言，『下言』謂權變之言。經常之言，民所共由，故上文云：『上言者，下用也。』權變之言，非聖人不能用，故上文云：『下言者，上用也。』『上言』是常，『下言』是權。若作『常用』、『權用』，義不可通。當據淮南正之。」案：俞説是。氾論篇：「上言者常也，下言者權也，此存亡之術也。」高誘注：「爲君常也。權，謀也，謀度事宜，不失其道也。」

〔三〕論語子罕篇：「可與立，未可與權。」皇侃義疏：「權者，反常而合於道者。」王弼曰：「『權者，道之變。』變無常體，神而明之，存乎其人，不可豫設，尤難至者也。」故曰「唯聖人爲能知權」。

〔四〕汜論篇：「唯聖人爲能知權。言而必信，期而必當，天下之高行也。」

〔五〕汜論篇：「直躬其父攘羊，而子證之。尾生與婦人期而死之。」高誘注：「直躬，楚葉縣人也。葉公子高謂孔子曰：『吾黨有直躬者，其父攘羊，而子證之。』孔子曰：『吾黨之直者異于是，父爲子隱，子爲父隱，直在其中矣。』凡六畜自來而取之曰攘也。尾生，魯人，與婦人期于梁下，水至溺死也。」案：莊子盜跖篇：「直躬證父，尾生溺死，信之患也。」即此文所本。論語子路篇鄭玄注：「直人名躬。」廣韻二十四職：「直，又姓，楚人直弓之後，漢有御史大夫直不疑。」

〔六〕唐寫本無「能」字。汜論篇：「直而證父，信而溺死，雖有直信，孰能貴之。」

〔七〕唐寫本作「故聖人論事曲直」，無「之」字。

〔八〕淮南子主術篇：「人主之立法，先自爲檢式儀表。」高注：「表，正。」

〔九〕汜論篇：「故溺則捽父，祝則名君，勢不得不然也，此權之所設也。」高誘注：「孟子曰：『嫂溺而不拯，是豺狼也。』而況父兄乎？故溺則捽（原誤拯，今從宋本。）之，祝則名君。周人以諱事神，敬之至也。」案：注「周人以諱事神」，見左桓六年。

〔一〇〕纘義釋音：「捽，存兀切，扯也。」

〔一一〕韓詩外傳二：「夫道二：常謂之經，變謂之權。懷其常道，而挾其變權，乃得爲賢。」故曰「聖人所以獨見」。汜論篇：「故孔子曰：『可與（從宋本）共學矣，而未可以適道也；可與適道，未可以立也；可以立，未可與權。』

權者，聖人之所獨見也。」高誘注：「立者，立德、立功、立言。」

〔二〕唐寫本「不知權」上有「謂之」二字。氾論篇：「故忤而後合者，謂之知權。合而後舛者，謂之不知權。」高誘注：「忤，逆，不合也。權因事制宜，權量輕重，無常形勢，能令醜反善，合于宜適，故聖人獨見之也。」又案：淮南子人間篇：「故聖人先忤而後合，衆人先合而後忤。」則以知權與不知權爲聖人與衆人之分也。

〔三〕氾論篇：「不知權者，善反醜矣。」

文子問曰：「夫子之言〔一〕，非道德无以治天下。上世之王，繼嗣因業，亦有無道，各没其世，而无禍敗者〔二〕，何道以然？」設問之意。

老子曰〔三〕：「自天子以下至于庶人〔四〕，各自生活，然其活有厚薄〔五〕，天下時有亡國破家，无道德之故也。非有他殃，在於失道。有道德則夙夜不懈，戰戰兢兢，常恐危亡〔六〕。無道德則縱欲怠惰〔七〕，其亡无時。居存若亡，國无餘殃。安而忘危，身死无時。使桀、紂脩道行德〔八〕，湯、武雖賢，無所建其功也〔九〕。有道即王，无道即亡，固知善惡无主，興亡在人。皇天輔德，自然之理，豈云昧也哉？夫道德者，所以相生養也，所以相畜長也，所以相親愛也，所以相敬貴也。夫聾蟲聾聵无耳。雖愚，不害其所愛。誠使天下之民，皆懷仁愛之心，禍災何由生乎〔一〇〕？夫道者廣覆厚載，生之畜之，親之愛之，一不異物，盡申諸己。使萬物皆然，則雖聾蟲之愚，尚感仁澤，何憂禍災之生也。夫無道而無禍害者〔一一〕，仁未絶、義未滅也。仁雖未絶，義雖未滅，諸侯以輕其上矣〔一二〕。諸侯輕上，則朝廷不恭，縱令不順〔一三〕。夫王者无道有位，繼業未滅者，以仁義猶存故也。而禍福之釁，已萌於兹，陵慢之情，以輕其上矣。則夷王下堂而見諸侯，文公要盟而會踐土，此衰世之謂也。仁絶義滅，諸侯背叛〔一四〕，衆人力政，以威力爲政也。强者陵弱，大者侵小，民人以攻擊爲業，災害生〔一五〕，禍亂作，其亡无日，何期无禍也〔一六〕。道喪德亡，仁絶義滅，有君非君，爲臣非臣，尊卑失位，强弱相陵，故即秦之二世，漢之季主，此國毁亡之時也。

〔一〕唐寫本無「之」字。
〔二〕唐寫本無「者」字。
〔三〕唐寫本提行另起，今從之。
〔四〕唐寫本無「下」字。
〔五〕唐寫本「厚薄」作「薄厚」。
〔六〕唐寫本「兢兢」作「怛怛」，案：詩齊風甫田：「無思遠人，勞心怛怛。」毛傳：「『怛怛』猶忉忉也。」是其義也。自宋本以下俱作「兢兢」，蓋後人以習見者改之耳。
〔七〕唐寫本「怠惰」作「惰怠」。
〔八〕「脩道」原作「循道」，今從唐寫本校改。

〔九〕唐寫本「功」作「力」，無「也」字。

〔一〇〕唐寫本無「乎」字。

〔一一〕唐寫本「害」作「敗」。

〔一二〕唐寫本無「以」字。

〔一三〕唐寫本「縱」作「從」，古通。尚書洪範釋文：「『縱』或作『從』，音同。」

〔一四〕唐寫本「背」作「倍」，古通，説見前文子問爲政章。

〔一五〕唐寫本無「災」字，「生」作「徃」，「徃」疑「性」之誤。

〔一六〕唐寫本「期」作「其」。

老子曰：「法煩刑峻，即民生詐。法煩難奉，奉之不逮，則峻之以刑，刑之不正，則罪及无辜，遂使百姓輕生冒禁，以死抵法，天下之危，莫不由此也。上多事則下多態〔一〕。求多即得寡〔二〕，禁多即勝少，以事生事〔三〕，又以事止事〔四〕，譬猶揚火而使无焚也〔五〕；以智生患，又以智備之〔六〕，譬猶撓水而欲求其清也〔七〕。」人多事即心亂，國多禁則民勞，猶火不可頻揚，水不可數撓也。

〔一〕「則」字原無，今據淮南子主術篇訂補。

〔二〕「寡」字，唐寫本作「宜」，下文亟戰而數勝章及平王問政章同，即「寡」之俗別字也。龍龕手鑑一宀部：「宜，寡、掌二音。」

〔三〕唐寫本無「生事」二字。

〔四〕唐寫本「止事」作「止之」。

〔五〕唐寫本無「而」字，「焚」作「螢」，形近之誤。淮南子主術篇：「是以上多故則下多詐，上多事則下多態，上煩擾則下不定，上多求則下交争；不直之於本而事之於末，譬猶揚堁而弭塵、抱薪以救火也。」

〔六〕唐寫本「智」俱作「知」。

〔七〕唐寫本「求」作「其」。

老子曰：「人主好仁，即无功者賞，有罪者釋；好刑，即有功者廢，无罪者誅〔一〕。及无好憎者〔二〕，誅而無怨，施而不德。人主无好憎之心，則臣无頗僻之刑，則賞者不避，誅者不怨。放準循繩，身無與事，若天若地，何不覆載。合而和之君也，别而誅之法也〔三〕。民以受誅，无所怨憾，謂之道德〔四〕。」動循法度，德合天地。君明即理无不鑒，法平則民不遭其辜。

〔一〕「誅」字原脱，據淮南子詮言篇訂補。

〔二〕唐寫本無「憎」字。

〔三〕唐寫本作「合而和之者君也，别而殊之者法也」。

〔四〕唐寫本作「民以受誅，怨无所滅」，與淮南子詮言篇同。王念孫曰：「『怨無所滅』，文子道德篇作『無所怨憾』，是也。道固當誅，故受誅者無所怨憾。今本『怨』字誤在『無所』上，『憾』字又誤作『滅』，則文不成義。」案：淮南子詮言篇：「人主好仁，則無功者賞，有罪者釋；好刑，則有功者廢，無罪者誅。及無好者，誅而無怨，施而不德。放準循繩，身無與事，若天若地，何不覆載。故合而舍之者君也，制而誅之者法也。民已受誅，怨無所滅，謂之道。」淮南子「謂之道」不作「謂之道德」，是。此釋道非釋道德也。

老子曰：「天下是非无所定，世各是其所善，而非其所惡〔一〕。夫求是者，非求道理也，求合於己者也；非去邪也，去迕於心者〔二〕。今吾欲擇是而居之，擇非而去之，不知世所謂是非也〔三〕。世人善己所是，惡人所非；彼亦惡吾所善，非吾所是。是既非是，善亦非善，即善惡无定，是非安在。然愜其情者，雖惡以爲善，善其所善，非去衺也。迕其意者，雖是以爲非，其所非違其心也則无是，以不非其所非者則无非矣。則无是无非，无善无惡，故明不出善惡而无是非者也。故治大國若烹小鮮，曰勿撓而已〔四〕。大國不勝亂政，小鮮何堪數撓。夫趣合者即言中而益親，身疏而謀當即見疑〔五〕。趣合，謂偶合。於君所言且當而身疎，則君未深信，必見疑也。今吾欲正身而待物〔六〕，何知世之所從規我者乎〔七〕？吾若與俗遽走，猶逃雨无之而不濡〔八〕，今我欲爲人規矩，人亦爲我師匠，猶速走避雨，身已勞倦，不免沾濡。欲在於虛則不能虛。若夫不爲虛而自虛者，此所欲而无不致也〔九〕。夫虛者无欲，有欲非虛。无心，无所不至也。故通於道者，如車軸不運於己，而與轂致于千里，轉於无窮之原也〔一〇〕。達道之士，身由轂也，神由軸也，身混世而嘗適，心居中而常寂，不馳言外，不勞諸己，故能轉於无窮之路，游于絕冥之境。故聖人體道反至，不化以待化，動而无爲〔一一〕。聖人内以反真，外能應化，觸情不染，動用无爲也。

〔一〕淮南子齊俗篇：「天下是非無所定，世各是其所是，而非其所非，所謂是與非各異，皆自是而非人。」

〔二〕齊俗篇：「由此觀之，事有合於己者，而未始有是也；有忤於心者，而未始有非也。故求是者非求道理也，求合於己者也；去非者非批邪施也，去忤於心者也。忤於我未必不合於人也，合於我未必不非於俗也。至是之是無非，至非之非無是，此真是非也。」許慎注：「施，微曲也。」劉台拱曰：「『施』讀曰迆，說文：『迆，衺行也，移爾切。』」

〔三〕齊俗篇：「若夫是於此而非於彼，非於此而是於彼者，此之謂一是一非也，此一是非隅曲也，彼一是非宇宙也，今吾欲擇是而居之，擇非而去之，不知世之所謂是非者，孰是孰非。」「孰是孰非」句上，原衍「不知」二字，今據陳觀樓、王念孫說校刪。

〔四〕「曰」字原無，今據唐寫本增補。齊俗篇：「老子曰：『治大國若烹小鮮。』爲寬裕者曰勿數撓，爲刻削者曰致其鹹酸而已矣。」許慎注：「裕，饒也。」案：引老子見六十章。

〔五〕齊俗篇：「故趣舍合即言忠而益親，身疏即謀當而見疑。」王念孫謂「趣舍合」當從文子作「趣合」，「舍」即「合」之誤而衍者也。

〔六〕于大成曰：「案：朱弁本、寶曆本『欲』上有『雖』字，與淮南子合。」

〔七〕案：齊俗篇：「窺面於盤水則員，於杯則隋。面形不變其故，有所員有所隋者，所自窺之異也。今吾雖欲正身而待物，庸遽知世之所自窺我者乎？」淮南之爲書也，本諸文子而演繹爲之者，窺我之説，即從窺面於水引申得來，則「規」當作「窺」，灼然可知。

〔八〕唐寫本「雨」下有「也」字，「不」下有「之」字。太平御覽十引「雨」下亦有「之」字。齊俗篇：「若轉化而與世競走，譬猶逃雨也，無之而不濡。」

〔九〕齊俗篇：「常欲在於虛，則有不能爲虛矣。若夫不爲虛而自虛者，此所慕而不能致也。」許慎注：「有不能爲虛者，爲者失之，執者敗之。」王念孫曰：「『此所慕而不能致也』義不可通，當從文子作『此所欲而无不致也』。」俞樾曰：「此言欲爲虛則不能爲虛，若夫不爲虛而自虛，則又慕之而不能致也。蓋性之自然，非可勉强，故慕之而不能致。文子道德篇作『此所欲而無不致也』於義不可通，王氏念孫反據以訂正淮南，殊爲失之。」案：唐寫本此句作「此所欲而不能致也」，義本明白可據，今本系傳抄之誤，致王、俞二氏各以臆爲之，所謂楚雖失之、齊亦未得也。唐抄本之可貴有如此者。

〔一〇〕唐寫本無「於」字。本書上德篇：「通於道者，若車之轉於轂中，不運於己，與之致於千里，終而復始，轉无窮之原也。」齊俗篇：「故通於道者，如車軸不運於己，而與轂致千里，轉無窮之原也。」又説山篇：「通於學者，若車軸轉轂之中，不運於己，與之致千里，終而復始，轉無窮之源。」

〔一〕唐寫本「至」作「生」,「生」即性也。文選王元長永明九年策秀才文李善注引作「體道反至」,與今本同。齊俗篇:「故聖人體道反性,不化以待化,則幾於免矣。」許慎注:「無爲以待有爲,近於免世難也。」字作「性」。案性與道之分,蓋許、高二氏之異同也。

老子曰:「夫亟戰而數勝者則國必亡。亟戰即民罷,數勝即主驕,以驕主使罷民而國不亡者即寡矣〔一〕。主驕則恣,恣則極物;民罷則怨,怨則極慮。上下俱極,而不亡者,未之有也〔二〕。故功遂身退,天之道也〔三〕。」戰不欲頻,主不欲驕,民不欲罷,物不欲極,極則返,極而不亡,未之有也。

〔一〕管子幼官篇:「數戰則士疲,數勝則君驕,驕君使疲民則國危。」又兵法篇:「數戰則士疲,數勝則君驕。夫以驕君使疲民,則國安得無危。」

〔二〕吕氏春秋適威篇:「李克對曰:『驟戰則民罷,驟勝則主驕,以驕主使罷民,然而國不亡者,天下少矣。驕則姿,姿則極物;罷則怨,怨則極慮。上下俱極,吴之亡猶晚。』」高誘注:「驟,數也。極物,極盡可欲之物。極慮,極其巧欺不臣之慮。」淮南子道應篇:「李克對曰:『數戰則民罷,數勝則主憍,以憍主使罷民,而國不亡者,天下鮮矣。憍則恣,恣則極物;罷則怨,怨則極慮。上下俱極,吴之亡猶晚矣。』」文又見韓詩外傳十。

〔三〕老子九章:「功遂身退,天之道。」道應篇:「故老子曰:『功成名遂身退,天之道也。』」顧觀光曰:「『功』下脱

『成名』二字，當依道應訓補。」于大成曰：「案：此老子九章文也。老子王弼本亦奪『成名』二字，河上本不奪，本書上德篇亦有此文，誤作『名成功遂身退』，纘義本、墨海本、守山閣本不誤。」

平王問文子〔一〕曰：「吾聞子得道於老聃〔二〕，今賢人雖有道，而遭淫亂之世，以一人之權，而欲化久亂之民，其庸能乎？」平王，周平王也。言一人者，王自況也。賢人，指文子也。言今雖權在一人，不能化之；子有何道，而能治之也。文子曰：「夫道德者，匡邪以爲正，振亂以爲治〔三〕，化淫敗以爲樸〔四〕，淳德復生〔五〕，天下安寧，要在一人。夫衺正存心，治亂由君，心衺則衺，君治則治。故興亡匪天，成敗在我，不係於物，貴在諸道，道被一人，則淫俗可變，醇德復興，何憂不治者也。人主者，民之師也，上者，下之儀也。上美之，則下食之。上有道德，則下有仁義；下有仁義，則無淫亂之世矣。故知天下顒顒，莫不上師於君，望爲儀表，其由決水於千仞之谿，无不歸往也。積德成王，積怨成亡。積石成山，積水成海。不積而能成者，未之有也。德不積不足以成名，惡不積不足以毀身，故王者順所積也。積道德者，天與之，地助之，鬼神輔之〔六〕。鳳凰翔其庭〔七〕，麒麟遊其郊，蛟龍宿其沼〔八〕。故積道德，以感天地，四靈呈其祥，萬物樂其業者也。故以道莅天下，天下之德也〔九〕。無道莅天下，天下之賊也〔一〇〕。以一人與天下爲讎，雖欲長久，不可得也。莅，臨也。人君以道莅天下，天下共戴之而不重；无道處天下，天下怨之而不久也。堯、舜以是昌，桀、紂以是亡。」觀乎善否，以察存亡。平王曰：「寡人敬聞命矣〔一一〕。」平王，周之賢王，傷時道衰，故問文子，求於治道。文子云：「要在一人，匪由於他。」故平王修政，周道復興，而春秋美之，後謚爲平王。

〔一〕唐寫本不提行另起。

〔二〕唐寫本「得」作「夅」。

〔三〕太平御覽四百三引「振」作「治」，「治」作「定」。

〔四〕唐寫本「樸」作「貞」。

〔五〕唐寫本「淳」作「醇」。

〔六〕太平御覽九百十五引「積道德」上有「主有」二字。唐寫本「天與之地助之」作「天與之積，地與之厚」，文選張景陽雜詩李善注引與今本同。

〔七〕唐寫本「鳳皇」作「鳳鳥」。

〔八〕「蛟龍宿其沼」，唐寫本作「龍宿其谷」。于大成曰：「開元占經一百二十引此與今本同，其下復引注云：『山海經言：蛟龍蛇而四脚，小頭細頸，頸有白嬰，大者數十圍也。』案此中山經『翼望之山』注文也。『蛇』上奪『似』字。」

〔九〕老子六十章：「以道莅天下。」

〔一〇〕老子六十五章：「故以智治國，國之賊。不以智治國，國之福。」與此義相比也。

〔一一〕唐寫本作「宣人聞命」。「宣」即「寡」字，已説見前。「聞命」猶今言領教。

文子疏義卷第六

上德

上德，謂當時之君有德者也。夫三代之道廢，五霸之德衰，故宜修德，以匡天下，有功可見，有德可尊，故曰「上德」者也。

老子曰：「主者，國之心也，心治則百節皆安，心擾則百節皆亂〔一〕。治國在君明，明則萬姓樂其業。治身在心正，正則百節安其所也。故其身治者，支體相遺也〔二〕，無疾苦也。其國治者，君臣相忘也〔三〕。」無憂虞也。

〔一〕淮南子繆稱篇：「主者，國之心，心治則百節皆安，心擾則百節皆亂。」羣書治要引許慎注：「『治』猶理也，『節』猶事也，以體喻也。」

〔二〕繆稱篇：「故其心治者，支體相遺也。」羣書治要引許慎注：「遺，忘。」

〔三〕繆稱篇：「其國治者，君臣相忘也。」羣書治要引許慎注：「各得其所，無所思念。」案：莊子大宗師篇：「魚相忘乎江湖，人相忘乎道術。」則「君臣相忘」者，謂相忘乎道術也。

老子曰：「學於常樅〔一〕，老子之師，姓常名樅。老子自説受教於師，師之言如是下文者〔二〕。見舌而守柔〔三〕，見古道皆守雌柔。「古」字亦作「舌」字，亦柔也。仰視屋樹，惜光陰不駐也。退而因川〔四〕，歎逝者不息也。觀影而知持後〔五〕，不先物爲。故聖人虚無因循，常後而不先〔六〕。譬若積薪燎，後者處上〔七〕。」後即先，下即上，物之常然。夫求先於人，即不能先也。

〔一〕王叔岷曰：「案景宋本、杜道堅纘義本並無『曰』字。淮南子繆稱篇作『老子學商容。』商容即常樅。徐鍇説文繫傳十一引此作『老子師常樅子』，並引李暹注：『言如樅之常不凋。』」器案：説苑敬慎篇作「常摐」（一本作「常樅」），漢書藝文志天文家作「常從」，吕氏春秋慎大篇及離謂篇高誘注作「商容」，古今人表同，音俱相近。

〔二〕「下文」，原誤「不文」，今從景宋本及景刻宋本校改。

〔三〕案：繆稱篇：「老子學商容，見舌而知守柔矣。」許慎注：「商容，神人也。商容吐舌示老子，老子知舌柔齒剛。」淮南子主術篇高誘注：「穆稱篇：『老子業于商容，見舌而知守柔矣。』」此亦淮南子許高二本之異同也。説苑敬慎篇：「常摐有疾，老子往問焉，……張其口而示老子曰：『吾舌存乎？』老子曰：『然。』『吾齒存乎？』老子曰：『亡。』常摐曰：『子知之乎？』老子曰：『夫舌之存也，豈非以其柔耶？齒之亡也，豈非以其剛耶？』常摐曰：『嘻！是已。天下之事已盡矣，無以復語子哉！』」孔叢子抗志篇以爲老萊子語子思。

〔四〕案：斯二者，未見所出，或因大禹惜寸陰、孔子歎逝川而附會之，即如子列子學於壺丘子林而知持後之義，今亦以爲老子，所謂天下之美皆歸之者，蓋亦藝增之言也。

〔五〕繆稱篇：「列子學壺子，觀景柱而知持後矣。」許慎注：「先有形而後有影，形可亡而影不可傷。」案：列子說符篇：「子列子學於壺丘子林。壺丘子林曰：『子知持後，則可言持矣。』列子曰：『願聞持後。』曰：『顧若影，則知之。』列子顧而觀影：形枉則影曲，形直則影正。然則枉直隨形而不在影，屈申任物而不在我。此之謂持後而處先。」

〔六〕繆稱篇：「故聖人不爲物先，而常制之。」老子六十六章：「欲先民，必以身後之。」

〔七〕繆稱篇：「其類若積樵，後者在上。」史記汲黯傳：「陛下用羣臣，如積薪耳，後來者居上。」語又見漢書汲黯傳，顏師古注：「或曰：『積薪之言出曾子。』」案：今世傳曾子書無此語，蓋淮南子之誤。

老子曰：「鳴鐸以聲自毁〔一〕，膏燭以明自煎〔二〕。虎豹之文來射，猨狖之捷來格〔三〕。故勇武以强梁死，辯士以智能困，能以智知，未能以智不知〔四〕。此以能自害，不能以不能自全；以智自賊，不能以不智自存也。故勇於一能，察於一辭，可與曲說，未可與廣應〔五〕。」持匹夫之勇，未能御衆。執一隅之説，非通途論。

〔一〕繆稱篇：「吴鐸（原誤爲「矣鐸」，從梁處素校改。）以聲自毁。」許慎注：「鐸，大鈴，出於吴。」鹽鐵論利議篇：「吴鐸以其舌自破。」

〔二〕王叔岷曰：「案藝文類聚八十引作『蘭膏以明自銷』。御覽八百七十引『煎』亦作『銷』，三三八引作『消』。

器。』」楊倞注：「宥與右同，言人君可置於坐右，以爲戒也。説苑作『坐右』。或曰：『宥與侑同，勸也。』文子曰：『三皇五帝有勸戒之器，名侑巵。』注云：『欹器也。』」尋道藏非字號通玄真經纘義釋音卷三九守：「侑巵：上音有，欹器也。」此唐人所見文子舊注也。案：淮南子道應篇：「孔子觀桓公之廟，有器焉，謂之宥巵。」許慎注：「宥在坐右。」後漢書文苑杜篤傳載篤論都賦，注引淮南子作「宥坐」，此蓋許、高二本之異同也，「宥巵」言其器，「宥坐」言其用。

〔七〕荀子宥坐篇：「孔子曰：『吾聞宥坐之器者，虛則欹，中則正，滿則覆。』孔子顧謂弟子曰：『注水焉。』弟子挹水而注之，中而正，滿而覆，虛而欹。孔子喟然而嘆曰：『吁！惡有滿而不覆者哉？』」顧觀光曰：「『其冲即正』，『冲』字誤，淮南、荀子並作『中』。」于大成曰：「案：韓詩外傳三、説苑敬慎篇、家語三恕篇述此事，亦皆作『中』。又新唐書嗣曹王皐傳：『少則水弱，多則强，中則水力均，雖動摇乃不覆。』續資治通鑑長編一七二仁宗皇祐四年夏四月戊寅：『中則正，滿則覆，虛則欹。』（玉海九十述此事，在三月戊辰，「正」字作「平」。）字亦並作『中』。道藏纘義本正作『中』。惟『冲』亦非誤字，『冲』亦『中』也。老子四章：『道冲而用之。』河上注云：『中也。』一切經音義二十六引字書、文選張茂先鷦鷯賦注引字書，並云：『冲，中也。』上文『執一無爲，而不損冲氣』，朱弁注云：『冲，中也。』並其證。」器案：晉書杜預傳：「周廟欹器，至東漢猶在御座。」南史祖冲之傳：「造欹器獻竟陵王子良，與周廟不異。」則欹器非獨周廟有之，後世且有仿製之者，此則魏收所謂「周廟之人，三緘其口。漏巵在前，欹器留後。俾諸來裔，傳之坐右」（見北齊書魏收傳載收所著枕中篇）者是也。故徐靈府反〔三〕，反聽内視，自得於身也。故人不小覺不大迷，不小惠不大愚〔四〕。執熒耀而方太陽，非迷者若何？持燕石而比和玉，非愚者若何也？莫鑒於流潦而鑒於止水，以其内保之止，而不外蕩〔五〕。心塵外蕩，則流濁而常昏；水性内虛，因其止而自鑒。月望日奪光，陰不可以承陽〔六〕；日出星不見，不能與之争光〔七〕。末不可以强於本，枝不可以大於榦。上重下輕，其覆必易〔八〕。此意言大君有命，小人勿用，若用之，猶陰奪陽、星奪日光。宜本末相用，各得當位，則无傾危之患、顛覆之禍。一淵不兩蛟，一雌不二雄。一即定，兩即争〔九〕。君主一則國安，人主一則心泰。玉在山而草木潤，珠生淵而岸不枯〔一〇〕。山川韞珠玉而潤媚，君子積道德以光輝也。蚯蚓无筋骨之强、爪牙之利，上食晞堁，下飲黄泉，用心一也〔一一〕。蚯蚓飢則食土，渴則飲水，言無異慮，而不假筋骨爪牙之用；人一心守道，亦何假名利，然後稱意也。清之爲明，杯水可見眸子；濁之爲害，河水不見太山〔一二〕。清明，雖小可以見毫髮。昏濁，雖大不能見山嶽。蘭芷不爲莫服而不芳〔一三〕。舟浮江海，不爲莫乘而沉〔一四〕。君子行道，不爲莫知而止，性之有也〔一五〕。蘭芷之芳，性也，不得不芳。君子爲善，道不可不行。以清入濁必困辱，以濁入清必覆傾〔一六〕。賢愚不並立，清濁不同器。天二㤠即成虹，地二㤠即泄藏〔一七〕，人二㤠即生病〔一八〕。三才之道，所貴主之。陰陽不能常，且冬且夏。月不知晝，日不知夜〔一九〕。冬夏不可差跌，晝夜不相干犯。川廣者魚大，山高者木脩，地廣者德厚〔二〇〕。川不廣不能生巨鱗，智不周不能達至理，故知非厚德不能深知而遠見。故魚不可以無餌釣，獸不可以空器召〔二一〕。物不可以端然至，道不可以無人弘。

山有猛獸，林木爲之不斬。園有螫蟲，葵藿爲之不採〔二二〕。國有賢臣，折衝千里〔二三〕。猛獸螫蟲，猶庇及草木。賢人君子，自然輔祐君民也。通於道者，若車轉於轂中，不運於己，與之致於千里，終而復始，轉於無窮之原也〔二四〕。前已釋矣。故舉枉與直，何如不得。舉直與枉，勿與遂往〔二五〕。以釋符言篇也。有鳥將來，張羅而待之，得鳥者羅之一目；今爲一目之羅，則無時得鳥〔二六〕。任一人之才，難以御衆；一目之羅，無由獲鳥。故事或不可前規，物或不可預慮，故聖人畜道待時也〔二七〕。夫聖人其行也天，其動也時。未至即守道；時之來即修之，文王之興周道，高祖之盛漢業也。故欲致魚者先通谷，欲來鳥者先樹木。水積而魚聚，木茂而鳥集〔二八〕。爲魚得者，非挈而入淵也；爲猨得者，非負而上木也，縱之所利而已〔二九〕。夫君臣相爲用也，由魚之投水，鳥之依林，縱其所利，不召而來；明君處世，而忠賢自至也。足所踐者淺，然待所不踐而後能行〔三〇〕。心所知者褊，然待所不知而後能明〔三一〕。足其所踐者少，其不踐者多，所知者寡，其不知者衆，以不用而能成其用，不知而能全其知也。川竭而谷虛〔三二〕，丘夷而淵塞〔三三〕，脣亡而齒寒，河水深而壤在山〔三四〕。此蓋言君民相倚，猶山川相通，河水深則膏潤在山，君厚斂則民貨財匱乏，上有所求，下有所竭，民力殫而君位危，則脣亡齒寒之義者是也。水靜則清，清則平，平則易，易則見物之形，形不可併，故可以爲正〔三五〕。夫元首既明，猶止水之清深，鑒物情善惡之狀，无逃幽察，人情平和之政，斯布之也。使葉落者，風搖之也。使水濁者，物撓之也〔三六〕。風不搖而葉自落，物常撓而水自清，未之有也。璧鍰之器，礛礑之功也〔三七〕。鏌鋣斷割，砥礪之力也〔三八〕。言良玉寶劍，雖有美質，終假砥礪之功，方成乎奇器。君子賢人，雖有才質，終假師匠，方成其業也。蝱與驥致千里而不飛，無裹糧之資而不飢〔三九〕。國所託者賢，則所存者大，坐而无憂。物所附者良，則所致也遠，疾而不勞。狡兔得而獵犬烹，必然之勢。高鳥盡而良弓藏〔四〇〕，不見用也。名成功遂身退，天道然也。審進退之宜，盡窮通之數，抱道守德，全身保名，可謂賢也。怒出於不怒，爲出於不爲〔四一〕。視於无有，則得所見；聽於无聲，則得所聞〔四二〕。人之性本无怒，怒出於有事；人之性本无爲，爲出於有欲。知怒之爲過、爲之是非，故內視見於无形，反聽致於无聲者，謂却照本性而无聲无形、无怒无爲，所貴見於无，非謂見於有也。飛鳥反鄉，兔走歸窟，狐死首丘，寒螿得木，各依其所生也〔四三〕。物不忘本，人或違道。水火相憎，鼎鬲在其間，五味以和〔四四〕。骨肉相愛也，讒人間之，父子相危也〔四五〕。言物性有相反，雖水火相攻，用之有方則致和。父子相愛，讒慝間之則見疑。賢者不可不察也。犬豕不擇器而食，俞肥其體，故近死〔四六〕。此明小人苟希名利，雖且貴而終否。賢者畜道待時，雖暫否而終泰也。鳳凰翔於千仞，莫之能致〔四七〕。椎固百内，而不能自椽〔四八〕。陟壞切。未詳。目見百步之外，而不能見其眥〔四九〕。希大者亡其細，見遠者遺其近。因高爲山，即安而不危。因下爲淵，即深而魚鼈歸焉〔五〇〕。因其所易，人不勞而自成。利其所習，物不召而自至。溝池潦即溢，旱即枯；河海之源，淵深而不竭〔五一〕。蓄之則不盈，流之則不竭，未聞有枯溢之患者，淵深然也。鼈无耳而目不可以蔽，精於明也。瞽无目而耳不可以蔽，精於聽也〔五二〕。各利一原，莫能相假。混混之水濁，可以濯吾足乎！泠泠之水清，可以濯吾纓乎〔五三〕！言清濁无遺，賢愚並用，但量能授任，稱物隨機也。葯音藥。之爲縞也，或爲冠，或爲絑。音末。言所用不定也。冠則戴枝之，絑則足蹍之〔五四〕。无乖其分，各全其要。金之勢勝木，一刃不能殘一林；土之勢勝水，一掬不能塞江河〔五五〕；水之勢勝火，一酌不能救一車之薪〔五六〕。諭一人之直，不能移衆枉；任一人之智，不能化羣迷也。冬有雷，夏有雹，寒暑不變其節〔五七〕。霜雪麃麃〔五八〕，碑休切。或鹿也。日出而流。冬雷夏雹，寒暑不能全其節。太陽回照，霜雪不能固其質也。傾易覆也，倚易軵也，幾易助也，濕易雨也〔五九〕。賢者親善，愚者親惡，其勢易軵，其事易染也。蘭芷以芳，不得見霜〔六〇〕。蟾蜍辟兵，壽在五月之望〔六一〕。斯皆有用而見害，曷若无名以全身。案：萬畢術：「蟾蜍五月中殺之，塗五兵，入軍陣而不傷。」精泄者中易殘〔六二〕。精華發於內，而枝幹周於外也。華非時者不可食〔六三〕。物非時而食必病，財非義而取必害。舌之與齒，孰先弊焉〔六四〕。繩之與矢，孰先直焉〔六五〕。剛者雖堅而致弊，柔者雖屈而正物。使影曲者形也〔六六〕，使響濁者聲也〔六七〕。形端必无曲影，言善必无惡響。與死同病者，難爲良醫；與亡國同道者，不可爲忠謀〔六八〕。必死之病，醫雖良而不救。必亡之國，臣雖忠而難存。使倡吹竽，使工捻竅，雖中節，不可使決，君形亡焉〔六九〕。倡，樂人也。工，制器人也。蓋言倡者吹竽、工者捻竅，曲節雖中律，終動用相違，心手莫應，何能所決。言其主君形忘也。聾者不歌，无以自樂。盲者不觀，无以接物〔七〇〕。聾不通於耳，絶想其樂。色不見其目，息觀於心。步於林者，不得直道。行於險者，不得履繩〔七一〕。步林不求阡陌，務於通足。履險不循規矩，事在濟危也。海內其所出，故能大〔七二〕。生而不絕，用而无窮，故爲大也。日不並出，狐不二雄，神龍不匹，猛獸不羣，鷙鳥不雙〔七三〕。斯皆獨立不羣，故能爲百獸衆禽之長也。蓋非橑不蔽日，輪非輻不追疾，橑輪未足恃也〔七四〕。言事物相假，不可偏任也。弧弓而射，非弦不能發，發矢之爲射，十分之一〔七五〕。弓雖勁，无弦不能中的。君雖聖，非臣无以濟於業。及爲射者甚衆，至於求中者，十分无一，猶干禄者不少，至於求賢者，萬分无二。飢馬在廐，漠然無聲，投芻其旁，争心乃生〔七六〕。乏芻豢者，投之乃争。渴名位者，居之必競。故君子讓其禄，小人競其位也。三寸之管无當〔七七〕，天下不能滿。十石而有塞，百斗而足〔七八〕。喻貪者无厭而莫足，由器之无底而難滿。循繩而斲即不過，懸衡而量即不差〔七九〕。懸古法以類，有時而遂〔八〇〕。杖格之屬，有時而施〔八一〕。是而行之謂之斷，非而行之謂之亂〔八二〕。循繩而動，物不能越。懸衡而制，事无不當。古今既殊，法度亦異，適時而治，滯方則亂。農夫勞而君子養〔八三〕，愚者言而智者擇〔八四〕。耕也，勞在其中，學也，禄在其中。見之明白，處之如玉石。見之黯烏感切。黣，音昧。必留其謀〔八五〕。事理明白，居然可分，固无疑焉。聞見鹵莽，自難精曉，宜留謀矣。百星之明，不如一月之光。十牖畢開，不如一户之明〔八六〕。小人雖多，不足可任。賢士雖寡，得一有餘。文王得呂望，高祖得子房，其在多乎！蝮蛇不可爲足，虎不可爲翼〔八七〕。人无全能，物不雙美。今有六尺之席，卧而越之，下才不難；立而踰之，上才不易；勢施異也〔八八〕。明人才不等也。於彼則通，於此則塞，所能有異故也。助祭者得嘗，救鬭者得傷〔八九〕。見善蒙惠，遇惡有傷，而況躬行。蔽於不祥之木，爲雷霆所撲〔九〇〕。蔽不祥之木，而天威難逭。匿不善之人，而國法必誅也。日月欲明，浮雲蔽之。河水欲清，沙土穢之〔九一〕。叢蘭欲脩，秋風敗之〔九二〕。人性欲平，嗜欲害之〔九三〕。蒙塵而欲无眯，不可得絜〔九四〕。處昏翳之間，何以見明。居嗜欲之場，必從所染。霜霰交下，蘭蕙難以保其芳。沙壤汨流，河源无以全其絜。黄金龜紐，賢者以爲佩〔九五〕，土壤布地，能者以爲富〔九六〕。不識所用，雖金玉以爲糞土；苟知所施，雖土壤以爲珠玉。故與弱者金玉，不如與之尺素〔九七〕。弱，謂愚弱也。與之尺素或可保，與之金玉則爲害；猶小人不可處大位，必置危亡也。轂虚而中立，三十輻各盡其力，使一軸獨入，衆輻皆棄，何近遠之能至〔九八〕。爲車者必假衆輻，求致遠之用。治國者亦藉羣才，保久安之業。橘柚有鄉，萑葦有叢。獸同足者相從游，鳥同翼者相從翔〔九九〕。同氣相召，同類相求。欲觀九州之地，足无千里之行，无政教之原，而欲爲萬民上者，難矣〔一〇〇〕。觀乎九域，豈不行而至？御萬機，豈无道而居之也。兇兇者獲，提提者射〔一〇一〕。兇兇，惡也。提提，羣也。言羣惡相聚，必被中傷，爲人誅獲也。提音時。故大白若辱，廣德若不足〔一〇二〕。明唯白著，故似屈辱。德不外揚，有若屈少。君子有酒，言其過量。小人鞭缶。雖不可好，亦可以醜〔一〇三〕。言君子飲酒之過，小人鞭缶爲誡，在小人由不可好，君子固可爲醜也。人之性便衣緜帛，或射之即被甲，爲所不便，以得其便也〔一〇四〕。御寒即假緡纊，臨兵即被甲胄，相時而動，以取其便，人之情也。三十輻共一轂，各直一鑿，不得相入，猶人臣各守其職也〔一〇五〕。此意不殊前解。善用人者，若蚈音賢。之足衆，而不相害〔一〇六〕。若舌之與齒，堅柔相磨，而不相敗〔一〇七〕。蚈，百足蟲也。言人善用衆者，其由蚈乎。舌之與齒，剛柔並任，愚智咸收，使各循其分，不失其才也。石生而堅，芷生而芳。少而有之，長而逾明〔一〇八〕。此原其性也。石堅芷芳，由賢者明，愚者闇。是知堅芳不可奪，愚闇亦莫移，少而有之，長而彌篤者故也。扶之與提，謝之與讓，得之與失，諾之與已，相去千里〔一〇九〕。此言邈然縣殊，孰云一致者也。再生者不獲，華太早者不須霜而落〔一一〇〕。再榮不實，陽極自零。汗其准，粉其顙〔一一一〕。准，鼻也。鼻有汗而粉其顙，猶手有疾而治其足，事非常也。腐鼠在阼〔一一二〕，燒薰於堂。入水而憎濡，懷臭而求芳，雖善者不能爲工〔一一三〕。腐鼠猶姦佞也。言君暱近佞人，而求國之治，猶入水致溺，挾臭求芳，薰鼠燒堂，其禍不小也。冬冰可折，夏木可結，時難得而易失〔一一四〕。光陰可惜，時命難遭，諭君子俟時而動，不可失之也。木方盛，終日采之而復生，秋風下霜，一夕而零〔一一五〕。言人建功成業，不可後時。質的張而矢射集，林木茂而斧斤入，非或召之也，形勢之所致〔一一六〕。質的不求中而矢射集，材榦不祈用而剪伐至，自然之勢。乳犬之噬虎，伏雞之搏狸，恩之所加，不量其力〔一一七〕。顧恩育者，所以不覺忘生。夫待利而登溺者，必將以利溺之矣〔一一八〕。舟能浮能沈，愚者不知足焉〔一一九〕。舟因水而浮，亦能沈之。人因利而生，亦能溺之。唯審止足之分，庶免沉溺之禍。驥驅之不進，引之不止，人君不以求道里〔一二〇〕。民疲已極，君歛无厭。驥困更驅，難規遠路。水雖平，必有波；衡雖正，必有差；尺雖齊，必有危〔一二一〕。非規矩不能定方圓，非準繩无以正曲直。用規矩者，亦有規矩之心〔一二二〕。上立平正之法，下生乖越之分者，是由波生平水，正起差心，兆乎愛憎，迹生禍亂，非君上无法制，而臣下失其規矩者也。太山之高，倍而不見。秋毫之末，視之可察〔一二三〕。所向正，秋毫雖小可察。所行背，太山雖大，不可見也。竹木有火，不鑽不熏。土中有水，不掘不出〔一二四〕。木藏於火，土藏於水，不鑽不掘，必不能出。道在於人，不學不知。矢之疾不過二里，跬步不休，跛鼈千里〔一二五〕。累凷不止，丘山從成〔一二六〕。凡爲學者，非貴疾於初心，所美久於其道，則千里可至，丘山必成也。臨河欲魚，不如歸而織網〔一二七〕。河之有魚，取之在網。人之有道，取之在心。弓先調而後求勁，馬先順而後求良，人先信而後求能〔一二八〕。明此三者之由，可察萬機之要也。巧冶不能消木，良匠不能斲冰，物有不可如之何，君子不留意〔一二九〕。非可治之物，不能成其器，雖有良匠，无所施其功。非可道之人，不能回其操，雖有聖人，无由諭其意也。使人無渡河可，使河无波不可〔一三〇〕。言河必有波，世必有禍，使人不犯禍則易，使河无波即難。無曰不辜，甑終不墮井矣〔一三一〕。辜，罪也。言人所獲戾，非謂无辜，甑終不墮井，安得无由也。刺我行者欲我交，呰我貨者欲我市〔一三二〕。欲動於中，見形於外。行一棊不足以見知，彈一弦不足以爲悲〔一三三〕。一棊裁通，未能盡理。一弦始張，何足稱妙。今有一炭，然掇之爛指，相近也〔一三四〕。萬石俱熏，去之十步而不死。同氣而異積也〔一三五〕。有榮華者，必有愁悴〔一三六〕。榮枯迭興，哀樂相反。上有羅紈，下必有麻繢〔一三七〕。浮費切。君上驕侈，以輕綺羅，下民凍餒，不周於衣食，爲人君可不察焉。木大者根瞿，音衢。山高者基扶〔一三八〕。君以民爲本，高以下爲基。

〔一〕原誤作「道以无有爲體」，今從淮南子乙正。淮南子説山篇：「魄問於魂曰：『道何以爲體？』曰：『以無有爲體。』」高誘注：「魄，人陰神也。魂，人陽神也。陰道祖于陽，故魄問魂道以何等形體也。」

〔二〕說山篇：「魂曰：『吾直有所遇之耳，視之無形，聽之無聲，謂之幽冥。幽冥者，所以喻道而非道也。』」高誘注：「似道而非道也。」

〔三〕說山篇：「魄曰：『吾聞得之矣，（王念孫曰：「『聞』字涉上文而衍。」）乃内視而自反也。』」

〔四〕「覺」，景宋本、景刻宋本作「學」。廣雅釋詁：「學，覺也。」王念孫疏證：「學者，說文：『斆，覺悟也。篆文作學。』白虎通云：『學之爲言覺也，以覺悟所不知也。』淮南子說山訓：『人不小學不大迷。』文子上德篇『學』作『覺』。」案：白虎通見辟雍篇。淮南子說山篇：「人不小學不大迷，不小慧不大愚。」高誘注：「小學不博，不能通道，故大迷也。小慧不能通物，故大愚也。」王念孫曰：「『學』當爲『覺』，字之誤也。『小覺』與『大迷』相對，『小慧』與『大愚』相對，今作『小學』，則非其指矣。文子上德篇正作『不小覺不大迷』。又案：高注本作『小覺不能通道，故大迷也』，今本作『小學不博，不能通道』者，『覺』誤爲『學』，後人因加『不博』二字也。下注云：『小慧不能通物，故大愚也。』與此相對爲文，則此注原無『不博』二字，明矣。」

〔五〕說山篇：「人莫鑑於沫雨，而鑑於澄水者，以其休止不蕩也。」高誘注：「沫雨，雨潦上覆瓮也。澄，止水也。蕩，動也。『沫雨』或作『流潦』。」高注謂「沫雨」或作「流潦」，與文子同。梁書處士傳叙引淮南：「人皆鑒於止水，不鑒於流潦。」正作「流潦」。又淮南子俶真篇：「人莫鑑於流沫，而鑑於止水者，以其靜也。」高誘注：「沫，雨潦上沫起覆甌也。言其濁擾，不見人形也。」器案：倭名類聚抄一引淮南子注：「沫雨，雨潦上沫起若覆盆也。」俶真篇注作「沫起覆甌」，說山篇注作「雨潦上覆瓮」，俱奪「若」字，「若」字少不得。莊子德充符篇：「人莫鑑於流水，而鑑於止水。唯止能止衆止。」釋文：「流水，崔本作『沫水』，云：『沫或作流。』」王叔岷曰：「案：文選謝靈運初去郡詩注引『蕩』下有『也』字。淮南子同。」

〔六〕說山篇：「月望，日奪其光，陰不可以乘陽也。」高誘注：「月十五日與日相望，東西中繩則月食，故奪月光也。差則虧，至晦則盡，故曰『陰不可以乘陽也』。」

〔七〕說山篇：「日出星不見，不能與之爭光也。」高誘注：「星，陰也，不能奪日之光也。」

〔八〕說山篇：「故末不可以强於本，指不可以大於臂。下輕上重，其覆必易。」

〔九〕說山篇：「一淵不兩鮫。」高誘注：「鮫，魚之長，其皮有珠，今世以爲刀劍之口是也。」器案：太平御覽九百三十引淮南子：「一淵不兩蛟，一棲不兩雄。一則定，兩則爭。」高誘注：「蛟，魚之長，其皮有珠，今世以爲刀劍之口是也。一說：魚二千斤，鮫也。以喻日月不得並明，一國不可兩君也。」案：一切經音義四十一引「鮫」作「蛟」，又引許慎注：「蛟，龍屬也。池魚滿三千六百，則蛟來爲之長。」尋說文虫部：「蛟，龍屬，無角曰蛟。从虫交聲。池魚滿三千六百，蛟來爲之長，能逹魚而飛，置笱水中即蛟去。」（從段注本）則高注引一說，許慎說也。又案：長短經是非篇引語曰：「一棲不兩雄，一泉無二蛟。」「淵」作「泉」，避唐諱也。

〔一〇〕說山篇：「故玉在山而草木潤，珠生淵而岸不枯。」高誘注：「玉，陽中之陰也，故能潤澤草木。珠，陰中之陽也，有光明，故岸不枯也。」陶方琦曰：「『史記集解一百二十八引許注：『滋潤鍾于明珠，致令岸枯也。』按二注文異。史記龜策傳：『玉處于山而木潤，淵生珠而岸不枯。』徐廣曰：『一本無「不」字。』引許君說淮南云云。

是淮南許本作『淵生珠而岸不枯』也。徐爲後漢人，當親見淮南最初本，所引許注，塙而可徵。」器案：荀子勸學篇：「玉在山而草木潤，淵生珠而崖不枯。」大戴記勸學篇作「玉居山而木潤，珠生淵而岸不枯」，此又文子之所本也。

〔一一〕「晞」，景宋本作「晞」，景刻宋本作「咘」，不字；荀子、大戴禮記、淮南子、説苑俱作「晞」，今據改正。荀子勸學篇：「螾無爪牙之利，筋骨之强，上食埃土，下飲黄泉，用心一也。」大戴禮記勸學篇：「夫螾無爪牙之利，筋脈之强，上食晞土，下飲黄泉，用心一也。」淮南子説山篇：「螾無筋骨之强，爪牙之利，上食晞堁，下飲黄泉，用心一也。」高誘注：「螾，一名蜷端也。晞，乾也。堁，土塵也，楚人謂之堁。（案：主術篇高誘注：「堁，塵塺也，楚人謂之堁。」）一，精專也。」説苑雜言篇：「夫蚯蚓内無筋骨之强，外無爪牙之利，然下飲黄泉，上墾晞土，所以然者何也？用心一也。」

〔一二〕説山篇：「清之爲明，杯水見眸子。濁之爲闇，河水不見太山。」

〔一三〕説山篇：「蘭生幽谷，不爲莫服而不芳。」高誘注：「性香。」荀子宥坐篇：「夫芷蘭生於深林，非以無人而不芳。」韓詩外傳七作「夫蘭茝生於茂林之中、深山之間，不以人莫見之故不芬」，説苑雜言篇作「芝蘭生深林，非爲無人而不香」。

〔一四〕北堂書鈔一百三十七、藝文類聚七十一引「江海」作「江淮」。説山篇：「舟在江海，不爲莫乘而不浮。」意林引「江海」作「江河」。

〔一五〕北堂書鈔、藝文類聚引作「君子行義，不爲莫己知而止也」。說山篇：「君子行義，不爲莫知而止休。」高誘注：「性仁義也。」

〔一六〕說山篇：「以清入濁必困辱，以濁入清必覆傾。」「濁」、「辱」叶韻，「清」、「傾」叶韻。

〔一七〕說山篇：「天二氣則成虹，地二氣則泄藏。」高誘注：「陰陽相干，二氣也。」

〔一八〕說山篇：「人二氣則成病。」高誘注：「邪氣干正氣故成病。」

〔一九〕說山篇：「陰陽不能且冬且夏。月不知晝，日不知夜。」高誘注：「陰不能陽，陽不能陰，冬自爲冬，夏自爲夏也。『月不知晝，日不知夜』者，言不能相兼也。」太平御覽四引作「日不知夜，月不知晝，日月爲明，而不得兼也」。

〔二〇〕王叔岷曰：「案御覽四百三引『木脩』上、『德厚』上並有『其』字。據此，則上文『魚大』上亦當有『其』字，文乃一律。九三五引『木脩』作『獸脩』。『脩』亦有大義，淮南子脩務篇：『吴爲封豨脩蛇。』高注：『封、脩，皆大也。』即其證。」案：說山篇：「水廣者魚大，山高者木脩。廣其地而薄其德，譬猶陶人爲器也，揲挻其土，而不益厚，破乃愈疾。」高誘注：「愈，益也。疾，速也。」則又就德薄言之，與文子義相輔相成也。黄石公素書：「地薄者大木不産，水淺者大魚不遊。語曰：『淵廣者其魚大。』」

〔二一〕說山篇：「執彈而招鳥，揮梲而呼狗，欲致之，顧反走。故魚不可以無餌釣也，獸不可以虚氣召也。」高誘注：「『召』猶致也。」俞樾平議謂古書以「器」爲「氣」，其說是也。

〔二二〕王叔岷曰：「案御覽四百一引『園』作『野』。」案：説山篇：「山有猛獸，林木爲之不斬；園有螫蟲，藜藿爲之不采。」高誘注：「言人畏也。」漢書蓋寬饒傳：「諫大夫鄭昌上書頌寬饒曰：『臣聞山有猛獸，藜藿爲之不采。』」鹽鐵論崇禮篇：「春秋傳曰：『山有虎豹，葵藿爲之不採。』」若以文子之文照之，則漢書及鹽鐵論之言不該不備也。風俗通義正失篇引傳曰：「山有猛虎，草木茂長。」與文子所言義合，是爲得之。

〔二三〕説山篇：「故國有賢君，折衝萬里。」高誘注：「衝，兵車也，所以衝突敵城也。言賢君德不可伐，故能折遠敵之衝車于千里之外，使敵不敢至也。魏文侯禮下段干木而秦兵不敢至，此之謂也。」案：呂氏春秋召類篇：「孔子曰：『夫脩之於廟堂之上，而折衝乎千里之外者，其司城子罕之謂乎。』」高誘注：「衝車，所以衝突敵之軍，能陷破之也。有道之國不可攻伐，使欲攻己者折還其衝車於千里之外，不敢來也。」又案：蓋寬饒傳：「國有忠臣，姦邪爲之不起。」鹽鐵論：「國有賢士，邊境爲之不割。」一就國君言，一就臣下言，其義一也。

〔二四〕説山篇：「通於學者，若車軸轉轂之中，不運於己，與之致千里，終而復始，轉無窮之源。」又齊俗篇：「故通於道者，如車軸不運於己，而與轂致千里，轉無窮之原也。」

〔二五〕説山篇：「舉枉與直，如何而不得。舉直與枉，勿與遂往。」高誘注：「直順其謀而從，勿遂大與同小。」新序節士篇：「晉文公曰：『吾聞之：直而不枉，不可與往。方而不圓，不可以長存。』」説苑談叢篇：「直而不能枉，不可與大往。方而不能圜，不可與長存。」

〔二六〕王叔岷曰：「案文選禰正平鸚鵡賦注、王元長永明十一年策秀才文注、御覽九一四引『一目』下皆有『也』字。

淮南子説山篇同。又『則无時得鳥』，鸜鵒賦注、策秀才文注，御覽引『則』亦並作『即』，作『即』是故書。御覽八三二引『得鳥』下有『焉』字。淮南子『得鳥』下有『矣』字。『矣』、『焉』、『也』並同義。」案：説山篇：「有鳥將來，張羅而待之，得鳥者，羅之一目也；今爲一目之羅，則無時得鳥矣。」又説林篇：「一目之羅，不可以得鳥。」荀悦申鑒時事篇：「語有之曰：『有鳥將來，張羅待之，得鳥者一目也；今爲一目之羅，無時得鳥矣。』」又見鶡冠子世兵篇。顔延之庭誥：「古語曰：『得鳥者羅之一目，而一目之羅，無時得鳥矣。』」三國志魏書崔琰傳注引魚豢曰：「古人有言曰：『得鳥者羅之一目也，然張一目之羅，終不得鳥矣。』」俱本文子此文。

〔二七〕説山篇：「事或不可前規，物或不可慮，卒然不戒而至，故聖人畜道以待時。」高誘注：「道能均化，無不稟受，故聖人畜養以待時，時至而應，若武王伐紂也。」

〔二八〕説山篇：「欲致魚者先通水，欲致鳥者先樹木，水積而魚聚，木茂而鳥集。」

〔二九〕説山篇：「爲魚德者，非挈而入淵也；爲蝯賜者，非負而緣木也，縱其所之，利之而已。」（從太平御覽四百七十七引）高誘注：「喻爲政官方定物，能文者居文官，能武者居武官，故曰『縱之其所而已』。」

〔三〇〕説林篇：「足以蹷者淺矣，然待所不蹷而後行。」高誘注：「蹷，履也。待所履而行者則不得行，故曰『待所不履而後行』。」

〔三一〕説林篇：「智所知者褊矣，然待所不知而後明。」高誘注：「褊，狹。知所知所不知以成明矣。」

〔三二〕説林篇：「川竭而谷虛。」高誘注：「虛，無水也。」

〔三三〕說林篇：「丘夷而淵塞。」高誘注：「夷，平。塞，滿也。」

〔三四〕說林篇：「脣竭而齒寒，河水之深，其壤在山。」高注：「言非一朝一夕。」器案：脣竭，高誘無注。呂氏春秋權勳篇：「脣竭而齒寒。」高誘注：「竭，亡也。」蓋據左僖五年「脣亡齒寒」爲説，然非其旨矣。說文豕部：「豕，竭其尾，故謂之豕。」段注：「立部曰：『竭者，負舉也。』豕怒而豎其尾，則謂之豕。」又立部：「竭，負舉也。」段注：「凡手不能舉者，負而舉之。禮運：『五行之動迭相竭也。』注：『竭猶負戴也。』豕部曰：『竭其尾。』李尤翰林論云：『木氏海賦，壯則壯矣，然首尾負竭，狀若文章，亦將由未成而然也。』」又手部：「揭，高舉也。」段注：「見於詩者匏有苦葉，傳曰：『揭，褰裳也。』」是「竭」、「揭」音義俱同，故得通用。莊子胠篋篇：「脣竭則齒寒。」俞越平議以爲「『竭』字當讀爲『竭其尾』之『竭』」。戰國策韓襄王策：「脣揭者其齒寒。」鮑彪注：「『揭』猶反也。」器案：道藏慎字八號黄帝内經素問補註釋文十五藏生成篇：「多食酸，則肉胝脇而脣揭。」王冰注：「肉胝脇而脣（原誤「腎」，今改正。）皮揭舉。」又業字十號黄帝素問靈樞集註十四本藏第四十七：「揭脣者脾高。」則脣揭者，生理之缺陷也。史記平準書：「初令下，有不便者，異不應，微反脣。」張照曰：「蓋異間客語，不敢應，而倉卒自禁，不覺微笑，而脣褰耳。」漢書賈誼傳：「婦姑不相説，則反脣而相稽。」師古無注，「反脣」亦「脣揭」之義耳。脣揭，今謂之缺脣或兔缺，淮南子說山篇：「孕婦見兔而子缺脣。」博物志：「姙娠者不可啖兔肉，又不可見兔，令兒脣缺。」又案：說林篇：「脣竭而齒寒，河水之深，其壤在山。」說苑談叢篇：「脣亡而齒寒，河水崩，其懷在山。」文又稍異。

〔三五〕說林篇：「水静則平，平則清，清則見物之形，弗能匿也，故可以爲正。」高誘注：「『匿』猶逃也。」

〔三六〕說林篇：「使葉落者風摇之，使水濁者魚撓之。」

〔三七〕說林篇：「璧瑗成器，礛諸之功。」高誘注：「礛諸，治玉之石。詩云：『他山之石，可以爲錯。』『礛』讀一曰廉氏之廉。」案：脩務篇：「玉堅無敵，鏤以爲獸，首尾成形，礛諸之功。」高誘注：「礛諸，治玉之石。詩云：『他山之石，可以爲厝。』是『礛』讀廉氏之廉。一曰濫也。」今案：詩小雅鶴鳴：「可以爲錯。」釋文：「錯，七落反，說文作『厝』，云：『厲石也。』字林同，乎故反。」

〔三八〕說林篇：「鏌邪斷割，砥礪之力。」高誘注：「『力』亦『功』，互文也。」案：脩務篇：「木直中繩，揉以爲輪，其曲中規，檃括之力。」

〔三九〕說林篇：「蚉與驥致千里而不飛，無糗糧之資而不飢。」

〔四〇〕王叔岷曰：「案藝文類聚六十引『烹』作『死』，『良弓』作『强弓』，御覽三四八引『良弓』作『强弩』。淮南子說林篇亦作『强弩』。」今案：說林篇：「狡兔得而獵犬烹，高鳥盡而强弩藏。」高誘注：「『烹』猶殺。『藏』猶殘。喻不復用也。」又案：韓非子内儲說下：「狡兔盡則良犬烹，敵國滅則謀臣亡。」史記越王句踐世家：「蜚鳥盡，良弓藏。狡兔死，走狗烹。」（又見吴越春秋夫差内傳）又淮陰侯傳：「狡兔死，良狗烹。高鳥盡，良弓藏。敵國破，謀臣亡。」又見漢書韓信傳，師古曰：「此黄石公三略之言。」

〔四一〕說林篇：「怒出於不怒，爲出於不爲。」高誘注：「不怒乃是怒，不爲乃是爲也。」案：莊子庚桑楚篇：「出怒不怒，則怒出於不怒矣；出爲无爲，則爲出於无爲矣。」郭象注：「此故是無不能生有、有不能爲生之意也。」成玄英疏：「夫能出怒出爲者，不爲不怒者也。是以從不怒不爲出，故知爲本無爲，怒本不怒，能體斯趣，故侮之而不怒也。」又案：鄧析子轉辭篇亦有此文，與淮南子同。

〔四二〕説林篇：「視於無形，則得其所見矣；聽於無聲，則得其所聞矣。」高誘注：「言皆易恤無聲，故得有聞。」

〔四三〕王叔岷曰：「案：景宋本『得』作『洋』，初學記三十引作『寒螿翔水』，淮南子同。『洋』亦借爲『翔』。」今案：説林篇：「鳥飛反鄉，兔走歸窟，狐死首丘，寒將翔水，各哀其所生。」高誘注：「寒將，水鳥。『哀』猶愛也。」尋禮記檀弓上：「狐死正丘首，仁也。」鄭注：「正丘首，正首丘也。」孔疏：「嚮丘者，丘是狐窟穴根本之處，雖狼狽而死，意猶謂此丘，是有仁恩之心也。」文選謝靈運擣衣詩集注引許慎注：「寒螿，蟬屬也。」説與高異。爾雅釋蟲：「蜺，寒蜩。」郭注：「寒螿也，似蟬而小，青赤。月令曰：『寒蟬鳴。』」

〔四四〕説林篇：「水火相憎，鏏在其間，五味以和。」高誘注：「鏏，小鼎，又曰：鼎無耳爲鏏。『鏏』讀曰彗。鏏受水而火炊之，故曰『在其間』。」説苑雜言篇：「君子欲和人，譬猶水火不相能然也，而鼎在其間，水火不亂，乃和百味。」案易革卦彖曰：「革，水火相息。」鼎卦彖曰：「鼎，象也。以木巽火，亨飪也。」雜卦：「革，去故也。鼎，取新也。」尋釋名釋天：「巽，散也，萬物皆生布散也。」水火相息，即漢書藝文志諸子略「辟猶水火相滅亦相生」之意也。水火相憎，鼎鬲在其間，木生火，火巽散，鼎在其間，五味以和，是之謂烹飪也。

〔四五〕説林篇：「骨肉相愛，讒賊間之，而父子相危。」高誘注：「楚平王、晉獻公是也。」

〔四六〕道藏續義本「俞」作「愈」。器案：「愈」當作「愉」，作「俞」者，形近之誤。詩唐風山有樞：「他人是愉。」鄭箋：「『愉』讀曰偷，取也。」釋文：「鄭作『偷』，他侯反，取也。」周禮地官大司徒：「則民不愉。」釋文：「『愉』音偷。」禮記坊記篇：「先亡者而後存者，則民可以託。」鄭注：「言不愉於死亡，則於生存信。」釋文：「『愉』音偷，本亦作『偷』。」公羊桓七年「不愉」，釋文：「本又作『偷』。」戰國策燕易王策：「人之飢，所以不食烏喙者，以爲雖偷充腹，而與死同患也。」史記蘇秦傳「偷」作「愈」，王念孫雜志謂當作「偷」，苟且也。案王說是。鹽鐵論非鞅篇：「猶食毒死，愉飽而罹其咎也。」即讀『愉』爲偷，俱其證也。說林篇：「狗彘不擇甂甌而食，偷肥其體，而顧近其死。」高誘注：「偷，取也。顧，反也。肥則烹之，故近其死也。」高氏訓『偷』爲取，與唐風鄭箋同。

〔四七〕說林篇：「鳳皇高翔千仞之上，故莫之能致。」高誘注：「七尺曰仞。非盛德君不致，故曰『莫之能致』也。」

〔四八〕王叔岷曰：「案：『百内』乃『有丙』之誤，淮南子作『有柄』，『柄』、『丙』正、假字。景宋本『椽』作『椓』，與淮南子合。」案：當言「丙」爲「柄」之壞字，較妥。

〔四九〕說林篇：「椎固有柄，不能自椓。目見百步之外，不能自見其眦。」高誘注：「喻人能有所爲，而不能自爲也。」

〔五〇〕說山篇：「因高而爲臺，就下而爲池，各就其勢，不敢更爲。」莊子庚桑楚篇：「鳥獸不厭高，魚鼈不厭深。」

〔五一〕說林篇：「宮池涔則溢，旱則涸；江水之原，淵泉不能竭。」高誘注：「涔，多水也。竭，盡也。」

〔五二〕說林篇：「鼈無耳而目不可以瞥，精于明也。瞽無目而耳不可以察，精于聽也。」高誘注：「不可以瞥，瞥之則見也。不可以察，察之則聞。」王引之曰：「正文注文，皆義不可通。正文當作『鼈無耳而目不可以蔽，精於明也。瞽無目而耳不可以塞，精於聰也」，注當作『不可以獘，視之則見也。不可以塞，聽之則聞也』。『獘』與『蔽』通，今作『瞥』者，涉上文『目』字而誤。『塞』猶蔽也，作『察』者亦字之誤。後人不知其誤，故妄改注文以從之耳。文子上德篇正作『聾無耳而目不可以蔽，精於明也；瞽無目而耳不可以蔽，精於聰也』。」

〔五三〕王叔岷曰：「案：北堂書鈔一二七、藝文類聚八、御覽五八引『泠泠』並作『青青』。」今案：楚辭漁父：「滄浪之水清兮，可以濯吾纓。滄浪之水濁兮，可以濯吾足。」文選漁父六臣注劉良曰：「清喻明時，可以脩飾冠纓而仕也。」張銑曰：「『濁』喻亂世，可以抗足遠去。」

〔五四〕顧觀光曰：「『𦃃』字誤，說林訓作『鈞』。」王叔岷曰：「案：顧說是也，御覽六九七引『𦃃』作『均』。『鈞』與『均』同。」器案：朱弁本作『絲』。『絲』、『鈞』、『均』俱誤字也。道藏本通玄真經纘義釋音卷六上德篇：「『𦃃』，音藥，絲麻之屬也。」與景宋本、景刻宋本、道藏本所載舊音合。說文素部：「𦃃，白𦃃，縞也。」段注：「縞者，鮮支也。急就篇有『白𦃃』，顏注曰：『謂白素之精者，其光𦃃𦃃然也。』『𦃃』字古書罕見，唯文子此文用之，而淮南子襲用文子，則又誤爲『鈞』矣。高誘無注，蓋未達也。說林篇：「鈞之縞也，一端以爲冠，一端以爲絑，冠則載致之，絑則屣履之。」王念孫曰：「『戴致』二字義不相屬，『致』當爲『跂』字之誤也。廣韻：『跂，跂戴物也。』『跂』亦『戴』也，『屣』亦『履』也。『跂』之言跂閣也，廣韻曰：『跂，閣載也。』又曰：『載，閣跂也。』『載』與『戴』古字通。文子上德篇作『冠則戴枝之』，爾雅曰：『支，載也。』『支』、『枝』與『跂』，亦聲近而義同。太平御覽布帛部六引此無『致』、『屣』二字，此以意刪，不可從。」

〔五五〕説林篇：「金勝木者，非以一刃殘林也；土勝水者，非以一墣塞江也。」又人間篇：「唐漏若鼷穴，一墣之所能塞也。」太平御覽三十七又三百四十六引許注：「墣，塊也。」

〔五六〕孟子告子上：「今之爲仁者，猶以一杯水救一車薪之火也。」

〔五七〕説林篇：「冬有雷電，夏有霜雪，然而寒暑之勢不易，小變不足以妨大節。」

〔五八〕詩小雅角弓：「雨雪瀌瀌，見晛日消。」又曰：「雨雪浮浮，見晛日流。」鄭箋：「雨雪之盛瀌瀌然。」毛傳：「流，流而去也。」文子「麃」字當是「瀌」之壞文。

〔五九〕説林篇：「傾者易覆也，倚者易輴也，幾易助也，濕易雨也。」高誘注：「『輴』讀輴濟之輴。幾，近也。」器案：「濟」當作「擠」，淮南子氾論篇：「太祖輴其肘。」高誘注：「輴，擠也。讀近茸。急察言之。」又覽冥篇：「輴車奉饟。」高誘注：「輴，推也。『輴』讀楫拊之拊也。」「楫」當作「揖」，漢書馮奉世傳：「再三發輴。」注如淳曰：「『輴，推也。』淮南子曰：『內郡輴車而餉。』音而隴反。」説文車部：「輴，反推車令有所付也。从車付。讀若茸。」廣韻二腫：「輴，推車，或作揖。」又曰：「揖，推擣皃也。又而容切。」又曰：「拔，拒也。亦作『輴』。」「拒」與「擠」音義俱近。漢書司馬遷傳：「而僕又茸之蠶室。」師古曰：「茸，音人勇反，推也。」俱其證也。

〔六〇〕説林篇：「蘭芝以芳，未曾見霜。」高誘注：「芳，香。」王念孫襍志謂「芝」當作「芷」，「隸書『止』與『之』相亂，因誤而爲『芝』。」

〔六一〕説林篇：「鼓造辟兵，壽盡五月之望。」高誘注：「『鼓造』蓋謂梟，一曰蝦蟆。今世人五月望作梟羹，亦作蝦蟆羹。言物不當爲用。」器案：淮南子原道篇：「蟾蠩捕蚤。」高誘注：「蟾蠩，鼀也。」又精神篇：「月中有蟾蜍。」高誘注：「蟾蜍，蝦蟆。」當作「似蝦蟆」，爾雅釋魚：「鼁䵶，蟾諸。」郭注：「似蝦蟆，居陸地，淮南謂之去蚥。」玉篇黽部：「鼁，蟾諸，似蝦蟇也。」似蝦蟆者，非謂即蝦蟆也。今四川謂之癩蝦蟆，言其醜惡也。太平御覽九百四十九引韓詩外傳：「魚網之設，鴻則離之。嬿婉之求，得此戚施。」薛君曰：「戚施，蟾蜍，蛣䗐，喻醜惡。」則「戚施」即「鼓造」，「戚」、「造」古通，周禮春官眡瞭：「鼜愷獻亦如之。」注：「杜子春云：『讀「鼜」爲憂戚之戚。』」又夏官掌固：「夜三鼜以號戒。」注：「杜子春云：『讀「鼜」爲造次之造。』」賈子胎教篇：「靈公戚然易容而瘠矣。」大戴禮記保傅篇作「靈公造然失容」。韓非子忠孝篇：「舜見瞽叟，其容造焉。」孟子萬章下作「舜見瞽瞍，其容有蹙」。是其證也。又案：抱朴子内篇仙藥篇：「肉芝者，謂萬歲蟾蜍，……以五月五日日中時取之，陰乾百日，以其左足畫地，即爲流水；帶其左手於身，辟五兵，若敵人射己者，弓弩矢皆反還自向也。」又案：漢書郊祀志：「祠黄帝用一梟、破鏡。」注：「如淳曰：『漢使東郡送梟，五月五日作梟羹，以賜百官，以其惡鳥，故食之也。』」

〔六二〕說林篇：「情泄者中易測。」高誘注：「不閉其情欲，發泄于外，故其中心易測度知也。」

〔六三〕說林篇：「華不時者不可食也。」高誘注：「華，實。若今八九月食晚瓜，令人病瘧，此之類，故不可食。喻人多言，不時適，不可聽用也。」

〔六四〕說林篇：「舌之與齒，孰先礲也。」高誘注：「礲，磨盡也。」

〔六五〕說林篇：「繩之與矢，孰先直也。」高誘注：「矢，箭。」案：說苑談叢篇：「直如矢者死，直如繩者稱。」亦言直而舉繩與矢也。

〔六六〕說林篇：「使景曲者形也。」高誘注：「形曲則景曲也。」

〔六七〕說林篇：「使響濁者聲也。」高誘注：「聲濁則響濁也。」

〔六八〕說林篇：「與死者同病，難爲良醫；與亡國同道，難與爲謀。」高誘注：「『謀』或作『豫』也。」案：韓非子孤憤篇：「與死人同病者，不可生也；與亡國同事者，不可存也。」說苑權謀篇：「病之將死也，不可爲良醫；國之將亡也，不可爲計謀。」桓譚新論：「傳曰：『與死人同病者，不可爲醫；與亡國同政者，不可爲謀。』」潛夫論思賢篇：「夫與死人同病者，不可生也；與亡國同行者，不可存也。」

〔六九〕說林篇：「使但吹竽，使氏厭竅，雖中節而不可聽。」高誘注：「但，古不知吹人，『但』讀燕言鉏同也。」器案：淮南子作「但」，義勝。高誘注「『但』讀燕言鉏」，非是。鹽鐵論散不足篇：「奇蟲胡妲。」陳遵默簡端記曰：「說文無『妲』字，徵之他書當作『但』，賈子匈奴篇：『上使樂府幸假之但樂。』淮南說林訓：『使但吹竽。』『但』蓋優俳之類，胡旦，胡人之爲但者，其作女邊旦，乃俗人妄改，猶『倡』之爲『娼』、『伎』之爲『妓』也。唯『但』之本義不爲俳優，疑借『誕』字爲之，啁弄欺謾，正優俳所有事也。」吳梅奢摩他室日記未刊稿曰：「『妲』即唐、五代以後劇曲中之『旦』字，疑鹽鐵論之『胡旦』，即後人之『花旦』，歌麻、魚虞，古韻通轉也。」章太炎新方言三：「晉書樂志：『但歌四曲。自漢世無弦節，作伎最先唱，一人唱，三人和。』賈子匈奴篇：『上使樂府幸假之但樂，吹簫鼓韜，倒挈面者更進。』『但樂』亦即『但歌』，不被管弦，引伸之，能但歌者即謂之『但』。淮南說林訓：『使旦吹竽。』注：『但，不知吹人。』以徒歌故云『不知吹』。（王念孫欲改「但」爲「倡」，近人又欲依文子改「但」爲「倡」。改爲「倡」者固非，文子書亦後出，以不解淮南「但」字之義，臆改作「倡」，不足據。）今傳奇有云：『旦者起自元曲，其始衹有正生正旦。』即所謂作伎最先唱者，本是『但』字，直稱其人爲但，猶云『使但吹竽』矣。」今案：陳、吳、章三家說皆是。袁枚隨園詩話十五亦以爲此「胡妲」即「今之花旦」。淮南「使但吹竽」，文子作「使倡吹竽」，蓋後人不知「但」之義而臆改之，高氏又從而以「但讀燕言鉏」解之，非矣。樂府詩集八十三：「復有但歌四曲，亦出漢世，無弦節，作伎，最先一人作，三人和。魏武帝尤好之。時有宋容華者，清徹好聲，善唱此曲，當時特妙。自晉世後，不復傳，遂絶。」（晉書樂志亦載此事。）此亦爾時作「但」之證也。然亦有作「妲」者。文選繁休伯與魏文帝牋：「奮妲名唱。」集注：「李善曰：『蓋亦當時之樂人。說文曰：嫭，驕也，子庶反。字或作『妲』，古字假借也。妲，子也反。』音決：『妲，蕭子也反，曹子預反。』呂向曰：『左騏、史妠、奮妲，皆樂人名。』」今案：文選集注本所存之「妲」字是，而注家以『子庶』、『子也』、『子預』音之，則其字從『且』非從『旦』也，此蓋以說文無『妲』字之故，因而以『嫭』解之，而不知其本爲『但』字也。但歌者，猶爾雅釋樂所謂「徒歌謂之謠」之「徒歌」也，邵晉涵正義引左傳疏云：「言無樂而空歌，其聲逍遥然也。」案：文選王命論注：「但，徒也。」又答蘇子卿書注：「徒，空也。」漢書食貨志：「以所入貢但賖之。」師古曰：「但，空也。」淮南子說山篇：「媒但者，非學謾也，但成而生不信。」高誘注：「『但』猶詐也。」莊子馬蹄篇釋文引崔云：「但曼淫衍也。」「但」爲空，引申則有虛詐義，猶今言誇大也。故淮南子云：「使但吹竽，使氏厭竅，雖中節而不可聽。」明「但」之爲藝，與吹奏樂器判然兩途矣。遼史樂志：「大樂調雅樂有七音，大樂亦有七聲，謂之七旦，……自隋以來，樂府取其聲，四旦二十八調爲大樂：婆陁力旦……雞識旦……沙識旦……沙侯加監旦。」此又「旦」之可考見者。

〔七〇〕說林篇：「聾者不謌，無以自樂。盲者不觀，無以接物。」高誘注：「『接』猶見也。」

〔七一〕說林篇：「出林者不得直道，行險者不得履繩。」高誘注：「『繩』亦直也。」案：繆稱篇：「行險者不得履繩，出林者不得直道。」泰族篇：「猶出林之中，不得直道。」金樓子雜記上：「出林不得直道，行險不得履繩。」俱作「出林」，義勝。

〔七二〕說林篇：「海内其所出，故能大。」高誘注：「雷雨出于海，復隨溝還入，故曰『内其所出』。」

〔七三〕說林篇：「日月不竝出，狐不二雄，神龍不匹，猛獸不羣，鷙鳥不雙。」

〔七四〕說林篇：「蓋非橑不能蔽日，輪非輻不能追疾，然而橑輻未足恃也。」太平御覽七百二引注：「橑，蓋骨也。」謂車蓋也。尉繚子曰：「吴起與秦人戰，僕嗽之蓋，足以蔽霜露。」（據太平御覽同卷引。）案：詩召南野有死麕：「林有樸樕。」毛傳：「樸樕，小木也。」漢書息夫躬傳：「諸曹以下，僕遬不足數。」師古曰：「僕遬，凡短之貌也。」「僕」音步木反，「遬」古「速」字。」「僕嗽」（今本尉繚子作「僕樕」）、「僕遬」、「樸樕」，音義並同。

〔七五〕說林篇：「引弓而射，非弦不能發矢，弦之爲射，百分之一也。」高誘注：「引，張弓也。發，遣也。」

〔七六〕王叔岷曰：「案：意林引『漠然』作『寂然』。淮南子同。」說林篇：「飢馬在廐，寂然無聲，投芻其旁，争心乃生。」案：吕氏春秋胥時篇：「飢馬盈廐，嘆然，未見芻也，飢犬盈窖，嘆然，未見骨也，見骨與芻，動不可禁。」高誘注：「嘆然，無聲。『動』猶争也。」戰國策秦昭襄王策：「王見大王之狗，卧者卧，起者起，行者行，止者止，毋相與鬬者，投之一骨，輕起相牙者何？則有争意也。」

〔七七〕說林篇：「三寸之管而無當，天下弗能滿。」高誘注：「『當』猶底也。」

〔七八〕說林篇：「十石而有塞，百斗而足矣。」

〔七九〕說林篇：「循繩而斵則不過，懸衡而量則不差。」高誘注：「衡，稱也。」

〔八〇〕說林篇：「懸垂之類，有時而隧。」高注：「隧，墮也。」器案：「懸古法以類」，淮南子作「懸垂之類」，與下句「枝格之屬」對文，義勝。又案：「遂」讀如隧，荀子大略篇：「溺者不問遂。」楊倞注：「『遂』謂徑隧。」晏子春秋内篇雜上作「溺者不問墜」，荀子儒效篇：「至共頭而山隧。」楊倞注：「『隧』讀爲墜。」淮南子兵略篇作「墜」，日本古鈔本作「遂」，許慎注：「墜，隕也。」楚辭九歌：「天時墜兮威靈怒。」洪興祖補注：「『墜』一作『隧』。」俱其證也。

〔八一〕說林篇：「枝格之屬，有時而弛。」高誘注：「弛，落也。」器案：「杖格」誤，當從淮南子作「枝格」。說文丰部：「辂，枝辂也。从丰各聲。」段注：「枝辂者，遮禦之意。玉篇曰：『辂，枝柯也。』釋名：『戟，格也，旁有枝格也。』庾信賦：『草樹溷淆，枝格相交。』『格』行而『辂』廢矣。」器案：文選司馬長卿上林賦：「夭矯枝格。」李善注：「埤蒼曰：『格，木長貌也。』廣雅曰：『顛末也。』」史記律書：「角者，言萬物皆有枝格如角也。」釋名釋形體：「胑，枝也，似木之枝格也。」亦其證也。

〔八二〕說林篇：「是而行之，故謂之斷；非而行之，必謂之亂。」高誘注：「『斷』猶治也。」

〔八三〕說林篇：「農夫勞而君子養焉。」高誘注：「君子，國君養焉，以化澤燠休之。」器案：注文燠休當作「燠休」，字之誤也。左昭三年：「民人痛疾，而或燠休之。」杜注：「燠休，痛念之聲。」孔疏：「賈逵云：『燠，厚也。休，美也。』服虔云：『燠休，痛其痛而念之，若今時小兒痛，父母以口就之曰燠休，代其痛也。』」釋文：「燠，於喻反。徐音憂，又於到反。一音於六反。休，虛喻反，徐許留反。賈云：『燠，厚也。休，美也。』」

〔八四〕說林篇：「愚者言而智者擇焉。」高誘注：「擇可用者而用之也。」

〔八五〕說林篇：「見之明白，處之如玉石。見之闇晦，必留其謀。」高誘注：「玉之與石，言可別也。闇晦，不明。『留』猶思謀也。」

〔八六〕說林篇：「百星之明，不如一月之光。十牖之開，不如一户之明。」案：「之開」，宋本、茅本作「畢開」，太平御覽一百八十四引同，與文子合。

〔八七〕說林篇：「蝮蛇不可爲安（「安」字原脱，據藝文類聚九十六、太平御覽九百三十三引補。）足，虎豹不可使緣木。」高誘注：「蝮蛇有毒螫人，不爲足，爲足益甚。虎猛獸，不可使能緣木。」案韓非子難勢篇：「故周書曰：『毋爲虎傅翼，將飛入邑，擇人而食之。』」見汲冢周書寤敬篇。漢書賈誼傳：「所謂假賊兵、爲虎翼者也。」應劭注引周書，同韓非子。文子此文，亦本之周書也。

〔八八〕說林篇：「今有六尺之席，卧而越之，下材弗難；植而踰之，上材弗易，勢施異也。」

〔八九〕說林篇：「佐祭者得嘗，救鬭者得傷。」案：國語周語下：「佐雝者嘗焉，佐鬭者傷焉。」顏氏家訓省事篇引「雝」作「饔」。意林引唐子：「佐鬭者傷，預事者亡。」

〔九〇〕說林篇：「蔭不祥之木，爲雷電所撲。」高誘注：「蔭，木景。撲，擊也。」案：太平御覽十三引「電」作「霆」，又九百五十二引「蔭」作「陰」，又引注：「陰，休也。」當是許慎本。

〔九一〕說林篇：「日月欲明，而浮雲蓋之。」高誘注：「『蓋』猶蔽也。」齊俗篇：「故日月欲明，浮雲蓋之；河水欲清，沙石濊之。」案：羣書治要、太平御覽七十四引「濊」作「穢」，與文子合。蓋作「濊」者許慎本，作「穢」者高誘本也。

〔九二〕說林篇：「蘭芝欲脩，而秋風敗之。」高誘注：「脩，長。」

〔九三〕齊俗篇：「人性欲平，嗜欲害之。」

〔九四〕說林篇：「蒙塵而眯，固其理也，爲其不出户而堁之也。」高誘注：「爲不出户而塵堁眯之，非其道。」王引之曰：「如高注，則正文『爲其不出户而堁之』下，當有『非其道』三字，而寫者脱之也。『道』亦理也，『固其理也』、『非其道也』，相對爲文。『爲』猶謂也。」

〔九五〕說林篇：「龜紐之璽，賢者以爲佩。」高誘注：「龜紐之璽，衣印也。紐，係。佩，服也。」

〔九六〕說林篇：「土壤布在田，能者以爲富。」高誘注：「能勤者播植嘉穀，以爲饒富也。」

〔九七〕說林篇：「予拯溺者金玉，不若尋常之纆索。」高注：「金玉雖寶，非拯溺之具，故曰『不如尋常之纆索』。」案：長短經卑政篇引作「濟溺人以金玉，不如尋常之纆」。道應篇許注：「纆，索也。」器案：長短經引「纆」作「纆」，是，唯「纆」下奪「索」字。易坎卦：「上六，係用徽纆。」釋文：「纆，音墨，劉云：『三股曰徽，兩股曰纆，皆索名。』」穀梁宣公三年「徽纆」，釋文：「亡北反，徽纆，皆繩也。三股曰徽，兩股曰纆。」俱其證也。

〔九八〕說林篇：「轂立三十輻，各盡其力，不得相害，使一輻獨入，衆輻皆棄，豈能致千里哉？」俞樾平議據文子謂「轂」下脱「虚而中」三字，是也。

〔九九〕說林篇：「橘柚有鄉，雚葦有叢，獸同足者相從游，鳥同翼者相從翔。」高誘注：「以類聚也。」器案：詩豳風七月：「八月萑葦。」唐石經初刻「雚」，後改「萑」。說文無「雚」字，即「萑」之異體字也。大戴禮記夏小正篇：「秀雚葦。未秀則不爲雚葦，秀然後爲雚葦。」說文：「萑，薍也。葦，大葭也。」段注引夏小正作「萑葦」，龍龕手鑑手部則逕作「雚葦」矣。風俗通義祀典篇引傳曰：「萑葦有藂。」「藂」即「叢」之俗字，周禮地官大司徒：「其植物宜叢物。」注：「叢物，萑葦之屬。」唐石經作「藂物」。淮南子俶真篇：「獸走叢薄之中。」高誘注：「聚木曰叢。」

〔一〇〇〕說林篇：「欲觀九州之土，足無千里之行，心無政教之原，而欲爲萬民之上則難。」高誘注：「無其術故曰難。」

〔一〇一〕說林篇：「的的者獲，提提者射。」高誘注：「的的，明也，爲衆所見故獲。提提，安也。若鳥不飛、獸不走，提提安時，故爲人所射。」

〔一〇二〕說林篇：「故大白若辱，大德若不足。」高誘注：「若辱，自同於衆人。若不足者，實若虚之貌。」莊逵吉曰：「鄭康成儀禮注曰：『以白造緇曰辱。』辱者，汙辱也，故與白對，注家皆未得其義。」譚獻曰：「『辱』即黷。」案：老子四十一章：「大白若辱，廣德若不足。」

〔一〇三〕說林篇：「君子有酒，鄙人鼓缶。雖不見好，亦不見醜。」高誘注：「醜，惡也。」

〔一〇四〕說林篇：「人性便絲衣帛，或射之則被鎧甲，爲其所不便以得所便。」高誘注：「便，利也。」陳觀樓曰：「『便絲衣帛』，當作『便衣絲帛』，『衣絲帛』與『被鎧甲』相對。文子上德篇作『衣緜帛』。」

〔一〇五〕說林篇：「輻之入轂，各值其鑿，不得相通，猶人臣各守其職，不得相干。」高誘注：「干，亂也。」老子十一章：「三十輻共一轂，當其無，有車之用。」

〔一〇六〕說林篇：「善用人者，若蚈之足，衆而不相害。」高誘注：「蚈，馬蚈，幽州謂之秦渠。『蚈』讀蹊徑之蹊也。」

〔一〇七〕說林篇：「若脣之與齒，堅柔相摩而不相敗。」高誘注：「摩，近。敗，毀也。」

〔一〇八〕說林篇：「石生而堅，蘭生而芳，少自（劉本作「有」）其質，長而愈明。」高誘注：「質，性也。『明』猶盛也。」

〔一〇九〕說林篇：「扶之與提，謝之與讓，故之與先，諾之與已，也之與矣，相去千里。」俞樾平議謂「故之與先」當作「得之與失」，草書「故」與「得」、隸書「先」與「失」形相近而致誤。向宗魯先生淮南子簡端記曰：「禮記表記：『君子與其有諾責也，寧有已怨。』注：『『已』謂不許也。』『諾』、『已』對文，足爲此文。『諾』之與『已』之證。」器案：公羊僖元年：「諾已。」何休注：「諾已，皆自畢語。」荀子王霸篇：「刑賞已諾，信乎天下矣。」楊倞注：「諾，許也。已，不許也。」案：大戴禮記保傅篇：「不知已諾之正。」又文王官人篇：「已諾無斷。」皆謂許與不許也。又案：老子二十章：「唯之與阿，相去幾何。」義與此比。

〔一一〇〕說林篇：「再生者不穫，華大早（原誤「旱」，據陳觀樓說校改。）者不胥時而落。」高誘注：「不胥時落，不待秋時而零落也。」

〔一一一〕說林篇：「汙準而粉其顙。」

〔一一二〕說林篇：「腐鼠在壇，燒薰於宮。」高注：「楚人謂中庭爲壇。」

〔一一三〕「憎」原誤作「增」，今據淮南子校改。說林篇：「入水而憎濡，懷臭而求芳，雖善者弗能爲工。」高誘注：「善或作巧。」

〔一一四〕說林篇：「冬冰可折，夏木可結，時難得而易失。」

〔一一五〕說林篇：「木方茂盛，終日采而不知，秋風下霜，一夕而殫。」高誘注：「殫，盡也。」

〔一一六〕說林篇：「質的張而弓矢集，林木茂而斧斤入。」荀子勸學篇：「是故質的張而弓矢至焉，林木茂而斧斤至焉。」又見大戴禮記勸學篇，「質的」作「正鵠」。

〔一一七〕說林篇：「乳狗之噬虎也，伏雞之搏狸也，恩之所加，不量其力。」類聚九十一引莊子：「嫗雞搏狸。」公羊莊十二年：「仇牧可謂不畏彊禦矣。」何注：「猶乳犬攫虎，伏雞搏狸，精誠之至也。」

〔一一八〕說林篇：「待利而後拯溺人，亦必以利溺人矣。」高誘注：「利溺人者，利人之溺得其利也。」俞樾平議據注謂正文「以」字衍。

〔一一九〕說林篇：「舟能沉能浮，愚者不加足。」高誘注：「舟船能載浮物，愚者不敢加足，畏其沉。詩曰：『汎汎揚舟，載沉載浮。』是也。」案：引詩見小雅菁菁者莪及采菽，「揚」俱作「楊」，毛傳：「楊木。」

〔一三〇〕說林篇：「騏驥驅之不進，引之不止，人君不以取道里。」案：說山篇：「死生相去，不可爲道里。」「取道里」、「求道里」之「道里」，謂上路之行程。「爲道里」，謂以道里之遠近計也。

〔一三一〕說林篇：「水雖平必有波，衡雖正必有差，尺寸雖齊必有詭。」高誘注：「詭，不同也。」案：荀子正論篇：「是規磨之說也。」楊倞注：「文子曰：『水雖平必有波，衡雖正必有差。』韓子曰：『規有磨而水有波，我欲更之，無柰之何。』此通於權言也。」郝懿行以此即規摩之說也。

〔一三二〕說林篇：「非規矩不能定方圓，非準繩不能正曲直，用規矩準繩者，亦有規矩準繩焉。」高誘注：「準平繩直之人能平直爾，故曰『亦有規矩準繩』。」

〔一三三〕說林篇：「太山之高，背而弗見；秋豪之末，視之可察。」高誘注：「察，別。言用明也。」

〔一三四〕說林篇：「槁竹有火，弗鑽不爇。土中有水，弗掘無泉。」高誘注：「『掘』猶穿也。」

〔一三五〕說林篇：「故跬步不休，跛鼈千里。」高誘注：「『跬』猶咫尺也。」

〔一三六〕說林篇：「累積不輟，可成邱阜。」高誘注：「輟，止。」器案：荀子修身篇：「累土而不輟，丘山崇成。」蓋即文子所本。

〔一三七〕說林篇：「臨河而羨魚，不如歸家織網。」高誘注：「羨，願。」漢書禮樂志及董仲舒傳載仲舒上策：「古人有言，曰：『臨淵羨魚，不如退而結網。』」蓋本文子也。

〔一二八〕說林篇：「弓先調而後求勁，馬先馴而後求良，人先信而後求能。」高誘注：「勁，强。馴，擾也。『人先信而後求能』者，人非信不立也。」

〔一二九〕說林篇：「巧冶不能鑄木，工匠（從宋本。）不能斲金者，形性然也。」泰族篇：「故良匠不能斲金，巧冶不能鑠木，金之勢不可斲，而木之性不可鑠也。」

〔一三〇〕說林篇：「使人無度河可，中河使無度不可。」高誘注：「不可，言不能也。」淮南文義勝。

〔一三一〕說林篇：「毋曰不幸，甑終不墮井。」「幸」字義勝。

〔一三二〕說林篇：「刺我行者欲與我交，訾我貨者欲與我市。」高誘注：「『刺』猶非。訾，毁也。」

〔一三三〕說林篇：「行一棋不足以見智，彈一弦不足以見悲。」

〔一三四〕說林篇：「一膊炭熯，掇之則爛指。」高誘注：「一膊，一挺也。」

〔一三五〕說林篇：「萬石俱熯，去之十步而不死，同氣異積也。」高誘注：「百廿觔爲石。」

〔一三六〕說林篇：「有榮華者，必有憔悴。」

〔一三七〕說林篇：「有羅紈者，必有麻蒯。」高誘注：「言有盛必有衰。」文選潘安仁藉田賦李善注、一切經音義八十七引許慎注：「紈，素也。」器案：左成九年：「詩曰：『雖有絲麻，無棄菅蒯；雖有姬姜，無棄蕉萃。』」孔疏以爲菅蒯「並可代絲麻之乏，故云無棄也。」與此義比。

〔一三八〕說林篇：「木大者根擢，山高者基扶。」高誘注：「其下跐也。」器案：山海經海內經：「下有九枸。」郭注：「根盤錯也。淮南子曰：『木大則根欋。』音劬。」案：集韻十虞：「欋，欋踈，枝葉敷布皃。」是其義也。郭注作「欋」，誤。又案：「扶」當作「枎」，説文木部：「枎，枎疏，四布也。」浄土三經音義華嚴經音義上：「枎疏，分布也。」山高基枎者，謂山之高大者，其基礎廣廓四布也。又案：注「其下趾也」，當作「基，下趾也」，俱形近之誤。説文：「止，下基也。」與「基，下趾也」互訓，是其證也。

老子曰：「鼓不藏聲，故能有聲。鏡不没形，故能有形〔一〕。鼓不藏聲，鏡不藏形，故能有聲有形也。金石有聲，不動不鳴〔二〕。管簫有音，不吹無聲〔三〕。金石簫管，不能自鳴，皆因吹擊，乃能有聲。由人皆稟道德，不學終不成者也。是以聖人内藏，不爲物唱，事來而制，物至而應〔四〕。聖人言不妄發，事不虛應。天行不已，終而復始，故能長久〔五〕。輪得其所轉，故能致遠。天行者神而莫測，運乎无窮故也。天行一不差，故无過矣。天氣下，地氣上，陰陽交通，萬物齊同〔六〕。天行一不差，君守政而无失，故得天地交暢，庶物咸遂，君臣説睦，上下康乂也。君子用事，小人消亡〔七〕，天地之道也。去衰任賢，合于天地道也。天氣不下，地氣不上，陰陽不通，萬物不昌〔八〕，小人得勢，君子消亡，五穀不植，道德内藏。天地之氣不交，陰陽之氣不通，由世主道德不用，姦佞並行，小人居位，君子在野，使萬物不昌，而五穀不成。天之道裒多益寡，地之道損高益下。天地之道。鬼神之道，驕溢與下。時驕溢之性與謙下之人。人之道，多者不與。不增有者。聖人之道，卑而莫能上也〔九〕。終不爲上，故人尊也。天明日明，而後能照四方。君明臣明，域中乃安。域有四明，乃能長久〔一〇〕。明其施明者，明其化也。四明既備，萬姓俱化。天道爲文，日月星辰。地道爲理〔一一〕。山澤江海。一爲之和，融乎沖氣。時爲之使，應而不亂。以成萬物，命之曰道。生畜萬物，不自爲宰，故名曰道者也。大道坦坦，去身不遠〔一二〕。修之於身，其德乃真〔一三〕。修之於物，其德不絶。内修其真謂之真，外育於物謂之德。天覆萬物，施其德而養之。與而不取，故精神歸焉〔一四〕。與而不取者，上德也，是以有德〔一五〕。高莫高於天也，下莫下於澤也，天高澤下，聖人法之，尊卑有叙，天下定矣〔一六〕。卑高以陳，貴賤位矣。地載萬物而長之，與而取之，故骨骸歸焉。與而取者，下德也，下德不失德，是以無德〔一七〕。不取者，謂天生萬物，但養畜之，不取其材，故精神歸于上，終有德。而取者，謂地生萬物，雖成熟之，而復其質，故骨骸歸于下，是爲无德也。地承天，故定寧。地定寧，萬物形。地廣厚，萬物聚。定寧无不載，廣厚无不容。地勢深厚，水泉入聚。地道方廣，故能久長。聖人法之，德無不容。言天地相承，以致廣厚。君臣相信，故能治和。陰難陽，萬物昌。陽復陰，萬物湛〔一八〕。物昌无不贍也，物湛無不樂也，物樂則无不治矣。陰害物，陽自屈。陰進陽退，小人得勢，君子避害，天道然也。陽制於陰，則天下和治。臣勝於君，則小人在位也。陽氣動，萬物緩而得其所，是以聖人順陽道。夫順物者，物亦順之。逆物者，物亦逆之，故不失物之情性。洿音烏。澤盈，萬物節成；洿澤枯，萬物莩〔一九〕。故雨澤不行，天下荒亡。陽上而復下，故爲萬物主。不長有，故能終而復始。終而復始，故能長久〔二〇〕。能長久，故爲天下母〔二一〕。聖人順天之道，无爲長久；逆物之情，有位莫守。陽氣畜而後能施，陰氣積而後能化，未有不畜積而能化者也。故聖人慎所積〔二二〕。積德來慶，積惡致亡。陽滅陰，萬物肥。陰滅陽，萬物衰。故王公尚陽道則萬物昌，尚陰道則天下亡。陽者，正也，生也，故物肥，肥者則昌。陰者，邪也，死也，故物衰，衰者即亡。陽不下陰，則萬物不成。君不下臣，德化不行。故君下臣則聰明，不下臣則闇聾。君非至聖，不能下臣；臣非至賢，不能弼君。虞舜屈伯成，文王師尚父，可謂聰明。日出於地，萬物蕃息。公王居民上，以明道德。日入於地，萬物休息。小人居民上，萬物逃匿。謂陽不下陰，則萬物不昌。君不下臣，則萬物藏也。雷之動也，萬物啓。雨之潤也，萬物解。大人施行，有似於此。陰陽之動有常節，大人之動不極物。大人之威也如春之雷，其發令也如暄之風，皆聲和氣順，故不極物。雷動地，萬物緩；風搖樹，草木敗。大人去惡就善，民不遠徙。故民有去就也，去尤甚，就少愈。且大人有善，百姓交歸，若太王之去邠，人何遠哉。風不動，火不出。大人不言，小人无述〔二三〕。火之出也必待薪，大人之言必有信。有信而真，何往不成。火出而薪傳，言發而信行。故知大人之言，其行也往而不追，其信也有若四時。河水深，壤在山。丘陵高，下入淵。陽氣盛，變爲陰。陰氣盛，變爲陽。故欲不可盈，樂不可極。天之道抑高舉下，唯節欲全和，以順天理，不使至極。忿无惡言，怒无作色〔二四〕，是謂計得。雖忿怒未忘，而惡言悖色不形於外，是計得於中，鎮之以道也。火上炎，水下流〔二五〕，聖人之道，以類相求〔二六〕。聖人偯音依。陽〔二七〕，天下和同。依陰，天下溺沉。」依陽者親忠良，故和同。依陰者親姦佞，故沉溺。

〔一〕淮南子詮言篇：「鼓不滅於聲，故能有聲。鏡不没於形，故能有形。」王念孫曰：「『滅』當爲『臧』，『没』當爲『設』，皆字之誤也。（「臧」字俗書作「㓕」，形與「滅」相似，「設」與「没」草書亦相似。）『臧』古『藏』字。鼓本無聲，擊之而後有聲；鏡本無形，物來而後有形。故曰『鼓不藏於聲』，『鏡不設於形』。作『滅』作『没』，則義不可通矣。文選演連珠注引此作『鏡不設形，故能有形』，文子上德篇作『鼓不藏聲，故能有聲。鏡不設形，故能有形』，是其證。」

〔二〕詮言篇：「金石有聲，弗叩弗鳴。」莊子天地篇：「金石有聲，不考不鳴。」郭注：「因以喻道者，物感而後應也。」成疏：「考，擊也。夫金石之内，素藴宫商，若不考擊，終無聲響；亦由至人之心，實懷聖德，物若不感，無由顯應。前託淵水以明至道，此寄金石以顯聖心。」

〔三〕詮言篇：「管簫有音，弗吹無聲。」王念孫曰：「劉本依文子改『弗聲』爲『無聲』，而諸本皆從之。案：劉改非也。白虎通義曰：『聲者，鳴也。』言管簫有音，弗吹弗鳴也。兵略篇曰：『彈琴瑟，聲鍾竽。』亦謂鳴鍾竽也。劉誤以『聲』爲聲音之聲，故依文子改之耳。『金石有聲』，『管簫有音』，『音』亦『聲』也（此謂聲音之聲），『弗叩弗鳴』，『弗吹弗聲』，『聲亦』鳴也（與聲音之聲異義），若云『弗吹無聲』，則與上文不類矣。」

〔四〕詮言篇：「聖人内藏，不爲物先倡。」俞樾曰：「『先』字衍文，『先』即『倡』也，言『倡』不必言『先』。文子上德篇正作『不爲物唱』，無『先』字。」

〔五〕案：易乾卦：「象曰：『天行健，君子以自强不息。』」孔穎達疏：「天行健者，謂天體之行，晝夜不息，周而復始，無時虧退，故云『天行健』。此謂天之自然之象。君子以自强不息，此以人事法天所行，言君子之人，用此卦象，自彊勉力，不有止息。」與文子此文義相比也。

〔六〕案：易泰卦象曰：「泰，小往大來吉亨，則是天地交泰而萬物通也。」

〔七〕案：易泰卦象曰：「内君子而外小人，君子道長，小人道消也。」

〔八〕案：禮記月令：「孟冬之月，命有司曰：天氣上騰，地氣下降，天地不通，閉塞而成冬。」孔穎達疏：「若以易卦言之，七月三陽在上，則天氣上騰，三陰在下，則地氣下降也。今十月乃云『天氣上騰，地氣下降』者，易含萬象，非言一槩，周流六虚，事無定體。若以爻象言之，則七月爲天氣上騰，地氣下降；若氣應言之，則從五月地氣上騰，至十月地氣六陰俱升，天氣六陽並謝。天體在上，陽歸於虚無，故云『上騰』；地氣六陰用事，地體在下，陰氣下連於地，故云『地氣下降』。各取其義，不相妨也。」又案：莊子在宥篇：「今夫百昌，皆生於土而反於土。」成疏：「百物昌盛。」與此義相比也。

〔九〕案：易謙卦：「象曰：天道下濟而光明，地道卑而上行，天道虧盈而益謙，地道變盈而流謙，鬼神害盈而福謙，人道惡盈而好謙。謙尊而光，卑而不可踰，君子之終也。象曰：地中有山，謙。君子以裒多益寡，稱物平施。」王弼注：「多者用謙以爲裒，少者用謙以爲益，隨物而施，不失平也。」

〔一〇〕太平御覽二引作「天明日明，然後能照四方；君明臣明，然後能正萬物。域中四明故能久」。今本有脱文，當據以訂補。

〔一一〕案：易繫辭上：「仰以觀天文，俯以察地理。」孔穎達疏：「天有懸象而成文章，故稱文也。地有山川原隰，各有條理，故稱理也。」

〔一二〕案：淮南子原道篇：「大道坦坦，去身不遠。求之近者，往而復反。」高誘注：「近謂身也。」賈子君道篇引書曰：「大道亶亶，其去身不遠。人皆有之，舜獨以之。」徐幹中論貴驗篇：「古之人謂曰：『相彼玄鳥，止于陵阪。仁道在近，求之無遠。』」通鑑外紀九：「孔子丘陵歌：『登彼丘陵，峛施其阪。仁道有邇，求之若遠。』傳曰：『大道阪阪，去身不遠。』」道德指歸二大成若缺篇：「故大道坦坦，不出門户，其出彌遠，其知彌寡。」

〔一三〕老子五十四章：「修之於身，其德乃真。」

〔一四〕淮南子精神篇：「剛柔相成，萬物乃形，煩氣爲蟲，精氣爲人。是故精神天之有也，而骨骸者地之有也，精神入其門，而骨骸反其根，我尚何存。」高誘注：「精神無形，故能入天門。骨骸有形，故反其根歸土也。我尚何存者，言人死各有所歸，我何猶常存。」漢書楊王孫傳：「報祁侯書：『且吾聞之：精神者、天之有也，形骸者、地之有也。精神離形，各歸其真，故謂之鬼。鬼之爲言歸也，其尸塊然獨處，豈有知哉？』」師古曰：「文子稱天氣爲魂，延陵季子云：『骨肉下歸於土。』是以云然。」列子天瑞篇：「黄帝曰：『精神入其門，骨骸反其根，我尚何存？』」蓋皆本文子爲之也。

〔一五〕老子三十八章：「上德不德，是以有德。」

〔一六〕莊子天道篇：「夫尊卑先後，天地之行也，故聖人取象焉。天尊地卑，神明之位也；春夏先，秋冬後，四時之序也。萬物化作，萌區有狀，盛衰之殺，變化之流也。夫天地至神，而有尊卑先後之叙，而況人道乎！」

〔一七〕老子三十八章：「下德不失德，是以無德。」

〔一八〕廣雅釋詁：「湛，安也。」王念孫疏證：「方言：『湛，安也。』郭璞注云：『湛然，安貌。』」

〔一九〕案：道藏纘義本作「污澤盈，萬物節成；污澤枯，萬物節荂。」釋音：「荂，音乎。物不榮也。」朱弁注本作「污澤盈，萬物無節成；污澤枯，萬物無節葉」。當出朱弁臆改。

〔二〇〕老子五十九章：「莫知其極，可以有國。有國之母，可以長久。」

〔二一〕老子二十五章：「周行而不殆，可以爲天下母。」河上公注：「道育萬物精氣，如母之養子。」

〔二二〕老子八十一章：「聖人不積。」

〔二三〕論語陽貨篇：「子貢曰：『子如不言，則小子何述焉。』」

〔二四〕案：「作色」謂變色也。禮記哀公問篇：「孔子愀然作色而對。」注：「『作』猶變也。」戰國策齊宣王策：「王忿然作色。」

〔二五〕書洪範：「水曰潤下，火曰炎上。」

〔二六〕易乾卦：「九五，同聲相應，同氣相求。」莊子漁父篇：「同類相從，同聲相應，固天之理也。」

〔二七〕道藏本纘義釋音卷六：「偯，音依。」與此同。

老子曰：「積薄成厚，積卑成高。君子日汲汲以成煇〔一〕，小人日怏怏以至辱〔二〕。君子勤身以修道，日益暉光。小人乘閒以快意，終致困辱。其消息也，離朱弗能見〔三〕。故見善如不及〔四〕，宿不善如不祥〔五〕。苟向善，雖過无怨。苟不向善，雖忠來惡。故怨人不如自怨，勉求諸人，不如求諸己。聲自召也，類自求也，名自命也，人自官也，无非己者〔六〕。操銳以刺，操刃以擊，何怨於人〔七〕。故君子愼微〔八〕。愼微，言不在大也。苟向善，則福不因人，勉求諸己。苟不向善，則禍歸於身，何怨於人。不善猶操刃自割，積火自燒，又誰咎之者也。萬物負陰而抱陽，沖氣以爲和〔九〕。和居中央，是以木實生於心，草實生於英〔一〇〕，卵胎生於中央。不卵不胎，生而須時。物殊類異，言其爲生，皆自中和而成質，其非胎卵〔一一〕，而因變化所爲者，即須時而有也。地平則水不流，輕重均則衡不傾〔一二〕。地平水无奔馳之勢，衡均則物无輕重之偏。物之生化也，有感以然〔一三〕。」萬物之生，各有所感，非徒然也。

〔一〕漢書揚雄傳：「少嗜欲，不汲汲於富貴，不戚戚於貧賤。」師古曰：「汲汲，欲速之貌。」

〔二〕「怏怏」，原誤「快快」，今據淮南子改正。淮南子繆稱篇：「積薄爲厚，積卑爲高。故君子日孳孳以成煇，小人日怏怏以至辱。」今繆稱篇爲許愼本，無注。案：說文心部：「怏，不服懟也。」段注：「按：當作『不服也，懟也』，奪一『也』字，遂不可解矣。集韻作『不服對也』，尤非。『怏』蓋倔强之意，方言曰：『鞅、侼，懟也。』集韻於陽韻曰：『怏然，自大之意。』攷王逸少蘭亭序曰：『怏然自足。』自來石刻如是，本非『快』字，而學者尟知之。或叚『鞅』爲之，方言是也。周亞夫傳曰：『此鞅鞅非少主臣。』」器案：段氏所舉周亞夫傳，據漢書爲言，史記絳侯世家作「怏怏」。一切經音義十八引蒼頡篇：「怏，懟也，亦怏怏然心不服也。」史記作「怏怏」，以貌周亞夫之不服也。

〔三〕此句原作「雖未能見」，與上文「其消息也」，意不貫串，下文即無所承。淮南子作「離朱弗能見也」，此作「雖未」，形近之誤，又脱「弗」字，今據訂補。

〔四〕論語季氏篇：「見善如不及。」

〔五〕繆稱篇：「文王聞善如不及，宿不善如不祥。非爲日不足也，其憂尋推之也。」許慎注：「憂尋，憂深也。」說苑政理篇：「文王曰：『善。』對曰：『宿善不祥。』」向宗魯先生校證曰：「闕引太室曰：『「對曰」二字衍。』承周案：太室說是也。淮南繆稱篇云：『文王聞善如不及，宿善如不祥。』則此爲文王語可知。（今本淮南及文子上德篇『善』上衍『不』字，非。）墨子公孟篇：『吾聞之曰：宿善者不祥。』亦述文王語。」器案：師說是，此文當訂正爲「宿善如不祥」。

〔六〕繆稱篇：「聲自召也，貌自示也，名自命也，文自官也，無非己者。」「文」當從文子作「人」，中論亦作「人」，見下引。帛書老子乙卷前古佚書經法論篇：「勿（物）自正也，名自命也，事自定也。」韓非子主道篇：「故虛靜以待，令名自命也，令事自定也。」又揚權篇：「聖人執一自靜，使名自命，令事自定。」史記晉世家：「師服曰：

『名自命也，物自定也。』中論貴驗篇：「子思曰：『事自名也，聲自呼也，貌自眩也，物自處也，人自官也，無非自己者。』語意並同。說文口部：「名，自命也。从口夕，夕者冥也，冥不相見，故以口自名。」

〔七〕繆稱篇：「操銳以刺，操刃以擊，何怨乎人。」

〔八〕淮南子人間篇：「聖人敬小慎微，動不失時。」陸賈新論、王符潛夫論俱有慎微篇。

〔九〕老子四十二章：「萬物負陰而抱陽，冲氣以爲和。」

〔一〇〕「英」原作「莢」，景宋本、景宋刻本、朱弁本作「英」，朱弁注：「『英』亦草心。」作「英」義勝。

〔一一〕注「其非胎卵」，原作「其自加卵」，義不可解。今據景宋本、景刻宋本訂正。朱弁注云：「自溼自燥而化生者，須伺春秋溼燥之節以感生也。斯亦與和俱生也。」

〔一二〕說山篇：「地平則水不流，重鈞則衡不傾。」高誘注：「流，行。傾，邪也。」

〔一三〕說山篇：「物之尤，必有所感。」高誘注：「尤，過也。輕重則衡低卬，故曰『必有所感』。感，動也。」

老子曰：「山致其高，而雲雨起焉。水致其深，而蛟龍生焉。君子致其道，而德澤流焉〔一〕。夫有陰德者必有陽報，有隱行者必有昭名〔二〕。山之靈者必降雲雨，道之高者必施德澤。未有不先行其事，而後致其報。樹黍者不穫稷〔三〕，樹怨者无報德〔四〕。」樹黍穫稷，以怨報德。

〔一〕淮南子人間篇：「山致其高，而雲起焉，水致其深，而蛟龍生焉。君子致其道，而福祿歸焉。」王念孫曰：「『雲』

下脱『雨』字。『雲雨』、『蛟龍』相對爲文。太平御覽鱗介部二引此正作『雲雨起焉』。説苑貴德篇、文子上德篇及論衡龍虚篇引傳竝同。荀子勸學篇：『積土成山，風雨興焉。積水成淵，蛟龍生焉。』亦以『風雨』、『蛟龍』相對。」案：説苑貴德篇：「山致其高，雲雨興焉。水致其深，蛟龍生焉。君子致其道德，而福禄歸焉。」論衡龍虚篇：「傳曰：『山致其高，雲雨起焉。水致其深，蛟龍生焉。』」

〔二〕日本古鈔本羣書治要「昭」作「照」，『昭』、『照』古通。穀梁僖二十七年「齊侯昭」釋文：「或作『照』。」老子二十章「俗人昭昭」，釋文：「一本作『照』。」莊子齊物論「道昭」，釋文：「音照。」是其證。人間篇：「夫有陰德者必有陽報，有陰行者必有昭名。」王念孫曰：「『陰行』本作『隱行』，此涉上文『陰德』而誤也。『陰』與『陽』相對，『隱』與『昭』相對，今本『隱』作『陰』，則非其指矣。説苑、文子並作『隱行』，下文『有陰德也』、『有隱行也』，即承此文言之。」案：説苑貴德篇：「夫有陰德者必有陽報，有隱行者必有昭名。」

〔三〕案：國語晉語四：「諺曰：『黍稷無成，不能爲榮。黍不爲黍，不能蕃廡。稷不爲稷，不能蕃殖。所生不疑，唯德之基。』」韋注：「『所生』謂種黍得黍，種稷得稷，唯在所樹。言禍福亦猶是也。」此言「樹黍者不穫稷」，其義則相輔相成也。

〔四〕案：禮記表記：「子曰：『以德報怨，則寬身之仁也。以怨報德，則刑戮之民也。』」義亦相比。

文子疏義卷第七

微明

道周象外謂之微，德隱冥中謂之明。是知非微无以究其宗，非明无以契其旨，微明之義，體用而然也。

器案：老子三十六章：「將欲歙之，必固張之；將欲弱之，必固强之；將欲廢之，必固興之；將欲奪之，必固與之：是謂微明。」韓非子喻老篇：「起事於無形，而要大功於天下，是謂微明。」

老子曰：「道可以弱，可以强；可以柔，可以剛；可以陰，可以陽；可以幽，可以明；可以苞裹天地，可以應待无方。此與道原篇意同也。知之淺，不知之深。知之外，不知之内。知之麤，不知之精。知之乃不知，不知乃知之。孰知知之爲不知，不知之爲知乎？夫道不可聞，聞而非也；道不可見，見而非也；道不可言，言而非也。孰知形之不形者乎？故天下皆知善之爲善也，斯不善矣〔一〕。知者不言，言者不知〔二〕。」夫道絶形聲，故非聞見能辯；德非藻飾，豈云善惡能明？故知者不言，言者不知，其至矣也。

〔一〕淮南子道應篇：「太清問於無窮，曰：『子知道乎？』無窮曰：『吾弗知也。』又問於無爲，曰：『子知道乎？』無爲曰：『吾知道。』『子之知道，亦有數乎？』無爲曰：『吾知道有數。』曰：『其數柰何？』無爲曰：『吾知道之可以弱，可以强；可以柔，可以剛；可以陰，可以陽；可以窈，可以明；可以包裹天地，可以應待無方。此吾所以知道之數也。』太清又問於無始，曰：『鄉者吾問道於無窮，無窮曰：「吾弗知之。」又問於無爲，無爲曰：「吾知道。」曰：「子之知道，亦有數乎？」無爲曰：「吾知道有數。」曰：「其數柰何？」無爲曰：「吾知道之可以弱，可以强；可以柔，可以剛；可以陰，可以陽；可以窈，可以明；可以包裹天地，可以應待無方。吾所以知道之數也。」若是，則無爲知與無窮之弗知，孰是孰非？』無始曰：『弗知之深，而知之淺；弗知内，而知之外；弗知精，而知之粗。』太清仰而歎曰：『然則不知乃知邪？知乃不知邪？孰知知之爲弗知，弗知之爲知邪？』無始曰：『道不可聞，聞而非也；道不可見，見而非也；道不可言，言而非也。孰知形之不形者乎？』故老子曰：『天下皆知善之爲善，斯不善也。』故知者不言，言者不知也。」案：莊子知北遊篇：「於是泰清問乎无窮，曰：『子知道乎？』无窮曰：『吾不知。』又問乎无爲。无爲曰：『吾知道。』曰：『子之知道，亦有數乎？』曰：『有。』曰：『其數若何？』无爲曰：『吾知道之可以貴，可以賤；可以約，可以散。此吾所以知道之數也。』泰清以之言也問乎无始，曰：『若是，則无窮之弗知與无爲之知，孰是而孰非乎？』无始曰：『不知深矣，知之淺矣；弗知内矣，知之外矣。』於是泰清中而歎曰：『弗知乃知乎！知乃不知乎！孰知不知之知？』无始曰：『道不可聞，聞而非也；道不可見，見而非也；道不可言，言而非也。知形形之不形乎？道不當名。』案：老子二章：

「天下皆知美之爲美，斯惡已；皆知善之爲善，斯不善已。」

〔二〕老子五十六章：「知者不言，言者不知。」莊子知北遊篇：「夫知者不言，言者不知，故聖人行不言之教。」

文子問曰：「人可以微言乎〔一〕？」

老子曰：「何爲不可？唯知言之謂乎〔二〕！夫知言之謂者，不以言言也〔三〕。微言，謂至妙言。唯忘其言，可與言也。争魚者濡，逐獸者趨〔四〕，非樂之也。故至言去言〔五〕，至爲去爲〔六〕。淺知之人所争者末矣〔七〕。夫言有宗，事有君。夫爲無知，是以不吾知〔八〕。」道者無名之妙，言者至理之宗，達妙者無言，明宗者不競，是言至而無言，爲至而無爲，而知自知爾，孰去吾知。

〔一〕吕氏春秋精諭篇、淮南子道應篇、列子説符篇俱以此爲白公與孔子問答。吕氏春秋高誘注：「白公，楚平王之孫，太子建之子勝也。白，楚縣也，楚僭稱王，守縣大夫皆稱公。太子建爲費無極所譖，出奔鄭，與晉通謀，欲反鄭於晉，鄭人殺之。勝與庶父令尹子西、司馬子期伐鄭，報父之仇，許而未行。晉人伐鄭，子西、子期率師救鄭。勝怒曰：『鄭人在此，讎不遠矣。』欲殺子西、子期，故問微言。微言，陰謀密事也。」

〔二〕高誘曰：「知言，言仁言義言忠信。仁義大行於民，民欣而戴之，則可用也。」

〔三〕高誘曰：「不欲白公以微言言。」

〔四〕吕氏、淮南、列子俱有此語。説苑談叢篇：「逐漁者濡，逐獸者趨，非樂之也，事之權也。」

〔五〕高誘曰：「去不仁不義之言。」

〔六〕高誘曰：「至德之人，爲乃無爲，無爲因天無爲。天無爲而萬物成，乃有爲也。故至德之人能體之也。」

〔七〕莊子知北遊篇：「至言去言，至爲去爲。齊知之所知，則淺矣。」成玄英疏：「見賢思齊，捨己效物，假學求理，運知訪道，此乃淺近，豈曰深知矣。」呂氏、淮南、列子説符篇俱作「淺智」，列子黄帝篇：「故曰：『至言去言，至爲無爲。』齊智之所知，則賤矣。」釋文：「齊，在詣切。」

〔八〕老子七十章：「言有宗，事有君。夫唯無知，是以不我知。」

文子問曰：「爲國亦有法乎〔一〕？」

老子曰：「今夫挽車者〔二〕，前呼邪軤〔三〕，火平切。後亦應之。此挽車勸力之歌也。雖鄭衛胡楚之音〔四〕，不若此之義也〔五〕。治國有禮〔六〕，不在文辯〔七〕。法令滋彰，盜賊多有〔八〕。」夫所用者必有宜，須各當其要。猶挽車勸力，不當奏以咸池之樂。治國寧民，務崇樸素，何煩藻麗之色也。

〔一〕呂氏春秋淫辭篇以爲魏惠王與翟剪問答，淮南子道應篇作惠王與翟煎問答。

〔二〕案：「車」當作「重」，形近之誤也。淮南子道應篇：「今夫舉大木者，前呼邪許，後亦應之，此舉重勸力之歌也。」呂氏春秋淫辭篇高誘注：「前人倡，後人和，舉重勸力之歌聲也。」是其證。下文及注文「挽車」，俱當作「挽重」。

〔三〕釋音：「軿，音平。喝車聲。」「軿」後起字。

〔四〕「胡楚」當作「激楚」，淮南子道應篇：「豈無鄭衛激楚之音哉？」又原道篇：「揚鄭衛之浩樂，結激楚之遺風。」高誘注：「鄭聲，鄭會晉平公説新聲，使師延爲桑間濮上之樂。濮在衛地故鄭衛之浩樂也，必爲鄭衛之俗樂。夫結激清楚以娱樂也。『遺風』猶餘聲也。」楚辭招魂：「宫庭震驚，發激楚些。」王逸注：「激，清聲。」文選七發：「發激楚之結風，揚鄭衛之皓樂。」後漢書邊讓傳章華臺賦：「揚激楚之清宫兮，展新聲而長歌。」俱作「激楚」。方言十一：「激，清也。」

〔五〕吕氏春秋淫辭篇：「豈無鄭衛之音哉？然不若此其宜也。」高誘注：「鄭衛之音皆新聲，非雅樂，凡人所説也，不如呼『輿謣』宜於舉大木也。」淮南子道應篇：「豈無鄭衛激楚之音哉？然而不用者，不若此其宜也。」文子「宜」作「義」，古通。周易旅卦「其義焚也」，釋文：「馬云：『義，宜也。』」一本『非其焚也』。」是其證。

〔六〕道應篇：「治國有禮。」王念孫曰：「『有禮』當爲『在禮』，字之誤也。『在』與『不在』相對爲文。羣書治要引此，正作『在禮』。」

〔七〕道應篇：「治國有禮，不在文辯。」韓非子問辯篇：「以博文爲辯。」又曰：「上不明，則辯生焉。」漢書鄒陽傳：「以文辯著名。」

〔八〕道應篇：「故老子曰：『法令滋彰，盜賊多有。』此之謂也。」案：引老子見五十七章。

老子曰：「道無正而可以爲正。譬若山林而可以爲材〔一〕。材不及山林，山林不及雲雨，雲雨不及陰陽，陰陽不及和，和不及道〔二〕。道者，所謂無狀之狀，無物之象也〔三〕。无達其意〔四〕，天地之間，可陶冶而變化也〔五〕。」大道无正〔六〕，出於道，猶山林非材，而材出於山林。自「雲雨」已下，言不及道者，以其无狀无象，故能包羅萬有，總括羣方。唯體道者，知變化无窮。

〔一〕呂氏春秋執一篇：「田駢以道術説齊。齊王應之曰：『寡人所有者齊國也，願聞齊國之政。』田駢對曰：『臣之言，無政而可以得政。譬之若林木，無材而可以得材。』」高誘注：「材從林生。」案：又見淮南子道應篇。

〔二〕淮南子道應篇：「若王之所問者齊也，田駢所稱者材也。材不及林，林不及雨，雨不及陰陽，陰陽不及和，和不及道。」許慎注：「雨然後材乃得生也。」

〔三〕老子十四章：「是謂無狀之狀，無物之象，是謂惚恍。」

〔四〕案：「達」疑當作「違」，形近之誤。道應篇作「己雖無，除其患害」。

〔五〕「冶」原誤「治」，今據淮南子校正。道應篇：「天地之間，六合之内，可陶冶而變化也。」

〔六〕案：疑當重一「正」字，此涉重文作小「二」，而誤奪之。

老子曰：「聖人立教施政，必察其終始，見其造恩〔一〕。造恩，謂制立教也。故民知書則德衰，知數而仁衰〔二〕，知券契而信衰〔三〕，知機械而實衰〔四〕。斯數者，皆由失道而後興，隨時而立制，制之逾謹，違之逾切，是知實信衰而機械設，政教興而姦溢甚矣。瑟不鳴而二十五弦各以其聲應，軸不運於己而三十輻各以其力旋〔五〕。弦有緩急，然後能成曲。車有勞佚，然後能致遠。使有聲者，乃无聲者也。使有轉者，乃无轉也〔六〕。瑟无聲，聲在於弦。軸不轉，轉在於輪。是无聲而能有聲，无轉而能有轉。故无聲之聲而曲節成，无轉之轉乃能致遠。上下異道即治，同道即亂〔七〕。位高而而道大者從，事大而道小者凶〔八〕。冠不可踐於足，臣不可尊於君，上下乖亂，亡无日矣。小德害義，小善害道，小辯害治，苛悄傷德〔九〕。矜小惠而蔽大道，縱小忿而傷至德。大正不險，故民易導。至治優游，故下不賊。至忠復素，故民無僞匿〔一〇〕。上有平正，下无險詖。上有清簡，下无巧僞。

〔一〕淮南子泰族篇：「先王之設政施教也，必察其終始，其縣法立儀，必原其本末，不苟以一事備一物而已矣。見其造而思其功，觀其源而知其流，故博施而不竭，彌久而不垢。」「見其造而思其功」，與「見其造恩」，其義相輔相成。

〔二〕周禮地官保氏：「養國子以道，乃教之六藝：……五曰六書，六曰九數。」鄭玄注：「六書：象形，會意，轉注，處事，假借，諧聲也。九數：方田，粟米，差分，少廣，商功，均輸，方程，贏不足，旁要；今有重差，夕桀，句股也。」

〔三〕周禮地官司市：「以質劑結信而止訟。」鄭玄注：「質劑，謂兩書一札而別之也，若今下手書言保物要還矣。」賈公彥疏：「『質劑』謂券書，恐民失信，有所違負，故爲券書結之，使有信也。民之獄訟，本由無信，既結信則無訟，故云『止訟』也。」

〔四〕「機械」者，莊子天運篇所言桔槔之事，即謂是也。莊子天地篇：「有機械者必有機事，有機事者必有機心。機心存於胸中，則純白不備；純白不備，則神生不定；神生不定者，道之所不載也。」

〔五〕泰族篇：「琴不鳴而二十五絃各以其聲應，軸不運而三十輻各以其力旋。」案：風俗通聲音篇：「世本：『宓羲作瑟，長八尺一寸，四十五絃。』黄帝書：『泰帝使素女鼓瑟而悲，帝禁不止，故破其瑟爲二十五絃。』」據此，則淮南作「琴」，當爲「瑟」之誤也。又案：老子十一章：「三十輻共一轂，當其無，有車之用。」

〔六〕泰族篇：「絃有緩急大小，然後成曲。車有勞逸動静，而後能致遠。使有聲者，乃無聲者也。能致千里者，乃不動者也。」

〔七〕「上下異道即治，同道即亂」，原作「上下異道，易治而亂」，泰族篇作「上下異道則治，同道則亂」，今據改正。淮南子主術篇：「是故君臣異道則治，同道則亂，各得其宜，處其當，則上下有以相使也。」高誘注：「君臣異道，不易奪，言相和。君所謂可，臣亦曰可，君所謂否，臣亦曰否，是同也，莫相匡弼，故曰亂也。君得君道，臣得臣道，故曰得其宜也。」

〔八〕泰族篇：「位高而道大者從，事大而道小者凶。」説苑談叢篇亦有此語。

〔九〕釋音：「苛悄，上音何，下音峭，猛急也。」泰族篇：「故小快害義，小慧害道，小辨害治，苛削傷德。」説苑談叢篇：「夫小快害義，小慧害道，小辨害治，苟心傷德。」向宗魯先生校證曰：「『苟心』，淮南作『苛削』（或作「苛削」),文子作『苛峭』(或作「苛悄」)。『削』、『峭』、『悄』古同聲通用。『削』有刻義。此文『荷』當作『苛』,『心』當作『小』。『削』從『肖』聲,『肖』從『小』聲,『小』與從『肖』之字皆可通。(詩小雅,學記作「宵雅」。)『苛小』猶言『小察』也。」王叔岷曰:「案:『悄』當作『陗』,字之誤也。纘義本作『峭』,『峭』即俗『陗』字。淮南子泰族篇作『削』(治要引作「峭」),『削』猶『陗』也。」

〔一〇〕泰族篇:「大政不險,故民易道。至治寬裕,故下不相賊。至忠復素,故民無匿情。」王念孫據文子謂「相」字後人所加。又據治要謂「情」字亦後人所加。其說是矣。器案:說苑談叢篇「苛心傷德」句下,綴「大政不險」四字,據文子及淮南子其下當有闕文。

老子曰:「相坐之法立,則百姓怨〔一〕。減爵之令張,則功臣叛〔二〕。獄訟相引,无辜者受其怨。爵位減黜,有功者懷其叛。故察於刀筆之迹者〔三〕,不知治亂之本。習於行陣之事者,不知廟戰之權〔四〕。治亂者,謂垂拱无爲之堂,非督責之吏所知。廟戰者,謂決勝之術在方寸之地,非一卒之能曉。聖人先福於重關之內,慮患於冥冥之外〔五〕。重關之內,冥冥之外,謂无禍福之場,絕思慮之境,自非聖人,孰能玄鑒也。愚者惑於小利而忘大害〔六〕。故事有利於小而害於大,得於此而忘於彼〔七〕。小見忘大,得利忘害,迷到之甚〔八〕,非愚若何。故仁莫大於愛人,智莫大於知人〔九〕。愛人即无怨刑,知人即无亂政〔一〇〕。」愛人猶己,則刑不濫。知人盡誠,即政无亂。

〔一〕淮南子泰族篇：「商鞅爲秦立相坐之法，而百姓怨矣。」許慎注：「相坐之法，一家有罪，三家坐之。」

〔二〕泰族篇：「吴起爲楚減爵禄之令，而功臣畔矣。」許慎注：「減爵者，收減羣臣之爵禄。」韓非子和氏篇：「昔者，吴起教楚悼王，以楚國之俗，曰：『大臣太重，封君太衆，若此，則上偪主而下虐民，此貧國弱兵之道也；不如使封君之子孫三世而收爵禄，絶滅百吏之禄秩，損不急之枝官，以奉選練之士。』悼王行之期年而薨矣，吴起枝解於楚。」

〔三〕戰國策趙幽王策：「司馬空曰：『臣少爲秦刀筆。』」鮑彪注：「爲刀筆，謂尚書也。筆以書札，刀以削其不當者。」

〔四〕泰族篇：「商鞅之立法也，吴起之用兵也，天下之善者也；然商鞅之法亡秦，察於刀筆之跡，而不知治亂之本也。吴起以兵弱楚，習於行陳之事，而不知廟戰之權也。」淮南子兵略篇：「凡用兵者必先自廟戰：主孰賢，將孰能，民孰附，國孰治，蓄積孰多，士卒孰精，甲兵孰利，器備孰便。故運籌於廟堂之上，而決勝乎千里之外矣。」韓非子内儲説下：「參疑廢置之事，明主絶之於内，而施之於外，資其輕者，輔其弱者，此謂廟攻。」「廟攻」亦「廟戰」也。

〔五〕文選江文通雜詩注引文子此文，李善曰：「冥冥，幽昧也。」

〔六〕泰族篇：「愚者惑於小利，而忘其大害。」

〔七〕泰族篇：「故事有利於小而害於大，得於此而亡於彼者，故行棊者或食兩而路窮，或予踦而取勝。」

〔八〕　案：本篇下文福之起也章注，亦有「精神迷到」語，猶言迷惑也。史記韓世家：「不如出兵以到之。」索隱：「到，欺也。猶俗云張到。」「到」，古「倒」字。

〔九〕　泰族篇：「故仁知，人材之美者也。所謂仁者，愛人也；所謂知者，知人也。」長短經君法篇引淮南子作「夫仁智，才之美者也。所謂仁者，愛人也；所謂智者，知人也。」語意尤爲明白。

〔一〇〕　兩治要本「怨」作「寃」。顧觀光曰：「『怨』字誤，泰族訓作『寃』。」俞樾曰：「『怨』當爲『寃』。」案：泰族篇：「愛人則無虐刑矣，知人則無亂政矣。」

老子曰：「江河之大溢，不過三日；飄風暴雨，日中不出須臾止〔一〕。言人由暴不久而亡，由飄風横厲，不日而止也。德无所積而不憂者，亡其及也〔二〕。夫憂者所以昌也，喜者所以亡也〔三〕。故善者以弱爲强，轉禍爲福〔四〕。道沖而用之，又不滿也〔五〕。」愚者執迷而不祗，以憂爲喜則速亡。善者守道以全樸，轉禍爲福者必昌。

〔一〕　吕氏春秋慎大篇：「趙襄子曰：『江河之大也，不過三日；飄風暴雨，日中不須臾。』」高誘注：「大，長。不過三日，三日則消也。易曰：『日中則仄。』故曰『日中不須臾』。」案：今易豐卦作「日中則昃」，古通。易離卦「日昃」，釋文：「王嗣宗本作『仄』，音同。」淮南子道應篇：「襄子曰：『江河之大也，不過三日；飄風暴雨，日中不須臾。』」許慎注：「不過三日，三日而滅。日中不須臾，言其不終日也。」列子説符篇：「襄子曰：『夫江河之大也，不過三日；飄風暴雨不終朝，日中不須臾。』」說苑談叢篇：「江河之溢，不過三日；飄風暴雨，須臾而畢。」案：老子二十三章：「希言自然，故飄風不終朝，驟雨不終日。」

〔二〕慎大篇：「今趙氏之德行，無所於積，一朝而兩城下，亡其及我乎！」高誘注：「言無積德積行。傳曰：『知懼如此，斯不亡矣。』」道應篇：「今趙氏之德行無所積，今一朝而兩城下，亡其及我乎！」說符篇：「今趙氏之德行無所施於積，一朝而兩城下，亡其及我哉！」俞樾以爲「施」衍字，是。

〔三〕慎大篇：「孔子聞之，曰：『趙氏其昌乎！夫憂所以爲昌也，而喜所以爲亡也。勝非其難者也，持之其難者也。』」高誘注：「昌，盛也。持猶守。」道應篇：「孔子聞之，曰：『趙氏其昌乎！夫憂所以爲昌也，而喜所以爲亡也。勝非其難也，持之者其難也。』」說符篇：「孔子聞之，曰：『趙氏其昌乎！夫憂者所以爲昌也，喜者所以爲亡也。勝非其難者也，持之其難者也。』」

〔四〕漢書李尋傳：「明君恐懼修正，側身博問，轉禍爲福。」

〔五〕老子四章：「道沖而用之或不盈。」文子「或」作「又」，古通。王引之經傳釋詞三：「『或』猶又也。詩賓之初筵曰：『既立之監，或佐之史。』言又佐之史也。禮記檀弓：『父死之謂何，或敢有他志，以辱君義。』晉語『或』作『又』。」又案：「盈」作「滿」，漢人避惠帝諱改。

老子曰：「清靜恬和，人之性也。儀表規矩，事之制也。知人之性，則自養不悖。知事之制，則其舉措不亂〔一〕。恬和者，率性之本也，規矩者，制欲之過也，牽於欲利，雖靜而常悖；明其法度，雖動而不亂也。發一號，散无竟，總一管，謂之心。見本而知末，執一而應萬，謂之術〔二〕。發號謂使心不競。使心不競，即混百節歸根，應萬物而冥一，謂之術也。居知所以，行知所之，事知所乘，動知所止，謂之道〔三〕。至人者，行藏有謂，吉凶縣科，若其不然，何以爲道也。使人高賢稱譽己者，心之力也。使人卑下誹謗己者，心之過也〔四〕。言出於口，不可禁於人。行發於近，不可禁於遠〔五〕。善惡由己，謗譽因人。衆口所稱，莫之能禁。一行有虧，无遠不至。事者，難成易敗。名者，難立易廢〔六〕。凡人皆輕小害，易微事，以至於大患〔七〕。夫禍之至也，人自生之。福之來也，人自成之。禍與福同門，利與害同鄰，自非至精，莫之能分〔八〕。是故智慮者，禍福之門户也，動靜者，利害之樞機也，不可不慎察也〔九〕。」夫至人所爲必謀始，克料於終。且名利之所起，即禍福之生門，故杜利害之原，閉禍福之門，即智慮自息，動靜无變也。

〔一〕淮南子人間篇：「清淨恬愉，人之性也。儀表規矩，事之制也。知人之性，其自養不勃。知事之制，其舉錯不惑。」「勃」與「悖」同。

〔二〕人間篇：「發一端，散無竟，周八極，總一管，謂之心。見本而知末，觀指而睹歸，執一而應萬，握要而治詳，謂之術。」

〔三〕人間篇：「居智所爲，行智所之，事智所秉，動智所由，謂之道。」王念孫曰：「四『智』字並讀爲知。（「智」字古有二音二義，一爲智慧之智，一爲知識之知，説見管子法法篇「不智」下。）」

〔四〕人間篇：「是故使人高賢稱譽己者，心之力也。使人卑下誹謗己者，心之罪也。」説苑談叢篇：「謗道己者，心之罪也。尊賢己者，心之力也。」

〔五〕人間篇：「夫言出於口者，不可止於人。行發於邇者，不可禁於遠。」説苑談叢篇：「言出於己，不可止於人。行發於邇，不可止於遠。」

〔六〕人間篇：「事者，難成而易敗也。名者，難立而易廢也。」王叔岷曰：「案：意林引『難成』下、『難立』下並有『而』字。淮南子同。」

〔七〕兩治要本「以至於患」作「以至於大患也」。人間篇：「是故人皆輕小害，易微事，以多悔。」案：文選文賦李善注引淮南子「以多悔」作「至於多悔」。

〔八〕人間篇：「夫禍之來也，人自生之。福之來也，人自成之。禍與福同門，利與害爲鄰，非神聖人，莫之能分。」案：荀子大略篇：「禍與福鄰，莫知其門。」左襄二十三年：「禍福無門，唯人自召。」淮南子覽冥篇：「禍福之門，不可求而得也。」弘明集八釋僧順答道士假稱張融三破論：「門者，本也，明理之所出入，出入從本而興焉。釋氏有不二法門，老子有衆妙之門，書云：『禍福無門。』是皆會通之林藪，機妙之淵宅。」

〔九〕人間篇：「是故知慮者，禍福之門户也，動静者，利害之樞機也，百事之變化，國家之治亂，待而後成，是故不溺於難者成，是故不可不慎也。」説苑談叢篇：「夫言行者，君子之樞機，樞機之發，榮辱之本也，可不慎乎！」易繫辭上：「言行，君子之樞機，樞機之發，榮辱之主也。言行，君子所以動天地，可不慎乎！」韓康伯注：「樞機，制動之主。」

老子曰：「人皆知治亂之機，而莫知全生之具〔一〕。故聖人論世而爲之事，權事而爲之謀〔二〕。聖人能陰能陽，能柔能剛，能弱能强，隨時動静，因資而立功，睹物往而知其反，事一而察其變，化則爲之象，運則爲之應，是以終身行之无所困〔三〕。人皆能機於治亂之道，而不能全身於治亂之間，故聖人論世權事，應變无窮，相時而爲，終身不辱。故事或可言而不可行者，或可行而不可言者〔四〕，或易爲而難成者，或難成而易敗者。所謂可行而不可言者，取捨也。可言而不可行者，詐僞也。易爲而難成者，事也。難成而易敗者，名也。此四者，聖人之所留心也，明者之所獨見也〔五〕。」審行藏之勢，察成敗之由，其唯聖明，方能獨見也。

〔一〕淮南子氾論篇：「此皆達於治亂之機，而未知全性之具者。」高誘注：「機，要也。」

〔二〕氾論篇：「故萇弘知天道而不知人事，蘇秦知權謀而不知禍福，徐偃王知仁義而不知時，大夫種知忠而不知謀。聖人則不然，論世而爲之事，權事而爲之謀，是以舒之天下而不窕，内之尋常而不塞。」

〔三〕氾論篇：「是故聖人者，能陰能陽，能弱能彊，隨時而動静，因資而立功，物動而知其反，事萌而察其變，化則爲之象，運則爲之應，是以終身行而無所困。」

〔四〕王叔岷曰：「案『事或可言而不可行者，或可行而不可言者』二句，當依淮南子氾論篇倒置，下文可照。」

〔五〕氾論篇：「故事有可行而不可言者；有可言而不可行者；有易爲而難成者；有難成而易敗者。所謂可行而不可言者，趨舍也。可言而不可行者，僞詐也。易爲而難成者，事也。難成而易敗者，名也。此四策者，聖人之所獨見而留意也。」

老子曰：「道者敬小慎微〔一〕，動不失時。百射重戒，禍乃不滋。計福勿及，慮禍過之〔二〕。同日被霜，蔽者不傷。愚者有備，與智者同功〔三〕。賢者无慮爲愚，愚者有備爲賢。夫積愛成福，積憎成禍〔四〕。人皆知救患，莫知使患無生。夫使患無生易，施於救患難。今人不務使患無生，而務施救於患〔五〕，雖神人不能爲謀〔六〕。患禍之所由來，萬萬无方。聖人深居以避患，靜默以待時。小人不知禍福之門，動而陷於刑〔七〕，雖曲爲之備，不足以全身〔八〕。故上士先避患而後就利，先遠辱而後求名。故聖人常從事於無形之外，而不留心於已成之內。是以禍患無由至，非譽不能塵垢〔九〕。」夫陷於利害由愛憎，愛憎不生，毀譽安在？君子見未形則易治，小人曲備而終禍，救於已形成則難脱。

〔一〕「慎」字原脱，此文皆四字爲句，今據淮南子人間篇訂補。本篇下章亦言「戒禍慎微」。

〔二〕人間篇：「聖人敬小慎微，動不失時。百射重戒，禍乃不滋，計福勿及，慮禍過之。」許慎注：「射，象也。」案：

許注「象」當爲「豫」字之誤。説苑修文篇：「弧之爲言豫也。」向宗魯先生校證曰：「案：『弧』當爲『射』，涉下文而誤。此文主言射，不主言弧。下文始出『弧』字，此無緣豫釋。且下文『弧』、『矢』並舉，亦無緣單釋『弧』字也。訓『射』爲『豫』，以聲爲訓。孟子滕文公上篇：『序者，射也。』廣雅釋言同。『序』與『豫』通。儀禮鄉射禮：『豫則鉤楹内，堂則由楹外。』鄉射記：『序則物當棟。』『豫』、『序』皆與『堂』對舉。經之『豫』，即記之『序』。鄭注經文亦云今文『豫』爲『序』，皆其證。『射』之訓『豫』，猶『序』之訓『射』也。鄭注鄉射禮云：『豫，讀如成周宣謝災之謝。』（屈爰艮曰：「案『成周宣謝災』見公羊宣十六年經文。」）『射』之爲『豫』，猶『豫』之爲『謝』也。淮南子人間篇：『百射重戒。』許注：『射，豫也。』尤此文之明證。而今本許注『豫』誤『象』，則非是也。『豫』與『戒』同意。荀子大略篇：『先患慮患謂之豫。』淮南子説山篇：『智者善豫。』注：『豫，備也。』皆『豫』、『戒』同意之證。今據以改正。」案：儀禮鄉飲酒音義：「『豫則』音榭。」今通用『榭』。又案：吕氏春秋原亂篇：「慮福未及，慮禍□之。」説苑談叢篇：「君子慮福弗及，慮禍百之。」

〔三〕人間篇：「同日被霜，蔽者不傷。愚者有備，與知者同功。」

〔四〕人間篇：「夫積愛成福，積怨成禍。若癰疽之必潰也，所浼者多矣。」

〔五〕顧觀光曰：「句費解，治要無『施』字，『救於』二字倒。」王叔岷曰：「案治要引作『而務於救之』。淮南子人間篇作『患生而救之』。」器案：日本古抄本治要作「而務於救之」。

〔六〕兩治要本作「雖神聖人不能爲謀也」。

〔七〕 兩治要本「動」下有「作」字。

〔八〕 人間篇：「雖曲爲之備，何足以全其身。」

〔九〕 人間篇：「是故聖人者，常從事於無形之外，而不留思盡慮於成事之内，是故患禍弗能傷也。」

老子曰：「凡人之道：心欲小，志欲大；智欲圓，行欲方；能欲多，事欲少〔一〕。所謂心欲小者，慮患未生，戒禍慎微，不敢縱其欲也〔二〕。志欲大者〔三〕，兼包萬國，一齊殊俗〔四〕，是非輻輳〔五〕，中爲之轂也。智圓者，終始無端，方音旁。流四遠，淵泉而不竭也〔六〕。行方者，直立而不撓，素白而不汙，窮不易操，達不肆志也〔七〕。能多者，文武備具，動靜中儀，舉錯廢置，曲得其宜也〔八〕。事少者，秉要以偶衆，執約以治廣，處靜以持躁也〔九〕。故心小者，禁於微也。志大者，无不懷也〔一〇〕。智圓者，无不知也。行方者，有不爲也〔一一〕。能多者，无不治也〔一二〕。事少者，約所持也〔一三〕。凡此數者，非夫至聖高真，莫能兼也矣。故聖人之於善也，无小而不行，其於過也，无微而不改〔一四〕。行不用巫覡〔一五〕，而鬼神不敢先，可謂至貴矣〔一六〕。然而戰戰慄慄，日慎一日〔一七〕，是以無爲而一之成也〔一八〕。外不負物，内不慙心，何須巫覡，寧懼鬼神，由懷兢慄，然可保終也。愚人之智，固已少矣，而所爲之事又多，故動必窮〔一九〕。故以政教化，其勢易而必成；以邪教化，其勢難而必敗。捨其易而必成，從事於難而必敗，愚惑之所致〔一〇〕。」不量得失，坐致危亡，事繁難致，雖勞將敗。物簡易從，易從必成，而不爲者，愚之至也。

〔一〕淮南子主術篇：「凡人之論：心欲小而志欲大，智欲員而行欲方，能欲多而事欲鮮。」舊唐書隱逸孫思邈傳：「膽欲大而心欲小，智欲圓而行欲方。」語本此。

〔二〕兩治要本無「欲」字。

〔三〕兩治要本無「欲」字。

〔四〕莊子秋水篇：「萬物一齊，孰長孰短。」成玄英疏：「萬物參差，亭毒唯一，鳧鶴長短，分足性齊。」

〔五〕主術篇：「是非輻湊，而爲之轂。」高誘注：「『轂』以諭王。」案：漢書叔孫通傳：「四方輻輳。」師古曰：「輳，聚也。言如車輻之聚於轂也。字或作『湊』，並音千豆反。」

〔六〕主術篇：「智欲員者，環復轉運，終始無端，旁流四達，淵泉而不竭。萬物並興，莫不嚮應也。」高誘注：「若順連環，故曰『無端』。應，和。」

〔七〕主術篇：「行欲方者，直立而不撓，素白而不污，窮不易操，通不肆志。」高誘注：「撓，弱曲也。肆，放。」

〔八〕主術篇：「能欲多者，文武備具，動靜中儀，舉動廢置，曲得其宜，無所擊戾，無不畢宜也。」高誘注：「擊，掌也。戾，破也。」

〔九〕主術篇：「事欲鮮者，執柄持術，得要以應衆，執約以治廣，處靜持中，運於璇樞，以一合萬，若合符者也。」高誘

注：「符，約也。」

〔一〇〕主術篇：「故心小者，禁於微也。志大者，無不懷也。」高誘注：「多所容也。」

〔一一〕主術篇：「智員者，無不知也。行方者，有不爲也。」高誘注：「非正直不爲也。」

〔一二〕主術篇：「能多者，無不治也。」高誘注：「『治』猶作也。」

〔一三〕主術篇：「事鮮者，約所持也。」高誘注：「約，要也。」

〔一四〕主術篇：「夫聖人之於善也，無小而不舉；其於過也，無微而不改。」高誘注：「舉，用。改，更。」

〔一五〕兩治要本「巫覡」作「巫祝」。主術篇：「行不用巫祝。」高誘注：「言其率德蹈政，無求於神。」案：荀子正論篇：「出户而巫覡有事。」楊倞注：「出户，謂出門内也。女曰巫，男曰覡。有事，祓除不祥。」然則「巫覡」謂其人，「巫祝」謂其事。

〔一六〕主術篇：「鬼神弗敢祟，山川弗敢禍，可謂至貴矣。」高誘注：「至德之可貴也。」

〔一七〕案：韓非子初見秦篇、戰國策秦莊襄王策、黄帝巾机銘、羣書治要引龍韜、潛夫論慎微篇俱載此文，説苑談叢篇作「戰戰慄慄，日慎其事」，淮南子人間篇則以爲堯戒。

〔一八〕王叔岷曰：「案治要引『而一之成』作『而有成』，是也。有作『一之』者，涉上文『日慎一日』及下文『愚人之智』而誤。今本作『而無不成』，蓋不知『一之』爲『有』之誤而臆改也。」

〔一九〕主術篇：「夫聖人之智，固已多矣，其所守者有約，故舉而必榮。愚人之智，固已少矣，其所事者有多(「有」字從王念孫説校補），故動而必窮矣。」

〔二〇〕 主術篇：「夫以正教化者，易而必成；以邪巧世者，難而必敗。凡將設行立趣於天下，捨其易成者，而從事難而必敗者，愚惑之所致也。」

老子曰：「福之起也緜緜〔一〕，禍之生也紛紛，禍福之數，微而不可見〔二〕，聖人見其始終，故不可不察〔三〕。福如鴻毛，聖人獨見；禍如太山，愚者莫覩也。明主之賞罰，非以爲己，以爲國也。適於己而無功於國者，不施賞焉；逆於己而便於國者，不加罰焉〔四〕。明主賞罰，在於公正，益於國便於人則行，利於己不利於人則止也。故義載乎宜，謂之君子。遺義之宜，謂之小人。君子小人，豈有定分？舉措合宜，即爲君子。動用乖分，即爲小人。通智得而不勞，上士玄解。其次勞而不病，中人勉力不倦。其下病而亦勞〔五〕。下士心眼昏滯，精神迷到，故勞愈甚，病愈篤也。古之人味而不舍也，今之人舍而不味也〔六〕。不舍，不居也。味，道味也。古人味道而不居，今人无道而自伐也。紂爲象箸，箸以象牙爲之。而箕子唏〔七〕，唏其華侈也。魯以偶人葬，偶人，刻木似人，爲盟器之類也〔八〕。而孔子嘆，嘆其非禮。見其所始，即知其所終〔九〕。」小人見象箸、偶人，以爲其生也榮，其死也盛。君子觀之，其道也衰，其得也亡。

〔一〕 老子六章：「緜緜若存，用之不勤。」

〔二〕淮南子繆稱篇：「福之萌也緜緜，禍之生也分分，禍福之始萌微。」王念孫曰：「『分分』當爲『介介』，字之誤也。介介，微也。豫：『六二，介于石。』繫辭傳：『憂悔吝者存乎介。』虞注並云：『介，纖也。』齊策曰：『無纖介之禍。』是『介』爲微小之稱。『禍之生也介介』與『憂悔吝者存乎介』，意正相近。『緜緜』、『介介』皆微也，故曰『禍福之始萌微』。文子微明篇作『禍之生也紛紛』，則後人妄改之耳。」案王説是，荀子儒效篇：「分分兮其有終始也。」王氏謂「分分」當爲「介介」，尤與此文相會。俶真篇：「孰肯分分然以物爲事也。」高注：「『分』猶意念之貌。」「分」亦「介」之誤。高注即釋「介」意，則所見本不誤。

〔三〕繆稱篇：「故民嫚之，唯聖人見其始而知其終。」

〔四〕繆稱篇：「明主之賞罰，非以爲己也，以爲國也。適於己而無功於國者，不施賞焉；逆於己便於國者，不加罰焉。」

〔五〕繆稱篇：「義載乎宜之謂君子，宜遺乎義之謂小人。通智得而不勞，其次勞而不病，其下病而不勞。」許慎注：「通智，達道之人。」

〔六〕繆稱篇：「古人味而弗貪也，今人貪而弗味。」許慎注：「古人知其味，而不貪其食。孔子，魯人之學也，飲之而已，莫之能味也。」

〔七〕「櫡」即「箸」之俗別字。繆稱篇：「紂爲象箸而箕子嘰。」許慎注：「嘰，唬也。知象箸必有玉杯爲杯，必極滋味。」案：韓非子喻老篇：「昔者，紂爲象箸而箕子怖，以爲象箸必不加於土鉶，必將犀玉之杯，象箸玉杯，必不羹藿，必旄象豹胎，旄象豹胎，必不衣裋褐而食於茅屋之下，則錦衣九重，廣室高臺。吾畏其卒，故怖其始。」此許注所本。又案：史記十二諸侯年表：「紂爲象箸而箕子唏。」與此文用「唏」字同。

〔八〕案：注文「盟器」當作「冥器」，音近而誤。

〔九〕繆稱篇：「魯以偶人葬，而孔子歎，見所始則知所終。」許慎注：「偶人，桐人也。嘆其象人而用之也。」

老子曰：「仁者，人之所慕也。義者，人之所高也。爲人所慕，爲人所高，或身死國亡者，不周於時也〔一〕。故知仁義而不知世權者〔二〕，不達於道也。徒高仁義之風，不識機權之變，无救敗亡，豈爲周達者也。五帝貴德，无爲而治。三王用義，誅暴寧民。五伯任力。任智力也。今取帝王之道，施五伯之世，非其道也〔三〕。故善否同，非譽在俗。趨行等，逆順在時〔四〕。言時代既異，治化不同，當五伯之時，行太古之道，猶膠柱調瑟，療渴飲鴆，實亦難矣。知天之所爲，知人之所行，即有以經於世矣〔五〕。經，治常也。知天而不知人，即无以與俗交。知人而不知天，即无以與道游〔六〕。知天知人，知俗知時，可以治世，可以道游也。直志適情，即堅强賊之。以身役物，即陰陽食之〔七〕。適我志，即乖彼心，必爲强堅者所忤。徇於物，即勞其體，猶冰炭之相攻，陰陽之躁靜也。得道之人，外化而內不化。外化所以知人也，內不化所以全身也。故內有一定之操，而外能屈伸，與物推移，萬舉而不陷。所貴乎道者，貴其龍變也〔八〕。得道之人，其動也天，其靜也地，動靜適時，卷舒在我，故俗莫得而害，世莫得而羈。故尼父見老君，其猶龍乎！變化無方也。守一節，推一行，雖以成滿猶不易，拘於小好，而塞於大道〔九〕。既滯一方，寧論大道。道者，寂寞以虛无，非有爲於物也，不以有爲於己也〔一〇〕。物我之間，居然已泯；寂寞之鄉，自然而神。是故舉事而順道者，非道者之所爲也，道之所施也〔一一〕。道本无爲，今云順道，即是有爲，有爲即事起，事起即患生。且道无常容，事无常順，爲是逆之，則是非紛然，禍患所作，故云「非道者所爲也」。施者，設也。言外設程科，是道儀表，非其真實，不可執之。執者失之，爲者敗之，理可明也。天地之所覆載，日月之所照明，陰陽之所煦，雨露之所潤，道德之所扶，皆同一和也〔一二〕。是故能戴大圓者履大方，謂人戴天履也。鏡太清者眎大明，謂覩日見月也。立太平者處大堂，謂在宇宙之間。能游於冥冥者與日月同光〔一三〕。无形而生於有形，是故真人託期於靈臺，而歸居於物之初〔一四〕。反未生也。眎於冥冥，聽於无聲。冥冥之中，獨有曉焉；寂寞之中，獨有照焉〔一五〕。言真人在天地之間，覩日月之光，游乎太平，則何往不適？居乎大堂而无不容，於冥冥之中，曉乎无聲而衆聲應；寂寞之内，照乎无形而羣形見；則與天地相保，日月同明，寄託靈臺，含藏至精，謂之真人也。其用之乃不用，不用而後能用之也。其知之乃不知，不知而後能知之也〔一六〕。前已釋。道者、物之所道也，德者、生之所扶也，仁者、積恩之證也，義者、比於心而合於衆適者也〔一七〕。四者，所用以處世修身，不可失也。道滅而德興，德衰而仁義生，故上世道而不德，中世守德而不懷，下世繩繩〔一八〕，唯恐失仁義。故君子非義无以生，失義則失其所以生。小人非利无以活，失利則失其所以活。故君子懼失義，小人懼失利。觀其所懼，禍福異矣〔一九〕。」道喪德亡，仁絶義薄。君子无義，无以全其道。小人无利，无以活其身。君子懼失義以爲禍，小人欲利以爲福也。

〔一〕淮南子人間篇：「仁者，百姓之所慕也，義者，衆庶之所高也。爲人之所慕，行人之所高，此嚴父之所以教子，而忠臣之所以事君也，然世或用之而身死國亡者，不同於時也。」器案：淮南子齊俗篇：「事周於世則功成，務合於時則名立。」作「周」義勝。

〔二〕人間篇：「楚王曰：『善。』乃舉兵而伐徐，遂滅之。知仁義而不知世變者也。」

〔三〕人間篇：「古者，五帝貴德，三王用義，五霸任力。今取帝王之道，而施之五霸之世，是由乘驥逐人於榛薄，而蓑笠盤旋也。」器案：「五霸」即「五伯」。論語憲問篇邢昺疏引鄭玄曰：「天子衰，諸侯興，故曰霸。霸者，把也，言把持王者之政教，故其字作「伯」，或作「霸」也。」

〔四〕人間篇：「故善鄙不同，誹譽在俗。趨舍不同，逆順在君。」王念孫謂兩「不」字後人所加，即舉文子此文爲證。器案：淮南子齊俗篇：「趨舍同，誹譽在俗。」正無「不」字。文子此文作「善否同」，因明白矣。

〔五〕案：莊子齊物論：「春秋經世先王之志。」郭注以爲「順其成迹，而凝乎至當之極」。此文「經世」，義與之比。「治常」之訓，亦合莊旨。莊子外物篇：「不可與經於世亦遠矣。」成玄英疏：「自非懷豁虚通，未可以治亂。」淮南子俶真篇：「養生以經世。」

〔六〕人間篇：「知天之所爲，知人之所行，則有以經於世矣（「經」原作「任」，從王念孫説校改）。知天而不知人，則無以與俗交。知人而不知天，則無以與道遊。」

〔七〕人間篇：「豹養其內而虎食其外，毅修其外而疾攻其內。故直意適情，則堅強賊之。以身役物，則陰陽食之。」案：莊子列禦寇篇：「離內刑者，陰陽食之。」成玄英疏：「若不止分，則內結寒暑，陰陽殘食之也。」

〔八〕人間篇：「得道之士，外化而內不化。外化所以入人也，內不化所以全身也。故內有一定之操，而外能詘伸贏縮卷舒，與物推移，萬舉而不陷。所以貴聖人者，以其能龍變也。」案：莊子知北遊篇：「仲尼曰：『古之人，外化而內不化；今之人，內化而外不化。』」又案：莊子天運篇：「孔子見老聃歸，三日不談。弟子問曰：『夫子見老聃，亦將何歸哉？』孔子曰：『吾乃今於是乎見龍。龍合而成體，散而成章，乘雲氣而養乎陰陽。予口張而不能嗋，予又何規老聃哉！』子貢曰：『然則人固有尸居而龍見，雷聲而淵默，發動如天地者乎？賜亦可得而觀乎？』」史記老子列傳：「孔子去，謂弟子曰：『吾今日見老子，其猶龍邪！』」淮南子「龍變」之說本之。

〔九〕人間篇：「今捲捲然守一節，推一行，雖以毀碎滅沉，猶且弗易者，此察於小好，而塞於大道也。」

〔一〇〕淮南子俶真篇：「道出一原，通九門，散六衢，設於無垓坫之宇，寂漠以虛無，非有爲於物也，物以有爲於己也。」高誘注：「非有爲于物者，不爲爲也。物以有爲于己者，物己爲也。」

〔一一〕俶真篇：「是故舉事而順于道者，非道之所爲也，道之所施也。」

〔一二〕俶真篇：「夫天之所覆，地之所載，六合所包，陰陽所呴，雨露所濡，道德所扶，此皆生一父母而閱一和也。」高誘注：「父母，天地。閱，總也。和，氣也，道所貫也。『呴』讀以口相吁之吁。」案：據淮南子此文，則文子「同」

字當爲「閲」字。

〔一三〕俶真篇：「是故能戴大員者履大方，鏡太清者視大明，立太平者處大堂，能游冥冥者，與日月同光。」高誘注：「言能戴天履地之道。太平，天下之平也。大堂，明堂所以告朔行令也。光，明也，諭道德者，能與日月同明也。」

〔一四〕俶真篇：「是故神人託其神於靈府，而歸於萬物之初。」案：「靈臺」淮南子作「靈府」，一也。莊子庚桑楚：「不可内於靈臺。」郭象注：「靈臺者，心也。」又達生篇：「指與物化，而不以心稽，其靈臺一而不桎。」即謂心爲靈臺也。雲笈七籤八十八引裴鉶道生旨：「心之内空方寸，乃受神而居，其神曰靈也，故謂心爲靈臺。」又德充符篇：「不可入於靈府。」郭象注：「靈府者，精神之宅也。」成玄英疏：「靈府者，精神之宅，所謂心也。」

〔一五〕俶真篇：「視於冥冥，聽於無聲。冥冥之中，獨見曉焉；寂漠之中，獨有照焉。」高誘注：「曉，明也。」莊子天地篇：「冥冥之中，獨見曉焉。」吕氏春秋離謂篇：「故惑惑之中不曉焉，冥冥之中有昭焉。」

〔一六〕俶真篇：「其用之也以不用，其不用也而後能用之。其知也乃不知，其不知也而後能知之也。」

〔一七〕繆稱篇：「道者、物之所導也，德者、性之所扶也，仁者、積恩之見證也，義者、比於人心而合於衆適者也。」

〔一八〕繆稱篇：「故道滅而德用，德衰而仁義生。故上世體道而不德，中世守德而弗壞也，末世繩繩乎唯恐失仁義。」案：詩周南螽斯：「宜爾子孫繩繩兮。」毛傳：「繩繩，戒慎也。」

〔一九〕繆稱篇：「君子非仁義無以生，失仁義則失其所以生。小人非嗜欲無以活，失嗜欲則失其所以活。故君子懼失仁義，小人懼失利。觀其所懼，知各殊矣。」

老子曰：「事或欲利之，適足以害之。或欲害之，乃足以利之。夫病濕而强食之熱，病暍而强飲之寒〔一〕，此衆人之所養也，而良醫所以爲病也〔二〕。悦於目，悦於心，愚者之所利，有道者之所避。聖人者先迕而後合，衆人先合而後迕〔三〕。故禍福之門，利害之反，不可不察也。」夫病暍飲之以水，良醫以爲禍；貧者取財於不義，君子以爲害。先迕而後合，愚者之所犯；先合而後迕，聖人之所惡。夫利害相反，禍福相傾，不可不察也。」

〔一〕「暍」，各本都誤「渴」，注同，今改正。莊子則陽篇：「『暍』者反冬乎冷風（淮南子俶真篇作「暍者望冷風於秋」）。」釋文：「『暍』音謁，字林云：『傷暑也。』」淮南子説林篇：「病熱而强之餐，救暍而飲之寒，……欲救之，反爲惡。」高誘注：「『惡』猶害也。」又人間篇：「武王蔭暍人於樾下，左擁而右扇之，而天下懷其德。」許慎注：「武王哀暍者之熱，故蔭之於樾下。樾下，衆樹之盧也。」説文：「暍，傷暑也。」

〔二〕淮南子人間篇：「夫病溼而强之食，病暍而飲之寒，此衆人之所以爲養也，而良醫之所以爲病也。」王念孫曰：「劉本『温』誤作『濕』，莊本又改爲『溼』，皆非也。病温者不可以食，若作『病溼』，則非其指矣。文子微明篇作『病温而强餐之熱，病暍而强飲之寒』，（不知所據何本。）説林篇云：『病熱而强之餐，救暍而飲之寒。』『熱』亦『温』也。又案：『强之食』，『食』當依説林篇作『餐』，字之誤也。『餐』、『寒』爲韻，『養』、『病』爲韻，（「病」古音蒲浪反，説見唐韻正。）若作『食』，則失其韻矣。」

〔三〕人間篇：「悦於目，悦於心，愚者之所利也，然而有道者之所辟也。故聖人先忤而後合，衆人先合而後忤。」

老子曰：「有功離仁義者即見疑，有罪有仁義者必見信〔一〕。故仁義者，事之常順也，天下之尊爵也，言雖功名已立，而仁義不可捨之，捨之則罪累斯及，順之則爵禄可尊。雖謀得計當，慮患解，圖國存〔二〕，其事有離仁義者，其功必不遂也〔三〕。言雖無中於策，其計无益於國，而心周於君，合於仁義者，身必存〔四〕。故曰：百言百計常不當者，不若舍趨而審仁義也〔五〕。」爲人臣，圖國解難，驕主尊己，而功不成者，去仁義故也。或有良謀不用，奇計不行，戴君盡力，雖不見察，終保仁義，不敢暫忘，而身亦无害也。

〔一〕兩治要本「有罪有仁義者必見信」作「有罪不失仁心者必見信」。淮南子人間篇：「有功者、人臣之所務也，有罪者、人臣之所辟也。或有功而見疑，或有罪而益信，何也？則有功者離恩義，有罪者不敢失仁心也。」

〔二〕兩治要本「慮患解，圖國存」作「慮患而患解，圖國而國存」。

〔三〕人間篇：「自此之後，括子日以疏，無害子日以進。故謀患而患解，圖國而國存，括子之智得矣。」

〔四〕人間篇：「無害子之慮無中於策，謀無益於國，然而心調於君，有義行也。」俞樾曰：「『調』當爲『周』。楚辭離騷：『雖不周於今之人兮。』王逸注曰：『周，合也。』『心周於君』謂心合於君也。作『調』者，古字通用。」文子微明篇正作『心周於君』。」

〔五〕顧觀光曰：「人間訓作『百言百當』，此『計常不』三字並衍。」案：兩治要本並作「百言百當」。人間篇：「百言百當，不如擇趨而審行也。」

老子曰：「教本乎君子，小人被其澤；利本乎小人，君子享其功〔一〕。使君子小人各得其宜，則通功易食〔二〕，而道達矣。德澤被乎下，禄利奉於上，則无官而自治，不令而自行，各安其所，道之達也。人多欲即傷義，多憂即害智。欲生義奪，憂積智昏。故治國樂其所以存〔三〕，守其道也。亡國樂其所以亡〔四〕。縱其欲也。水下流而廣大，君下臣而聰明，君不與臣爭而治道通〔五〕。故君根本也，臣枝葉也，根本不美而枝葉茂者，未之有也〔六〕。」聖人之治者，明四目，達四聰，屏衺慝，任賢能，則上垂拱，无爲自化，則下盡心而奉職，豈有交爭之理？則根本日固，枝葉繁盛也。

〔一〕淮南子繆稱篇：「教本乎君子，小人被其澤；利本乎小人，君子享其功。」

〔二〕器案：「通功易食」疑當作「通功易事」。孟子滕文公下：「子不通功易事，以羡補不足，則農有餘粟，女有餘布；子如通之，則梓匠輪輿，皆得食於子。」趙岐注：「言凡人當通功易事，乃可各以奉其用。」是其證也。

〔三〕原脱「其」字，據兩治要本補。

〔四〕「亡國樂其所以亡」，原作「虐國樂所以亡」，今據兩治要本訂補。淮南子繆稱篇：「故治國樂其所以存，亡國亦樂其所以亡也。」

〔五〕繆稱篇：「水下流而廣大，君下臣而聰明，君不與臣争功而治道通矣。」

〔六〕繆稱篇：「君根本也，臣枝葉也，根本不美，枝葉茂者，未之聞也。」意林一引子思子：「君本也，臣枝葉也，本美則葉茂，枯則葉凋。」

老子曰：「慈父之愛子者，非求其報，不可内解於心〔一〕。聖主之養民，非爲己用也，性不能已也。及恃其力，賴其功勳而必窮，有以爲則恩不接矣〔二〕。父之愛子，君之牧民，豈求所報，自然之分，天道也。或有君父恃其功力，驕其臣子者，恩惠不接也。故用衆人之所愛，則得衆人之力，舉衆人之所喜，則得衆人之心〔三〕。故見其所始，則知其所終。」兼愛天下，天下雖大，其爲一家之人。不愛天下，則匹夫雖微，猶萬方一敵。以此而觀，則終始可知，存亡可察也。

〔一〕「非求其報」，兩治要本作「非求報也」。淮南子繆稱篇：「慈父之愛子，非爲報也，不可内解於心。」莊子人間世篇：「子之愛親命也，不可解於心。」郭象注：「自然結固，不可解也。」案：文子以父慈言，莊子以子孝言，本質一也。

〔二〕兩治要本「非」下有「求」字，「窮」下有「矣」字。繆稱篇：「聖人之養民，非求用也，性不能已，若火之自然，冰之自寒，夫何修焉。及恃其力，賴其功者，若失火舟中。故君子見始斯知終矣。媒妁譽人而莫之德也，取庸而强飯之，莫之愛也。雖親父慈母，不加於此，有以爲則恩不接矣。」許慎注：「言舟中之人，同心救火，不相爲賜也。」

〔三〕繆稱篇：「用百人之所能，則得百人之力，舉千人之所愛，則得千人之心，辟若伐樹而引其本，千枝萬葉則莫得弗從也。」

老子曰：「人以義愛，黨以羣强。是故德之所施者博，即威之所行者遠；義之所加者薄，則武之所制者小〔一〕。」此謂德澤无私，所附者衆；棄義用武，即所存者寡也。

〔一〕繆稱篇：「人以義愛，以黨羣，以羣强。是故德之所施者博，則威之所行者遠；義之所加者淺，則武之所制者小矣。」

老子曰：「以不義而得之，又不布施，患及其身〔一〕。不能爲人，又無以自爲，可謂愚人，无以異於梟愛其子也〔二〕。取之不義，積而不散，則謂養虎自噬，育梟自禍也。故持而盈之，不如其已；揣而鋭之，不可長保〔三〕。然扃固篋篋，終爲大盜之資，安得長有也。德之中有道，道之中有德，其化不可極。有道者必有德，有德者必有道，道德充備，與變化无極也。陽中有陰，陰中有陽，萬物盡然，不可勝明。福至祥存，禍至祥先。見祥而不爲善，則福不來。見不祥而行善，則禍不至。

利與害同門，禍與福同鄰，非神聖莫之能分。故曰：禍兮福所倚，福兮禍所伏，孰知其極〔四〕。陽中有陰，陰中有陽，言禍中有福，福中有禍。夫見福而爲祥，則知福爲禍始，見禍而遽爲善，則知禍爲福先。禍福之來，有如糾纏，自非至聖，莫知其極也。人之將疾也，必先不甘魚肉之味〔五〕；國之將亡也，必先惡忠臣之語。人病者，甘其口，美其味，必死之徵。國亂者，惡忠言，信讒佞，必亡兆也。故疾之將死者，不可爲良醫；國之將亡者，不可爲忠謀。人將死者，醫雖良而莫救；國將亡者，忠雖盡而難存；雖良醫忠臣，審必死而不救，察可有而爲謀也。修之身，然後可以治民。居家理治，然後可移官長。故曰：修之身，其德乃真。修之家，其德乃餘。修之國，其德乃豐〔六〕。以身觀彼，自家刑國，其要修真，在於全德。民之所以生活，衣與食也。事周於衣食則有功，不周於衣食則无功。事无功，德不長。衣食者，庶民之命。庶民者，君臣之本。衣食既周於身，君臣長保於國也。故隨時而不成，无更其刑；順時而不成，无更其理。時將復起，是謂道紀〔七〕。時有興廢，運有休否，不可以前時之繁政，爲今世之要理。言刑不可廢，理不可易，能知於此道之紀綱也。帝王富其民，敦其本也。霸王富其地，務其廣也。危國富其吏，重斂則困。治國若不足，治，亂也。不足，將亂之徵也。亂國若有餘，存國困倉實〔八〕，亡國困倉虛。費用无度，倉廩日虛，君荒民罷，不亡何待。故曰：上無事而民自富，上无爲而民自化〔九〕。安其居，樂其業。起師十萬，日費千金〔一〇〕。師旅之後，必有凶年〔一一〕。故兵者不祥之器也，非君子之寶也〔一二〕。兵革興之於前，凶荒隨之於後，國費萬金，民罷徵役，故知凶器，非聖人之所寶。和大怨，必有餘怨，柰何其爲不善也〔一三〕。夫和怨者，謂主不明，黜有功之臣，削有土之君，不忍一朝之忿，以爲後之患；君赫怒於上，臣憤驕於下，柰何其爲不善，以積餘怨也。古者，親近不以言，來遠不以言，使近者説，遠者來。近悦遠來者，在德不在言。與民同欲則和，與民同守則固，與民同念者知，得民力者富，得民譽者顯。行有召寇，言有致禍〔一四〕。无先人言，後人已附耳之語，附，傳也，先言後之於耳也〔一五〕。流聞千里〔一六〕。言者、禍也，舌者、機也。出言不當，駟馬不追〔一七〕。寇有所愛者利，禍有所起者言，然言者无足而走，无翼而飛，白珪之玷，駟馬何追，言禍之疾也。昔者，中黄子曰：天有五方，四方中央。地有五行〔一八〕，金木水火土也。聲有五音，宫商角徵羽也。物有五味，甘苦辛酸鹹也。色有五章，青黄赤白黑也。人有五位〔一九〕。五常也。故天地之間有二十五人也〔二〇〕。二十五等人，品類各差也。上五有神人，真人〔二一〕，道人，至人，聖人。變化不測曰神，純素不雜曰真，通達无礙曰道，心洞玄微曰至，智周萬物曰聖。次五有德人，賢人，智人〔二二〕，善人，辯人。含畜曰德，仁愛曰賢，明慧曰智，柔和曰善，能知曰辯。中五有公人，忠人〔二三〕，信人，義人，禮人〔二四〕。无私曰公，奉君曰忠，不欺曰信，合宜曰義，恭柔曰禮也。次五有士人，工人，虞人〔二五〕，農人，商人。事上曰士，攻器曰工，掌山澤曰虞，治田曰農，通貨曰商。下五〔二六〕有衆人〔二七〕，奴人，愚人，肉人〔二八〕，小人。庶類曰衆，伏役曰奴，昏昧曰愚，无慧曰肉，无識曰小人。上五之與下五，猶人之與牛馬也〔二九〕。言賢愚有差，天地懸隔也。聖人者，以目眎，以耳聽，以口言，以足行。在世聖人，六情滞隔，各有因假。真人者，不眎而明，不聽而聰，不行而從，不言而公〔三〇〕。出世聖人，方寸已虚，觸塗无隔。故聖人所以動天下者，真人未嘗過焉；賢人所以矯世俗者，聖人未嘗觀焉〔三一〕。治世存真，各盡其分。故唐堯聖德以配天，仲武高抗以矯俗也。所謂道者，無前無後〔三二〕，無左無右〔三三〕，萬物玄同〔三四〕，無是無非〔三五〕。」迎之无前，隨之无後。孰能於左，誰知其右。泯然玄同，强名爲道。

〔一〕淮南子道應篇：「白公勝得荆國，不能以府庫分人，七日，石乞入曰：『不義得之，又不能布施，患必至矣。』」

〔二〕道應篇：「夫國非其有也，而欲有之，可謂至貪也。不能爲人，又無以自爲，可謂至愚矣。譬白公之嗇也，何以異於梟之愛其子也。」許慎注：「梟子長食其母。」吕氏春秋分職篇：「國非其有也，而欲有之，可謂至貪矣。不能爲人，又不能自爲，可謂至愚矣。譬白公之嗇，若梟之愛其子也。」高誘注：「梟愛養其子，子長而食其母也。白公愛荆國之財，而殺其身也。」意林引桓譚新論：「梟生子，長食其母，乃能飛。」詩邶風旄丘：「流離之子。」陸璣疏云：「流離，梟也，自關而西，謂梟爲流離。其子適長大，還食其母。故張奂云：『鶹鷅食母。』許慎云：『梟，不孝鳥。』是也。」

〔三〕道應篇：「故老子曰：『持而盈之，不如其已；揣而鋭之，不可保也。』」案：見老子九章。

〔四〕吕氏春秋制樂篇：「故禍兮福之所倚，福兮禍之所伏，聖人所獨見，衆人焉知其極。」高誘注：「『極』猶終。」老子五十八章：「禍兮福之所倚，福兮禍之所伏，孰知其極？」説苑敬慎篇：「老子曰：『得其所利，必慮其所害；樂其所成，必顧其所敗。人爲善者，天報以福；人爲不善者，天報以禍也。故曰：禍兮福所倚，福兮禍所伏。』」

〔五〕「不」字原脱，兩治要本有，今據訂補。王叔岷曰：「案：治要引『甘』上有『不』字。御覽七三八引同，惟誤爲尹文子文。藝文類聚二三、御覽四五九引晏子有此文，『甘』上亦並有『不』字。劉子貴言篇亦作『必不甘魚肉之味』。」今案：纘義本、朱弁注本與徐靈府注本同。徐靈府注曰：「人病者，甘其口，美其味，必死之徵。」與正文不相吻合，則所據本已脱「不」字，而朱弁注仍之，習焉不察，而不知其非也。

〔六〕案：老子五十四章：「修之於身，其德乃真。修之於家，其德乃餘。修之於鄉，其德乃長。修之於邦，其德乃豐。」「邦」、「豐」韻，作「國」者，漢人避諱改。

〔七〕老子十四章：「迎之不見其首，隨之不見其後，執古之道，以御今之有，能知古始，是謂道紀。」

〔八〕「亂國若有餘，存國困倉實」二句原脱，今據太平御覽四百七十二引訂補。自然篇亦云：「故亂國若盛，治國若虛，亡國若不足，存國若有餘。」文與此相近，足可參證。徐靈府注「治，亂也。不足，將亂之徵也」，文有錯落，似可删去。王叔岷曰：「案：此有脱文，御覽四七二引作『治國若不足，亂國若有餘。存國困倉實，亡國困倉虛』，上下二句，各相對成義，當從之。脱去『亂國若有餘，存國困倉實』十字，則文意不完矣。」

〔九〕老子五十七章：「故聖人云：『我無爲而民自化，我好静而民自正，我無事而民自富，我無欲而民自樸。』」

〔一〇〕文選任彦升奏彈曹景宗李善注：「文子曰：『起師十萬，日費千金。』張湛曰：『日有千金之費也。』」

〔一一〕老子三十章：「大軍之後，必有凶年。」

〔一二〕老子三十一章：「兵者不祥之器，非君子之器，不得已而用之。」

〔一三〕老子七十九章：「和大怨，必有餘怨，安可以爲善？」

〔一四〕荀子勸學篇：「言有招禍也，行有招辱也。」說苑談叢篇：「政有招寇，行有招恥。」

〔一五〕影宋本、影刻宋本注「後」下有「得」字。

〔一六〕淮南子說林篇：「附耳之言，聞於千里也。」高誘注：「附，近也。近耳之言，謂竊語。聞於千里，千里知之。語曰：『欲人不知，莫如不爲。』」

〔一七〕說苑談叢篇：「口者關也，舌者機也，出言不當，駟馬不能追也。」又：「一言而非，四馬不能追。一言不急，四馬不能及。」語本鄧析子轉辭篇，「不急」作「而急」。

〔一八〕敦煌寫本伯二四五五號大道通玄要卷第一人品與今本同。太平御覽三百六十引作「天有五行，地有五方」，義勝。

〔一九〕大道通玄要「位」作「人」，太平御覽引作「伍」。王叔岷曰：「案：文選歐陽堅石臨終詩注、陸士衡謝平原内史表注引此並作『人有五情』，御覽三百六十引作『人有五伍』，下更有『五伍二十五』五字。」

〔二〇〕大道通玄要作「五五廿五，故天地之間有廿五人」，太平御覽作「五伍二十五，故天地之間有二十五等人」，據下注文則御覽有「等」字是。器案：舊唐書禮儀志二：「文子從凡至聖有二十五等。」亦有「等」字。唐志所謂「凡」，當即文子之「衆人」，古書以「聖人」、「衆人」對言，不勝枚舉。淮南子詮言篇：「聖人勝心，衆人勝欲。」說苑政理篇：「夫聖人之所爲，非衆人之所及也。」是其證。又案：二十五等人，敦煌卷子伯二四五六號大道通玄要卷第一人品即據文子微明第七爲言，梁玉繩瞥記五曰：「品分五等，較九品之目爲簡確。」其説可商，以此二十五等人者，實爲五五二十五，較之三六九等之分，尤爲煩瑣矣。人品之分，戰代即有言之者，孟子盡心篇下：「浩生不害問：『樂正子何人也？』孟子曰：『善人也，信人也。』『何謂善？何謂信？』曰：『可欲之謂善，有諸己之謂信，充實之謂美，充實而有光輝之謂大，大而化之謂聖，聖而不可知之之謂神。樂正子二之中，四之下也。』」此儒家言也。莊子逍遥遊篇：「至人无己，神人无功，聖人无名。」成玄英疏：「『至』言其體，『神』言其用，『聖』言其名。故就體語『至』，就用語『神』，就名語『聖』，其實一也。」此道家言也。（亦可謂之黄老學者之言。）若文子所載中黄子之言，則陰陽五行家之説也。蕭吉五行大義第二十三論諸人、論人配五行，即據文子之説而爲之分别部居者也。

〔二二〕浄土三經音義「真人」下引老子述義曰：「文子引老子曰：『所謂真人』云云」，即據此爲言也。

〔二三〕大道通玄要引「智人」作「知人」。

〔二三〕大道通玄要引「忠人」作「中人」。

〔二四〕太平御覽引「信人、義人、禮人」作「商人、平人、直人」，以臆爲之，不可據。

〔二五〕大道通玄要「虞」誤作「庶」。

〔二六〕大道通玄要「下五」作「次五」。

〔二七〕五行大義五引文子二十五種人：「下五，衆人者，凡雜云衆人，豫讓曰：『范、中行氏以衆人遇我也。』」

〔二八〕「肉人」，太平御覽作「視肉人」，蓋以旁注字誤入正文也。真誥一運題象：「初不敢下交於肉人。」又七甄命授第三：「玉斧以尸濁肉人受聖愍濟拔，……肉人未達真法。」又八甄命授第四：「浚井不渫，蓋肉人之小疵耳。」又十一稽神樞第一：「又有葛孝先亦言得道，今在何處？肉人喁喁，爲欲知之。」道藏笙字八號五嶽真形序論：「授圖祭文（鄭君所出）、受圖祭文（鄭君所出）俱云：『胎生肉人。』」宋書五行志二：「童謡曰：『局縮肉。』直斥之也。」史記李斯傳：「禽鹿視肉。」索隱引莊子及蘇子曰：「人而不學，譬之視肉而食。」許敬宗衛公李靖碑：「憫兹視肉。」拾遺記：「夫人好學，則死若存；不學者雖存，謂之行尸走肉耳。」今則人多知行尸走肉，而知肉人者或少也。

〔二九〕文選司馬子長報任少卿書：「太史公牛馬走。」用「牛馬」字本此。

〔三〇〕「不言而公，不行而從」，大道通玄要引如此作，與今本翩其反矣。

〔三一〕大道通玄要「過」上衍「觀」字。俶真篇：「聖人之所以駭天下者，真人未嘗過焉；賢人之所以矯世俗者，聖人未嘗觀焉。」高誘注：「矯，拂也。」莊子外物篇：「聖人之所以駴天下，神人未嘗過而問焉；賢人所以駴世，聖人未嘗過而問焉。」釋文：「駴，徐音戒，謂上不問下也。」

〔三二〕老子第二章：「前後相隨。」前之後，即後之前也，故曰「前後相隨」，即無前無後之謂也。

〔三三〕老子第三十四章：「大道氾兮，其可左右。」可左可右，即無左無右也。

〔三四〕老子第五十六章：「塞其兑，閉其門；（第五十二章：「塞其兑，閉其門，終身不勤。」）挫其鋭，解其紛；和其光，同其塵：是謂玄同。」淮南子説山篇：「求美則不得美，不求美則美矣。求醜則不得醜，求不醜則有醜矣。不求美又不求醜，則無美無醜矣，是謂玄同。」高誘注：「玄，天也，天無所求也。人能無所求，故以之同也。」案：無美無醜之説，義與此相會也。

〔三五〕莊子盗跖篇：「若是若非，執而圓機。」案：若是若非，亦無是無非之旨，執而圓機，所謂活法也。

文子疏義卷第八

自然〔一〕

自然，蓋道之絶稱，不知而然，亦非不然，萬物皆然，不得不然。然而自然非有能然，无所因寄，故曰自然也。

老子曰：「清虚者，天之明也〔二〕。無爲者，治之常也〔三〕。夫虚中有靈，暗中有明，孰能見之，與道同也，无爲自治，萬物乃成也。去恩慧，舍聖智，外賢能，廢仁義，滅事故，棄佞辯，禁姦僞，則賢不肖者齊於道矣。去此七者，即賢无所尚，愚无所愧，洪同大道，復歸自然也。靜則同，虚則通。至德無爲，萬物皆容。虚靜之道，天長地久〔四〕，神微周盈，於物无宰〔五〕。心既虚矣，无所不通。德既充矣，无所不容。故能神，用而无主，周行而不怠。十二月運行，周而復始。謂十二月轉輪无窮，終而復始，天之道也。金木水火土，其勢相害，其道相待。五行相推，一王一衰，寒暑遞遷，進退有時，生殺存道，不失其宜也。故至寒傷物，无寒不可；至暑傷物，無暑不可；故可與不可皆可〔六〕。是以大道无所不可，可在其理，見可不趨，見不可不去，可與不可，相爲左右〔七〕，相爲表裏。寒暑代謝，此天地之道也。禮教刑罰，聖人法也。然寒暑雖酷，不可无也，時順即何傷。刑罰雖慘，不可廢也，理當即非害。見可即行，不可即止。凡事之要，必從一始〔八〕，時爲之紀〔九〕，自古及今，未嘗變易，謂之天理〔一〇〕。一者，道之子，君之柄，古今雖異，動用未殊，如軸轉轂，以内制外，輪轉无窮，與天相爲終始也。上執大明〔一一〕，下用其光。道生萬物，理於陰陽，化爲四時，分爲五行，各得其所。有本作事。與時往來，法度有常，下及無能，上道不傾，羣臣一意。天地之道，无爲而備，无求而得，是以知其无爲而有益也〔一二〕。」天垂象以明昭四方，君立法以臨制天下，蟄蟲昭蘇，黎庶蒙惠，陰陽不差，萬物有常，自非无爲，不能有益於國，昔堯治天下而修身也。

〔一〕日本古抄本治要「自然」上有「道」字，尾張刊本無，蓋傳抄者所增益也。

〔二〕老子四十五章：「清虛爲天下正。」

〔三〕老子三章：「爲無爲，則無不治。」

〔四〕老子七章：「天長地久。」

〔五〕老子十章：「生而不有，爲而不恃，長而不宰，是謂玄德。」又見五十一章。

〔六〕莊子齊物論：「方可方不可，方不可方可。」又曰：「可乎可，不可乎不可，道行之而成，物謂之而然。」

〔七〕老子三十四章：「大道汎兮，其可左右。」

〔八〕老子四十二章：「道生一，一生二，二生三，三生萬物。」

〔九〕老子十四章：「能知古始，是謂道紀。」

〔一〇〕莊子盜跖篇：「无爲君子，從天之理。」

〔一一〕莊子在宥篇：「我爲女遂於大明之上矣。」成玄英疏：「至人應動之時，智照如日月，名大明也。」

〔一二〕老子四十三章：「天下之至柔，馳騁天下之至堅，無有入無間，吾是以知無爲之有益。」

老子曰：「樸至大者无形狀，道至大者无度量。故天圓不中規，地方不中矩〔一〕。往古來今謂之宙，四方上下謂之宇，道在其中而莫知其所〔二〕。故見不遠者不可與言大，知不博者不可與論至〔三〕。夫稟道與物通者，无以相非〔四〕。道德至大无形狀，天地至廣无度量，近在毫髮之間而莫見，遠則宇宙之內而難測，自非博達通物者，莫能明至道之原，冥是非之境也。故三皇五帝，法籍殊方，其得民心一也〔五〕。制法雖殊，敬民一也。若夫規矩勾繩，巧之具也，而非所以爲巧也。故无絃雖師文師文善琴。不能成其曲〔六〕，徒絃則不能獨悲；故絃，悲之具也，非所以爲悲也〔七〕。夫萬物雖曰自然，皆有因假，不能獨運其獨；句繩者，巧之制也，而非巧也，妙在於人，无繩即不直〔八〕。絃器者，悲之具也，而非悲也，无絃則不悲也。至於神和，遊於心手之間，放意寫神，論變而形於絃者，父不能以教子，子亦不能受之於父，此不傳之道也〔九〕。師文彈琴，在指句絃，寫神放意，游心手之間，和陰陽之候，遂使律變四時，氣感萬物。至於父子雖親不能傳者，妙之極矣。此亦況道不可傳受也。故蕭條者，形之君也，而寂寞者，音之主也〔一〇〕。」肅，静也，故静中生形，以静爲君。寂中有音，以寞爲主。

〔一〕淮南子齊俗篇：「樸至大者無形狀，道至眇者無度量。故天之圓也不得規，地之方也不得矩。」俞樾曰：「兩『得』字皆當爲『中』，周官師氏：『掌國中失之事。』故書『中』爲『得』，是其例也。文子自然篇正作『天圓不中規，地方不中矩』。」器案：吕氏春秋行論篇：「以中帝心。」高誘注：「『中』猶得。」亦其證。

〔二〕文選江文通雜詩李善注引「宇」作「寓」，一切經音義七：「『宇』古文作『寓』。」齊俗篇：「往古來今謂之宙，四方上下謂之宇，道在其間而莫知其所。」尸子下：「天地四方曰宇，往古來今曰宙。」

〔三〕齊俗篇：「故其見不遠者不可與語大，其智不閎者不可與論至。」

〔四〕齊俗篇：「夫稟道以通物者，無以相非也，譬若同陂而溉田，其受水均也。」

〔五〕齊俗篇：「故三皇五帝，法籍殊方，其得民心均也。」

〔六〕齊俗篇：「故瑟無絃，雖師文不能以成曲。」許慎注：「師文，樂師。」案：吕氏春秋君守篇「鄭大師文終日鼓琴」云云。列子湯問篇「匏巴鼓琴而鳥舞魚躍，鄭師文聞之」云云。張湛注：「師文，鄭國樂師。」莊子齊物論篇：「有成與虧，故昭氏之鼓琴也；无成與虧，故昭氏之不鼓琴也。」成玄英疏：「姓昭名文，古善琴者。」

〔七〕齊俗篇：「徒絃則不能悲，故絃，悲之具也，而非所以爲悲也。」案：古人音樂喜悲，韓非子十過篇：「公曰：『清商固最悲乎？』（史記樂書作「音無此最悲乎」。）師曠曰：『不如清徵。』」文選嵇叔夜琴賦序：「稱其材幹，以危苦爲上；賦其聲音，則以悲哀爲主；美其感化，則以垂涕爲貴。」俱其證也。

〔八〕「即」原作「無」，今據景宋本、景刻宋本改正。

〔九〕齊俗篇：「若夫工匠之爲連鐖、運開、陰閉、眩錯，入於冥冥之眇，神調之極，游乎心手衆虚之間，而莫與物爲際者，父不能以教子。瞽師之放意相物，寫神愈舞，而形乎絃者，兄不能以喻弟。今夫爲平者準也，爲直者繩也；若夫不在於繩準之中，可以平直者，此不共之術也。故叩宫而宫應，彈角而角動，此同音之相應也，其於五音無所比，而二十五絃皆應，此不傳之道也。」

〔一〇〕「蕭條」原作「肅」，默希子注即據「肅」字爲説，則唐人所見本已如此，淮南子作「蕭條」，義勝，今據改正。齊俗篇：「故蕭條者形之君，而寂寞者音之主也。」許慎注：「蕭條，深静也。微音生於寂寞。」案：金樓子立言上：「淮南言：『蕭條者形之君，寂寞者身之主。』」「音」則作「身」，蓋即高誘注本也。

老子曰：「天地之道，以德爲主。道爲之命，物以自正。至微甚内，不以事貴。故不待功而立，不以位爲尊，不待名而顯，不須禮而莊，不用兵而强。道生爲命，德畜爲主，人能調護神氣，正性命，内保精微，外棄煩累，何須名位而自尊，不待兵甲而人服也。故道立而不教，明照而不察。道立而不教者，不奪人能也。明照而不察者，不害其事也。道存則教遺，明極則无察，然後能任所重，事无有害。夫教道者，逆於德，害於物。故陰陽四時，金木水火土，同道而異理，萬物同情而異形，智者不相教，能者不相受。故聖人立法以導民之心，各使自然，故生者无德，死者无怨。夫逆德者、謂德衰而教興，害物者、謂先損而後益。且五行異性，萬物殊形，由教有本末，人有賢愚，聖人垂法制教，開迷導蒙，使智者相授，能者不隱，各盡其分，歸乎自然，生不矜其德，死不怨乎天。天地不仁，以萬物爲芻狗。聖人不仁，以百姓爲芻狗〔一〕。天地生萬物，聖人養百姓，豈有心於物，有私於人哉？一以觀之，有同芻狗。夫慈愛仁義者，近狹之道也。狹者，入大而迷。近者，行遠而惑。聖人之道，入大不迷，行遠不惑，常虛自守，可以爲極，是謂天德〔二〕。道德玄微，仁義淺狹。中庸登小徑以致遠，上聖陟通衢而无滯，自非靈府恒明，安能與天爲極也。

〔一〕老子五章：「天地不仁，以萬物爲芻狗。聖人不仁，以百姓爲芻狗。」

〔二〕莊子刻意篇：「虛无恬惔，乃合天德。」郭象注：「乃與天地合其恬惔之德也。」

老子曰：「聖人天覆地載，日月照臨，陰陽和，四時化，懷萬物而不同，無故無新，無疏無親〔一〕。此聖人之德也。覆載若天地，照臨如日月，轉輪如四時，殊俗易類，草木昆蟲，莫不安其居，遂其性，豈有新故親疏於其間者哉？故能法天者，天不一時，地不一材，人不一事，故緒業多端，趨行多方〔二〕。言天以一時則不能成歲，地以一材則用之有極，人有一能未足爲貴也。故用兵者，或輕或重，或貪或廉，四者相反，不可一也。各有所利，故以不一。輕者欲發，重者欲止，貪者欲取，廉者不利非其有也。夫兵衆心欲一，今重者欲止，輕者欲發，各趨其便，是不一也。不一則遇敵而敗；但量其才力，均輕重而使之，則无往不克。故勇者可令進鬭，不可令持堅；重者可令固守，不可令凌敵；貪者可令攻取，不可令分財;廉者可令守分,不可令進取;信者可令持約,不可令應變。五者聖人兼用而材使之〔三〕。惟聖人善用其能,不失其所能,故天下无敵也。夫天地不懷一物,陰陽不産一類;故海不讓水潦以成其大,山林不讓枉橈以成其崇,聖人不辭其負薪之言以廣其名〔四〕。夫守一隅而遺萬方,取一物而棄其餘,則所得者寡而所治者淺矣〔五〕。夫道不廣,不能懷萬物;聖人德不厚,无以納微言。故一能不可恃,一方不可守,守之者細,恃之者淺也。

〔一〕淮南子泰族篇:「聖人天覆地載,日月照臨,陰陽調,四時化,萬物不同,無故無新,無疏無親。」

〔二〕泰族篇:「故能法天。天不一時,地不一利,人不一事,是以緒業不得不多端,趨行不得不殊方。」管子宙合篇:「天不一時,地不一利,人不一事,可正而視,定而履,深而迹。」

〔三〕泰族篇:「故用兵者或輕或重,或貪或廉,此四者相反,而不可一無也。輕者欲發,重者欲止,貪者欲取,廉者不利非其有。故勇者可令進鬭,而不可令持牢;重者可令埴固,而不可令凌敵;貪者可令進取,而不可令守職;廉者可令守分,而不可令進取;信者可令持約,而不可令應變。五者相反,聖人兼用而財使之。」

〔四〕王叔岷曰:「『聖人不辭其負薪之言』,案:『其』字涉上下文而衍,纘義本無『其』字,是也。文選李斯上秦始皇書注引作『聖人不讓負薪之言』,亦無『其』字。」案:王説是。尋李斯上書秦始皇曰:「是以泰山不讓土壤故能成其大,河海不擇細流故能就其深,王者不却衆庶故能明其德。」李善注引文子此文,則是釋「負薪」爲「衆庶」也,則是「負薪」亦芻蕘之比也。泰族篇:「夫天地不包一物,陰陽不生一類;海不讓水潦以成其大,山不讓土石以成其高。」案：管子形勢解：「海不辭水，故能成其大；山不辭土，故能成其高；明主不厭人，故能成其衆；士不厭學，故能成其聖。」呂氏春秋貴公篇：「陰陽之和，不長一類；甘露時雨，不私一物。」與此義相比也。

〔五〕泰族篇：「夫守一隅而遺萬方，取一物而棄其餘，則所得者鮮而所治者淺矣。」

老子曰：「天之所覆，地之所載，日月之所照，形殊性異，各有所安。樂所以爲樂者，乃所以爲悲也；安所以爲安者，乃所以爲危也。以己樂樂之則悲，因其樂樂之即樂。以己安安之則危，因其生而安之則安也。故聖人之牧民也，使各便其性，安其居，處其宜，爲其所能，周其所適，施其所宜，如此，即萬物一齊，无由相過〔一〕。聖人牧民，使異性殊形，各適其宜，雖則萬類，有若一體，不能相越，故曰一齊。天下之物，無貴無賤，因其所貴而貴之，物無不貴；因其所賤而賤之，物無不賤〔二〕。貴賤无定分，窮通无常準，在遇與不遇，用與不用也。故不尚賢者，言不放魚於木，不沈鳥於淵〔三〕。言因飛而放於林，因游而投於水，則飛沈得所，由賢愚並用也。昔堯之治天下也〔四〕，舜爲司徒，契爲司馬，禹爲司空，三公之官，論道經邦，燮理陰陽，爲天子股肱喉舌也。后稷爲田疇，教民播種。奚仲爲工師，造器物以備民用，聖人任賢若此。功格宇宙，德流四海，唯天爲大，唯堯則之也。其導民也，水處者漁，林處者採〔五〕，谷處者牧，陵處者田〔六〕，地宜其事，事宜其械，械宜其材〔七〕，皋澤織網，陵坂耕田，如是，則民得以所有易所無，以所工易所拙〔八〕。是以離叛者寡，聽從者衆，若風之過蕭〔九〕，忽然而感之，各以清濁應〔一〇〕。物莫不就其所利，避其所害。是以鄰國相望，鷄狗之音相聞，而足迹不接於諸侯之境，車軌不結於千里之外，皆安其居也〔一一〕。聖人之道民也，因其勢而居之，因其宜而安之，則有無相資，巧拙相資，由風之過蕭，雨之潤物，則聲從所感，物隨所利，故得鄰國相望，兵甲不用，民至老死，皆安其居也。故亂國若盛，治國若虛，亡國若不足，存國若有餘。虛者非无人也，各守其職也。盛者非多人也，皆徼於末也。有餘者非多財也，欲節事寡也。不足者非無貨也，民鮮而費多也〔一二〕。明此四者，則見治亂之本，察存亡之勢也。故先王之法，非所作也，所因也；其禁誅，非所爲也，所守也〔一三〕。上德之道也。」禁誅者，先王制法，非所以爲殺，然爲以隄防也。然愚人不守其令，而多陷之，是有取死之道焉爾。

〔一〕淮南子齊俗篇：「形殊性詭，所以爲樂者，乃所以爲哀；所以爲安者，乃所以爲危也。乃至天地之所覆載，日月之所照認，使各便其性，安其居，處其宜，爲其能，……即萬物一齊，而無由相過。」即據此文，而重新組合之者。

〔二〕齊俗篇：「由此觀之，物無貴賤，因其所貴而貴之，物無不貴也；因其所賤而賤之，物無不賤也。」莊子秋水篇：「以道觀之，物无貴賤；以物觀之，自貴而相賤；以俗觀之，貴賤不在己。」義亦相會。

〔三〕齊俗篇：「故老子曰：『不上賢者，言不致魚於木，沉鳥於淵。』」許慎注：「物各因其宜，故不須用賢。」案：今本老子無此文。

〔四〕齊俗篇：「故堯之治天下也，舜爲司徒，契爲司馬，禹爲司空，后稷爲大田師，奚仲爲工。」案：説苑君道篇：「當堯之時，舜爲司徒，契爲司馬，禹爲司空，后稷爲田疇。」（下略）向宗魯先生校證曰：「『舜爲司徒』，淮南齊俗篇、文子自然篇説同。書堯典：『愼徽五典，五典克從。』鄭注：『五典，五教也，蓋試以司徒之職。』（史記五帝紀集解引。）是鄭説亦同。而尚書中候握河紀、春秋緯元命苞、運斗樞、合誠圖、論語比考讖皆謂『舜爲太尉』，蓋爲司徒在登庸之初，爲太尉乃宅百揆時也。」又曰：「『契爲司馬』，淮南齊俗篇、文子自然篇同。案書堯典、禮記祭法、史記五帝紀、管子法法篇、孟子滕文公上篇、尚書刑德放、潛夫論五德志皆云『爲司徒』，與此異。」又曰：「『禹爲司空』，書堯典、史記五帝紀、管子法法篇、淮南齊俗篇、文子自然篇、中候握河紀、潛夫論五德志並同。」又曰：「『后稷爲田疇』，淮南齊俗篇、文子自然篇皆云：『稷爲大田。』管子法法篇云：『后稷爲田。』皆與此合。堯典云：『汝后稷。』（五帝紀同。）周語上：『昔我先王世后稷。』后稷者，主稷之官，（應劭百官志注説。）『田疇』也、『大田』也、『田』也，一官而數稱者也，皆即后稷也。」（下略）器案：「呂氏春秋君守篇：「奚仲作車。」高誘注：「奚仲，黄帝之後，任姓也。傳曰：『爲夏車正，封于薛。』」荀子解蔽篇：「奚仲作車。」楊倞注：「奚仲，夏禹時車正。」文選陸士衡演連珠李善注引尸子：「造車者，奚仲也。」説文：「車，夏后時奚仲所造。」

〔五〕齊俗篇：「其導萬民也，水處者漁，山處者木。」

〔六〕齊俗篇：「谷處者牧，陸處者農。」

〔七〕「地宜其事」，原脱「其」字，據兩治要本補。齊俗篇：「地宜其事，事宜其械，械宜其用，用宜其人。」

〔八〕齊俗篇：「澤皐織網，陵阪耕田。得以所有易所無，以所工易所拙。」

〔九〕齊俗篇：「是故離叛者寡，而聽從者衆，……若風之遇簫。」許慎注：「簫，籟也。」案：「遇」，道藏本及酉陽雜俎續集四引俱作「過」，當據改正。

〔一〇〕齊俗篇：「忽然感之，各以清濁應矣。」酉陽雜俎續集四引高誘注：「清，商；濁，宮也。」

〔一一〕齊俗篇：「物莫避其所利，而就其所害。是故鄰國相望，鷄狗之音相聞，而足迹不接諸侯之境，車軌不結千里之外者，皆各得其安。」案：莊子胠篋篇：「昔者容成氏、大庭氏、伯皇氏、中央氏、栗陸氏、驪畜氏、軒轅氏、赫胥氏、尊盧氏、祝融氏、伏羲氏、神農氏，當是時也，民結繩而用之，甘其食，美其服，樂其俗，安其居，鄰國相望，鷄狗之音相聞，民至老死而不相往來。若此之時，則至治已。今遂使民延頸舉踵曰『某所有賢者』，贏糧而趣之，則内棄其親而外去其主之事，足跡接乎諸侯之境，車軌結乎千里之外，則是上好知之過也。」三家之言不尚賢也，此老子小國寡民之旨也。

〔一二〕齊俗篇：「故亂國若盛，治國若虚，亡國若不足，存國若有餘。虚者非無人也，皆守其職也。盛者非多人也，皆徼於末也。有餘者非多財也，欲節事寡也。不足者非無貨也，民躁而費多也。」

〔一三〕齊俗篇：「故先王之法籍，非所作也，其所因也；其禁誅，非所爲也，其所守也。」

老子曰：「以道治天下，非易人性也，因其所有而條暢之〔一〕。故因即大，作即小〔二〕。古之瀆水者，因水之流也〔三〕。生稼者，因地之宜也〔四〕。征伐者，因民之欲也。能因則无敵於天下矣〔五〕。物必有自然，而後人事有治也〔六〕。觀物有自然之性，然後順物之宜，因民所欲，則事无不濟，動无不利。故先王之制法，因民之性，而爲之節文〔七〕，无其性，不可使順教；有其性，无其資，不可使遵道〔八〕。由木不可使出水，金不可使生火也。人之性有仁義之資，其非聖人爲之法度，不可使向方，因其所惡以禁姦，故刑罰不用，威行如神〔九〕。因其性，即天下聽從；佛其性，即法度張而不用〔一〇〕。道德仁義，雖本性皆有，而非聖王爲法度，行其權賞，導之以德，齊之以禮，威之以刑，則无由復自然之性，而能向方矣。因其性，則其應如神；佛其性，即雖令不從也。道德者，則功名之本也，民之所懷也，民懷之則功名立。非有道德，无以樹功名也。古之善爲君者法江海，江海無爲以成其大，窊下以成其廣，故能長久〔一一〕。爲天下谿谷，其德乃足〔一二〕。無爲，故能取百川。不求故能得，不行故能至〔一三〕。是以取天下而無事〔一四〕。不自貴故富，不自見故明，不自矜故長〔一五〕，處不有之地〔一六〕，故爲天下王。不争，故莫能與之争〔一七〕。終不爲大，故能成其大〔一八〕。江海近於道〔一九〕，故能長久。與天地相保，王公修道則功成不有〔二〇〕。不有即强固，强固而不以暴人。道深即德深，德深即功名遂成〔二一〕。此謂玄德，深矣遠矣，其與物反矣〔二二〕。世尚尊高，吾則自卑；世貴矜伐，吾則不爭；長處不有，故謂物反。天下有始，莫知其理，唯聖人能知所以〔二三〕。非雄非雌，非牝非牡。生而不死，天地以成，陰陽以形，萬物以生。故陰與陽，有圓有方，有短有長，有存有亡。道爲之命，幽沉而无事，於心甚微，於道甚當，死生同理，萬物變化，合於一道，簡生忘死，何往不壽〔二四〕？去事與言，慎無爲也。守道周密，於物不宰〔二五〕。至微無形，天地之始。萬物同於道而殊形，至微無物，故能周恤。至大無外，故爲萬物蓋；至細無內，故爲萬物貴〔二六〕。道以存生，德以安形。至道之度，去好去惡，无有知故，易意和心，無以道迕。天地有始者，謂道也。舉世莫能識者，言非雄雌可辯，形色所推，然雖尋之无所，語之不得，而又長存。夫天地有高下之位，日月有晝夜之宜，陰陽有剛柔之理，萬物有長短之質；至於道也，非幽非明，非存非亡，非巨非細，非圓非方，輪轉不極，變化无方。然而體之者，能存生安形，去事去言，浩然无爲，悠然委順，則能復乎大樸，冥乎仁壽之域。夫天地專而爲一，分而爲二，反而合之，上下不失。專而爲一，分而爲五，反而合之，必中規矩。一者氣布，二者形流。五者，五行也。上下者，天地也。人處其間，能合德天地，專精爲一，必中法度，而復乎初也。夫道至親不可疎，至近不可遠，求之遠者，往而復反〔二七〕。遠求諸物，莫知求之身也。

〔一〕日本兩治要本「人」作「民」，無「所」字。淮南子泰族篇：「聖人之治天下，非易民性也，拊循其所有而滌蕩之。」「滌蕩」即「條暢」。

〔二〕泰族篇：「故因則大，化則細矣。」許慎注：「能循則必大也，化而欲作則小矣。」王念孫曰：「『化』字義不可通，『化』當爲『作』，字之誤也。聖人順民性而條暢之，所謂因也，反是則爲作矣。原道篇曰：『任一人之能，不足以治三畝之宅也，循道理之數，因天地之自然，則六合不足均也。』故曰『因則大，作則細矣』。高注本作『能循則必大也，欲作則小矣』，今本『欲作』上有『化而』二字，則後人依已誤之正文加之耳。文子道原篇作『因即大，作即細』，自然篇作『因即大，作即小』，皆其證。呂氏春秋君守篇曰：『作者擾，因者平。』任數篇曰：『爲則擾矣，因則静矣。』語意略與此同。」向宗魯先生曰：「王氏誤甚。長短經是非篇引孟子曰：『天道因則大，化則細』云云。慎子因循篇：『天道因則大，化則細。因也者，因人之情也，人莫不自爲也，化而使之爲我，則莫可得而用矣。』皆淮南所本，孟子文僅佚文數句，而慎子所云『化則細』之意甚明，高注有『化而欲作』語，正本文有『化』字之明證，王氏以『化而』二字，後人依已誤之正文加之，不知『化而欲作』四字，見老子三十七章，高語本道經，意正密合。（老子以「自化」爲貴，即此所謂「因」，以「化而欲作」爲非，即此所謂「化」，云「吾將鎮之以無名之樸」，即謂舍化就因。）非淺人所得妄加也。治要引正文注文皆同今本，則唐本已如此，陶氏因王氏誤説，乃改治要以就之，將誰欺。」

〔三〕泰族篇：「禹鑿龍門，闢伊闕，決江濬河，東注之海，因水之流也。」

〔四〕日本兩治要本「生」作「産」。泰族篇：「后稷墾草發菑，糞土樹穀，使五種各得其宜，因地之勢也。」

〔五〕泰族篇：「湯武革車三百乘，甲卒三千人，討暴亂，制夏商，因民之欲也，故能因則無敵於天下矣。」

〔六〕泰族篇：「夫物有以自然，而後人事有治也。」

〔七〕泰族篇：「故先王之制法也，因民之所好，而爲之節文者也。因其好色，而制婚姻之禮，故男女有别；因其喜音，而正雅頌之聲，故風俗不流；因其寧家室、樂妻子，教之以順，故父子有親；因其喜朋友，而教之以悌，故長幼有序。然後修朝聘，以明貴賤；饗飲習射，以明長幼；時搜振旅，以習用兵也；入學庠序，以修人倫。此皆人之所有於性，而聖人之所匠成也。」

〔八〕泰族篇：「故無其性，不可教訓；有其性，無其養，不能遵道。」

〔九〕日本兩治要本「聖人」作「聖王」，「向方」下有「也」字。泰族篇：「人之性有仁義之資，非聖人爲之法度而教導之，則不可使鄉方；故先王之教也，因其所喜以勸善，因其所惡以禁姦，故刑罰不用而威行如流。」

〔一〇〕日本兩治要本「佛」作「咈」，不可從。泰族篇：「故因其性則天下聽從，拂其性則法縣而不用。」

〔一一〕太平御覽引此文作「古之善爲君者，法海以象其大，注下以成其廣。」景宋本、景刻宋本「窊」作「注」。案：説文：「窊，汙衺下也。」又：「窪，一曰『窊』也。」「注」、「注」俱字形近之誤。老子六十六章：「江海所以爲百谷王者，以其善下之，故能爲百谷王。」

〔一二〕「谿」字當衍。老子二十八章：「知其榮，守其辱，爲天下谷。爲天下谷，常德乃足。」

〔一三〕老子六十二章：「古之所以貴此道者何？不曰以求得、有罪以免邪！故爲天下貴。」

〔一四〕老子五十七章：「以無事取天下。」

〔一五〕老子二十二章：「是以聖人抱一爲天下式，不自見故明，不自是故彰，不自伐故有功，不自矜故長。」

〔一六〕老子五十一章：「生而不有。」

〔一七〕老子二十二章：「夫唯不争，故天下莫能與之争。」又六十六章：「以其不争，故天下莫能與之争。」

〔一八〕老子六十三章：「天下大事必作於細，是以聖人終不爲大，故能成其大。」又三十四章：「以其終不自爲大，故能成其大。」

〔一九〕老子六十六章：「江海所以能爲百谷王者，以其善下之，故能爲百谷王。是以欲上民，必以言下之；欲先民，必以身後之。」

〔二〇〕老子三十四章：「功成不名有。」

〔二一〕老子十七章：「功成事遂，百姓皆謂我自然。」

〔二二〕老子六十五章：「常知稽式，是謂玄德，玄德深矣遠矣，與物反矣。」

〔二三〕老子五十二章：「天下有始，以爲天下母。既得其母，以知其子。既知其子，復守其母，没身不殆。」

〔二四〕莊子大宗師篇：「夫孟孫氏盡之矣，進於知矣，唯簡之而不得。夫已有所簡矣。孟孫氏不知所以生，不知所以死。」郭象注：「簡擇死生，而不得其異，若春秋冬夏四時行耳。」此文本之，知生知死，純任自然，故曰「何往不壽」。

〔二五〕老子十章：「生而不有，爲而不恃，長而不宰，是謂玄德。」又見五十一章。莊子達生篇：「子獨不聞夫至人之自行邪？忘其肝膽，遺其耳目，芒然彷徨乎塵垢之外，逍遥乎无事之業，是謂爲而不恃，長而不宰。」郭象注：「任其自長耳，非宰而長之。」

〔二六〕莊子天下篇：「至大无外，謂之大一。至小无内，謂之小一。」

〔二七〕案：本書道原篇：「大道坦坦，去身不遠；求之遠者，往而復返。」説詳彼注。

老子曰：「帝者有名，莫知其情。帝者貴其德，王者尚其義，霸者通於理〔一〕。德者煦育萬物，義者拯溺扶危，理者應於機數。聖人之道，於物無有，道狹然後任智〔二〕，德薄然後任刑，明淺然後任察。任智者中心亂，任刑者上下怨，任察者，下求善以事上即弊〔三〕。智出亂真，刑生法詐，善起於矯，三者既變，聖人禁之，莫之能勝，失道之弊，在於兹也。是以聖人因天地以變化，其德乃天覆而地載，道之以時，其養乃厚，厚養即治，治，亂〔四〕。雖有神聖，夫何以易之〔五〕。去心智，省刑罰，反清静，物將自正。道之爲君如尸〔六〕，儼然玄默，而天下受其福〔七〕，一人被之不褒〔八〕，萬人被之不褊〔九〕。是故重爲惠，重爲暴，即道迕矣〔一〇〕。爲惠者，布施也。聖人觀時之弊，任其智詐，故鎮以道德，反乎清静，使物自正，守於玄默，使其復樸。故惠不妄施，刑不妄加，即暴亂不興，而順於道。無功而厚賞，無勞而高爵，即守職者懈於官，而遊居者亟於進矣。夫暴者妄誅，無罪而死亡，行道者而被刑，即修身不勸善，而爲邪行者輕犯上矣〔一一〕。故爲惠者即生姦，爲暴者即生亂，姦亂之俗，亡國之風也〔一二〕。夫刑不可加有道，爵不可及无功，則守職有懈怠之色，行道者有陵替之心，此姦亂之俗，亡國之風也。故國有誅者，而主無怒也〔一三〕。朝有賞者，而君无與也〔一四〕。誅者不怨君，罪之當也。賞者不德上，功之致也。民知誅賞之來〔一五〕，皆生於身，故務功修業，不受賜於人〔一六〕，是以朝廷蕪而無迹，田壄辟而无穢。賞足以勸善，刑足以懲姦，賞者无驕與之危，刑者无哀惻之情，則近者被其澤，遠人服其德。若修其業而竭其力，故朝廷無争訟，田野滋稼穡。故太上，下知而有之〔一七〕。言下古知太上有道，後王取法而行。王道者處無爲之事，行不言之教〔一八〕，清静而不動，一度而不徭〔一九〕，因循任下，責成而不勞〔二〇〕，謀无失策，舉无過事〔二一〕，言无文章，行无儀表〔二二〕，進退應時，動静循理，美醜不好憎，賞罰不喜怒。名各自命，類各自以，事由自然，莫出於己〔二三〕。若欲狹之，乃是離之〔二四〕；若欲飾之，乃是賊之〔二五〕。王者非大不能容萬物，非静不能和百姓，絶於好憎，敦乎樸素，狹而不親，文无害質，物類衆咸歸自然也。天氣爲魂，地氣爲魄，反之玄妙，各處其宅，守之勿失，上通太一〔二六〕。太一之精，通合於天〔二七〕。天道嘿嘿〔二八〕，無容無則，大不可極，深不可測〔二九〕。常與人化，智不能得〔三〇〕。輪轉無端，化遂如神，虚無因循，常後而不先〔三一〕。人之魂者，陽也生也，受於天。魄者，陰也殺也，受於地。是各守其宅。魂者陽之神，魄者陰之精，魂魄是天地之至精，故曰「玄妙」。天得之常明，人得之常生，故曰「守之勿失，上通太一」。太一，太上道君也，人之所稟也，言人能守其精神，使不失其身，乃上合天，太一專精積念，故能通也。守之法，唯静唯默，无容无則，无大无涯，其微莫測，故曰「常與人化，智不能得」。其轉如輪，其化如神，虛无之間，常後不先，冥冥能曉，故曰至真也。其聽治也，虛心弱志，清明不闇，是故羣臣輻湊並進〔三二〕，無愚智賢不肖，莫不盡其能，君得所以制臣，臣得所以事君，即治國之所以明矣〔三三〕。」夫有清明之鑒，必見純粹之精，以治國則羣臣爭戴之，不輕以身，則萬萬周衞而不離也。

〔一〕日本兩治要本「德」下、「義」下、「理」下俱有「也」字。又「通」作「迫」，景宋本、景刻宋本同。

〔二〕「狹」原作「挾」，景宋本、景刻宋本及日本兩治要本同，太平御覽六百三十六引作「狹」，與「薄」、「淺」互文爲義，是也。今據改正。

〔三〕太平御覽引無「中」字，「怨」作「恐」，「事」下有「其」字。

〔四〕案：論語泰伯篇：「予有亂臣十人。」集解：「馬曰：『亂，治也。』」左昭二十四年：「余有亂臣十人。」杜注：「治臣十人。」此注訓「治」爲「亂」本之。

〔五〕「夫」原作「人」，今據道藏纘義本校改。

〔六〕淮南子主術篇：「君人之道，其猶零星之尸也。」高誘注：「尸，祭主也。尸食飽，以知神之食亦飽。詩曰：『公尸燕飲，在宗載考。』」案：「公尸燕飲」見大雅鳧鷖篇，「在宗載考」見小雅湛露篇，非一事也。此蓋高氏記憶偶疎，而誤連綴之，非四家詩之異同也。

〔七〕主術篇：「儼然玄默，而吉祥受福。」高誘注：「尸不言語，故曰『玄默』。」

〔八〕主術篇：「一人被之而不褒。」高誘注：「褒，大也。」

〔九〕主術篇：「萬人蒙之而不褊。」高誘注：「蒙，冒；褊，小也。」

〔一〇〕主術篇：「是故重爲惠，若重爲暴，則治道通矣。」「惠」原作「慧」，今據改。高誘注：「『通』猶順也。」王念孫曰：「『重爲惠若重爲暴』，本無『若』字，後人以詮言篇云『重爲善若重爲非』，故加『若』字也。不知彼文是言爲善者必生事，故曰『重爲善若重爲非』，此言『惠』、『暴』俱不可爲，則二者平列，不得云『重爲惠若重爲暴』也。下文『爲惠者生姦，爲暴者生亂』，即承此文言之，則『惠』、『暴』平列明矣。文子自然篇作『是故重爲惠，重爲暴，即道達矣』，無『若』字。」

〔一一〕主術篇：「爲惠者，尚布施也。無功而厚賞，無勞而高爵，則守職者懈於官，而遊居者亟於進矣。爲暴者妄誅也，無罪者而死亡，行直而被刑，則修身者不勸善，而爲邪者輕犯上矣。」高誘注：「言不可不慎也。」

〔一二〕主術篇：「故爲惠者生姦，而爲暴者生亂，姦亂之俗，亡國之風。」高誘注：「風，化。」

〔一三〕主術篇：「是故明主之治，國有誅者，而主無怒焉。」高誘注：「因法而行，故不怒也。」

〔一四〕主術篇：「朝有賞者，而君無與焉。」高誘注：「因功而行，故不與也。」

〔一五〕「知」原誤作「之」，今據景宋本、景刻宋本校改，淮南子同。主術篇：「誅者不怨君，罪之所當也。賞者不德上，功之所致也。民知誅賞之來，皆在於身也。」

〔一六〕主術篇：「民知誅賞之來，皆在於身也，故務功脩業，不受贛於君。」高誘注：「贛，物也。」案：「物」當作「賜」，端木賜字子貢（「贛」同），名字相應，是其證也。

〔一七〕主術篇：「故太上，下知有之。」高誘注：「言太上之世，下知之人皆能有此術。」

〔一八〕主術篇：「人主之術，處無爲之事，而行不言之教。」高誘注：「教，令也。謂不言而事辦也。」

〔一九〕主術篇：「清静而不動，一度而不摇。」案：莊子知北遊篇：「一汝度。」成玄英疏：「專一志度，令無放逸。」義與此相比也。

〔二〇〕主術篇：「因循而任下，責成而不勞。」高誘注：「成辦而不自勞。」

〔二一〕主術篇：「是故慮無失策，謀無過事。」高誘注：「『過』猶誤也。」王念孫曰：「『謀』本作『舉』，此後人以意改之也。『舉』猶動也。『慮無失策』，以謀事言之。『舉無過事』，以行事言之。若改『舉』爲『謀』，則與『無過事』三字義不相屬，且與上句相複矣。羣書治要引此正作『舉無過事』。賈子保傅篇：『是以慮無失計，而舉無過事。』即淮南所本（大戴禮保傅篇同）。文子自然篇：『謀無失策，舉無過事。』又本於淮南也。」案：王氏不知淮南本於文子，翩其反矣。

〔二二〕主術篇：「言爲文章，行爲儀表於天下。」高誘注：「爲天下人所法則也。」

〔二三〕主術篇：「進退應時，動静循理，不爲醜美好憎，不爲賞罰喜怒，名各自名，類各自類，事猶自然，莫出於己。」案：淮南子繆稱篇：「聲自召也，貌自示也，名自命也，（説文「名」下云：「名自命也。」）文自官也，無非己者。」徐幹中論貴驗篇：「子思曰：『事自名也，聲自呼也，貌自眩也，物自處也，人自官也，無非自己者。』」義俱與此相比也。

〔二四〕主術篇：「若欲規之，乃是離之。」高誘注：「言嗜欲有所規合，乃是離散也。」

〔二五〕主術篇：「若欲飾之，乃是賊之。」高誘注：「飾，好也。賊，敗也。」

〔二六〕主術篇：「天氣爲魂，地氣爲魄，反之玄房，各處其宅，守而勿失，上通太一。」悉曇輪略圖抄七引淮南作「天氣爲魂，地氣爲魄。魂無形，魄有形，魂是雲，魄是屍。」「魂無形」四句十二字，蓋演繹之詞。淮南精神篇：「馮太一。」高誘注：「太一，天之形神也。」又本經篇：「帝者體太一。」高誘注：「太一，天之刑（形）神也。」又詮言篇：「洞同天地，渾沌爲樸。未造而成物，謂之太一。」許慎注：「太一，元神總萬物者。」

〔二七〕主術篇：「太一之精，通於天道。」王念孫曰：「『通於天道』本作『通合於天』，今本脱『合』字，衍『道』字。（「道」涉下句「天道玄默」而衍。）文子自然篇正作『通合於天』。『天』與『精』爲韻，（「天」字合韻讀若汀，小雅節南山篇「不弔昊天」，與定、生、寧、醒、成、政、姓爲韻，大雅雲漢篇「瞻卬昊天」，與星、贏、成、正、寧爲韻，瞻卬篇「瞻卬昊天」，與寧、定爲韻，乾彖傳「乃統天」、「時乘六龍以御天」，與形、成、命、貞、寧爲韻，坤彖傳「乃順承天」，與生爲韻，乾文言「時乘六龍以御天」，與精、情、平爲韻，楚辭九章「瞭杳杳而薄天」，九辯「瞭冥冥而薄天」，並與名爲韻。凡周秦用韻之文，「天」字多有入耕部者，詩、易、楚辭而外，不可枚舉。）若作『通於天道』，則失其韻矣。此文上下十八句，皆用韻。」

〔二八〕主術篇：「天道玄默。」「嘿」、「默」音義並同，楚辭屈原卜居：「吁嗟默默兮，誰知吾之廉貞。」王逸注：「『默』一作『嘿』。」文選屈原卜居「默默」作「嘿嘿」，劉良注：「嘿嘿，不言貌。」

〔二九〕主術篇：「天道玄默，無容無則。大不可極，深不可測。」高誘注：「測，盡。」

〔三〇〕主術篇：「尚與人化，知不能得。」高誘注：「天道至大，非人智慮所能得也。」

〔三一〕淮南子原道篇：「因循應變，常後而不先。」

〔三二〕主術篇：「夫人主之聽治也，清明而不闇，虛心而弱志，是故羣臣輻湊並進，無愚智賢不肖，莫不盡其能。」案：文選東都賦、天監三年策秀才文、恩倖傳論、運命論李善注俱引文子張湛注：「輻湊，如輻之集於轂也。」

〔三三〕日本兩治要本「即治國之所以明矣」作「即治國之道明矣」。主術篇：「夫人主之聽治也，虛心而弱志，清明而不闇，是故君臣輻湊竝進，無愚智賢不肖，莫不盡其能者，則君得所以制臣，臣得所以事君，治國之道明矣。」劉家立曰：「按：『故君得所以制臣』句上，今本有『人主之聽治也』至『莫不盡其能者』，與上文『下者萬物歸之，虛者天下畏之』句下六句相同，隔别十餘行，不應有此複文，蓋重出也。上文專言君道，故於此六句下云『乃始陳其禮，建以爲基』，言不如此，不能建立基業也。此處言君臣道合，則上下有以相使，故君得所以制臣，臣得所以事君也。有此六句，與上下文義不相屬，此由寫者誤衍也，今删去。」案：劉氏之言是也，今存其説，以諗讀者。

老子曰：「知而好問者聖〔一〕，勇而好問者勝〔二〕。乘衆人之智者，即無不任也；用衆人之力者，即無不勝也〔三〕。用衆人之力者，烏獲不足恃也〔四〕。乘衆人之智者，天下不足用也〔五〕。善用衆者，天下无强。用衆力，則山丘雖重，其勢可移。用衆智，則鬼神雖隱，其理可明。無權不可爲之勢，而不循道理之數〔六〕，雖神聖人不能以成功〔七〕。夫機權已張，而匹夫雖微，可發萬鈞之弩。事理既乖，而聖人雖神，不能屈童子之言。故聖人舉事，未嘗不因其資而用之也〔八〕。有一功者處一位，有一能者服一事。力勝其任，即舉者不重也。能勝其事，即爲者不難也〔九〕。聖人兼而用之，故人無棄人，物無棄材〔一〇〕。因其材而使之，莫不各盡其材。因其能而用之，莫不皆竭其能。

〔一〕日本兩治要本「知」作「智」，淮南子主術篇同。主術篇：「文王智而好問，故聖。」高誘注：「好問，欲與人同其功。」

〔二〕日本兩治要本「問」作「同」。不可據。主術篇：「武王勇而好問，故勝。」高誘注：「勝殷也。」

〔三〕「智」原作「勢」，據注及上下文當作「智」，淮南子正作「智」，今據改正。主術篇：「夫乘衆人之智，則無不任也；用衆人之力，則無不勝也。」

〔四〕主術篇：「千鈞之重，烏獲不能舉也；衆人相一，則百人有餘力矣。是故任一人之力者，則烏獲不足恃。」高誘注：「千鈞，三萬斤也。烏獲，秦武王之力士也，武王試其力，使舉大鼎，腕脱而不任，故曰『不能舉也』。不能勝，故不足恃也。」

〔五〕主術篇：「乘衆人之制者，則天下不足有也。」高誘注：「人衆力强，以天下爲小，故曰『不足有也』。」

〔六〕案：「无權」疑當作「夫推」，形近之誤也。主術篇：「夫推而不可爲之勢，而不脩道理之數。」高誘注：「推，行。」即本文子此文。王念孫謂「推」下「而」字衍，案文子正無此「而」字。又案：淮南子「脩」字亦當從文子作「循」，形近之誤也。

〔七〕主術篇：「雖神聖人不能以成其功，而況當世之主乎？」

〔八〕主術篇：「是故聖人舉事也，豈能拂道理之數，詭自然之性，以曲爲直，以屈爲伸哉？未嘗不因其資而用之也。」高誘注：「拂，戾也。詭，違也。」

〔九〕主術篇：「是故有一形者處一位，有一能者服一事。力勝其任，則舉之者不重也。能稱其事，則爲之者不難也。」

〔一〇〕主術篇：「毋小大脩短，各得其宜，則天下一齊，無以相過也。聖人兼而用之，故無棄才。」老子二十七章：「是以聖人常善救人，故無棄人；常善救物，故無棄物；是謂襲明。」

老子曰：「所謂無爲者，非謂其引之不來，推之不去〔一〕，迫而不應，感而不動〔二〕，堅滯而不流，捲握而不散〔三〕。唯能變通循時，應物无滯，謂之无爲。謂其私志不入公道，嗜欲不枉正術〔四〕，循理而舉事，因資而立功，推自然之勢，曲故不得容〔五〕，事成而身不伐〔六〕，功立而名不有〔七〕。若夫水用舟，沙用鴃，乃鳥切。泥用輴，敕倫切。山用樏，音贏〔八〕。夏瀆冬陂，因高爲山，因下爲池，非吾所爲也〔九〕。用其所利，各得其便，故云「非吾所爲也」。聖人不恥身之賤，惡道之不行也；不憂命之短，憂百姓之窮也〔一〇〕。故常虛而無爲，抱素見樸〔一一〕，不與物雜〔一二〕。」常與道同，不爲物雜。

〔一〕日本兩治要本無「老子曰」三字，「所謂无爲者」緊接上章末尾「物无棄材矣」之後。又「去」作「往」。淮南子脩務篇：「或曰：『無爲者，寂然無聲，漠然不動，引之不來，推之不往，如此者，乃得道之象。』」高誘注：「或人以爲先爲術如此，乃可謂得道之法也。」

〔二〕脩務篇：「非謂其感而不應，攻而不動者。」王引之曰：「『攻』當爲『敀』，敀，今『迫』字也，故文子作『迫而不動』。原道篇云：『感則能應，迫則能動。』精神篇云：『感而應，迫而動。』莊子刻息篇云：『感而後應，迫而後動。』皆其證也。說文：『敀，迮也。』徐鍇曰：『迮猶切近也。』玉篇曰：『敀，附也。』是古『迫』、『迮』字本作『敀』，今諸書皆作『迫』，未必非後人所改也。此『敀』字若不誤爲『攻』，則後人亦必改爲『迫』矣。」

〔三〕日本兩治要本「散」下有「也」字。

〔四〕「枉」原作「挂」，日本兩治要本作「枉」，淮南子亦作「枉」，今據改正。脩務篇：「若吾所謂無爲者，私志不得入公道，嗜欲不得枉正術。」

〔五〕脩務篇：「循理而舉事，因資而立權自然之勢，而曲故不得容者。」高誘注：「曲故，巧詐也。」王念孫曰：「『因資而立』下脱一字，當依文子自然篇作『因資而立功』，『立功』與『舉事』相對爲文。氾論篇曰：『聖人隨時而動靜，因資而立功。』説林篇曰：『聖人隨時而舉事，因資而立功。』皆其證也。『事』、『功』二字承上文『必事』、『必加功』言之，下文『事成』、『功立』又承此文言之，今本脱『功』字，則既與上句不對，又與上下文不相應矣。『權自然之勢』，當依文子作『推自然之勢』，字之誤也。原道篇：『天下之事，不可爲也，因其自然而推之。』主術篇曰：『推不可爲之勢，而不循道理之數。』高注：『推，行也。』今本『推』作『權』，則非其指矣。」

〔六〕脩務篇：「事成而身弗伐。」高誘注：「伐，自矜大其善。」

〔七〕脩務篇：「功立而名弗有。」高誘注：「不名有其功也。」

〔八〕道藏本纘義釋音：「䡷，乃鳥反，推板具。『輴』音椿，板輿之輿。（「輿」原作「與」，今改。）『樏』音羸，（疑當作「羸」。）肩輿之具。」路史餘論九引文子「涉用⿱髟品」，又云：「『⿱髟品』於説者爲乃鳥反。」案：「涉」當作「沙」，「⿱髟品」當作「䡷」，俱字形之誤也。呂氏春秋慎勢篇：「水用舟，陸用車，塗用輴，沙用⿰朮鳥，山用樏。」淮南子齊俗篇：「舟車輴䡷。」路史餘論九引許慎注：「水宜舟，陸宜車，沙地宜肆（當作「䡷」），坭地宜輴。」四載之名，最爲參差，蓋傳聞異辭矣。路史餘論九有考四載一篇，多文爲富矣。今摘録其與文子有關者言之。路史引淮南齊俗篇「舟車楯肆」（當作「䡷」），又引許慎注云云，案：淮南子脩務篇：「沙之用⿰朮鳥。」道藏本「⿰朮鳥」作「肆」，「肆」即「䡷」之誤，陳昌齊曰：「『⿰朮鳥』當作『䡷』，據文子釋音，『⿰朮鳥』疑即『乃鳥』二字誤合爲一。」其説可存。説文無「䡷」字。「泥用輴」者，史記河渠書集解引尸子：「行塗以楯。」脩務篇：「泥之用輴。」「楯」即「輴」也。僞孔傳云：「泥乘楯。」本此。「山用樏」者，説文木部「樏」下引虞書：「予乘四載：水行乘舟，陸行乘車，山行乘樏，澤行乘輴。」尸子下：「山行乘樏。」脩務篇：「山之用蔂。」「蔂」、「樏」、「樏」聲同通用。僞孔傳：「山乘樏。」本此。

〔九〕脩務篇：「夏瀆而冬陂，因高爲田，因下爲池，此非吾所謂爲之。」高誘注：「此皆因其宜用之，故曰『非吾所謂爲』，言無爲。」王念孫曰：「『田』當爲『山』，字之誤也。因高爲山，所謂『爲高必因丘陵』也。若田則有高原下濕之分，不得但言『因高』矣。文子自然篇正作『因高爲山』。」

〔一〇〕脩務篇：「且夫聖人者，不恥身之賤，而愧道之不行；不憂命之短，而憂百姓之窮。」太平御覽五百二十九引「窮」下有「也」字，與文子同。

〔一一〕老子十九章：「見素抱樸。」

〔一二〕莊子刻意篇：「故素也者，謂其无所與雜也。」

老子曰：「古之立帝王者，非以奉養其欲也，聖人踐位者，非以逸樂其身也〔一〕；爲天下之民，强陵弱〔二〕，衆暴寡，詐者欺愚，勇者侵怯；又爲其懷智不以相教〔三〕，積財不以相分；故立天子以齊一之〔四〕。爲一人之明，不能偏照海内，故立三公九卿以輔翼之〔五〕。爲絶國殊俗，不得被澤，故立諸侯以教誨之〔六〕。是以天地四時，无不應也。官無隱事，國無遺利〔七〕，所以衣寒食飢，養老弱，息勞倦，無不以也〔八〕。聖人之在上者，非欲尊其位，樂其身，將以息民救弊，故天子執一以齊之，三公論道以匡之，九卿奉法以翼之，諸侯宣教以導之，故得遐邇同風，君臣一意，官无僞禄，市无邪利，故詩云：「有覺德行，四國順之。」神農形悴，堯瘦癯，舜黧黑，禹胼胝〔九〕，伊尹負鼎而干湯〔一〇〕，呂望鼓刀而入周〔一一〕，百里奚傳知戀切。賣〔一二〕，管仲束縛〔一三〕，孔子無黔突，墨子無煖席〔一四〕，非以貪禄慕位，將欲事起天下之利，除萬民之害也〔一五〕。自天子至於庶人，四體不勤，思慮不困，於事求贍者，未之聞也〔一六〕。」自神農以下，形體癯悴，手足胼胝，非求居於民上自取尊，志在救物故也。未有安坐而望禄，不耕而穫黍也。

〔一〕日本兩治要本「聖人」下有「之」字。脩務篇：「且古之立帝王者，非以奉養其欲也，聖人踐位者，非以逸樂其身也。」高誘注：「逸，安也。」

〔二〕日本兩治要本「陵」作「掩」，與淮南子合。脩務篇：「爲天下强掩弱，衆暴寡，詐欺愚，勇侵怯。」

〔三〕「智」下原衍「詐」字，淮南子無，今據刪削。脩務篇：「懷知而不以相教，積財而不以相分。」

〔四〕脩務篇：「故立天子以齊一之。」高誘注：「齊，等。一，同也。」

〔五〕「爲」字原無，今據日本兩治要本訂補，淮南子有。脩務篇：「爲一人聰明，而不足以徧照海内，故立三公九卿以輔翼之。」高誘注：「輔，正也。翼，佐也。」

〔六〕脩務篇：「絶國殊俗，僻遠幽閒之處，不能被德承澤，故立諸侯以教誨之。」高誘注：「絶，遠。殊，異。『能』猶及也。立置以爲遠國君。」

〔七〕俶務篇：「是以地無不任，時無不應，官無隱事，國無遺利。」高誘注：「言官無隱病失職之事，以利民，故無所遺亡也。」

〔八〕俶務篇：「所以衣寒食飢，養老弱而息勞倦也。」

〔九〕俶務篇：「蓋聞傳書曰：『神農憔悴，堯瘦臞，舜黴黑，禹胼胝。』」意林一引尸子：「堯瘦舜黑，皆爲民也。」

〔一〇〕俶務篇：「若以布衣徒步之人觀之，則伊尹負鼎而干湯。」高誘注：「伊尹處于有莘之野，執鼎俎，和五味以干湯，欲調陰陽，行其道。詩曰：『實唯阿衡，實左右商王。』是也。」案：引詩者，見商頌長發篇。毛傳：「阿衡，伊尹也。左右，助也。」鄭箋：「阿，倚。衡，平也。伊尹，湯所依倚而取平，故以爲官名。商王，湯也。」

〔一一〕俶務篇：「呂望鼓刀而入周。」高誘注：「呂望，姜姓，四岳之後，四岳佐禹治水有功，賜姓曰姜氏，呂望其後，居殷，乃屠於朝歌，故曰『鼓刀』。入周，自殷而往，爲文王太師，佐武王伐紂，成王封之于齊也。」

〔一二〕俶務篇：「百里奚轉鬻。」高誘注：「百里奚，虞臣，自知虞公不可諫而去，轉行自賣於秦，爲穆公相而秦興也。」案：呂氏春秋慎人篇：「百里奚飯牛於秦，傳鬻以五羊之皮。」戰國策秦始皇策：「百里奚，虞之乞人，傳賣以五羊之皮。」楚辭王逸九思：「百貿易兮傳賣。」洪興祖補注引淮南子俶務篇「百里奚轉鬻」爲説，是「傳賣」即「傳鬻」也。史記呂不韋傳：「往來販淺賣貴。」索隱：「王劭『賣』音作育。案『育』、『賣』義同，今依義。」禮記樂記：「毛者孕鬻。」十三經注疏校勘記：「案：『鬻』爲『育』之假借字。」説文「鬻」字段注：「樂記假『鬻』爲『育』。」然則「王劭『賣』音作育」者，音義俱同，亦假借也。

〔一三〕脩務篇：「管仲束縛。」高誘注：「管仲傅相齊公子糾，不死子糾之難而奔魯，束縛以歸齊，桓公用之而霸也。」

〔一四〕脩務篇：「孔子無黔突，墨子無煖席。」高誘注：「黔言其突竈不至於黑，坐席不至於温，歷行諸國，汲汲於行道也。」案：文選班孟堅答賓戲：「孔席不暖，墨突不黔。」李善注：「文子曰：『墨子無黔突，孔子無煖席，非以貪禄慕位，欲起天下之利，除萬民之害也。』」此蓋班氏屬文，記憶偶疎，遂致孔墨易位，李善乃改文子之文以附益之，自此而庾信陜州五張寺碑、趙蕤長短經是非篇莫不云「墨突未黔，孔席無煖」也。

〔一五〕「將欲事起於天下之利」，日本兩治要本作「將欲起天下之利」。脩務篇：「非以貪禄慕位，欲事起天下利，而除萬民之害。」高誘注：「事，治也。」王念孫曰：「『事起天下利』本作『事天下之利』，故高注云：『事，治也。』今本『利』上脱『之』字，其『事』下『起』字，則後人依文子加之也。『事天下之利』、『除萬民之害』相對爲文，『事』下不當有『起』字。藝文類聚人部四、太平御覽人事部四十二、七十二引此竝作『欲事天下之利，除萬民之害也』，是其證。」

〔一六〕「困」，日本兩治要本作「用」，淮南子同。脩務篇：「故自天子以下至於庶人，四胑不動，思慮不用，事治求澹者，未之聞也。」顧千里曰：「『不動』當作『不勤』。」案：文子正作「不勤」，論語微子篇：「四體不勤。」

老子曰：「所謂天子者，有天道以立天下也〔一〕。立天下之道，執一以爲保〔二〕。反本無爲，虛静无有，忽怳無際，遠無所止〔三〕。視之無形，聽之無聲〔四〕，是謂大道之經。」與前釋同。

〔一〕案：此承上章而釋天子之所以爲天子也。「天道」，就本章末句觀之，當作「大道」。「立天下」，「立」讀爲位，謂臨涖天下也。

〔二〕吕氏春秋執一篇：「王者執一，而爲萬物正。」又爲欲篇：「執一者，至貴也。至貴者無敵。」

〔三〕老子十四章：「無物之象，是謂惚恍。」又二十一章：「道之爲物，惟恍惟惚。惚兮恍兮，其中有象，恍兮惚兮，其中有物。」

〔四〕老子三十五章：「道之出口，淡乎其無味，視之不足見，聽之不足聞，用之不足既。」又四十一章：「大音希聲，大象無形。」

老子曰：「夫道者，體圓而法方，背陰而抱陽，左柔而右剛，履幽而戴明，變化無常，得一之原，以應無方，是謂神明〔一〕。夫人頭圓天也，足方地也，背陰面陽，左手執柔，右手執剛，足踐九幽，上戴三光，周行无窮，精耀四方，一而不變，輪轉无常，謂之神，見之者昌也。天圓而無端，故不得觀其形〔二〕，地方而無涯，故莫窺其門。天化遂〔三〕，無形狀，地生長，無計量。化乎无窮，至明者莫見其形。生乎无盡，善計者不能知其數也。夫物有朕，唯道無朕〔四〕。所以無朕者，以其無常形勢也。輪轉無窮，象日月之運行，若春秋之代謝。日月之晝夜，終而復始，明而復晦，制形而無形，故功可成，物物而不物，故勝而不屈〔五〕。形出无形，故形形而不絶。物出无物，故物物而无窮。廟戰者帝，神化者王。廟戰者，法天道；神化者，明四時〔六〕。修正於境内而遠方懷德，制勝於未戰而諸侯賓服也〔七〕。廟戰者，以道制而爲帝。神化者，以兵勝而爲王，不得已而用之。古之得道者，静而法天地，動而順日月，喜怒合四時，號令比雷霆，音氣不戾八風〔八〕，詘申不獲五度〔九〕，得道之人，喜怒不妄發，號令不妄施，法於天地，順乎日月，故八風不戾，五星不差也。因民之欲，乘民之力，爲之去殘除害。夫同利者相死，同情者相成，同行者相助〔一〇〕，循己而動，天下爲鬬〔一一〕。故善用兵者，用其自爲用；不能用兵者，用其爲己用。用其自爲用，天下莫不可用；用其爲己用，無一人之可用也〔一二〕。除其所害，則天下雖衆，自爲我用；非其所欲，則一人雖寡，不爲己有。

〔一〕淮南子兵略篇：「所謂道者，體圓而法方，背陰而抱陽，左柔而右剛，履幽而戴明，變化無常，得一之原，以應無方，是謂神明。」器案：古之言神明者，率與天地並論，此文所謂方圓，即謂天地也。莊子天道篇：「天尊地卑，神明之位也。」又天下篇：「配神明，醇天地。」又云：「寡能備於天地之美，稱神明之容。」又云：「天地至與？神明往與？」又知北遊篇：「今彼神明至精，與彼爲化，物已死生，方圓莫知其根也。」方圓即謂天地，與文子此文言方圓同。成玄英疏謂「神聖明靈」。莊子天下篇：「以本爲精，以物爲粗，以有識爲不足，澹然獨與神明居。」成玄英疏謂「神明爲精神」。周易説卦：「幽贊於神明而生蓍。」孔穎達疏：「以神道與用蓍相協之故也。」蓋天地以體言，神明以用言，一而二，二而一者也。非所謂體用兼賅者邪？又案：俶真篇：「非得一原，孰能至於此哉？」高誘注：「一原，道之原也。」與此義相比也。

〔二〕兵略篇：「天圓而無端，故不可得而觀，地方而無垠，故莫能窺其門。」王念孫曰：「『不可得而觀』本作『不得觀其形』，後人以『形』與『端』韻不相協，故改爲『不可得而觀』也。不知元、耕二部，古或相通。（説文「睘」从袁聲，而唐風杕杜篇「獨行睘睘」，與菁、姓爲韻。齊風還篇「子之還兮」，與閒、肩、儇爲韻，而漢書地理志引作「子之營兮」。淮南精神篇曰：「以道爲紃，有待而然，抱其太清之本而無所容與，而物無能營。」齊俗篇曰：「其歌樂而無轉，其哭哀而無聲。」道應篇曰：「爲三年之喪，令類不蓄，高辭卑讓，使民不争。」又莊子大宗師篇曰：「夫道有情有信，无爲无形，可傳而不可受，可得而不可見。」逸周書時訓篇曰：「螻蟈不鳴，水潦淫漫，蚯蚓不出，嬖奪后命，王瓜不生，困於百姓。」漢書貢禹傳曰：「何以孝弟爲？財多而光榮。何以禮義爲？史書而仕宦。何以謹慎爲？勇猛而臨官。」外戚傳：「悼李夫人賦曰：『超兮西征，屑兮不見。』」太玄進次二曰：「進以中刑，大人獨見。」聚測曰：「鬼神無靈，形不見也。燕聚嘻嘻，樂淫衍也。宗其高年，鬼待敬也。」易林姤之臨曰：「禹召諸侯，會稽南山，執玉萬國，天下康寧。」升之震曰：「當變立權，擿解患難，涣然冰釋，大國以寧。」皆以元、耕二部通用。）『形』字正與『端』爲韻也。人能觀天而不能知其形，故曰『不得觀其形』，非謂『不可得而觀』也。文子自然篇正作『故不得觀其形』。」

〔三〕顧觀光曰：「『遂』字誤，兵略訓作『化育』。」王叔岷曰：「案：『遂』非誤字，此僞託者有意改之也。『遂』、『育』同義，禮記樂記：『氣衰則生物不遂。』史記樂書『遂』作『育』，即其證。」兵略篇：「天化育而無形象，地生長而無計量。」

〔四〕「朕」原誤作「勝」，下同，今據淮南子改正。兵略篇：「凡物有朕，唯道無朕。」許慎注：「言萬物可朕也，而道不可朕也。」案：淮南子覽冥篇：「不見朕垠。」高誘注：「朕，兆朕也。垠，形狀也。」又繆稱篇：「道之有篇章形埒者。」高誘注：「形埒，兆朕也。」莊子應帝王篇：「體盡无窮，而遊无朕。」郭象注：「任物故無迹。」釋文：「崔云：『朕，兆也。』」成玄英疏：「朕，迹也。……晦迹韜光，故無朕。」兵略篇又云：「進退詘伸，不見朕塍。」玉篇土部：「塍，視陵切，隄也，埒也，畔也。說文曰：『稻田畦也。』亦作塍。」又：「垠，五根、五巾二切，垠厓也。說文曰：『地垠也。一曰岸也。與圻同。古文作塍。』」「勝」即「塍」之誤。俞樾乃謂「朕」即「勝」之誤，所謂以不誤爲誤也。

〔五〕兵略篇：「輪轉而無窮，象日月之運行，若春秋有代謝，若日月有晝夜，終而復始，明而復晦，莫能得其紀。制刑而無刑，故功可成，物物而不物，故勝而不屈。」案：莊子在宥篇：「有大物者，不可以物，物而不物，故能物物，明乎物物者之非物也。」又山木篇：「物物而不物，則胡可得而累邪？」在宥篇郭象注：「不能用物，而爲物用，即是物耳，豈能物物哉？不能物物，則不足以有大物矣。」又曰：「夫用物者，不爲物用也。不爲物用，斯不物矣。不物故物天下之物，使各自得也。」

〔六〕日本唐鈔本閒詁「明」作「則」。

〔七〕太平御覽三百十三引「法天道」「明四時」下俱有「也」字。兵略篇：「故廟戰者帝，神化者王。所謂廟戰者，法天道也；神化者，法四時也。脩政於境內而遠方慕其德，制勝於未戰而諸侯服其威，內政治也。」太平御覽二百七十一引無「内政治」三字，與文子合。

〔八〕兵略篇：「古得道者，静而法天地，動而順日月，喜怒而合四時，叫呼而比雷霆，音氣不戾八風。」案：淮南子天文篇高誘注：「八風，八卦之風也。」又注「條風」云：「艮卦之風也，一名融。」注「明庶風」云：「震卦之風也。」注「清明風」云：「巽卦之風也。」注「景風」云：「離卦之風也。」注「涼風」云：「坤卦之風也。」注「閶闔風」云：「兑卦之風也。」注「不周風」云：「乾卦之風也。」注「廣莫風」云：「坎卦之風也。」又詳淮南子地形篇及白虎通八風篇，不悉具也。

〔九〕兵略篇：「詘伸不獲五度。」許慎注：「獲，誤也。五度，五行也。」案：説文通訓定聲謂「『獲』假借爲『誤』」，即據此爲言。又案：左昭二十五年疏：「金木水火土，五物世所行用，故謂之五行；五者各有材能，故謂之五材。」據此，則五行又有五度之説也。

〔一〇〕兵略篇：「因民之欲，乘民之力，而爲之去殘除賊也。故同利相死，同情相成，同欲相助。」王念孫曰：「『同欲相助』當作『同欲相趨，（趨，七句反，向也。）同惡相助』，今本上句脱『相趨』二字，下句脱『同惡』二字。『同欲』、『同惡』相對爲文，且『利』、『死』爲韻，『情』、『成』爲韻，『欲』、『趨』爲韻，『惡』、『助』爲韻，『欲』與『助』則非韻矣。（古韻『欲』、『趨』屬候部，『惡』、『助』屬御部，故『欲』與『助』非韻。）史記吴王濞傳：『同惡相助，同好相留，同情相成，同欲相趨，同利相死。』是其證。」（文子自然篇作『同行者相助』，此以意改耳。吕氏春秋察微篇亦云：『同惡固相助。』）

〔一〕顧觀光曰：「『己』字誤，兵略訓作『道』。」王叔岷曰：「顧説是也，纘義本『己』正作『道』。」兵略篇：「順道而動，天下爲響，因民而慮，天下爲鬭。」

〔二〕兵略篇：「故善用兵者，用其自爲用也；不能用兵者，用其爲己用也。用其自爲用，則天下莫不可用也；用其爲己用，所得者鮮矣。」

文子疏義卷第九

下德

時有澆醨，故德有上下。不世之君，以顯有德，非謂至德，故曰下德也〔一〕。

老子曰：「治身，太上玄古之君。養神，以清虛爲本也。其次養形，以嗜欲爲本也。神清意平，百節皆寧，養生之本也。肥肌膚，充腹腸，供嗜欲〔二〕，養生之末也〔三〕。神者生之本，形者生之末，致本則形全而合道，重末則形逝而歸土。上古務本不順末，在乎適中。下世遺神而養形，誡於太過也。治國，太上養化，以道化也。其次正法，謂刑罰也。民交讓爭處卑，財利爭受少，事力爭就勞，日化上而遷善，不知其所以然，治之本也〔四〕。太上之化也。利賞而勸善，畏刑而不敢爲非，法令正於上，百姓服於下，治之末也。下世之治。上世養本，而下世事末〔五〕。」先論治身，次可治國〔六〕。夫有本則有末，猶形全而身祥，故知道德備而是非之端絕，法令興而交爭之路開，聖人抑末崇本，豈不有以者也。

〔一〕老子三十八章：「上德不德，是以有德。下德不失德，是以無德。上德無爲，而無以爲。下德爲之，而有以爲。」

〔二〕王叔岷曰：「案治要、御覽七百二十引『供』並作『開』。」案：日本古鈔本治要亦作「開」。

〔三〕淮南子泰族篇：「治身，太上養神，其次養形。治國，太上養化，其次正法。神清志平，百節皆寧，養性之本也。肥肌膚，充腸腹，供嗜慾，養生之末也。」

〔四〕泰族篇：「民交讓争處卑，委利争受寡，力事争就勞，日化上遷善，而不知其所以然，此治之上也。」案：孟子盡心上：「民日遷善而不知爲之者。」趙岐注：「又使日遷善，亦不能覺知誰爲之者，言化遷善爲之大道者也。」老子十七章：「功成身遂，百姓皆謂我自然。」故曰不知其所以然。王念孫謂「上」字當從文子作「本」。

〔五〕泰族篇：「利賞而勸善，畏刑而不爲非法，令正於上，而百姓服於下，此治之末也。」

〔六〕泰族篇：「上世養本，而下世事末，此太平之所以不起也。」

老子曰：「欲治之主不世出，可與治之臣不萬一〔一〕，以不世出，求不萬一，此至治所以千歲不一也〔二〕。言明君賢佐，无代无之，論賢與不賢，用與不用，非若文王之師吕望，武丁之求傅説，若盡以此求，萬載不遇一君，千載不遇一臣，誰與治天下。蓋霸王之功不世立也。言不世世而立，但明哲居之也。順其善意，防其邪心，與民同出一道，則民可善，風俗可美〔三〕。所貴聖人者，非貴其隨罪而作刑也，貴其知亂之所生也。若開其鋭端，而縱之放僻淫佚，而棄之以法，隨之以刑，雖殘賊天下，不能禁其姦矣〔四〕。」法者防其未然，刑者懲其已過。然法不可亂，刑不可濫，亂則難奉，濫及无辜，雖殘賊萬姓，終姦暴不止也。

〔一〕泰族篇：「夫欲治之主不世出，而可與興治之臣不萬一。」俞樾曰：「『興』字衍文，蓋即『與』字之誤而衍者。高誘注吕氏春秋觀世篇引此文曰：『欲治之君不世出，可與治之臣不萬一。』是其明證。文子下德篇亦無『興』字。」案：俞説是也。漢書王吉傳：「欲治之主不世出。」師古注：「言有時遇之，不常也。」

〔二〕「不一也」，日本兩治要本作「不一至」。文選袁彦伯三國名臣序贊李善注引「至治」作「至化」。淮南子泰族篇：「以萬一求不世出，此所以千歲不一會也。」王念孫曰：「『以萬一求不世出』當作『以不萬一求不世出』，『不萬一』三字，即承上句言之。文子下德篇作『以不世出求不萬一』，吕氏春秋觀世篇注引淮南作『以不萬一待不世出』，皆其證。」

〔三〕「則民可善，風俗可美」，日本兩治要本作「即民性可善，風俗可美矣」，與淮南子合，是也。泰族篇：「誠決其善志，防其邪心，啓其善道，塞其姦路，與同出一道，則民性可善，而風俗可美也。」

〔四〕日本兩治要本自「若開其鋭端」至「隨之以刑」，作「若縱之放僻淫逸，而禁之以法，隨之以刑」，又「雖殘賊天下」作「雖殘天下」。泰族篇：「所以貴聖人者，非貴隨罪而鑒刑也，貴其知亂之所由起也。若不修其風俗，而縱之淫辟，乃隨之以刑，繩之以法，法雖殘賊天下，弗能禁也。」王念孫曰：「當依劉本作『繩之以法』，茅本作『繩之以法，法雖殘賊天下』，以次『法』字屬下讀，亦非。（莊本同。）文子下德篇作『棄之以法，隨之以刑，雖殘賊天下，不能禁其姦矣』，則劉本是也。」

老子曰：「身處江海之上，心在魏闕之下〔一〕，即重生〔二〕，重生重累其生。即輕利矣。猶不能自勝即從之，神無所害也〔三〕。不能自勝，而强不從，是謂重傷，重傷之人無壽類矣〔四〕。夫心不二用，事不並興，猶居閑曠之地，志騁榮華之場，則宜委身從志，可免於累，如抑身違志，兩心交戰，是謂重傷。重傷祝壽，信不虛語。故曰：知和曰常，知常曰明，益生曰祥，心使氣曰强〔五〕。是謂玄同〔六〕。用其光，復歸其明〔七〕。」沐精神以至於和，和則與天地爲常，一心氣以合其明，明則與日月同光。

〔一〕淮南子道應篇：「中山公子牟謂詹子曰：『身處江海之上，心在魏闕之下，爲之柰何？』」許慎注：「中山，鮮虞之國。江海之上，言志在于己。身，心之魏闕也，言內守。」案：莊子讓王篇：「中山公子牟謂瞻子曰：『身在江海之上，心居乎魏闕之下。』」釋文：「公子牟，司馬云：『魏之公子，封中山，名牟。』瞻子，賢人也。淮南作『詹』。『魏闕』，淮南作『魏』，司馬本同，云：『魏讀若魏。象魏，觀闕，人君門也。言心存榮貴。許慎云：『天子兩觀也。』」文選陸士衡弔魏武帝文李善注引許慎淮南注：「魏闕，王之闕也。」諸家所引許慎注，蓋各引其一端也。又案：呂氏春秋審爲篇：「中山公子牟謂詹子曰：『身在江海之上，心居乎魏闕之下，柰何？』」高誘注：「身在江海之上，言志放也。魏闕，心下巨闕也。心下巨闕，言神內守也。一說：魏闕，象魏也，懸教象之法，浹日而收之，魏魏高大，故曰『魏闕』。言身雖在江海之上，心存王室，故在天子門闕之下也。」淮南子俶真篇：「是故身處江海之上，而神游魏闕之下。」高誘注：「魏闕，王者門外闕，所以縣教象之書於魏闕也。巍巍高大，故曰『魏闕』。言真人雖在遠方，心存王也。一曰：心下巨闕，神內守也。」淮南許高注雖有異同，俱可爲讀文子之一助也。

〔二〕道應篇：「詹子曰：『重生。重生則輕利。』」許慎注：「重生，己之性也。」呂氏春秋：「詹子曰：『重生。重生則輕利。』」高誘注：「言不以利傷生也。」

〔三〕道應篇：「中山公子牟曰：『雖知之，猶不能自勝。』詹子曰：『不能自勝則從之，從之神無怨乎！』」許慎注：「言不勝己之情欲，則當縱心意，則己神無怨也。」呂氏春秋：「中山公子牟曰：『雖知之，猶不能自勝也。』（高誘注：「言人雖知重生，當輕利，猶不能自勝其情欲也。」）詹子曰：『不能自勝則縱之，神無惡乎！』」高誘注：「言人不能自勝其情欲則放之，放之，神無所憎惡。言當寧神保性也。」

〔四〕道應篇：「不能自勝而强弗從者，此之謂重傷，重傷之人無壽類矣。」呂氏春秋：「不能自勝而强不縱者，此之謂重傷，重傷之人無壽類矣。」高誘注：「言人不能自勝其情欲，而不放之，則重傷其神也，神傷則夭殞札瘥，故曰『無壽類』也。『重』讀復重之重。」

〔五〕老子十六章：「復命曰常，知常曰明。」又五十五章：「知和曰常，知常曰明，益生曰祥，心使氣曰强。」

〔六〕老子五十六章：「和其光，同其塵，是謂玄同。」莊子胠篋篇：「攘棄仁義，而天下之德始玄同矣。」郭象注：「天下各復其樸，而同於玄德也。」成玄英疏：「物不喪真，人皆自得，率性全理，故與玄德混同也。」

〔七〕老子五十二章：「見小曰明，守柔曰强，用其光，復歸其明，無遺身殃，是謂習常。」

老子曰：「天下莫易於爲善，莫難於爲不善〔一〕。所謂爲善者，靜而無爲，適情辭餘，無所誘惑，循性保真，無變於己，故曰爲善易也。所謂爲不善難者，簒弑矯詐，躁而多欲，非人之性也，故曰爲不善難也〔二〕。凡人不易於爲善，而難於爲惡。今之以爲大患者，由無常厭度量生也〔三〕。故利害之地，禍福之際，不可不察〔四〕。聖人無欲也，無避也。事或欲之，適足以失之；事或避之，適足以就之〔五〕。志有所欲，即忘其所爲〔六〕。是以聖人審動靜之變，而適受與之度，理好憎之情，和喜怒之節。夫動靜得即患不侵也，受與適即罪不累也，理好憎即憂不近也，和喜怒即怨不犯也。體道之人，不苟得，不讓禍，其有不棄，非其有不制，恒滿而不溢，常虛而易贍〔七〕。故自當以道術度量，即食充虛，衣圉寒，足以溫飽七尺之形〔八〕。無道術度量，而以自要尊貴，即萬乘之勢，不足以爲快，天下之富，不足爲樂〔九〕。苟知足者，雖一瓢而有餘；然厭者，富有天下而不足也。故聖人心平志易，精神內守，物不能惑〔一〇〕。」心既保於平和，物奚汩於情欲。

〔一〕淮南子氾論篇：「天下莫易於爲善，而莫難於爲不善也。」高誘注：「爲善者，靜身無欲，信仁而已，順其天性，故易；爲不善，貪欲無厭，毀人自成，戾其天性，故難也。」

〔二〕氾論篇：「所謂爲善者，靜而無爲也。所謂爲不善者，躁而多欲也。適情辭餘，無所誘惑，循性保真，無變於己，故曰『爲善易』。越城郭，踰險塞，姦符節，盗管金，簒弑矯誣，非人之性也，故曰『爲不善難』。」高誘注：

「姦，私，亦盜也。符節成信也，而盜取之。管，壯（當作「牡」。）籥也。金，印封，亦所以爲信也，固閉藏也。篡弑，下謀上也。矯，擅作君命。誣，以惡復人也。皆非人本所受天之善性也。」王念孫曰：「如高注則『金』字當爲『璽』字之誤。然『金』與『璽』字不相似，『璽』字無緣誤爲『金』。蓋俗書『璽』字或作『坌』，因誤爲『金』矣。五音集韻云：『璽，俗作坌。』」

〔三〕氾論篇：「今人所以犯囹圄之罪，而陷於刑戮之患者，由嗜慾無厭，不循度量之故也。」

〔四〕本書微明篇：「故禍福之門，利害之反，不可不察也。」與此文義相比也。

〔五〕微明篇：「事或欲利之，適足以害之；或欲害之，乃足以利之。」與此文義相比也。

〔六〕氾論篇：「齊人有盜金者，當市繁之時，至掇而走，勒問其故，曰：『爾盜金於市中何也？』對曰：『吾不見人，徒見金耳。』志所欲，則忘其爲矣。」又見吕氏春秋去宥篇、列子說符篇。

〔七〕氾論篇：「是故聖人審動静之變，而適受與之度，理好憎之情，和喜怒之節。夫動静得則患弗過也，（王念孫曰：「『過』當從劉本、朱本作『遇』，字之誤也。」）受與適則罪弗累也，好憎理則憂弗近也，喜怒節則怨弗犯也。故達道之人，不苟得，不讓福，其有弗棄，非其有弗索，常滿而不溢，虛而易足。」高誘注：「虛，無欲也。」

〔八〕氾論篇：「自當以道術度量，食充虛，衣禦寒，則足以養七尺之形矣。」

〔九〕氾論篇：「若無道術度量，而以自儉約，則萬乘之勢不足以爲尊，天下之富不足以爲樂矣。」高誘注：「諭若桀與紂無道術度量，不得爲匹夫，何尊樂之有乎？」

〔一〇〕泛論篇：「孫叔敖三去令尹而無憂色，爵禄不能累也。（高誘注：「不以爵禄累其身也。」）荆佽非兩蛟夾繞其船而志不動，怪物不能驚也。（高誘注：「勇而不惑。」）聖人心平志易，精神内守，物莫足以惑之。」

老子曰：「勝人者有力，自勝者强〔一〕。能强者，必用人力者也；能用人力者，必得人心者也；能得人心者，必自得者也。未有得己而失人者也，未有失己而得人者也〔二〕。謂以柔勝人，以弱得强者也。强主衆力不在己，故我皆衆力，而不失人之力，得在衆心不在己，故人皆我心，乃得人之心。故爲治之本，務在安人；安人之本，在於足用；足用之本，在於不奪時；不奪時之本，在於省事；省事之本，在於節用；節用之本，在於去驕；去驕之本，在於虚无〔三〕。謂君不高臺榭，不廣苑囿，則民務農，不奪其時。夫驕侈之性，榮華之情，非體於虚无道德，則不能去也。故知生之情者，不務生之所無以爲；知命之情者，不憂命之所無柰何〔四〕。知生知命，何憂何懼。目悦五色，口惟滋味〔五〕，耳淫五聲，七竅交争，以害一性，日引邪欲，竭其天和，身且不治，柰治天下何〔六〕！所謂得天下者，非謂其履勢位，稱尊號〔七〕，言其運天下心，得天下力也〔八〕。有南面之名，無一人之譽，此失天下也〔九〕。故桀紂不爲王、湯武不爲放〔一〇〕。故天下得道，守在四夷〔一一〕；天下失道，守在諸侯。諸侯得道，守在四境；諸侯失道，守在左右〔一二〕。故曰：無恃其不吾奪也，恃吾不可奪也，行可奪之道，而非篡弑之行，無益於持天下矣〔一三〕。」夫聖人處天下，在於治身安人，非徒尊位重勢〔一四〕，故有道者人戴之〔一五〕，无德者人棄之。故天下非私於己，唯善是與也。

〔一〕老子三十三章：「勝人者有力，自勝者强。」韓非子喻老篇：「是以志之難也，不在勝人，在自勝也。故曰：『自勝之謂强。』」

〔二〕淮南子泰族篇：「欲成霸王之業者，必得勝者也；能得勝者，必强者也；能强者，必用人力者也；能用人力者，必得人心者也；能得人心者，必自得者也。故心者身之本也，身者國之本也，未有得己而失人者也，未有失己而得人者也。」

〔三〕泰族篇：「故爲治之本，務在寧（齊民要術一引作「安」，下同。與文子同。）民；寧民之本，在於足用；足用之本，在於勿奪時；勿奪時之本，在於省事；省事之本，在於節用；節用之本，在於反性。」（齊民要術引注云：「反其所受于天之正性也。」與「虛无」之義，相輔相成。）

〔四〕泰族篇：「故知性之情者，不務性之所無以爲；知命之情者，不憂命之所無柰何。」詮言篇：「故通性之情者，不務性之所無爲；通命之情者，不憂命之所無柰何。」許慎注：「人性之無以爲者，不務也。」莊子達生篇：「達生之情者，不務生之所無以爲；達命之情者，不務知之所無柰何。」郭象注：「生之所無以爲者，分外物也。知之所無柰何者，命表事也。」

〔五〕王叔岷曰：「案『惟』當作『噍』，『噍』壞爲『唯』，復易爲『惟』耳。淮南子泰族篇作『嚼』，『嚼』即『噍』之重文。一本『惟』作『肥』；治要引『惟』作『欲』，皆不知『惟』是誤字而臆改耳。」案：王説是。符言篇：「推於滋味。」「推」

亦是「嶕」字形近之誤。

〔六〕泰族篇：「今目悦五色，口嚼滋味，耳淫五聲，七竅交争，以害其性，日引邪欲，而澆其身，夫調身弗能治，柰天下何！」

〔七〕王叔岷曰：「案：治要引『尊號』下有『也』字。淮南子同。」案：日本古鈔本治要同。

〔八〕泰族篇：「所謂有天下者，非謂其履勢位，受傳籍，稱尊號也，言運天下之力，而得天下之心。」

〔九〕泰族篇：「紂有南面之名，而無一人之德，此失天下也。」王念孫曰：「『德』本作『譽』，『無一人之譽』，謂無一人稱譽之也。此言紂失人心，故雖有南面之名，而實無一人之譽，『譽』與『名』相對爲文，後人改爲『無一人之德』，則文不成義矣。太平御覽皇王部八引此正作『無一人之譽』，文子下德篇同。御覽皇王部七又引譙周法訓云：『桀紂雖有天子之位，而無一人之譽。』」

〔一〇〕泰族篇：「故桀紂不爲王，湯武不爲放。」

〔一一〕「守在」原作「在守」，今從景刻宋本、道藏纘義本乙正。

〔一二〕泰族篇：「故天子得道，守在四夷；天子失道，守在諸侯；諸侯得道，守在四鄰；諸侯失道，守在四境。」器案：文選張平子東京賦：「天子有道，守在海外。」薛綜注：「淮南子曰：『若天下無道，守在四夷；天下有道，守在海外。』言四夷皆爲臣僕。」與此本異，蓋薛氏所據爲高誘注本也。且正文作「天子」，注文作「天下」，初不相應，與今本淮南子亦不合，此亦許高二注本之異同也。

〔一三〕泰族篇：「故曰：無恃其不吾奪也，恃吾不可奪。行可奪之道，而非簒弒之行，無益於持天下矣。」

〔一四〕「徒」原作「走」，是壞字，今據景刻宋本改正。

〔一五〕「人」原描作「大」，今改正。

老子曰：「善治國者，不變其故，不易其常〔一〕。夫怒者，逆德也；兵者，凶器也；争者，人之所亂也。陰謀逆德，好用凶器，治人之亂，逆之至也〔二〕。非禍人不能成禍〔三〕。不如挫其鋭，解其紛，和其光，同其塵〔四〕。人之性情，皆願賢己，而疾不及人。願賢己則争心生，疾不及人則怨争生，怨争生則心亂而氣逆。故古之聖王退争怨，争怨不生，則心治而氣順。故曰：不尚賢，使民不争〔五〕。」保道守常，聖人之治。昏氣逆德，昏主之用。不開尚賢之路，寧無取怨之患。

〔一〕淮南子道應篇：「屈子曰：『宜若聞之，昔善治國家者，不變其故，不易其常。』」許慎注：「屈宜若，楚大夫亡在魏者也。」王念孫曰：「此許注也。『宜若』當爲『宜咎』，字之誤也。史記六國表、韓世家並作『宜臼』，集解引淮南許注云：『屈宜臼，楚大夫亡在魏者也。』正與此注同。説苑指武篇亦作『屈宜臼』，權謀篇作『屈宜咎』，是『臼』、『咎』古字通。屈宜臼之爲屈宜咎，亦猶平王宜臼之爲宜咎矣。」

〔二〕道應篇：「宜若聞之曰：『怒者，逆德也；兵者，凶器也；争者，人之所本也。今子陰謀逆德，好用凶器，始人之所本，逆之至也。」許慎注：「本者，謂兵争也。」俞樾曰：「『本』字無義，乃『去』字之誤。下文『始人之所本，逆之至也』，説苑指武篇作『殆人所棄，逆之至也』。彼作『棄』，此作『去』，文異而義同。惟『始』字亦不可通，説苑作『殆』，尤爲無義，『始』乃『治』字之誤。吴起欲砥礪甲兵，故屈子以爲治人所去，言取人之所去者而治之也。文子下德篇作『治人之亂，逆之至也』，『治』字不誤，可據以訂正。」説苑指武篇：「且吾聞兵者，凶器也；争者，逆德也。今子陰謀逆德，好用凶器，殆人所棄，逆之至也。」向宗魯先生校證曰：「案：淮南及本書皆有脱誤。越語：『范蠡進諫曰：「夫勇者，逆德也；兵者，凶器也；争者，事之末也。陰謀逆德，好用凶器，始於人者，人之所卒也。」』史記越世家：『范蠡諫曰：「臣聞兵者，凶器也；戰者，逆德也；争者，事之末也。陰謀逆德，好用凶器，試身於所末。」』云云。史記主父偃傳：『且夫怒者，逆德也；兵者，凶器也；争者，末節也。』（漢書偃傳同。）尉繚子兵令篇：『兵者，凶器也；戰者，逆德也；争者，事之末也。』（文子下德篇襲淮南而文多謬，不録。）合上諸書觀之，則此文『兵者，凶器也；争者，逆德也』二句，蓋由三句揉合，遂與諸書不相應。今不敢臆決其原文如何，而脱去一句甚明。（下文「陰謀逆德，好用凶器，殆人所棄」，即分承上三句。上文無「人之所棄」句，則上文亦不相應。）『殆』字乃『始』字之誤，當依越語、淮南改正。（詩七月傳「殆，始也」。則「殆」、「始」可通。然本書不必用「殆」作「始」。）吴越春秋：『范蠡曰：「夫人君勇者，逆德也；兵者，凶器也；争者，人之末也。」』（文選陸士衡樂府注引吕氏論威篇：「凡兵，天下之凶器也；勇，天下之凶德也。」）」案：向先生謂説苑此文脱去一句，其説甚確，移以説文子，因明白矣，無須贅一辭也。

〔三〕道應篇：「且子用魯兵，不宜得志於齊而得志焉；子用魏兵，不宜得志於秦而得志焉。宜若聞之，非禍人不能成禍，吾固惑吾王之數逆天道，戾人理，至今無禍，差須夫子也。」許慎注：「差須，猶意須也。」俞樾曰：「此本作『嗟！（句）須夫子也』，『嗟』乃歎辭，説苑指武篇作『嘻！且待夫子也』，是其證也。『嗟』字闕壞，許（原誤「高」，今改正。）注遂以『差須』連讀而釋之曰『猶意須也』，失之甚矣。」

〔四〕老子四章：「挫其鋭，解其紛，和其光，同其塵。」又五十六章：「和其光，同其塵，是謂玄同。」

〔五〕老子三章：「不尚賢，使民不爭。」案：本書自然篇：「天下之物，无貴无賤。因其所貴而貴之，物无不貴；因其所賤而賤之，物无不賤。故不尚賢者，言不放魚於木，不沈鳥於淵。」

老子曰：「治物者不以物以和，治和者不以和以人，治人者不以人以君〔一〕，治君者不以君以欲〔二〕，治欲者不以欲以性，治性者不以性以德，治德者不以德以道〔三〕。非和無以治物，非君無以治人，非性無以通德，非德無以明道。以道本〔四〕。人之性，无邪穢，久湛於物，即忘其本，即合於若性〔五〕。衣食禮俗者，非人之性也，所受於外也〔六〕。道所以安神，物所以養性。性者內也，物者外也，以內性求外，物至而應其性，以爲性之常然；故有道者能遺物反己。反己者，見本性之衷欲，即萬類都息也。故人性欲平〔七〕，嗜欲害之。唯有道者，能遺物反己〔八〕。有以自鑒，則不失物之情；無以自鑒，則動而惑營〔九〕。夫縱欲失性，動未嘗正，以治生則失身，以治國則亂人。故不聞道者，無以反性〔一〇〕。自於治物，至於修道，未嘗正者，病起於欲。夫欲者，凶之根，禍之門，非明道德，無以復其真也。古者，聖人得諸己，故令行禁止。凡舉事者，必先平意清神，神清意平，物乃可正〔一一〕。聽失於非譽，目淫於采色，而欲得事正即難矣〔一二〕。是以貴虛〔一三〕。故水激則波起，炁亂則智昏，昏智不可以爲正，波水不可以爲平〔一四〕。故聖王執一，以理物之情性〔一五〕。夫一者至貴，無適於天下。聖王託於無適，故爲天下命〔一六〕。得諸己者，在於平意。意之平者，心不私外物，目不視采色，一其精神，和其喜怒，故得情塵不起，欲浪不翻，人皆反性，而天下莫不承令也。

〔一〕淮南子齊俗篇：「凡以物治物者不以物以睦，治睦者不以睦以人，治人者不以人以君。」王念孫曰：「『凡以物治物者』，『以物』二字因下文而衍，呂氏春秋貴當篇、文子下德篇皆無此二字。」案呂氏春秋貴當篇：「治物者不於物於人，治人者不於事於君。」高誘注：「治，飭也。君，侯也。」

〔二〕齊俗篇：「治君者不以君以欲。」呂氏春秋：「治君者不於君於天子，治天子者不於天子於欲。」高誘注：「欲，貪欲也。不貪欲，則天子安樂也。」

〔三〕齊俗篇：「治欲者不以欲以性，治性者不以性以德，治德者不以德以道。」呂氏春秋：「治欲者不於欲於性。性者，萬物之本也，不可長，不可短，因其固然而然之，此天地之數也。」

〔四〕顧觀光曰：「『以道本』三字衍，當依齊俗訓刪。」王叔岷曰：「案『以道』二字，涉上文『不以德以道』而衍。『本』字非衍，淮南子作『原人之性』，此易『原』爲『本』耳。」器案：文子、淮南此處俱有闕文，以呂氏春秋觀之，則淮南之「以道原」即相當於呂氏春秋之「萬物之本」，而文有闕遺，僅殘存一「原」字耳，徐靈府以「以道本」屬下爲文，未當。若文子之「以道本」，則語意未完，尤顯而易見者也。

〔五〕齊俗篇：「人之性無邪，久湛於俗則易，易而忘本，合於若性。」許慎注：「若性，合於他性，自若本性也。」呂氏春秋爲欲篇：「三王不能革，不能革而功成者，順其天也。桀紂不能離，不能離而國亡者，逆其天也。逆而不知其逆也，湛於俗也，久湛而不去則若性。」

〔六〕齊俗篇：「今三月嬰兒，生而徙國，則不能知其故俗。由此觀之，衣服禮俗者，非人之性也，所受於外也。」

〔七〕「人性欲平」，文選養生論李善注引作「人之性欲平」，本書道原篇亦作「人之性欲平」。

〔八〕齊俗篇：「人性欲平，嗜欲害之。惟聖人能遺物而反己。」

〔九〕齊俗篇：「夫乘舟而惑者，不知東西，見斗極則寤矣。夫性亦人之斗極也，有以自見也，則不失物之情；無以自見，則動而惑營，譬若隴西之游，愈躁愈沉。」

〔一〇〕齊俗篇：「夫縱欲而失性，動未嘗正也，以治身則危，以治國則亂，以入軍則破，是故不聞道者，無以反性。」呂氏春秋爲欲篇：「不聞道者，何以去非性哉？無以去非性，則欲未嘗正矣，欲不正，以治身則夭，以治國則亡。故古之聖王，審順其天，而以行欲，則民無不令矣，功無不立矣。」

〔一一〕齊俗篇：「古之聖王，能得諸己，故令行禁止，名傳後世，德施四海。是故凡將舉事，必先平意清神，神清意平物乃可正，若璽之抑埴，正與之正，傾與之傾。」許慎注：「璽，印也。埴，泥也。印正而封亦正。」

〔一二〕齊俗篇：「聽失於誹譽，而目淫於采色，而欲得事正，則難矣。」

〔一三〕齊俗篇：「夫載哀者聞歌聲而泣，載樂者見哭者而笑，哀可樂者，笑可哀者，載使然也，是故貴虛。」許慎注：「虛者，心無所載於哀樂也。」

〔一四〕齊俗篇：「故水擊則波興，氣亂則智昏，智昏不可以爲政，波水不可以爲平。」王念孫謂「智昏」當從文子下德篇作「昏智」，「昏智」與「波水」相對。

〔一五〕齊俗篇：「故聖王執一而勿失，萬物之情既矣，四夷九州服矣。」許慎注：「既，盡也。」王念孫曰：「『既』本作『測』，高（當作「許」）注本作『測，盡也』，今本正文注文皆作『既』，後人以意改耳。羣書治要引此正作『測』。原道篇：『水大不可極，深不可測。』主術篇：『天道大不可極，深不可測。』吕氏春秋下賢篇：『昏乎其深而不測也。』高注並云：『測，盡也。』後人但知『既』之訓爲盡，而不知『測』之訓爲盡，遂以其所知改其所不知，謬矣。且『測』與『服』爲韻，（「服」字古讀蒲北反，説見唐韻正。）若作『既』，則失其韻矣。」吕氏春秋爲欲篇：「聖王執一，四夷皆至者，其此之謂也。」

〔一六〕齊俗篇：「夫一者至貴，無適於天下；聖人託於無適，故民命繫矣。」吕氏春秋：「執一者，至貴也，至貴者無敵；聖王託於無敵，故民命敵焉。」「民命敵」，「敵」字涉上句而誤，當從淮南作「繫」。文子此句作「故爲天下命」，此即老子五十一章「夫莫之命而常自然」之意，爲天下命，故曰「民命繫矣」。

老子曰：「陰陽陶冶，萬物皆乘一炁而生〔一〕。上下離心，炁乃上蒸〔二〕。君臣不和，五穀不登〔三〕，春肅秋榮，冬雷夏霜，皆賊炁之所生也〔四〕。天地之間，一人之身也；六合之内，一人之形也〔五〕。一人，天子也。一人正則天下獲其安，一人亂則萬性罹其害，故係於天地，通於六合，可不慎歟。故明於性者，天地不能脅也〔六〕，審於符者，怪物不能惑也〔七〕。性既合真，雷霆迫而不恐，明以照詎〔八〕，陰陽惑之而莫疑也。聖人由近以知遠，以萬異爲一同〔九〕，得於内，明於外，得於一，通於萬。炁蒸乎天地〔一〇〕，禮義廉恥不設，萬民莫相侵暴虐〔一一〕，由在乎混冥之中也〔一二〕。積善神明輔，而積惡神明咎。然氣類相召，善惡無差，勿謂混冥之中，無報應之效也。廉恥陵遲，及至世之衰，用多而財寡〔一三〕，事力勞而養不足，民貧苦而忿争生，是以貴仁〔一四〕。仁以安之。人鄙不齊〔一五〕，比周朋黨，各推其與，懷機械巧詐之心，是以貴義〔一六〕。義以斷之。男女羣居，雜而無別，是以貴禮〔一七〕。禮以正之。性命之情，淫而相迫，於不得已則不和，是以貴樂〔一八〕。樂以節之。故仁義禮樂者，所以救敗也，非通治之道也。自貴仁已不救弊之謂，非爲至德也。誠能使神明定於天下，而心反其初，則民性善〔一九〕，民性善，則天地陰陽從而包之，則財足而人贍，貪鄙忿争之心不得生焉。仁義不用，而道德定於天下，而民不淫於采色〔二〇〕。故德衰然後飾仁義，和失然後調聲，禮淫然後飾容。故知道德，然後知仁義不足行也〔二一〕。知仁義，然後知禮樂不足修也〔二二〕。」道德者，天下之大無不包也。故有道者，兼仁義禮樂，備而有之。或者謂絶滅四者，而曰有道，非通論也。

夫聖王憫世之衰，而無道德，故貴仁義禮樂，制節其性，和樂其情，全其節度，崇其敬讓，使不敢踰越，以復道德也。

〔一〕淮南子本經篇：「天地之合和陰陽，陶化萬物，皆乘一氣者也。」高誘注：「天地合和其氣，故生陰陽，陶化萬物。」道藏本「乘一氣」作「乘人氣」，不可據。

〔二〕本經篇：「是故上下離心，氣乃上蒸。」高誘注：「離者，不和也。」

〔三〕本經篇：「君臣不和，五穀不爲。」高誘注：「不爲，不成也。」

〔四〕本經篇：「是故春肅秋榮，冬雷夏霜，皆賊氣之所生。」賊氣，祅孽之氣。漢書鼂錯傳：「祅孽滅，賊氣息。」

〔五〕本經篇：「天地宇宙，一人之身也；六合之内，一人之制也。」王念孫曰：「『制』字義不可通，『制』當爲『刑』，字之誤也。『刑』與『形』同。『一人之形』，即承『一人之身』言之。文子下德篇正作『一人之形』。又主術篇：『是故任一人之力者，則烏獲不足恃，乘衆人之制者，則天下不足有也。』『制』亦當爲『刑』，『刑』與『形』同。文子自然篇作『乘衆人之勢』，『勢』亦形也。劉績依文子改『制』爲『勢』，義則是而文則非矣。」

〔六〕本經篇：「是故明於性者，天地不能脅也。」高誘注：「脅，恐也。」

〔七〕本經篇：「審於符者，怪物不能惑也。」高誘注：「審，明也。符，驗也。怪物非常，人所疑惑也。」

〔八〕「照誋」，原作「照物」，景宋本、景刻宋本作「照諸」。今案：「照物」臆改，「照諸」則「照誋」之誤也。淮南子繆稱篇：「目之精者，可以消澤，而不可以昭誋。」許慎注：「昭，道。誋，誡也。不可以教導戒人。」又齊俗篇：「乃至天地之所覆載，日月之所照誋。」「照誋」即「昭誋」也。本書精誠篇：「精之至者，可以形接，不可以照期。」

「照期」即「照認」，一聲之轉也。

〔九〕「萬異」，原誤作「萬里」，文選盧子諒贈劉琨詩李善注引作「萬異」，今據改正。本書九守守樸篇有「以萬異爲一宗」語，意與此同。本經篇：「故聖人由近知遠，而萬殊爲一。」高誘注：「殊，異也。」

〔一〇〕本經篇：「古之人同氣于天地，與一世而優游。」高誘注：「『優游』猶委從也。」俞樾曰：「『古之人』三字衍文也，四句一氣相屬，皆蒙『故聖人者』爲文，若有『古之人』三字，則文義不貫矣。此文本云『故聖人者，由近而知遠，以萬殊爲一同，氣蒸於天地，與一世而優游』，今本『而』字脱去，校者誤補於『遠』字之下，遂誤删『以』字。『一同』與『萬殊』，本相對爲文，今衍『古之人』三字，遂以『同』字下屬，而誤删『蒸』字，皆非其舊。文子下德篇作『聖人由近以知遠，以萬里爲一同，炁蒸乎天地』，宜據以訂正。彼云『由近以知遠』，即『由近而知遠』也；『以萬里爲一同』，即『以萬殊爲一同』也；彼云『炁蒸乎天地』，故知此脱『蒸』字矣。上文云『氣乃上蒸』，即此『蒸』字之義也。」案：俞説可從，惟未知「萬里」爲「萬異」之誤，未達一間耳。

〔一一〕「莫」下原衍「不」字，今據淮南子删去。本經篇：「禮義廉恥不設，毁譽仁鄙不立，而萬民莫相侵欺暴虐。」

〔一二〕本經篇：「猶在于混冥之中。」高誘注：「混，大也。大冥之中，謂道也。」案：淮南子俶真篇：「大通混冥。」高誘注：「混冥，大冥之中，謂道也。」又繆稱篇：「在混冥之中。」莊子天地篇：「萬物復情，此之謂混冥。」郭象注：「情復而混冥無迹也。」成玄英疏：「混沌無分而冥同一道也。」

〔一三〕本經篇：「逮至衰世，人衆財寡。」人衆則用多也。

〔一四〕本經篇：「事力勞而養不足，於是忿爭生，是以貴仁。」

〔一五〕漢書董仲舒傳載賢良對策：「或仁或鄙。」以「仁」「鄙」對言，與此同。淮南子齊俗篇：「仕鄙在時不在行，利害在命不在智。」「仕」爲「仁」字形近之誤，論衡命禄篇引作「仁」，不誤。

〔一六〕「機」下原脱「械」字，據本篇下章及淮南子訂補。本經篇：「仁鄙不齊，比周朋黨，設詐諝，懷機械巧故之心，而性失矣，是以貴義。」高誘注：「諝，謀也。性失，失其純樸之性也。」案：淮南子原道篇：「機械之心藏於中。」高誘注：「機械，巧詐也。」

〔一七〕本經篇：「陰陽之情，莫不有血氣之感，男女羣居雜處而無别，是以貴禮。」高誘注：「禮以别之。」

〔一八〕本經篇：「性命之情，淫而相脅，以不得已則不和，是以貴樂。」高誘注：「脅，迫。貴樂者，樂以和之。」

〔一九〕本經篇：「是故仁義禮樂者，可以救敗，而非通治之至也。夫仁者、所以救争也，義者、所以救失也，禮者、所以救淫也，樂者、所以救憂也，神明定於天下，而心反其初，心反其初，而民性善。」高誘注：「初者，始也，未有情欲，故性善也。」

〔二〇〕本經篇：「民性善，而天地陰陽從而包之，則財足而人贍矣，貪鄙忿争不得生焉。由此觀之，則仁義不用矣。道德定於天下，而民純樸，則目不營於色。」高誘注：「營，惑。」

〔二一〕「調」原作「謂」，今據景宋本、景刻宋本、道藏續義本訂正，淮南子亦作「調」。本經篇：「是故德衰然後仁生，行沮然後義立，（高誘注：「沮，敗也。」）和失然後聲調，禮淫然後容飾。是故知神明然後知道德之不足爲也，知道德然後知仁義之不足行也。」高誘注：「道德本，仁義末。」

〔三〕本經篇：「知仁義然後知禮樂之不足脩也。」高誘注：「仁義，大也；禮樂，小也。」

老子曰：「清靜之治者，和順以寂寞〔一〕，質真而素樸，閑靜而不躁，在内而合乎道，出外而同乎義〔二〕，其言略而循理，其行悅而順情〔三〕，其心和而不僞，其事素而不飾〔四〕，不謀所始，不議所終〔五〕，安即留，激即行，通體乎天地，同精乎陰陽，一和乎四時〔六〕，明朗乎日月，與造化者爲人〔七〕，此明清靜素樸，同乎天而合乎道，謂真人。機械詐僞，莫載乎心〔八〕。是以天覆以德，地載以樂〔九〕，四時不失序，風雨不爲虐，日月清靜而揚光〔一〇〕，五星不失其行〔一一〕，此清靜之所明也。」真人之治，感於天地，故日月清明而不忒，凶悖不作也。

〔一〕本經篇：「太清之始也，和順以寂漠。」高誘注：「清，靜也。太清，無爲之始者，謂三皇之時。和順，不逆天暴物也。寂漠，不擾民。」王念孫曰：「『太清之始』，『始』當爲『治』，字之誤也。自『和順以寂漠』以下二十三句，皆言『太清之治』如此也。高注當云『太清（句），無爲之治也（句）。』今本作『無爲之始者』，文不成義，後人所改也。文選東都賦注、後漢書班固傳注引此並作『太清之化』，又引高注曰：『太清，無爲之化也。』『治』字作『化』，避高宗諱也。則其字之本作『治』，明矣。太平御覽天部十五引作『太清之始』，亦後人依誤本改之。其竹部一引正作『太清之治』。文子下德篇作『清靜之治者，和順以寂寞，質真而素樸』，是其明證矣。」

〔二〕本經篇：「質真而素樸，閑静而不躁，推移而無故，在内而合乎道，出外而調于義。」高誘注：「質，性也。真，不變也。素樸，精不散也。閑静，言無欲也。不躁擾。故，常也。在内者，志在心。平欲，故能合于道。出於外者，身所履行也。行不越規矩，故能調義。『義』或作『德』也。」

〔三〕「侻」原誤作「悦」，今據淮南子校改。三國志魏書王粲傳：「體弱通侻。」注：「通侻者，簡易也。」世説新語傷逝篇注引作「通脱」，義同。本經篇：「其言略而循理，其行侻而順情。」高誘注：「略，約要也。侻，簡易也。『侻』讀射侻取不覺之侻。」

〔四〕本經篇：「其心愉而不僞，其事素而不飾。」高誘注：「愉，和也。僞，虚詐也。素，樸也。飾，巧也。」

〔五〕本經篇：「是以不擇時日，不占卦兆，不謀所始，不議所終。」莊子大宗師篇：「不忘其所始，不求其所終。」郭象注：「始終變化，皆忘之矣。」成玄英疏：「終始均平，所遇斯適也。」

〔六〕本經篇：「安則止，激則行，通體于天地，同精於陰陽，一和于四時。」高誘注：「一，同也。」

〔七〕「造化」原誤作「道化」，今據淮南子校改。淮南子原道篇：「與造化者爲人。」高誘注：「爲，治也。」又俶真篇：「與造化者爲人。」高誘注：「爲，治也。」又齊俗篇：「下與造化爲人。」本經篇：「明照于日月，與造化者相雌雄。」高誘注：「造化，天地也。『雌雄』猶和適也。」案：「相雌雄」與「爲人」，義相比也。莊子大宗師篇：「彼且方與造物者爲人。」又應帝王篇：「予方將與造物者爲人。」「造物」即「造化」也。

〔八〕本經篇：「機械詐僞，莫藏於心。」高誘注：「莫，無也。」

〔九〕 本經篇：「是以天覆以德，地載以樂。」高誘注：「樂，生也。」

〔一〇〕 本經篇：「四時不失其叙，風雨不降其虐，日月淑清而揚光。」高誘注：「光，明也。」

〔一一〕 本經篇：「五星循軌而不失其行。」高誘注：「五星，熒惑、太白、鎮、辰、歲星也。軌，道也。循，順也。」

老子曰：「治世之職易守也，其事易爲也，其禮易行也，其責易償也〔一〕。是以人不兼官，官不兼事〔二〕。農士工商〔三〕，鄉別州異〔四〕。故農與農言藏，士與士言行，工與工言巧，商與商言數。是以士無遺行〔五〕，工無苦事〔六〕，農無廢功，商無折貨〔七〕，各安其性〔八〕。異形殊類，易事而不悖〔九〕，失業而賤，得勢而貴〔一〇〕。易繫辭曰：「乾以易知，坤以簡能。」聖人無爲而治，百姓不苦其役，則各安其業，俱樂其生，故易理而不亂，四民得其所即貴，失其勢即賤。夫先知遠見之人，才之盛也〔一一〕，而治世不以責於人〔一二〕；不責成於人也。博聞强志〔一三〕，口辯辭給，人知之溢也〔一四〕，而明主不以求於下〔一五〕；聰敏給數，未必爲忠正，不求在下位之也。敖世賤物〔一六〕，不從流俗〔一七〕，士之伉行也〔一八〕，而治世不以爲民化〔一九〕。敖世忽俗，不可以爲儀表。故高不可及者，不可以爲人量，行不可逮者，不可爲國俗〔二〇〕。故人才不可專用，而度量道術可世傳也〔二一〕。凡數者治世士不可不察其才而用，唯通明道術，與時消息者，則與爲治。故國治可與愚守也，而軍旅可以法同也〔二二〕，不待古之英雋而人自足者，因其所有而並用之〔二三〕。治在適時，非求異見；詞尚體要，无煩飾辯。但量能處位，無世無之，豈待古賢，天下方治也。末世之法，高爲量而罪不及也，重爲任而罰不勝也，危爲其難而誅不敢也〔二四〕。民困於三責，即飾智而詐上，犯邪而行危〔二五〕，雖峻法嚴刑，不能禁其姦〔二六〕。獸窮即觸，鳥窮即啄，人窮即詐〔二七〕，此之謂也。」用其法而求其過，以誅其罪者，是爲法殺人，非治人也。懷憂懼即飾智而誣矯，以求僥倖，由鳥獸窮蹷，則拂然之心，而忿不顧其生也。故聖人貴道不貴法也。

〔一〕「償」原作「賞」，日本兩治要本、道藏纘義本作「償」，淮南子同，今據改正。齊俗篇：「治世之體易守也，其事易爲也，其禮易行也，其責易償也。」王念孫曰：「『治世之體』，羣書治要引此『體』作『職』，是也。俗書『職』字作『軄』，『體』字作『軆』，『軄』誤爲『軆』，又改爲『體』耳。職易守，事易爲，禮易行，責易償，四者義並相近，若作『體』，則與『守』字義不相屬，且與下三句不類矣。文子下德篇亦作『職易守』。下文云：『萇弘師曠不可與衆同職。』又其一證矣。」

〔二〕「事」原作「士」，日本兩治要本作「事」，淮南子同，今據改正。齊俗篇：「是以人不兼官，官不兼事。」案：慎子威德篇：「古者，工不兼事，士不兼官。」韓非子難一篇：「明王之道，一人不兼官，一官不兼事。」俱作「兼事」，亦其證也。

〔三〕「農士工商」原作「士農工商」，今據日本兩治要本乙正，下文分頭説開，正以農、士、工、商爲序也。

〔四〕案：國語齊語：「桓公曰：『成民之事若何？』管子對曰：『四民勿使雜處。雜處則其言哤，其事易。』公曰：

『處士農工商若何？』管子對曰：『昔聖王之處士也，使就閒燕，處工就官府，處商就市井，處農就田野。令夫士羣萃而州處，……夫是故士之子恒爲士。令夫工羣萃而州處，……夫是故工之子恒爲工。令夫商羣萃而州處，……夫是故商之子恒爲商。令夫農羣萃而州處，……夫是故農之子恒爲農。』」韋昭注：「萃，集也。州，聚也。」又：「桓公曰：『定民之居若何？』管子對曰：『制國以爲二十一鄉。』桓公曰：『善。』管子於是制國以爲二十一鄉。」韋昭注：「國，國都，城郭之域也，唯士工商而已，農不在焉。」案：又見管子小匡篇，文子所謂「鄉別州異」者，此之謂也。

〔五〕文選宋玉對楚王問：「先生其有遺行與？」李善注：「遺行，可遺棄之行也。」吕向注：「遺失之行。」又東方曼倩答客難：「意者，尚有遺行邪？」張銑注：「遺失之行。」

〔六〕案：「苦」謂粗惡也。國語齊語：「辨其功苦。」韋昭注：「苦，脆也。」淮南子主術篇：「器械不苦。」高誘注：「『苦』讀盬。」史記匈奴傳集解引韋昭曰：「苦，麤也。音若靡盬之盬。」史記五帝本紀：「器皆不苦窳。」正義：「『苦』讀如盬，音古，盬，麤也。」

〔七〕案：「折貨」謂打折扣之貨。荀子脩身篇：「良賈不爲折閱不市。」楊倞注：「折，損也。閱，賣也。謂折損所閱賣之物價也。」家語好生篇：「好肆不守折。」

〔八〕齊俗篇：「是以士無遺行，農無廢功，工無苦事，商無折貨，各安其性，不得相干。」

〔九〕齊俗篇：「胡人便於馬，越人便於舟，異形殊類，易事而悖。」「易事而不悖」無「不」字，義勝。

〔一〇〕「勢」原作「志」，道藏纘義本同。景宋本、景刻宋本作「勢」，日本兩治要本同，今從之。齊俗篇：「失處而賤，得勢而貴。」字亦作「勢」。

〔一一〕「才」，日本兩治要本作「材」。齊俗篇：「夫先知遠見，達視千里，人才之隆也。」

〔一二〕日本兩治要本「人」作「民」。齊俗篇：「而治世不以責於民。」許慎注：「言民，不以己求備于下也。」

〔一三〕禮記曲禮上：「博聞强識而讓。」「志」、「識」古通。

〔一四〕日本兩治要本「知」作「智」。廣雅釋詁二：「溢，盛也。」

〔一五〕齊俗篇：「人智之美也，而明主不以求於下。」

〔一六〕日本兩治要本「敖」作「傲」，文選嘯賦注、又薦禰衡表注引同。「傲」、「敖」古通，左文九年「執幣傲」，又成十四年「叔傲」，釋文並曰：「傲，本又作『敖』。」是其證也。

〔一七〕王叔岷曰：「案：治要、文選成公子安嘯賦注引此並作『不汙於俗』，淮南子同。」案：齊俗篇：「敖世輕物，不汙於俗。」

〔一八〕文選薦禰衡表注引「伉」作「抗」。案：文選班孟堅答賓戲：「夷齊抗行於首陽。」吕向注：「抗，立也。」「抗」、「伉」音義俱同。然則「伉行」謂立行也。

〔一九〕「民化」原作「化民」，今據日本兩治要本乙正。「民化」與下文「人量」、「國俗」語法一致。淮南子亦作「民化」。齊俗篇：「士之伉行也，而治世不以爲民化。」其上文又曰：「故行齊於俗可隨也，事周於能可爲也，矜僞以惑世，伉行以違衆，聖人不以爲民俗。」然則「民化」謂民俗也。

〔二〇〕齊俗篇：「故高不可及者，不可以爲人量，行不可逮者，不可以爲國俗。」案：「量」讀如書「同律度量衡」之量，釋文：「斗斛也。」漢書律曆志：「準繩嘉量。」注引張晏曰：「量知多少，故曰嘉量。」今案：引申言之，猶言模式。「人量」猶范公偁過庭録、朱子語類之言「人樣子」也。又案：家語大婚篇：「三者百姓之象也。」王肅注：「言百姓之所法而行。」百姓之象，即此「人量」之義也。

〔二一〕齊俗篇：「夫挈輕重不失銖兩，聖人弗用，而縣之乎銓衡；視高下不差尺寸，明主弗任，而求之乎浣準。何則？人才不可專用，而度量可世傳也。」許慎注：「浣準，水望之平。」

〔二二〕齊俗篇：「故國治可與愚守也，而軍制可與權用也。」

〔二三〕齊俗篇：「然非待古之英俊而人自足者，因其所有而竝用之。」王念孫曰：「羣書治要引此『竝』作『遂』，於義爲長，遂，即也。言因所有而即用之，故不待古之英俊而自足也。今本作『竝』者，後人依文子下德篇改之耳。」案：王說是，且可以正文子之誤也。

〔二四〕敦煌寫本斯五號「末世之法」提行另起。「世」諱作「廿」。「罪不及也」、「罰不勝也」、「誅不敢也」，俱無「也」字。日本兩治要本無「其」字。齊俗篇：「亂世之法，高爲量而罪不及，重爲任而罰不勝，危爲禁而誅不敢。」王念孫曰：「『危爲禁』本作『危爲難』，『危爲難而誅不敢』者，『危』猶高也（見緇衣鄭注），高爲艱難之事，而責之以必能，及畏難而不敢爲，則從而誅之。正與上二句同意。後人不察而改『難』爲『禁』，禁之，正欲其不敢，何反誅之乎？文子下德篇正作『危爲難而誅不敢』。莊子則陽篇：『匿爲物而愚不識，大爲難而罪不敢，重爲任而罰不勝，遠其塗而誅不至。』呂氏春秋適威篇：『煩爲教而過不識，數爲令而非不從，巨爲危而罪不敢，重爲任而罰不勝。』文義並與此同。」

〔二五〕敦煌卷子「智」作「知」，「邪」作「禁」，「危」作「免」，與淮南子合。齊俗篇：「民困於三責，則飾智而詐上，犯邪而干免。」許慎注：「干，求也。」

〔二六〕敦煌卷子「雖」作「惟」，「其」作「止」。齊俗篇：「故雖峭法嚴刑，不能禁其姦。何者？力不足也。」

〔二七〕敦煌卷子三「即」字俱作「則」，「觸」作「𧥄」。齊俗篇：「故諺曰：『鳥窮則噣，獸窮則觕，人窮則詐。』此之謂也。」案：玉篇角部：「觕，『觸』古文。」又案：荀子哀公篇：「顏淵對曰：『臣聞之，鳥窮則啄，獸窮則攫，人窮則詐。』」韓詩外傳二：「顏淵曰：『獸窮則𧥄，鳥窮則啄，人窮則詐。』」新序雜事五：「顏淵曰：『獸窮則觸，鳥窮則啄，人窮則詐。』」太平御覽二百九十一引衛公兵法：「且鳥窮則啄，獸窮猶觸者，皆自衛其生命而求免於禍難也。」

老子曰：「雷霆之聲，可以鐘鼓象也〔一〕；風雨之變，可以音律知也〔二〕。大可睹者，可得而量也；明可見者，可得而蔽也〔三〕；聲可聞者，可得而調也；色可察者，可得而別也。夫至大，天地不能函也；至微，神明不能見也〔四〕。夫風雨雷霆，形聲色象，可以類知，可以建事，及乎至大至微者，謂道也，天地不能容，神明不能究也。及至建律曆，別五色，異清濁〔五〕，味甘苦，即樸散而爲器矣。立仁義，修禮樂，即德遷而爲僞矣〔六〕。民飾智以驚愚〔七〕，設詐以攻上〔八〕，天下有能持之，而未能有治之者也〔九〕。夫智能彌多而德滋衰〔一〇〕，是以至人淳樸而不散。夫至人之治〔一一〕，虛無寂寞，不見可欲〔一二〕，心與神處，形與性調，靜而體德，動而理通，循自然之道，緣不得已矣〔一三〕。漠然無爲而天下和，淡然無欲而民自樸，不忿爭而財足〔一四〕，施者不德，受者不讓〔一五〕，德反歸焉，而莫之惠〔一六〕。不言之辯，不道之道，若或通焉，謂之天府〔一七〕。取焉而不損，酌焉而不竭〔一八〕，莫知其所由也〔一九〕。樸散亡本，故聖人有作而調飾之，使反修其業，通乎自然，藏於天府，取之不減，與之不盈。謂之搖光。搖光者，資粮萬物者也〔二〇〕。」搖光，斗標之望揭，運於中，制以四方，萬物主之以爲資。

〔一〕淮南子本經篇：「雷震之聲，可以鼓鐘寫也。」高誘注：「『寫』猶放斅也。」案：敦煌卷五斯五號文子作「雷霆之聲，可以鐘鼓象也」，與今本同。王念孫曰：「『雷震』當爲『雷霆』，字之誤也。『天地』『星月』『雷霆』『風雨』，相對爲文，太平御覽天部十三引此正作『雷霆』，文子下德篇同。」

〔二〕本經篇：「風雨之變，可以音律知也。」高誘注：「律知陰陽。」

〔三〕「蔽」原作「弊」，敦煌卷子本、景宋本、景刻宋本、道藏續義本作「蔽」，今據改正。本經篇：「是故大可覩者，可得而量也；明可見者，可得而蔽也。」高誘注：「『蔽』或作『察』。」

〔四〕本經篇：「聲可聞者，可得而調也；色可察者，可得而別也。夫至大，天地弗能含也；至微，神明弗能領也。」高誘注：「領，理也。」

〔五〕本經篇：「及至建律曆，别五色，異清濁。」高誘注：「清，商。濁，宫。」

〔六〕本經篇：「味甘苦，則樸散而爲器矣。立仁義，脩禮樂，則德遷而爲僞矣。」高誘注：「脩，設也。遷，移也。」案：老子二十八章：「樸散則爲器。」

〔七〕莊子達生篇：「飾知以驚愚。」成玄英疏：「光飾心智，驚動愚俗。」又山木篇亦有此語，成玄英疏：「裝飾才智，驚異愚俗。」

〔八〕本經篇：「設詐以巧上。」高誘注：「巧，欺上也。」

〔九〕本經篇：「天下有能持之者，有能治之者也。」高誘注：「有能持之者，桀紂之民。有能治之者，湯武之君也。」王念孫曰：「『有能治之者也』當作『未有能治之者也』。言詐僞並起，天下有能以法持之者，未有能以道治之者也，其能治之者，必待至人，下文『至人之治也』云云是也。文子下德篇作『天下有能持之而未有能治之者也』，是其證。高所見本，蓋脱『未』字。」

〔一〇〕本經篇：「能愈多，而德愈薄矣。」高誘注：「愈，益也。」王念孫曰：「太平御覽鱗介部一引此『能愈多』作『智愈多』。案：當作『智能愈多』，『智能』二字總承上文言之，今本脱『智』字，御覽脱『能』字，文子下德篇作『智能彌多而德滋衰』，是其證。」

〔一一〕「夫至人之治」，道藏纘義本作「老子曰『夫至人之治』」云云，提行另起。

〔一二〕老子三章：「不見可欲，使民心不亂。」

〔一三〕本經篇：「故至人之治也，心與神處，形與性調，靜而體德，動而理通，隨自然之性，而緣不得已之化。」案：莊子庚桑楚篇：「動不得已謂之德。」又曰：「欲當則緣於不得已。不得已之類，聖人之道。」淮南子詮言篇：「保於虛無，動於不得已。」又說山篇：「不先風吹，不先雷毀，不得已而動。」又泰族篇：「周公誅之，以定天下，緣不得已也。」斯則「動而理通」之謂也。

〔一四〕本經篇：「洞然無爲而天下自和，憺然無欲而民自樸，無機祥而民不夭，不忿爭而養足。」

〔一五〕「德」原作「得」，道藏纘義本作「德」，淮南子同，今據改正。本經篇：「施者不德，受者不讓。」高誘注：「施者不以爲恩德，振不足而已。受者不讓之，則受之，不飾辭讓也。」

〔一六〕本經篇：「德交歸焉，而莫之充忍也。」高誘注：「忍，不忍也。」

〔一七〕文選班孟堅答賓戲：「守爾天符。」李善注引文子：「不言之師，不道之道，若或通焉，謂之天符。」案：呂氏春秋知度篇：「唯彼天符，不周而周。」又精諭篇：「未見其人而知其志，見其人而心與志皆見，天符同也。」高誘注：「符，道也。」則自有「天符」之說，疑作「天符」者爲別本也。本經篇：「不言之辯，不道之道，若或通焉，謂之天府。」高誘注：「或，有也。有能通不言之辯，不道之道者，入天之府藏。」案：莊子齊物論：「孰知不言之辯、不道之道？若有能知，此之謂天府。」成玄英疏：「孰，誰也。天，自然也。誰知言不言之言，道不道之道，以此積辯，用兹通物者，可謂合於自然之符藏也。」又徐无鬼篇：「彼之謂不道之道，此之謂不言之言。」成玄英疏：「不道而道，言非道，非不道也。不言之言，言非言，非不言也。」

〔一八〕本經篇：「取焉而不損，酌焉而不竭。」高誘注：「損，減。『酌』猶予。竭，盡也。」

〔一九〕「莫知其所由也」，原作「莫知其所求由出」，文選頭陀寺碑文李善注引作「莫知其所由也」，無「求」字，莊子、淮南子亦無「求」字。「出」爲「也」字形近之誤。本經篇：「莫知其所由出。」齊物論篇：「而不知其所由來。」

〔二〇〕本經篇：「是謂瑶光。瑶光者，資糧萬物者也。」高誘注：「瑶光，謂北斗杓第七星也，居中而運歷，指十二辰，擿起陰陽，以殺生萬物也。一説：瑶光，和氣之見者也。」案：淮南子天文篇：「斗杓爲小歲。」高誘注：「斗，第一星至第四爲魁，第五至第七爲杓。」史記天官書：「北斗七星。」索隱引春秋運斗樞：「斗第七星摇光。」華山碑：「資糧品物，亦相摇光。」字俱作「摇光」。莊子作「葆光」，齊物論篇：「注焉而不滿，酌焉而不竭，而不知其所由來，此之謂葆光。」釋文：「『葆』音保。崔云：『若有若无，謂之葆光。』」成玄英疏：「葆，蔽也。至忘而照，即照而忘，故能韜蔽其光，其光彌朗。此結以前『天府』之義。」又案莊子知北遊篇：「運量萬物而不匱，……萬物皆往資焉而不匱，『此其道與』。」郭象注：「用物而不役己，故不匱也。」又曰：「還用物，故我不匱。此明道之贍物，在於不贍，不贍即物自得，故曰『此其道與』。言至道之無功，無功乃足稱道也。」「運量萬物」與「資糧萬物」，義相比也。

老子曰：「天愛其精，地愛其平，人愛其情〔一〕。天之精，日月星辰雷霆風雨也。地之平，水火金木土也。人之情，思慮聰明喜怒也。故閉四關，止五遁，即與道淪〔二〕。神明藏於無形，精氣反於真〔三〕，目明而不以視，耳聰而不以聽，口當而不以言，心條通而不以思慮，委而不爲，知而不矜〔四〕，直性命之情，而知故不得害〔五〕。精存於目，即其視明〔六〕；存於耳，即其聽聰；留於口，即其言當〔七〕；集於心，即其慮通。故閉四關，即終身無患，四肢九竅，莫死莫生，是謂真人〔八〕。天之四關，日月星辰。五道，五行也。言四時有節，五行有度，則天地清明，民物豐泰。人之四關，心口耳目也。五道謂五藏也。夫精神存者，則四關不妄動，五道不受邪，聰視聽明，言行無缺，故禍害無及於身，生死不係於懷〔九〕，是真人得道所游之地。地之生財，大本不過五行〔一〇〕，聖人節五行，即治不荒〔一一〕。」聖人者，由節五情以和五行，故天下不亂，而況常人哉？

〔一〕本經篇：「天愛其精，地愛其平，人愛其情。」高誘注：「精，光明也。平，正也。情，性也。」俞樾曰：「詩黍苗篇：『原隰既平。』毛傳曰：『土治曰平。』此『平』字之義也，高注曰：『平，正也。』未得其旨。」案：俞說是。書大禹謨：「地平天成。」某氏傳：「水土治曰平，五行叙曰成。」孔穎達疏：「釋詁云：『平，成也。』是『平』、『成』義同，天地文異而分之耳。禹平水土，故『水土治曰平』。」

〔二〕「五遁」原作「五道」，今據道藏纘義本及淮南子校改，徐靈府就「五道」爲說，何足算也。本經篇：「天之精，日月星辰雷電風雨也。地之平，水火金木土也。人之情，思慮聰明喜怒也。故閉四關，止五遁，則與道淪。」高誘

注：「四關，耳目心口。遁，逸也。淪，入也。」本經篇又曰：「凡亂之所由生者，皆在流遁。流遁之所生者五。」下文即舉「遁於木」、「遁於水」、「遁於土」、「遁於金」、「遁於火」爲説，曰：「此五者，一足以亡天下矣。」高誘注：「五者之中，有一則足以滅亡也。」又案：吕氏春秋貴生篇：「夫耳目鼻口，生之役也，耳雖欲聲，目雖欲色，鼻雖欲芬香，口雖欲滋味，害於生，則止在四官者。」高誘注：「四官：耳目鼻口也。」「四官」即「四關」，音義俱同。彼言「四官」，有鼻無心，此言「四關」，有心無鼻，義各有適，無事强同也。

〔三〕本經篇：「是故神明藏於無形，精神反於至真。」高誘注：「真，身也。」王念孫曰：「『精神』與『神明』意相複，『神』字即涉上句而誤。『精神』當爲『精氣』，淮南一書，多以神與氣對文也。文子下德篇正作『精氣反於至真』。」

〔四〕本經篇：「則目明而不以視，耳聰而不以聽，心條達而不以思慮，委而弗爲，和而弗矜。」高誘注：「矜，自大也。」

〔五〕本經篇：「冥性命之情，而智故不得襍焉。」高誘注：「襍，糅也。」案：文子「直」字，淮南子作「冥」，義勝。

〔六〕本經篇：「精泄於目，則其視明。」高誘注：「『泄』猶通也。」

〔七〕本經篇：「在於耳，則其聽聰；留於口，則其言當。」高誘注：「當，合也。」

〔八〕本經篇：「集於心，則其慮通。故閉四關，則身無患，百節莫苑，莫死莫生，莫虛莫盈，是謂真人。」高誘注：「苑，病也。『苑』讀南陽之宛也。『莫死莫生』云云，言守其常。」王念孫曰：「『身無患』當依文子下德篇作『終身無患』，『終身無患，百節莫苑』相對爲文，下二句亦相對爲文，脱去『終』字，則句法參差不協矣。」案：莊子大宗師篇：「古之真人，不知悦生，不知惡死。……是之謂不以心捐道，不以人助天，是之謂真人。」成玄英疏：「人生而静，天之性也；感物後動，性之欲也。欲之感人無窮，人之逐欲無節，則天理滅矣。真人知用心則背道，助天則傷生，故不爲也。」莊生郭象之言，可以挹彼注兹矣。

〔九〕「生」原誤「止」，今逕改正。

〔一〇〕本經篇：「夫天地之生財也，本不過五。」高誘注：「不過五行之數。」

〔一一〕本經篇：「聖人節五行，則治不荒。」高誘注：「五行，金木水火土也。水屬陰行，火爲陽行，木爲燠行，金爲寒行，土爲風行，五氣常行，故曰五行。」案：洪範：「八、庶徵：曰雨，曰暘，曰燠，曰寒，曰時。」洪範五行傳：「視之不明，厥罰恒燠。聽之不聰，厥罰恒寒。」此高誘注「燠行」、「寒行」之所本。

老子曰：「衡之於左右，無私輕重，故可以爲平〔一〕。繩之於内外，無私曲直，故可以爲正。人主之於法，無私好憎，故可以爲令〔二〕。德無所立，怨無所藏，是任道而合人心者也〔三〕此三者藉於無私，故平爲之立，正爲之存，令爲之行，不殖德於外，不匿怨於内，任道而死，百姓不知。故爲治者，知不與焉〔四〕。水戾破舟，木擊折軸，不怨木石，而罪巧拙者〔五〕，智不載也〔六〕。水無破舟之意，木無折軸之心，不怨木石而罪巧拙者，非智之所爲也。明治國者不以智，故以智治國者，國之賊也。故道有智則亂〔七〕，德有心則險，心有眼則眩〔八〕。息智即不亂，忘心即不險，絶視則不眩，皆忘之也。夫權衡規矩，一定而不易，常一而不邪，方行而不留，一日形之，萬世傳之，無爲之爲也〔九〕。夫衡非不平，繩非不直，用之者偏耳。道非不虛，德非不明，修之者誤耳〔一〇〕。人之言曰〔一一〕：『國有亡主，世无亡道〔一二〕。人有窮，而理無不通〔一三〕。』故無爲者，道之宗也〔一四〕。得道之宗，並應無窮〔一五〕。夫國之亡者何也？以無正道，故亡也。夫窮而能通者道也，爲而不恃者德也，無爲之宗，應於無窮者也。故不因道理之數，而專己之能，其窮不遠也〔一六〕。獨賢於己，不修其道，立見窮屈。夫人君不出户以知天下者〔一七〕，因物以識物，因人以知人〔一八〕。故積力之所舉，即無不勝也；衆智之所爲，即無不成也〔一九〕。千人之衆無絶粮，萬人之羣無廢功〔二〇〕。工無異伎，士無兼官〔二一〕，各守其職，不得相干〔二二〕，人得所宜，物得所安，是以器械不惡，而職事不慢也〔二三〕。因此物識彼物之情，度己身見他人之性。善用衆者，可以傾河寘海；善用人者，可以盡心竭力。夫債少易償也，職寡易守也〔二四〕，任輕易勸也〔二五〕。上操約少之分，下效易爲之功，是以君臣久而不相厭也〔二六〕。」在於簡易，故无勞厭。

〔一〕淮南子主術篇：「衡之於左右，無私輕重，故可以爲平。」高誘注：「衡，銓衡也。」

〔二〕敦煌卷子伯二八一〇號「内外」作「外内」；「人主之於法」，無「於」字；「故可以爲令」，與今本同，淮南子「令」作「命」，案：淮南子上文云：「又況於執法施令乎？」則作「令」字是。

〔三〕主術篇：「德無所立，怨無所藏，是任術而釋人心者也。」高誘注：「立，見。」顧觀光：「主術篇『合』作『釋』」，

「釋」字勝。」王叔岷曰：「案：『合』當作『舍』，字之誤也。『舍』與『釋』同，周禮春官占夢：『乃舍萌于四方以贈惡夢。』鄭注：『舍讀爲釋。』呂氏春秋仲春紀：『命樂正入舞舍采。』禮記月令『舍』作『釋』。並其證。淮南子主術篇：『君人者釋所守而與臣下爭事。』（今本脱「事」字，詳王念孫説。）氾論篇：『是釋其所以存。』本書上仁篇『釋』亦並作『舍』。」器案：王説是。仲春紀高誘注：「舍，置也。」周禮春官大胥「舍采」，鄭玄注：「『舍』即釋也。」釋文：「『舍』音釋。」

〔四〕主術篇：「故爲治者不與焉。」高誘注：「治在道，不在智，故曰『不與』。」王念孫曰：「『不與』上當有『智』字，老子曰：『以智治國，國之賊，不以智治國，國之福。』故曰『爲治者智不與焉』。脱去『智』字，則文不成義。高注曰：『治在道，不在智。故曰不與焉。』則有『智』字明矣。文子下德篇正作『知不與』。」案：王説是。鄧析子無厚篇亦有「知」字。

〔五〕敦煌卷子「罪」作「非」，餘與今本同。主術篇：「木擊折軸，（原作「轊」，意林作「軸」，與文子合，今據改正。）水戾破舟，不怨木石而罪巧拙者。」高誘注：「罪御者、刺舟者之巧拙也。」下文云：「動靜中儀，舉動廢置，曲得其宜，無所擊戾。」高誘注：「擊，掌也。戾，破也。」洪頤煊曰：「荀子修身篇：『行而俯項，非擊戾也。』尚書益稷：『戛擊鳴球。』文選長楊賦作『拮隔』，韋昭曰：「『古文隔爲擊。』」『擊戾』即隔背，高注非。」尋荀子修身篇「非擊戾也」，王念孫曰：「擊戾者，謂有所抵觸也。」俞樾據考工記鄭注「轂，拂也」，謂「擊戾」爲擊拂。案淮南上文以「擊戾」連言，下文以「擊」、「戾」對舉，則「擊」、「戾」同義可知，王、俞二家之説俱可通。集韻十二齊「淚」下云：「疾流貌。淮南子：『水淚破舟。』」則字形字義俱異，未知所本。

〔六〕主術篇：「知故不載焉。」高誘注：「言木石無巧詐，故不怨也。」意林引作「智有不周」，蓋許慎注本也。

〔七〕主術篇：「是故道有智則惑。」高誘注：「言道智則惑也。」

〔八〕主術篇：「德有心則險，心有目則眩。」高誘注：「眩於物也。」案：莊子列禦寇篇：「賊莫大乎德有心而心有睫，及其有睫也而內視，內視而敗矣。」郭象注：「有心於爲德，非真德也。夫真德者，忽然自得而不知所以德也。率心爲德，猶之可耳；役心於眉睫之間，則僞已甚矣。乃欲探射幽隱，以深爲事，則心與事俱敗矣。」是文子之説本之莊子，而子玄之注尤爲得會莊旨矣。

〔九〕「留」，敦煌卷子作「員」，淮南子作「流」。「形之」，鄧析子無厚篇作「行之」，淮南子作「刑之」，形成義勝，謂一日形成也。「无爲之爲」，原作「无爲爲之」，今據敦煌卷子乙正。主術篇：「今夫權衡規矩，一定而不易，不爲秦楚變節，不爲胡越改容，常一而不邪，方行而不流，一日刑之，萬世傳之，而以無爲爲之。」高誘注：「言無所爲爲之，爲自爲之。」

〔一〇〕道藏本此下有正文「一者無爲也，百王用之，萬世傳之，爲而不易也」四句十八字。及注文「一者無爲也，百王用之，萬世傳之，而不易也。凡無情無私，一以遇之者，雖終日應用，未嘗爲也。斯道致治，正而有常。不然，權之與量，豈一日制作，而萬世不能易哉？」此之正文及注文，敦煌卷子、景宋本、景刻宋本俱無之，與淮南子合，今從之。顧觀光曰：「主術篇無此文，其語意與上文大同，真續貂也。」王叔岷曰：「案景宋本、纘義本並無此十八字，此乃注文竄入正文者。『爲而不易』，『爲』字涉上『無爲』而衍。」

〔一一〕敦煌卷子提行另起，無「人之言曰」四字。道藏本提行另起，「人之言曰」上，冠以「老子曰」三字，道藏纘義本同。

〔一二〕「世无亡道」，原作「世亡亡道」，敦煌卷子作「世無亡道」，與淮南子合，今據改正。主術篇：「故國有亡主，而世無廢道。」高誘注：「亡主，桀紂是也。湯武以其民王，故曰『無廢道』也。」

〔一三〕日本兩治要本「通」下有「也」字。主術篇：「人有困窮，而理無不通。」高誘注：「理，道。」

〔一四〕主術篇：「由此觀之，無爲者，道之宗。」高誘注：「宗，本。」

〔一五〕主術篇：「故得道之宗，應物無窮。」

〔一六〕敦煌卷子「專」作「傳」，未可據，日本兩治要本作「專」。「遠」下，敦煌卷子、日本兩治要本俱有「矣」字，淮南子同。主術篇：「由此觀之，則人知之於物也淺矣，而欲以照（原作「徧照」，顧千里曰：「治要無『徧』字，此誤同原道。」其説是也，今據刪削。）海内，存萬方，不因道之數，而專己之能，則其窮不達矣。」王念孫曰：「『道之數』本作『道理之數』，此後人以意刪之也。下文曰：『不循道理之數。』又曰：『拂道理之數，詭自然之性。』原道篇曰：『循道理之數，因天地之自然。』皆其證也。羣書治要引此正作『道理之數』，文子下德篇同。『則其窮不達矣』，『達』當爲『遠』，字之誤也。『其窮不遠』，謂其窮可立而待也。文子下德篇正作『遠』。氾論篇：『人章道息，則危不遠矣。』語意略與此同。」

〔一七〕敦煌卷子無「夫」字。日本兩治要本「人君」作「君人」，淮南子同。

〔一八〕「知人」下，日本兩治要本有「也」字，淮南子同。主術篇：「而君人者，不下廟堂之上，而知四海之外者，因物以識物，因人以知人也。」老子四十七章：「不出户，知天下。」韓非子難三篇：「且夫物衆而智寡，寡不勝衆，智不足以徧知物，故因物以治物。下衆而上寡，寡不勝衆者，言君不足以徧知臣也，故因人以知人。」義與此相比也。

〔一九〕「衆智之所爲」，原脱「所」字，今據日本兩治要本訂補，淮南子同。主術篇：「故積力之所舉，則無不勝也；衆智之所爲，則無不成也。」吕氏春秋用衆篇：「故以衆勇，則無畏乎孟賁矣；以衆力，無畏乎烏獲矣；以衆視，無畏乎離婁矣；以衆知，無畏乎堯舜矣。夫以衆者，此君人之大寶也。」高誘注：「淮南記曰：『萬人之衆無廢功，千人之衆無絶良。』故人君以衆爲大寶也。」

〔二〇〕主術篇：「故千人之羣無絶梁，萬人之聚無廢功。」案：上條高誘注引淮南記「絶梁」，作「絶良」，則「絶梁」、「絶糧」俱「絶良」音近之誤也。高誘注稱淮南記者，即許慎記上之淮南子閒詁也。

〔二一〕日本尾張刊本治要作「工無二伎，士不兼官」，主術篇同。慎子威德篇：「古者，工不兼事，士不兼官。工不兼事則事省，事省則易勝；士不兼官則職寡，職寡則易守。故士位可世，工事可常。百工之子，不學而能者，非生巧也，言有常事也。」荀子富國篇：「能不能兼技，人不能兼官。」

〔二二〕景宋本、景刻宋本「干」作「予」，疑「預」之壞字。主術篇：「各守其職，不得相姦。」高誘注：「姦，亂也。」

〔二三〕主術篇：「人得其宜，物得其安，是以器械不苦，而職事不嫚。」高誘注：「『苦』讀盬。嫚，捕器。『嫚』讀慢緩之慢。」

〔二四〕主術篇：「夫責少者易償，職寡者易守。」高誘注：「寡，少也。」案：「責」、「債」古通，左昭二十年「已責」，釋文：「本或作『債』，音同。」是其證。又案：上引慎子亦有「職寡則易守」語。

〔二五〕主術篇：「任輕者易權。」高誘注：「權，謀也。」俞樾曰：「文子下德篇作『任輕易勸也』，『勸』字之義視『權』字爲長，言任輕則易舉，故人皆相勸而爲之也。高注曰：『權，謀也。』其所據本已誤。」器案：俞説是。主術篇下文云：「主精明於上，官勸力於下。」字正作「勸」，是其證也。

〔二六〕主術篇：「上操約省之分，下效易爲之功，是以君臣彌久而不相厭。」高誘注：「厭，欺也。」案：主術篇下文曰：「故百姓載之上弗重也，錯之前弗害也，舉之而弗高也，推之而弗厭。」「厭」字義與此相比。

老子曰：「帝者體太一〔一〕，太一者，以虚无爲祖，清静爲宗，故帝王宜體之。王者法陰陽，運行有度。霸者則四時，不失其宜。君者用六律〔二〕。與物有節。體太一者，明於天地之情，通於道德之倫〔三〕，聰明照於日月，精神通於萬物，動静調於陰陽，喜怒和於四時〔四〕，覆露皆道〔五〕，溥洽而無私〔六〕，蜎飛蠕動，莫不依德而生〔七〕，德流方外〔八〕，名聲傳乎後世〔九〕。玄古帝王，以道治天下也。法陰陽者，承天地之和，德與天地參，光明與日月並照，精神與鬼神齊靈〔一〇〕，戴圓履方〔一一〕，抱表寢繩〔一二〕，内能理身〔一三〕，外得人心〔一四〕，發號施令，天下從風〔一五〕。五帝以德治天下也。則四時者，春生夏長，秋收冬藏，取與有節，出入有量，喜怒剛柔，不離其理〔一六〕，柔而不脆，剛而不折〔一七〕，寬而不肆〔一八〕，肅而不悖〔一九〕，優游委順，以養羣類〔二〇〕，其德含愚而容不肖，無所私愛也〔二一〕。三王以仁治天下也。用六律者，生之與殺也，賞之與罰也，予之與奪也，非此無道也〔二二〕。伐亂禁暴，興賢良，廢不肖，匡邪以爲正〔二三〕，攘險以爲平，矯枉以爲直〔二四〕，明於施舍開塞之道〔二五〕，乘時因勢，以服役人心者也〔二六〕。五霸以義治天下也。帝者體陰陽即侵〔二七〕，王者法四時即削〔二八〕，霸者用六律即辱〔二九〕，君者失準繩即廢〔三〇〕。故小而行大，即窮塞而不親〔三一〕；大而行小，即狹隘而不容〔三二〕。」帝王之世，道德有優劣，五霸之時，仁義有厚薄，大小不得相逾。

〔一〕淮南子本經篇：「帝者體太一。」高誘注：「體，法也。太一，天之刑神也。」

〔二〕本經篇：「王者法陰陽，霸者則四時，君者用六律。」

〔三〕敦煌卷子伯二八一〇號「倫」作「論」，古通。禮記王制「天論」釋文：「音倫。理也。」即其證也。本經篇：「是故體太一者，明於天地之情，通於道德之倫。」

〔四〕敦煌卷子「調於」、「和於」之「於」俱作「受」，未知爲何字之誤，謝不敏也。本經篇：「聰明燿於日月，精神通於萬物，動靜調於陰陽，喜怒和於四時。」案：莊子大宗師篇：「凄然似秋，煖然似春，喜怒通四時。」郭象注：「夫體道合變者，與寒暑同其温嚴，而未嘗有心也」，然有温嚴之貌，生殺之節，故寄名於喜怒。」則文子言「喜怒合於四時」，與莊子合，郭注尤爲得會莊旨，而文子景宋本及景刻宋本改作「嗔怒和於四時」，所謂不知而作也。

〔五〕敦煌卷子「道」作「導」，古通。本經篇：「覆露照導。」案：國語晉語六：「知子之道善矣，是先主覆露子也。」韋昭注：「露，潤也。」漢書鼂錯傳：「今陛下配天象地，覆露萬民。」師古曰：「覆，蔭也。露，膏澤也。」又嚴助傳：「陛下垂德惠以覆露之。」師古曰：「露謂使之沾潤澤也。或露或覆，言養育也。」文選潘安仁楊荊州誄：「覆露重陰。」李善注引晉語吕向注：「露，潤也。」

〔六〕本經篇：「普氾無私。」高誘注：「普，太也。氾，衆也。無私，愛憎言皆公也。」

〔七〕敦煌卷子「依」作「仰」，與淮南子合。本經篇：「蠉飛蠕動，莫不仰德而生。」案：淮南子原道篇亦云：「蠉飛蠕動。」尋説文：「蠉，蟲行也。」此云「蠉飛」，則字當作「翾」，説文：「小飛也。」鬼谷子揣篇、新語道基篇、白虎通禮樂篇俱有「蜎飛蠕動」語（本書上德篇同。），「蜎」、「蠉」音義並同。文選頭陀寺碑文注引春秋元命苞、論衡齊世篇又作「蠕動蜎蜚」，「蜚」、「飛」古今字。

〔八〕本經篇：「德澤施於方外。」高誘注：「施，延。延于遠方之外。」

〔九〕敦煌卷子「乎」作「于」，與淮南子合。本經篇：「名聲傳于後世。」高誘注：「後世傳聞之也。」

〔一〇〕敦煌卷子作「法陰陽者，承天地之和，德與天地參，明與日月並，精與鬼神總」，與淮南子合，當據以訂正。本經篇：「法陰陽者，德與天地參，明與日月並，精與鬼神總。」高誘注：「並，併也。總，合也。」

〔一一〕景宋本、景刻宋本俱脱「戴」字，敦煌卷子、道藏本不闕，淮南子同，高誘注：「圓，天也。方，地也。」

〔一二〕本經篇：「抱表懷繩。」高誘注：「表，正也。繩，直也。」

〔一三〕敦煌卷子作「内服治身」，「能」作「服」，形近之誤也。

〔一四〕本經篇：「外能得人。」高誘注：「能得人之歡心。」

〔一五〕「發號施令」，原作「發施號令」，今從敦煌卷子乙正，淮南子同。本經篇：「發號施令，天下莫不從風。」高誘注：「風，化也。」

〔一六〕本經篇：「四時者，春生夏長，秋收冬藏，取予有節，出入有時，開闔張歙，不失其叙，喜怒剛柔，不離其理。」高誘注：「『歙』讀曰脅。叙，次也。理，道也。」王念孫曰：「『有時』本作『有量』，此涉上文『四時』而誤也。『取予有節，出入有量』，『量』與『節』義相近，若作『時』，則非其指矣。且『量』與『長』、『藏』爲韻，若作『有時』，則失其韻矣。文子正作『出入有量』。」

〔一七〕本經篇：「則四時者，柔而不脆，剛而不鞼。」高誘注：「鞼，折也。」案：淮南子原道篇：「堅强而不鞼。」高誘注：「鞼，折也。」疑「鞼」借作「劊」，説文：「劊，斷也。」「劊」通作「鞼」，猶「繪」通作「繢」，詩召南野有死麕釋文：「『繪』本又作『繢』。」論語八佾篇「繪事」釋文：「本又作『繢』，同。」是其證也。説文通訓定聲謂「『鞼』叚爲『劌』」，未當。

〔一八〕本經篇：「寬而不肆。」高誘注：「肆，緩也。雖寬不緩，過齊非也。」

〔一九〕本經篇：「肅而不悖。」高誘注：「肅，急也。雖急不促悖。」

〔二〇〕本經篇：「優柔委從，以養羣類。」高誘注：「類，物類也。」

〔二一〕本經篇：「其德含愚而容不肖，無所私愛。」高誘注：「私，邪也。」

〔二二〕本經篇：「六律者，生之與殺也，賞之與罰也，予之與奪也，非此無道也。」高誘注：「予，布施也。奪，取收也。則四時用六律之君，非用此上事，其餘無他道也。」「予之與」，原作「與之以」，今從改。

〔二三〕本經篇：「用六律者，伐亂禁暴，進賢而退不肖，扶撥以爲正。」高誘注：「撥，任也。扶，治也。」案：高誘注「任」作「枉」，字之誤也。管子宙合篇：「夫繩扶撥以爲正，准壞險以爲平，鉤入枉而出直。」即淮南子此文所本，「撥」「正」、「險」「平」、「枉」「直」，俱對文爲義。楚辭九章懷沙：「巧倕不斲兮，孰察其撥正。」亦以「撥正」對言。新語懷慮篇：「違戾相錯，撥刺難匡。」孫詒讓謂：「撥，『𣥠』之備字。『刺』當作『刺』。說文𣥠部云：『𣥠，足刺𣥠也，讀若撥。』刀部云：『剌，戾也。』淮南子脩務篇云：『琴或撥剌枉橈。』高注云：『撥剌，不正也。』」案：孫說是。戰國策西周策：「弓撥矢鉤，一發不中。」注：「撥，反。鉤，曲也。」荀子正論篇：「羿、蠭門者，天下之善射者也，不能以撥弓曲矢中。」楊倞注：「撥弓，不正之弓。」俱其證也。

〔二四〕本經篇：「壞險以爲平，矯枉以爲直。」高誘注：「矯，正也。枉，曲也。」

〔二五〕本經篇：「明於禁舍開閉之道。」案：周書文傳篇：「不明開塞禁舍者，其如天下何。」此文子所本。淮南子兵略篇：「明於禁舍開塞之道，乘時勢，因民欲，而取天下。」則又本文子爲言也。鹽鐵論崇儒篇：「夫賢臣所在，辟除開塞者亦遠矣。」開塞義俱同。文選陸士衡文賦：「吾未識夫開塞之所由也。」李善注：「開謂天機駿利，塞謂六情底滯（原誤「帶」，今改正），此詞賦家言也。開塞即啓塞，避漢諱改。左僖二十年：「凡啓塞從時。」杜注：「門户道橋謂之啓，城郭牆塹謂之塞，皆官民之開閉，不可一日而闕，故特隨壞時而治之。」孔疏引服虔云：「闔扇所以開，鍵閉所以塞。」禮記月令篇：「仲春修闔扇。」又曰：「孟冬修鍵塞。」此月令家言也。商君書啓塞篇：「今世强國事兼并，弱國務力守，上不及虞夏之時，而下不修湯武；湯武塞，故萬乘莫不戰，千乘莫不守，此道之塞久矣。……今願啓之以效。」此法家言也。文子之言，與商君書會，此亦道法二家相輔相成之可得而言者也。

〔二六〕本經篇：「乘時因勢，以服役人心也。」高誘注：「役，使也。」

〔二七〕道藏本「體」上及下文「法」上、「用」上俱有「不」字。顧觀光曰：「本經訓無三『不』字，以上文考之，帝者當體太一，故體陰陽即侵。王者當法陰陽，故法四時即削。霸者當則四時，故用六律即辱。層遞説下，文義甚明。此增三『不』字，謬甚。」王叔岷曰：「案：顧説是也，景宋本、纘義本並無三『不』字，此淺人妄增者耳。」案：顧王説是。本經篇：「帝者體陰陽則侵。」高誘注：「爲諸夏所侵陵。」

〔二八〕本經篇：「王者法四時則削。」高誘注：「爲諸夏所侵削，傳曰：『諸侯侵犯王略也。』」

〔二九〕本經篇：「霸者節六律則辱。」高誘注：「爲鄰國所侮辱。」

〔三〇〕本經篇：「君者失準繩則廢。」高誘注：「爲臣所廢絀，更立賢君。」

〔三一〕本經篇：「故小而行大，則滔窕而不親。」高誘注：「滔窕，不滿密也。不爲下所親附也。」

〔三二〕本經篇：「大而行小，則陿隘而不容。」高誘注：「行小則政陿隘，而不容包臣下。」

老子曰：「地廣民衆，不足以爲强；甲堅兵利，不可以恃勝；城高池深，不足以爲固；嚴刑峻罰，不足以爲威〔一〕。夫三者不得恃，唯有德者王也。爲存政者，雖小必存焉。爲亡政者，雖大必亡焉〔二〕。故善守者無與禦，音御。善戰者無與鬬，乘時勢，因民欲，而天下服〔三〕。故善爲政者積其德，善用兵者畜其怒。德積而民可用也〔四〕，怒畜而威可立也〔五〕。故文之所加者深，則權之所服者大；德之所施者博，則威之所制者廣〔六〕，廣即我强而適弱〔七〕。善用兵者，先弱敵而後戰，故費不半而功十倍〔八〕。故千乘之國行文德者王，萬乘之國好用兵者亡。王兵先勝而後戰，敗兵先戰而後求勝〔九〕。此不明於道也〔一〇〕。」輕用兵器，雖大必亡。善任政術，雖小必昌。存萬姓於不死之地故勝，驅民於立屍之地必敗者也。

〔一〕淮南子兵略篇：「地廣人衆，不足以爲强；堅甲利兵，不足以爲勝；高城深池，不足以爲固；嚴令繁刑，不足以爲威。」

〔二〕王叔岷曰：「案治要引兩『雖』字並作『無』，無兩『焉』字。纘義本同。淮南子兵略篇亦無兩『焉』字。」案兵略篇：「爲存政者，雖小必存。爲亡政者，雖大必亡。」

〔三〕日本兩治要本「禦」作「御」，與淮南子同，淮南子少句末「也」字。兵略篇：「是故善守者無御，而善戰者無與鬭，明於禁舍開塞之道，乘時勢，因民欲，而取天下。」

〔四〕兵略篇：「故善爲政者積其德，善用兵者畜其怒。德積而民可用也。」「也」原作「者」，今據改。

〔五〕兵略篇：「怒畜而威可立也。」日本唐抄本「畜」作「蓄」，上文則仍作「畜」。

〔六〕日本兩治要本「文」作「材」，「深」作「淺」，兩「則」字俱作「即」。兵略篇：「故文之所以加者淺，則勢之所勝者小；德之所施者博，而威之所制者廣。」日本唐抄本無「以」字，「勢」作「權」，「勝」作「服」，王念孫校與之吻合。繆稱篇：「是故德之所施者博，則威之所行者遠；義之所加者淺，則武之所制者小。」與此義相比也。又案：漢書刑法志：「文之所加者深，則武之所服者大；德之所施者博，則威之所制者廣。」則又本文子爲言也。

〔七〕日本兩治要本作「廣即我强而敵弱矣」。案：適、敵古通。禮記玉藻篇「敵者」釋文：「本又作『適』，音狄。」左成二年經「匹敵」釋文：「本或作『適』，亦音敵。」銀雀山漢墓竹簡孫臏兵法，諸「敵」字俱作「適」，是其證也。

〔八〕兵略篇：「故善用兵者，先弱敵而後戰者也，故費不半而功自倍也。」案：古書多以半倍對言，孟子公孫丑上：「故事半古之人，功必倍之。」其一隅也。

〔九〕兵略篇：「湯之地方七十里而王者，修德也；智伯有千里之地而亡者，窮武也。故千乘之國行文德者王，萬乘之國好用兵者亡。故全兵先勝而後戰，敗兵先戰而後求勝。」高誘注：「德先勝之，而後乃戰，湯武是也。」「全兵」文子作「王兵」，「王」當爲「全」之壞字。文選潘安仁關中詩：「戰無全兵。」李善注：「孫子兵法曰：『凡用師以全兵爲上。』」李周翰注：「兵盡爲賊敗，無全也。」

〔一〇〕日本兩治要本「道」上有「兵」字。

文子疏義卷第十

上仁

上德者、天下歸之，上仁者、海内歸之，上義者、一國歸之，上禮者、一鄉歸之。無此四者，則民不歸也。自上仁已下，不注篇首，義類此也。

老子曰：「君子之道，靜以修身，儉以養生。靜即下不擾，下不擾即民不怨。下擾即政亂，民怨即德薄。政亂，賢者不爲謀；德薄，勇者不爲鬬〔一〕。明主者，修身以靜，養生以儉，上無亂政，下無怨民，則賢自爲謀，勇自爲鬬也。亂主則不然，一日有天下之富，處一主之勢，竭百姓之力，以奉耳目之欲，志專於宮室臺榭，溝池苑囿，猛獸珍怪。貧民飢餓，虎狼厭芻豢；百姓凍寒，宮室衣綺繡。故人主畜茲無用之物，而天下不安其性命矣〔二〕。」此暗主居一日之位，極一主之勢，殫天下之財，毒流四海，竭萬民之産，恣心目所娱，若秦主之二世，用之則昏也。

〔一〕淮南子主術篇：「君人之道，處靜以修身，儉約以率下。靜則下不擾矣，儉則民不怨矣。下擾則政亂，民怨則德薄。政亂則賢者不爲謀，德薄則勇者不爲死。」

〔二〕主術篇：「衰世則不然，一日而有天下之富，處人主之勢，則竭百姓之力，以奉耳目之欲，志專在于宮室臺榭，陂池苑囿，猛獸熊羆，玩好珍怪。是故貧民糟糠不接於口，而虎狼熊羆猒芻豢，百姓短褐不完，而宮室衣錦繡。人主急茲無用之功，百姓黎民顚頓於天下，是故使天下不安其性。」高誘注：「不得安其正性，詐僞生也。」王念孫曰：「此注後人所改。『性』之言生也，（「性」與「生」義同，而字亦相通，說見經義述聞周語。）『不安其生』，即承上『黎民顚頓』言之。昭八年左傳曰：『今宮室崇侈，民力雕盡，怨讟並作，莫保其性』，義與此同。高注當云：『性，生也。』後人熟於性即理也之訓，故妄改高注耳。下文『近者安其性』，高注曰：『性，生也。』故知此注爲後人所改。」

老子曰：「非惔漠無以明德，非寧靜無以致遠，非寬大無以并覆，非正平無以制斷〔一〕。以天下之目眎，以天下之耳聽，以天下之心慮，以天下之力爭〔二〕。故號令能下究而臣情得上聞〔三〕，百官修達，羣臣輳湊〔四〕，喜不以賞賜，怒不以罪誅〔五〕，法令察而不苛〔六〕，耳目聰而不闇，善否之情，日陳於前而不逆。故賢者盡其智，不肖者竭其力，近者安其性，遠者懷其德，得用人之道也〔七〕。此明君治國如此，用人如彼，若漢之孝文，唐之太宗也。夫乘輿馬者，不勞而致千里；乘舟楫者，不游而濟江海〔八〕。使言之而是，雖商夫芻蕘，猶不可棄也〔九〕。言之而非，雖在人君卿相，猶不可用也〔一〇〕。是非之處，不可以貴賤尊卑論也〔一一〕。其計可用，不羞其位〔一二〕。其言可行，不責其辯〔一三〕。夫用得其道，不勞而至，不行而達，故軒皇感牧童之言而天下理，有賤乎卑弱邪？胡亥信趙高之謀而天下亡，有貴乎卿佐也？闇主則不然，羣臣盡誠效忠者，希不用其身也，而親習邪枉，賢者不能見也。疏遠卑賤，竭力盡忠者不能聞也。有言者窮之以辭，有諫者誅之以罪。如此，而欲安海內，存萬方，其離聰明，亦以遠矣〔一四〕。」非聖不能靜四海，非明無以安萬方。

〔一〕淮南子主術篇：「人主之居也，如日月之明也，天下之所同側目而視，側耳而聽，延頸舉踵而望也。是故非澹薄無以明德，非寧靜無以致遠，非寬大無以兼覆，非慈厚無以懷衆，非平正無以制斷。」太平御覽七十七引「澹薄」作「淡漠」。諸葛亮誡子書作「澹泊」。

〔二〕主術篇：「人主以天下之目視，以天下之耳聽，以天下之智慮，以天下之力爭。」王念孫曰：「『爭』本作『動』，『動』謂舉事也。慮則用羣策，動則用羣力，故曰『以天下之智慮，以天下之力動』。今本『動』作『爭』者，後人依文子上仁篇改之耳。藝文類聚帝王部一、太平御覽皇王部二引此並作『動』。」

〔三〕主術篇：「是故號令能下究，而臣情得上聞。」高誘注：「『聞』猶達也。」

〔四〕「修達」，日本兩治要本作「脩通」。主術篇：「百官脩同，羣臣輻湊。」高誘注：「羣臣歸君，若輻之湊轂，故曰『輻湊』。」王念孫曰：「劉本作『脩同』，云：『同一作通。』莊本從劉本作『同』。案：作『通』者是也。藝文類聚引此作『脩道』，『道』即『通』之誤。太平御覽引此正作『脩通』，文子上仁篇同。韓子難篇：『百官脩通，羣臣輻湊。』即淮南所本。管子任法篇亦云：『羣臣脩通，輻湊以事其主。』」

〔五〕主術篇：「喜不以賞賜，怒不以罪誅。」高誘注：「懼失當也。」

〔六〕主術篇：「法令察而不苛。」高誘注：「察，明也。苛，煩也。」

〔七〕主術篇：「善否之情，日陳於前，而無所逆。是故賢者盡其智，而不肖者竭其力，德澤兼覆而不偏，羣臣勸務而不怠，近者安其性，遠者懷其德，所以然者，何也？得用人之道，而不任己之才者也。」高誘注：「性，生也。懷，歸也。」

〔八〕主術篇：「故假輿馬者，足不勞而致千里；乘舟檝者，不能游而絶江海。」高誘注：「絶猶過也。」荀子勸學篇：「假輿馬者，非利足也，而致千里；假舟檝者，非能水也，而絶江河。」（又見大戴禮記勸學篇。）說苑談叢篇：「乘輿馬不勞致千里，乘船楫不游絶江海。」

〔九〕「商夫」一詞，他書未見。主術篇：「使言之而是，雖在褐夫芻蕘，猶不可棄也。」高誘注：「言雖賤，當也，故曰不可『棄也』。」

〔一〇〕主術篇：「使言之而非也，雖在卿相人君，揄策于廟堂之上，未必可用。」高誘注：「人君，謂國君也。揄，出。策，謀也。言之而非，雖貴罰也。」

〔一一〕主術篇：「是非之所在，不可以貴賤尊卑論也。」

〔一二〕主術篇：「是明主之聽於羣臣，其計乃可用，不羞其位。」高誘注：「不羞其位卑而不用。」

〔一三〕主術篇：「其言可行，而不責其辯。」高誘注：「不責其辯口美辭也。」

〔一四〕主術篇：「闇主則不然，所愛習親近者，雖邪枉不正，不能見也。疏遠卑賤者，竭力盡忠，不能知也。有言者、窮之以辭，有諫者、誅之以罪。如此，而欲照海內，存萬方，是猶塞耳而聽清濁，掩目而視青黄也，其離聰明，則亦遠矣。」高誘注：「商音清，宮音濁。離，去。」

老子曰：「能尊生，雖富貴不以養傷身，雖貧賤不以利累形〔一〕。雖日費萬金，不恣口以害生；雖家无儋石，不苟求以傷德。可謂能尊生矣。今受先祖之遺爵，必重失之；生之所重，由來久矣，而輕失之。豈不惑哉〔二〕？貴以身治天下，可以寄天下；愛以身治天下，所以託天下〔三〕。」承先人遺業而失之者，必由輕失。故不責於己，無以託天下也。

〔一〕莊子讓王篇：「夫大王亶父可謂能尊生矣。能尊生，雖富貴不以養傷身，雖貧賤不以利累形。」呂氏春秋審爲篇：「太王亶父可謂能尊生矣。能尊生，雖貴富不以養傷身，雖貧賤不以利累形。」淮南子道應篇：「大王亶父可謂能保生矣，雖富貴不以養傷身，雖貧賤不以利累形。」又人間篇：「夫不以欲傷生，不以利累形者，世之聖人也。」

〔二〕「今受先祖之遺爵，必重失之；生之所重，由來久矣，而輕失之」，原作「今受先祖之遺爵必重失之，生之所由來久矣而輕失之」，今據呂氏春秋、淮南子校正。呂氏春秋：「今受其先人之爵禄，則必重失之；生之所自來者久矣，而輕失之。豈不惑哉？」高誘注：「言今人重失其先人之爵禄，争土地而失其生命，故曰『豈不惑哉』。」淮南子：「今受其先人之爵禄，則必重失之；生之（此二字據王念孫校補。）所自來者久矣，而輕失之。豈不惑哉？」

〔三〕莊子在宥篇：「故君子不得已而臨莅天下，莫若无爲。无爲也，而後安其性命之情。故貴以身於爲天下，則可以託天下；愛以身於爲天下，則可以寄天下。」淮南子：「故老子曰：『貴以身爲天下，焉可以託天下；愛以身爲天下，焉可以寄天下矣。』」案：老子十三章：「故貴以身爲天下，若可寄天下；愛以身爲天下，若可托天下。」

文子問治國之本。老子曰：「本在於治身。未嘗聞身治而國亂者也，身亂而國治者，未有也〔一〕。故曰：修之身，其德乃真〔二〕。身苟未治，而況國哉？道之所以至妙者，父不能以教子，子亦不能受之於父。故道可道，非常道也。名可名，非常名也〔三〕。」常道無名，可名非道。故言論之所不及，父子莫能相傳也。

〔一〕吕氏春秋執一篇：「楚王問爲國於詹子。詹子對曰：『何聞爲身，不聞爲國。』」高誘注：「身治國亂，未之有也。故曰『爲身』。」淮南子道應篇：「楚莊王問詹何曰：『治國柰何？』對曰：『何明於治身，而不明於治國。』」楚王曰：『寡人得立（列子説符篇及藝文類聚五十二引淮南子「立」並作「奉」，義較勝。）宗廟社稷，願學所以守之。』詹何對曰：『臣未嘗聞身治而國亂者也，未嘗聞身亂而國治者也。故本在（原誤「任」，據王念孫説改正。）於身，不敢對以末。』」又詮言篇：「詹何曰：『未嘗聞身治而國亂者也，未嘗聞身亂而國治者也。』」列子説符篇：「楚莊王問詹何曰：『治國柰何？』詹何對曰：『臣明於治身，而不明於治國也。』楚莊王曰：『寡人得奉宗廟社稷，願學所以守之。』詹何對曰：『臣未嘗聞身治而國亂者也，又未嘗聞身亂而國治者也。故本在身，不敢對以末。』楚王曰：『善。』」

〔二〕道應篇：「楚王曰：『善。』故老子曰：『脩之身，其德乃真也。』」案：老子五十四章：「修之於身，其德乃真。」

〔三〕道應篇：「輪扁曰：『然，有説。臣試以臣之斲輪語之：大疾則苦而不入，大徐則甘而不固，不甘不苦，應於手，猒於心，而可以至妙者，臣不能以教臣之子，而臣之子亦不能得之於臣。是以行年七十，老而爲輪。』……故老子曰：『道可道，非常道。名可名，非常名。』」許慎注：「苦，急意也。甘，緩意也。」案：引老子，見一章。又案：淮南子此文，本之莊子，莊子天道篇：「輪扁曰：『臣也，以臣之事觀之：斲輪，徐則甘而不固，疾則苦而不入。不徐不急，得之於手而應心，口不能言，有數存焉於其間。臣不能以喻臣之子，臣之子亦不能受之於臣，是以行年七十而老斲輪。』」釋文：「司馬云：『甘者，緩也。苦者，急也。』李云：『數，術也。』」

文子問曰：「何行而民親其上？」老子曰：「使之以時，而敬慎之。如臨深淵，如履薄冰。天地之間，善即吾畜也，不善即吾讐也。昔者，夏商之臣反讐桀紂而臣湯武，宿沙之民自攻其君歸神農氏。故曰：人之所畏，不可不畏也〔一〕。」可畏非君，可畏非善。

〔一〕淮南子道應篇：「成王問政於尹佚，曰：『吾何德之行而民親其上？』對曰：『使之以時（「以」字據王念孫説訂補。）而敬順之。』王曰：『其度安在？』曰：『如臨深淵，如履薄冰。』王曰：『懼哉！王人乎？』尹佚曰：『天地之間，四海之内，善之則吾畜也，不善則吾讎也。昔夏商之臣反讎桀紂而臣湯武，宿沙之民皆自攻其君而歸神農，（注：「伏羲神農之間，有共工宿沙，霸天下者也。」）此世之所明知也，如何其無懼也？』故老子曰：『人之所畏，不可不畏也。』」文又見説苑政理篇，特未引老子耳。案：吕氏春秋慎大篇：「周書曰：『若臨深淵，若履薄冰。』以言慎事也。」高誘注：「周書者，周文公所作也。若臨深淵，恐隕墜也。如履薄冰，恐陷没也。故曰『以言慎事』。」又適威篇：「周書曰：『民善之則畜也，不善則讎也。』」高誘注：「周書，周公所作。畜，好。」案：孟子梁惠王上：「畜君者，好君也。」此高注所本。又案：吕氏春秋用民篇：「夙沙之民，自攻其君而歸神農。」高誘注：「夙沙，大庭氏之末世也，其君無道，故自攻之。神農，炎帝。」周書史記解：「三卿謀變，質沙以亡。」質沙即宿沙。又案：老子二十章：「人之所畏，不可不畏。」

老子曰：「治大者，道不可以小。地廣者，制不可以狹。位高者，事不可以煩。民衆者，教不可以苛。事煩難治，法苛難行，求多難贍。寸而度之，至丈必差；銖而稱之，至石必過。石稱丈量，徑而寡失。大較易爲智，曲辯難爲慧〔一〕。道隱小成，言隱浮僞。故無益於治、有益於亂者，聖人不爲也。無益於用者、有益於費者，智者不行也。故功不厭約，事不厭省，求不厭寡。功約易成，事省易治，求寡易贍。任於衆人則易。故小辯害義，小義破道。道小必不通，通必簡〔二〕。聖人通明，洞見未然，不以小蔽大，不以煩易簡也。河以逶迤故能遠，非一勺之水也。山以陵遲故能高，非一匊之土也。道以優游故能化〔三〕。非即時所致也。夫通於一伎，審於一事，察於一能，可以曲說，不可以廣應也〔四〕。夫調音者，小絃急，大絃緩。立事者，賤者勞，貴者佚〔五〕。言勻絃大小適中，治國者貴賤皆當也。道之言曰〔六〕：『芒芒昧昧，因天之威，與天同炁。同炁者帝，同義者王，同功者霸，無一焉者亡〔七〕。』同炁者无德而稱，同義者救時之危，同功者與民同利，无一於此，以至危亡也。故不言而信，不施而仁，不怒而威，是以天心動化者也〔八〕。五帝自然無爲，與天同心，物禀其生，感而化也。施而仁，言而信，怒而威，是以精誠爲之者也。三王精誠發内，動應於外，而猶有迹，未同於无心也。施而不仁，言而不信，怒而不威，是以外貌爲之者也。五霸誠不由中，物無應者，故雖怒而不威。故有道以理之，法雖少，足以爲治；無道以理之，法雖衆，足以亂〔九〕。治存道要，亂存法多。

〔一〕 文選枚叔上書諫吴王李善注引「慧」作「惠」，古通。案：枚叔上書云：「夫銖銖而稱之，至石必差；寸寸而度之，至丈必過。石稱丈量，理而寡失。」即本文子此文。李善注云：「徑，直也。」淮南子泰族篇：「治大者，道不可以小。地廣者，制不可以狹。位高者，事不可以煩。民衆者，教不可以苛。夫事碎難治也，法煩難行也，求多難澹也。寸而度之，至丈必差；銖而稱之，至石必過。石秤丈量，徑而寡失；簡絲數米，煩而不察。（許慎注：「言事當因大法，如簡閲絲數米，則煩而無功也。」）故大較易爲智，曲辯難爲慧。」案：説苑正諫篇：「夫銖銖而稱之，至石必差；寸寸而度之，至丈必過。石稱丈量，徑而寡失。」又談叢篇：「寸而度之，至丈必差；銖而稱之，至石必過。石稱丈量，徑而寡失。……故大較易爲智，曲辯難爲慧。」亦本之文子。

〔二〕泰族篇：「故無益於治而有益於煩者，聖人不爲。無益於用而有益於費者，智者弗行也。故功不厭約，事不厭省，求不厭寡。功約易成也，事省易治也，求寡易澹也。衆易之，於以任人，易矣。孔子曰：『小辯破言，小利破義，小藝破道，小見不達必簡。』」大戴禮記小辨篇：「子曰：『辨而不小。夫小辨破言，小言破義，小義破道。道小不通，通道必簡。』」爾雅釋詁：「簡，大也。」

〔三〕泰族篇：「河以逶蛇故能遠，山以陵遲故能高，道以優遊故能化。」説苑談叢篇：「河以逶蛇故能遠，山以陵遲故能高，道以優遊故能化，德以純厚故能豪。」

〔四〕泰族篇：「夫徹於一事，察於一辭，審於一技，可以曲説，而未可廣應也。」

〔五〕泰族篇：「故張瑟者，小絃急而大絃緩。立事者，賤者勞而貴者逸。」案：藝文類聚五十二引「急」作「絙」，注云：「絙者，急也。」尋説文：「絙，大索也。一曰急也。」則作「絙」者，當是高注本。

〔六〕「道之言曰」，本書符言篇作「道曰」，呂氏春秋名類篇、淮南子泰族篇作「黄帝曰」，並詳符言篇注。

〔七〕呂氏春秋名類篇：「黄帝曰：『芒昧，因天之威，（注：「一作『道』。」）與元同氣。』（注：「芒芒昧昧，廣大之貌。

天之威，無不敬也，非同氣不協。」）故曰：同氣賢於同義，同義賢於同力，同力賢於同居，同居賢於同名。帝者同氣，（注：「同元氣也。」）王者同義，（注：「同仁義也。」）霸者同力，（注：「同武力也。」）勤者同居則薄矣，（注：「同居於世。」）亡者同名則觕矣。」（注：「同名不仁不義。粗，惡也。」）泰族篇：「黄帝曰：『芒芒昧昧，因天之威，與元同氣。』故同氣者帝，同義者王，同力者霸，無一焉者亡。」太平御覽七十七引注：「於三者無一，雖於世，俱滅亡。」當是高誘注。

〔八〕泰族篇：「故不言而信，不施而仁，不怒而威，是以天心動化者也。」俞樾曰：「『天心動化』本作『無心動化』，因『無』字作『无』，故誤爲『天』耳。文子上仁篇亦作『天心』，誤與此同。而精誠篇曰：『一言而大動天下，是以無心動化者也。』『無』字不誤，可據以訂正上仁篇，即可以正淮南子矣。」案：尸子神明篇：「是故不言而信，不怒而威，不施而仁。」文與此同。

〔九〕案：日本兩治要本「足以治」、「足以亂」下俱有「矣」字。「无道以理之」作「无道以臨之」。「法雖衆」作「命雖衆」。泰族篇：「施而仁，言而信，怒而威，是以精誠感之者也。施而不仁，言而不信，怒而不威，是以外貌爲之者也。故有道以統之，法雖少，足以化矣。無道以行之，法雖衆，足以亂矣。」

老子曰：「鯨魚失水，則制於螻蟻；人君舍其所守，而與臣爭事，則制於有司。魚不可失水，君不可亡道。以無爲持位，守職者以聽從取容，臣下藏智而不用，反以事專其上〔一〕。人君者不任能而好自爲，則智日困；而自負責，數窮於下，則不能申理；行墮於位，則不能持制；智不足以爲治，威不足以行刑，則無以與下交矣〔二〕。喜怒形於心，嗜欲見於外，則守職者離正而阿上，有司枉法而從風。賞不當功，誅不應罪，則上下乖心，君臣相怨〔三〕。百官煩亂，而智不能解；非譽萌生，而明不能照；非己之失，而反自責。則人主愈勞，人臣愈佚，是代大匠斲，夫代大匠斲者，希有不傷其手矣〔四〕。人主任賢舉能，不專斷於己，則智有所因。明有不照，則守職阿上，有司枉法〔五〕，故无辜受戮，有功者不賞〔六〕，主愈勞，臣愈佚，是代大匠斲，坐傷其手也。與馬逐走，筋絶不能及也，上車攝轡，馬服衡下〔七〕。伯樂相之，王良御之，明主乘之，無御相之勞而致千里，善乘人之資也〔八〕。夫人主居上，以御羣下，所任忠正，不必形神，其由乘馬，假在相御，可致千里，不爲難也。人君之道，無爲而有就也，有立而無好也。有爲即議，有好即諛。議即可奪，諛即可誘〔九〕。誘其私好，奪其正術。夫以建而制於人者，不能持國。故善建者不拔，言建之無形也〔一〇〕。唯神化者，物莫能勝。夫爲上者，常能制人，不爲人所制。不爲人所制者，是善建者不拔。用之無形，故曰神化。中欲不出謂之扃，外邪不入謂之閉。中扃外閉，何事不節？外閉中扃，何事不成〔一一〕？中扃外閉，无欲无害。故不用之不爲之，而有用之而有爲之〔一二〕。有用即爲之，未有爲而不用也。不代之言，不奪之事，循名責實，使自有司〔一三〕。以不知爲道，以柰何爲寶〔一四〕。如此，則百官之事，各有所考〔一五〕。」君存大體，任於百官，詳其考校，定其得失而已。

〔一〕「以无爲持位」，日本古鈔本治要作「有司以无爲持位」，義勝。蓋原文重出之「有司」二字，各於當字下作小「二」，傳鈔者忽而不省，未加甄録，遂失却重出之「有司」也，當據訂補。淮南子主術篇：「吞舟之魚，蕩而失水，則制於螻蟻，離其居也。（高誘注：「魚能吞舟，言其大也。其居，水也。」）……君人者釋所守而與臣下爭，則有司以無爲持位，（高誘注：「無所爲以持其位也。」王念孫曰：「『與臣下爭』當作『與臣下爭事』，唯君與臣爭事，是以臣藏智弗用，而以事轉任其上也。脱去『事』字，則文義不明。文子上仁篇正作『與臣爭事』。」）守職者以從君取容，（高誘注：「隨君之欲，以取容媚。」）是以人臣藏智而弗用，（高誘注：「不用智謀贊佐其上也。」）反以事轉任其上矣。」（高誘注：「羣臣見其不肯爲謀，故轉任其上，令自制之。詩云：『仲山甫既明且哲，以保其身。』」案：引詩見大雅蕩烝民篇。）

〔二〕日本兩治要本「人君」作「君人」，與淮南子合。主術篇：「君人者，不任能而好自爲之，（高誘注：「不任用臣智能也。」）則智日困而自負其責也。數窮於下，則不能伸理；行墮於國，則不能專制。智不足以爲治，威不足以行誅，則無以與下交也。」「下交」原誤作「天下交」，今據王念孫説校删，鄧析子轉辭篇亦無「天」字。

〔三〕主術篇：「喜怒形於心，嗜（原誤作「者」，今據王念孫説校改。）欲見於外，則守職者離正而阿上，有司枉法而從風，賞不當功，誅不應罪，上下離心，而君臣相怨也。」

〔四〕主術篇：「是以執政阿主，（高誘注：「阿，曲從也。」）而有過則無以責之。有罪而不誅，則百官煩亂，智弗能解也。毀譽萌生，而明不能照也。不正本而反自然，則人主逾勞，人臣逾逸，是猶代庖宰剥牲，而爲大匠斲也。」

案：莊子逍遥遊：「庖人雖不治庖，尸祝不越尊俎而代之矣。」老子七十四章：「夫代司殺者殺，是謂代大匠斲。夫代大匠斲者，希有不傷其手矣。」

〔五〕「枉」原誤「正」，今據淮南子改正。

〔六〕「賞」原誤「償」，今據淮南子改正。

〔七〕「服」原作「死」，今從日本尾張刊本治要校改。主術篇：「與馬競走，筋絶而弗能及，上車執轡，則馬服于衡下。」「服」原作「死」，據陳觀樓説校改。

〔八〕主術篇：「故伯樂相之，王良御之，明主乘之，無御相之勞而致千里者，乘於人資以爲羽翼也。」高誘：「資，才也。」

〔九〕主術篇：「是故君人者，無爲而有守也，有爲而無好也。（高誘注：「無所私好。」）有爲則讒生，有好則諛起。」高誘注：「讒諛之人，乘志而起。」王念孫謂「有爲而無好也」之「有爲」當作「有立」，其説曰：「『有爲』與『無爲』正相反，且下二句云：『有爲則讒生，有好則諛起。』則不當言『有爲』明矣。『有爲』本作『有立』，有立而無好，謂有所建立而無私好也。（高注：「無所私好。」）今本作『有爲』者，涉下句『有爲』而誤。」文子上仁篇正作『有立而無好』。」

〔一〇〕主術篇：「昔者，齊桓公好味，而易牙烹其首子而餌之；（高誘注：「桓公，襄公諸兒之子小白。」）虞公好寶，而晉獻以璧馬釣之；（高誘注：「釣，取。」）胡王好音，而秦穆公以女樂誘之。（高誘注：「誘，惑。」）是皆以利見制於人也。」(高誘注:「『制』猶禽也。」)故善建者不拔,言建之無形也。」案:「言建之無形也」六字,原誤作注文,據王念孫説改正。老子五十四章:「善建者不拔。」

〔一一〕主術篇:「夫火熱而水滅之,金剛而火銷之,木强而斧伐之,水流而土遏之,唯造化者,物莫能勝也。故中欲不出謂之扃,外邪不入謂之塞。中扃外閉,何事之不節?外閉中扃,何事之不成?」吕氏春秋君守篇:「得道者必静,静者無知,知乃無知,可以言君道也。故曰:中欲不出謂之扃,外欲不入謂之閉。既扃而又閉,天之用密,有准不以平,有繩不以正,(高誘注:「准,法。正,直。」)天之大静,既静而又寧,可以爲天下正。」高誘注:「寧,安。正,主。」

〔一二〕主術篇:「弗用而後能用之,弗爲而後能爲之。」

〔一三〕「代」原作「伐」,今據王念孫讀淮南子雜志校改。吕氏春秋知度篇:「故有道之主,因而不爲,(高誘注:「因循舊法不改爲。」)責而不詔,(高誘注:「責臣成功,不妄以偏見教詔。」)去想去意,静虚以待,不伐之言,不奪之事,督名審實,官使自司。」淮南子主術篇:「精神勞則越,(高誘注:「越,散。」)耳目淫則竭。(高誘注:「竭,滅。」)故有道之主,滅想去意,清虚以待,不伐之言,不奪之事,循名責實,使有司。」王念孫曰:「『不伐之言』,『伐』當爲『代』。『不代之言,不奪之事』,謂臣所當言者,君不代之言,臣所當行者,君不奪之事也。吕氏春秋知度篇『代』字亦誤作『伐』。案上文云『是猶代庖宰剥牲而爲大匠斵也』,吕氏春秋云『是君代有司爲有司也』,則皆當作『代』,明矣。『使自司』(道藏本如是)當從吕氏春秋作『官使自司』,謂百官自司其事,而君不與也。

故下文云『如此則百官之事，各有所守』。此文上下皆以四字爲句，脱去『官』字，則不成句矣。劉本作『使有司』，文子上仁篇作『使自有司』，皆於義未安。莊從劉本作『使有司』，非也。」器案：王説是。呂氏春秋任數篇：「人主以好暴示能，（高誘注：「以能暴示衆。」）以好唱自奮，（高誘注：「奮，彊。」）人臣以不争持位，（高誘注：「孝經云：『臣不可以不争於君。』此不争持位，非忠臣也。」案：見孝經諫諍章。）以聽從取容，（高誘注：「阿意曲從以自容。」）是君代有司爲有司也。」高誘注：「有司，大臣也。大臣匡君，進思盡忠，退思補過。此聽從取容，無有正君者，君當自正耳，是爲代有司爲有司。」則當作『代』，明矣。管子心術上：「故曰：君無代馬走，無代鳥飛。此言不奪能，能不與下，誠也。」僞子華子虎會問篇即本呂氏春秋而爲之者，曰：「不伐之言，不奪之事，循名覈實，官庇其司。」奚翅爲呂氏作訓解也。鄧析子無厚篇：「循名責實者，君之事也。」又案：慎子民雜篇：「君臣之道，臣事事而君無事，君逸樂而臣任勞，臣盡智力以善其事，而君無與焉，仰成而已，故事無不治，治之正道然也。人君自任，而務爲善以先下，則是代下負任蒙勞也，臣反逸矣。故曰：君人者好爲善以先下，則下不敢與君争爲善以先君矣。皆私其所知以自覆掩，有過則臣反責君，逆亂之道也。君之智未必最賢於衆也，以未最賢而欲以善盡被下，則不贍矣。若使君之智最賢，以一君而盡贍下則勞，勞則有倦，倦則衰，衰則復反於不贍之道也。是以人君自任而躬事，則臣不事事，是君臣易位也，謂之倒逆，倒逆則亂矣。人君苟任臣而勿自躬，則臣皆事事矣，是君臣之順，治亂之分，不可不察也。」慎子所言，亦以明君道無爲、臣道有爲之道，與文子之説義相比也，足以相輔相成也，時因此而附益之。

〔一四〕「以柰何爲寶」，原誤作「以禁苛爲主」，今據淮南子校改。主術篇：「任而弗詔，責而弗教，以不知爲道，以柰何爲寶。」高誘注：「道常未知。道貴無形，無形不可柰何，道之所以爲貴也。」吕氏春秋知度篇：「以不知爲道，以柰何爲寶。」高誘注：「道尚不知，不知乃知也。以不知爲貴，因循長養，不戾自然之性，故以不可柰何爲寶。『寶』一作『實』。」僞子華子作「實」。

〔一五〕主術篇：「如此，則百官之事，各有所守矣。」高誘注：「有所守，言不離扃也。」案：文子作「各有所考」，「考」、「寶」叶韻。

老子曰：「食者、民之本也，民者、國之基也。故人君者〔一〕，上因天時，下盡地理〔二〕，中用人力。是以羣生以長，萬物蕃殖〔三〕。春伐枯槁，夏收百果〔四〕，秋蓄蔬食〔五〕，冬取薪蒸〔六〕，以爲民資〔七〕。生無乏用，死無傳丁戀切。尸〔八〕。君能保和，死生盡理。先王之法：不掩羣而取跃跳〔九〕，上襖下滔。不涸澤而漁〔一〇〕，不焚林而獵〔一一〕，不極物也。豺未祭獸，罝罘音浮。不得通於野〔一二〕，獺未祭魚，網罟不得入於水〔一三〕，鷹隼未擊，羅網不得張於皋〔一四〕，草木未落，斤斧不得入於山林〔一五〕，昆蟲未蟄，不得以火田〔一六〕，育孕不殺，㲉音遘。卵不探，魚不長尺不得取，犬豕不期音飢。年不得食〔一七〕。皆以其時，不妄害也。是故萬物之發生，若蒸炁出〔一八〕。謂殺非其時，取非其當，則萬物精炁發動，上達于天，將害於人也。先王之所以應時修備，富國利民之道也〔一九〕，養之有宜，取之以時，不乖其道，所以富國寧家。非目見而足行之也，欲利民不忘乎心，則民自備矣〔二〇〕。」以心揆物，以身觀人，何假揚眉舉足，然後方備。

〔一〕主術篇「食者，民之本也，民者，國之本也，國者，君之本也。是故人君者」云云。王念孫曰：「『君』字當在『人』字上，羣書治要引此正作『君人者』。」

〔二〕主術篇：「是故人君者，上因天時，下盡地財，中用人力。」齊民要術一引「地財」作「地利」。

〔三〕主術篇：「是以羣生遂長，五穀蕃植。」

〔四〕主術篇：「春伐枯槁，夏取果蓏。」高誘注：「有核曰果，無核曰蓏。」齊民要術一引許慎注：「在樹曰果，在地曰蓏。」與說文合。

〔五〕主術篇：「秋畜疏食。」高誘注：「菜蔬曰疏，穀食曰食。」論語述而篇：「飯疏食。」集解：「孔曰：『疏食，菜食。』」釋文：「『疏』本或作『蔬』。謂菜食也。」

〔六〕主術篇：「冬伐薪蒸。」高誘注：「大者曰薪，小者曰蒸。」齊民要術引許慎注：「火曰薪，水曰蒸。」此義他書未見，「火」當爲「大」，「水」當爲「小」，俱形近之誤也。

〔七〕主術篇：「以爲民資。」高誘注：「資，用。」

〔八〕主術篇：「是故生無乏用，死無轉尸。」高誘注：「轉，棄也。」逸周書大聚篇：「生無乏用，死無傳尸。」淮南子氾論篇高誘注：「『轉』讀爲傳譯之傳。」是「傳」、「轉」古通之證。

〔九〕主術篇：「故先王之法，畋不掩羣，不取麛夭。」高誘注：「『掩』猶盡也。鹿子曰麛，麋子曰夭。」案：廣雅釋詁：「䠷䟻，長也。」「不掩羣而取䟻䠷」者，謂不盡其羣而取其長大者耳。

〔一〇〕主術篇：「不涸澤而漁。」高誘注：「涸澤，漉池也。」

〔一一〕主術篇：「不焚林而獵。」高誘注：「爲盡物也。」

〔一二〕主術篇：「豺未祭獸，罝罦不得布於野。」高誘注：「十月之時，豺殺獸，四面陳之，世謂之祭獸也。未祭獸，罝罦不得施也。」案：吕氏春秋季秋紀：「豺則祭獸戮禽。」高誘注：「豺，獸也，似狗而長毛，其色黃，於是月殺獸，四圍陳之，世所謂祭獸。戮者，殺也。」淮南子時則篇高誘注同。

〔一三〕主術篇：「獺未祭魚，網罟不得入於水。」高誘注：「獺，獱也。明堂月令：『孟春之月，獺祭魚。』取鯉四面陳之水邊也，世謂之祭魚。未祭，不得捕也。」案：吕氏春秋孟春紀：「獺祭魚。」高誘注：「魚，鯉鮒之屬也，應陽而動，上負冰。獺，獱，水禽也，取鯉魚置水邊，四面陳之，世謂之祭魚，爲時候者。」淮南子時則篇高誘注同。案主術篇高誘注所引明堂月令，蓋漢之月令也，漢人稱之，故曰今月令。禮記月令篇：「淫雨蚤降。」鄭玄注：「今月令曰『衆雨』。」說文雨部：「霥，小雨也。明堂月令曰：『霥雨。』」段注：「月令無此文。」月令：「季夏之月，命漁師伐蛟。」鄭玄注：「今月令『漁師』爲『榜人』。」說文舟部：「舫，船師也。明堂月令曰『舫人』。」「舫人」即「榜人」。是明堂月令即今月令，而今月令之非月令，更非吕氏春秋，從可知矣。月令：「鴻雁來。」鄭玄注：「今月令：『鴻雁爲候。』」正義以爲「即吕氏春秋」，有以知其非矣。

〔一四〕主術篇：「鷹隼未摯，羅網不得張於谿谷。」高誘注：「立秋，鷹摯矣，未立秋，不得施也。『鷹』或作『雁』。」

〔一五〕主術篇：「草木未落，斤斧不得入山林。」高誘注：「九月，草木節解，未解，不得伐山林也。」

〔一六〕主術篇：「昆蟲未蟄，不得以火燒田。」高誘注：「十月，蟄蟲備藏，未蟄，不得用燒田也。」

〔一七〕主術篇：「孕育不得殺，鷇卵不得探，魚不長尺不得取，彘不期年不得食。」高誘注：「皆爲盡物。」案：詩小雅魚麗毛傳：「古者，不風不暴不行火，草木不折不操斧斤入山林，豺祭獸然後漁，鷹隼擊然後罻羅設。是以天子不合圍，諸侯不掩羣，大夫不麛不卵，士不隱塞，庶人不數罟，罟必四寸，然後入澤梁。故山不童，澤不竭，鳥獸魚鼈皆得其所然。」毛傳云「古者」，與此文子之言「先王之法」，一也。

〔一八〕主術篇：「是故草木之發若蒸氣。」高誘注：「發，生。」

〔一九〕主術篇：「先王之所以應時修備，富國利民，實曠來遠者，其道備矣。」高誘注：「實，滿也。曠，空也。」

〔二〇〕主術篇：「非能目見而足行之也，欲利之也；欲利之也不忘於心，則官自備矣。」

老子曰：「古者，明君取下有節，自養有度，必計歲而收，量民積聚，知有餘不足之數，然後取奉，如此，即得承所受於天地，而離於飢寒之患〔一〕。其憯怛於民也，國有飢者，食不重味，民有寒者，冬不被裘〔二〕。與民同苦樂，即天下無哀民〔三〕。此明君之治天下也如此。闇主即不然，取民不裁其力〔四〕，求下不量其積。男女不得耕織之業，以供上求〔五〕，力勤財盡，有旦無暮，君臣相疾〔六〕。且人之爲生也，一人蹠音隻。耒而耕，不益十畝〔七〕，中田之收，不過四石，妻子老弱仰之而食，或時有災害之患，無以供上求，即人主愍之矣〔八〕。貪主暴君，涸漁其下，以適無極之欲，則百姓不被天和、履地德矣〔九〕。」此闇主之治天下也如彼。

〔一〕主術篇：「人主租斂於民也，必先計歲收，量民積聚，知饑（王念孫謂「饑」當從治要引作「饒」。）饉有餘不足之數，然後取車輿衣食，供養其欲。」又曰：「故有仁君明王，其取下有節，自養有度，則得承受於天地，而不離饑寒之患矣。」

〔二〕主術篇：「故古之君人者，其慘怛於民也，國有飢者，食不重味，民有寒者，而冬不被裘。」高誘注：「與同飢寒。」

〔三〕主術篇：「歲登民豐，（高誘注：「登，成也。年穀豐熟也。」）乃始縣鐘鼓，陳干戚，君臣上下同心而樂之，國無哀人。」高誘注：「言皆樂也。」

〔四〕主術篇：「及至亂主，取民則不裁其力。」高誘注：「裁，度。」

〔五〕主術篇：「求於下則不量其積。男女不得事耕織之業，以供上之求。」高誘注：「事，治。業，事。」

〔六〕主術篇：「力勤財匱，君臣相疾也。」案：勤，盡也。

〔七〕主術篇：「夫民之爲生也，一人蹠耒而耕，不過十畝。」高誘注：「蹠，蹈。」

〔八〕主術篇：「妻子老弱仰而食之，時有涔旱災害之患，（高誘注：「涔，久而水潦也。」）無以給上之徵賦車馬兵革之費。由此觀之，則人之生憫矣。（高誘注：「憫憂無樂。」）」案：「人之生憫矣」，較文子作「人主愍之」義勝。

〔九〕主術篇：「若貪主暴君，撓於其下，侵漁其民，以適無窮之欲，則百姓無以被天和而履地德矣。」高誘注：「天和，氣也。地德，所生植也。」

老子曰：「天地之炁，莫大於和〔一〕。和者，陰陽調，日夜分。故萬物春分而生，秋分而成；生與成，必得和之精〔二〕。故積陰不生，積陽不化，陰陽交接，乃能成和〔三〕。此天地之氣和平，故萬物得以生成。是以聖人之道，寬而栗，嚴而温，柔而直，猛而仁〔四〕。夫太剛則折，太柔則卷，道正在於剛柔之間〔五〕。夫繩之爲度也，可卷而懷也，引而申之，可直而布也〔六〕，長而不横，短而不窮，直而不剛，故聖人體之〔七〕。此聖人之和也。柔而能直，良匠之規矩也。卷而能舒，聖人之法度也。夫恩推即懦，懦即不威；嚴推即猛，猛即不和；愛推即縱，縱即不令；刑推即禍，禍即無親〔八〕。是以貴和也。」

〔一〕主術篇：「天地之氣，莫大於和。」高誘注：「和故能生萬物。」

〔二〕主術篇：「和者，陰陽調，日夜分。故萬（此二字原作「而生」，俞樾以爲當從文子改爲「故萬」，今據改正。）物春分而生，秋分而成；生之與成，必得和之精。」高誘注：「精，氣。」

〔三〕主術篇：「積陰則沉，積陽則飛，陰陽相接，乃能成和。」案：穀梁莊三年：「獨陰不生，獨陽不生，獨天不生，三合然後生。」范甯集解：「徐邈曰：『古人稱萬物負陰而抱陽，沖氣以爲和。然則傳所謂天，蓋名其沖和之功，而神理所由也，會二氣之和，極發揮之美者，不可以柔剛滯其用，不得以陰陽分其名，故歸於冥極而謂之天。凡生類稟靈知於天，資形於二氣，故又曰「獨天不生」，必三合而形神生理具矣。』」案：列子天瑞篇：「清輕者上爲天，濁重者下爲地，沖和氣者爲人；故天地含精，萬物化生。」斯乃三合之義也。

〔四〕主術篇：「故聖人之道，寬而栗，嚴而温，柔而直，猛而仁。」高誘注：「言剛柔寬猛相濟也。」

〔五〕主術篇：「太剛則折，太柔則卷，聖人正在剛柔之間，乃得道之本。」高誘注：「本，原也。」案：吕氏春秋別類篇：「柔則錈，堅則折。」集韻二十阮：「錈，屈金也。吕氏春秋：『柔則錈，堅則折。』」

〔六〕太平御覽七百六十六引「懷也」作「懷之」，「引」上有「可」字，「布也」作「布之」，俱較勝。主術篇：「夫繩之爲度也，可卷而伸也，引而伸之，可直而睎。」高誘注：「睎，望也。」王念孫曰：「『可卷而伸』，劉本作『可卷而懷』，是也。此言繩之爲物，可曲可直，故先言『卷而懷』，後言『引而伸』；且『懷』與『睎』爲韻，若作『伸』，則失其韻矣。文子上仁篇正作『可卷而懷』。」

〔七〕主術篇：「故聖人體之。夫脩而不横，短而不窮，直而不剛，久而不忘者，其唯繩乎！」高誘注：「體，行。」案：吕氏春秋誣徒篇高誘注：「體，行也。」韓非子外儲説左上：「其身體則可。」謂身體力行也。以身體連用，與此相同，義亦相比也。

〔八〕主術篇：「故恩推則懦，懦則不威；嚴推則猛，猛則不和；愛推則縱，縱則不令；刑推則虐，虐則無親。」高誘

注：「『推』猶移也。縱，放也。虐，害也。喜害人，人無親之。」

老子曰：「國之所以存者，道得也〔一〕。所以亡者，理塞也〔二〕。故聖人見化以觀其徵〔三〕。德有昌衰，風爲先萌〔四〕。故得生道者，雖小必大〔五〕。有亡徵者，雖成必敗〔六〕。國之亡也，大不足恃〔七〕。道之行也，小不可輕〔八〕。故存在得道，不在於小〔九〕。亡在失道，不在於大〔一〇〕。故亂國之主，務於廣地，而不務於仁義〔一一〕；務在高位，而不務於道德〔一二〕。是舍其所以存，而造音操。其所以亡也〔一三〕。觀賢愚以取興亡，存道德不在其廣大也〔一四〕。若上亂三光之明，下失萬民之心〔一五〕，孰不能承〔一六〕？故審其己者，不備諸人也〔一七〕。古之爲君者，深行之謂之道德，淺行之謂之仁義，薄行之謂之禮智〔一八〕，此六者，國家之綱維也，深行之則厚得福，淺行之則薄得福，盡行之天下服。古者，修道德即正天下，修仁義即正一國，修禮智即正一鄉。德厚者大，德薄者小。故道不以雄武立，不以堅强勝，不以貪競得。立在天下推己，勝在天下自服。得在天下與之，不在於自取。故雌牝即立，柔弱即勝，仁義即得，不争即莫能與之争〔一九〕。故道之在於天下也，譬猶江海也〔二〇〕。天之道，爲者敗之，執者失之〔二一〕。夫欲名之大，而求之争之，吾見其不得已〔二二〕。而雖執而得之，不留也。夫名不可求而得也，在天下與之，與之者歸之。天下所歸者德也，故云：上德者天下歸之，上仁者海内歸之，上義者一國歸之，上禮者一鄉歸之〔二三〕。無此四者，民不歸也。不歸用兵，即危道也。故曰：兵者不祥之器，不得已而用之〔二四〕。殺傷人，勝而勿美〔二五〕。故曰死地，荆棘生焉〔二六〕。以悲哀泣之，以喪禮居之〔二七〕。是以君子務於道德，不重用兵也。」行之有淺深，而德之有厚薄。道德不可暫亡，凶器不宜妄動。

〔一〕「道得」原作「得道」，今從日本尾張刊本治要乙正。淮南子汜論篇：「國之所以存者，道德也。」高誘注：「道德施行，民悦其化，故國存也。」趙曦明、孫詒讓、俞樾俱謂「德」當作「得」，是也。

〔二〕汜論篇：「家之所以亡，理塞也。」高誘注：「理，道也。」俞樾謂「塞」爲「失」之誤。

〔三〕汜論篇：「故聖人見化以觀其徵。」高誘注：「徵，成也。」

〔四〕汜論篇：「德有盛衰，風先萌焉。」高誘注：「風，氣也。萌，見也。有盛德者，謂文王也，伯夷太公先見之。有衰德者，謂桀紂也，太史令終古及向藝先去之也。」案：高誘注即本之汜論篇，其文曰：「夫夏之將亡，太史令終古先奔於商，三年而桀乃亡。殷之將敗也，太史令向藝先歸文王，期年而紂乃亡。」高誘注：「終古向藝，二賢人名。」案：吕氏春秋先識篇：「夏太史令終古出其圖法，執而泣之。夏桀迷惑，暴亂愈甚。太史令終古乃出奔如商。」又曰：「殷内史向摯見紂之愈亂迷惑也，於是載其圖法出亡之周。」竹書紀年：「帝辛四十七年，内史向摯出奔周。」太公金匱：「内史向摯載其圖法奔周。」作「藝」者，疑形近之誤。

〔五〕汜論篇：「故得王道者，雖小必大。」高誘注：「湯武是也。」

〔六〕氾論篇：「有亡形者，雖成必敗。」高誘注：「桀紂是也。」

〔七〕氾論篇：「故國之亡也，雖大不足恃。」高誘注：「大猶亡，智伯是。」

〔八〕氾論篇：「道之行也，雖小不可輕。」高誘注：「湯以七十里，文王以百里，皆有天下，故雖小不可輕。」案：孟子公孫丑上：「以德行仁者王，王不待大，湯以七十里，文王以百里。」此高誘注所本。

〔九〕氾論篇：「存在得道，而不在於大也。」高誘注：「得道之君雖小，爲善，而耐王天下，故曰『不在于大也』。」

〔一〇〕氾論篇：「亡在失道，而不在於小也。」高誘注：「無道之君以爲惡無傷而弗革，積必亡，故曰『不在于小也』。」案：注文「積」上當有「惡」字。

〔一一〕「廣地」原作「地廣」，日本兩治要本作「廣地」，與淮南子合，今據乙轉。氾論篇：「故亂國之君，務廣其地，而不務仁義。」

〔一二〕氾論篇：「務高其位，而不務道德。」

〔一三〕日本兩治要本「存」下有「而」字，與淮南子合，今據補正。氾論篇：「是釋其所以存而造其所以亡也。」

〔一四〕「在」原作「存」，今以意改。

〔一五〕氾論篇：「若上亂三光之明，下失萬民之心。」高誘注：「三光，日月星辰也。失萬民心，施民所惡也。」

〔一六〕氾論篇：「雖微湯武，孰弗能奪也？」高誘注：「言遭人能奪之，不必湯武也。」

〔一七〕氾論篇：「今不審其在己者，而反備之于人。」高誘注：「言不慎行己之德，而乃反備天下之人來誅也。」

〔一八〕老子三十八章：「故失道而後德，失德而後仁，失仁而後義，失義而後禮。」此文本之，以言世之日衰也。案：莊子知北遊篇：「道不可致，德不可至，仁可爲也，義可虧也，禮相僞也。故曰：失道而後德，失德而後仁，失仁而後義，失義而後禮。禮者，道之華而亂之首也。」亦本老子之文以明爲道日損之旨，與文子此文義相比也。

〔一九〕老子二十二章：「夫唯不争，故天下莫能與之争。」又六十六章：「以其不争，故天下莫能與之争。」

〔二〇〕老子三十二章：「知止可以不殆，譬道之在天下，猶川谷之於江海。」

〔二一〕老子二十九章：「天下神器，不可爲也。爲者敗之，執者失之。」又六十四章：「爲者敗之，執者失之。是以聖人無爲故無敗，無執故無失。」

〔二二〕老子二十九章：「將欲取天下而爲之，吾見其不得已。」

〔二三〕管子形勢篇：「有聞道而好爲鄉者，一鄉之人也。有聞道而好爲國者，一國之人也。有聞道而好爲天下者，天下之人也。」與文子所言「天下歸之」、「一國歸之」、「一鄉歸之」，義可互參。

〔二四〕老子三十一章：「兵者，不祥之器，非君子之器，不得已而用之。」

〔二五〕老子三十一章：「恬淡爲上，勝而不美，而美之者，是樂殺人。夫樂殺人者，則不可以得志於天下矣。」

〔二六〕老子三十章：「師之所處，荆棘生焉。」

〔二七〕老子三十一章：「殺人之衆，以哀悲泣之；戰勝，以喪禮處之。」

文子問：「仁義禮何以爲薄於道德也？」老子曰：「爲仁者必以哀樂論之，爲義者必以取與明之〔一〕。四海之內，哀樂不能遍；竭府庫之財貨，不足以贍萬民〔二〕。言恩惠不能普。故知不如修道而行德，因天地之性，萬物自正而天下贍，仁義因附。是以大丈夫居其厚，不居其薄〔三〕。故知道德深厚，而仁義淺薄。故聖人居其厚，不處其薄也。夫禮者實之文也，仁者恩之效也；故禮因人情而制，不過其實，仁不溢恩〔四〕。悲哀抱於情，送死稱於仁。夫養生不强人所不能及，不絶人所不能已，度量不失其適，非譽無由生矣〔五〕。故制樂足以合歡〔六〕，喜不出於和〔七〕，明於死生之分，通於侈儉之適也〔八〕。人情失和，故興於仁義，節以禮樂，各使明其分，而不相逾。末世即不然，言與行相悖，情與貌相反，禮飾以煩，樂擾以淫〔九〕，風俗溺於世，非譽萃於朝，故至人廢而不用也〔一〇〕。末世謂樂淫變節，禮煩飾情。至人見其如此，故執其樸素，易其風俗。與驥逐走，即人不勝驥；託於車上，即驥不勝人〔一一〕。故善用道者，乘人之資以立功，以其所能託其所不能也〔一二〕。主與之以時，民報之以財；主遇之以禮，民報之以死。故有危國無安君，有憂主無樂臣。德過其位者尊，禄過其德者凶。德貴無高〔一三〕，義取無多。不以德貴者，竊位也。不以義取者，盜財也。無德而貴者凶，非義而取者盜。聖人安貧樂道，不以欲傷生，不以利累己，故不違義而妄取。古者，無德不尊，無能不官，無功不賞，無罪不誅；其進人也以禮，其退人也以義。小人之世，其進人也，若上之天；其退人也，若內之淵。聖人之用人也，不苟進，不妄退〔一四〕。小人則用之恐不高，退之恨不深也。言古者，以疾今也。敏今時偷薄，好之欲其生，惡之欲其死也。相馬失之瘦，選士失之貧。豚肥充厨，骨胔音寺。不官，馬在良，雖瘦可以致遠。臣在忠，雖貧可以成事。君子察實，無信讒言。君過而不諫，非忠臣也。諫而不聽，君不明也。不諫者，謂尸禄也。不聽者，暴主也。民沉溺而不憂，非賢君也。故守節死難，人臣之職也。衣寒食飢，慈父之恩也。有君如此，何慮社稷之危亡。有臣如此，何憂爵禄之不備。以大事小，謂之變人。以小犯大，謂之逆天。前雖登天，後必入淵。故鄉里以齒，老窮不遺；朝廷以爵，尊卑有差。故長幼守其節，則禍患無由生。夫崇貴者，爲其近君也；尊老者，謂其近親也；敬長者，謂其近兄也。因君以崇貴，因親而敬老，因禮而敬長也。生而貴者驕，生而富者奢。故富貴不以明道自鑑，而能無爲非者，寡矣。貴不期驕驕自至，富不辦奢奢自至。處乎貴不明道德，使不爲非者鮮矣。學而不厭，所以治身也；教而不倦，所以治民也〔一五〕。賢師良友，舍而爲非者，寡矣〔一六〕。觀學曰道，承教無類，入芝蘭之囿，必染芬芳之氣也。知賢之謂智，愛賢之謂仁，尊仁之謂義，敬賢之謂禮，樂賢之謂樂。古之善爲天下者，無爲而無不爲也〔一七〕。不生民事，故曰無爲。因民所利，而無不爲。故爲天下有容，能得其容，無爲而有功〔一八〕。不得其容，動作必凶〔一九〕。爲天下有容者，豫兮其若冬涉大川〔二〇〕，猶兮其若畏四鄰，儼兮其若容，渙兮其若冰之液，敦兮其若樸，混兮其若濁，廣兮其若谷，此爲天下容〔二一〕。容，包容也，道之容貌也。治天下者，兢兢業業，不敢懈怠。下文並釋。豫兮其若冬涉大川者，不敢行也。猶兮其若畏四鄰者，恐四傷也。儼兮其若容者，謙恭敬也。渙兮其若冰之液者，不敢積藏也。敦兮其若樸者，不敢廉成也。混兮其若濁者，不敢明清也。廣兮其若谷者，不敢盛盈也〔二二〕。不敢行者，退不敢先也。恐自傷者，守柔弱不敢矜也。謙恭敬者，自卑下，尊敬人也。不敢積藏者，自損弊，不敢堅也。不敢廉成者，自虧缺，不敢全也。不敢清明者，處濁辱，而不敢新鮮也。不敢盛盈者，見不足而不敢自賢也。夫道，退故能先，守柔弱故能矜，自卑下故能高人，自損弊故實堅，自虧缺故盛全，處濁辱故新鮮，見不足故能賢〔二三〕。道無爲而無不爲也〔二四〕。」此數者，道之反也。處後則人先之，自損則人與之，故天下戴之而不重，百姓樂推而不厭也。

〔一〕淮南子齊俗篇：「爲仁者必以哀樂論之，爲義者必以取予明之。」

〔二〕齊俗篇：「目所見不過十里，而欲遍照海内之民，哀樂弗能給也。無天下之委財，而欲遍澹萬民，利不能足也。」

〔三〕老子三十八章：「夫禮者，忠信之薄，而亂之首；前識者，道之華，而愚之始。是以大丈夫處其厚，不居其薄；處其實，不居其華。」

〔四〕齊俗篇：「禮者，實之文也，仁者，恩之效也。故禮因人情而爲之節文，而仁發恲以見容，禮不過實，仁不溢恩也。」許慎注：「恲，色也。」

〔五〕齊俗篇：「悲哀抱於情，葬薶稱於養，不强人之所不能爲，不絶人之所能已，（陳觀樓謂「能已」上當從文子補「不」字。）度量不失於適，誹譽無所由生。」

〔六〕齊俗篇：「制樂足以合歡宣意而已。」白虎通禮樂篇：「合歡之樂儛於堂。」

〔七〕「喜」字原脱，今據景宋本、景刊宋本訂補。齊俗篇「喜不羡於音。」亦有「喜」字。史記禮書：「或言：古者太平，萬民和喜。」此言和喜之證。

〔八〕齊俗篇：「故葬薶足以收斂蓋藏而已。昔舜葬蒼梧，市不變其肆，禹葬會稽之山，農不易其畝，明乎生死之分，通乎侈儉之適者也。」許慎注：「舜南巡狩，死蒼梧，葬泠道九疑山，不煩於市有所廢。禹會羣臣於會稽，葬山陰之陽，不煩農人之田畝。」

〔九〕齊俗篇：「亂國則不然，言與行相悖，情與貌相反，禮飾以煩，樂優以淫。」王念孫曰：「文子上仁篇『優』作『擾』，於義爲長，『擾』亦煩也。俗書『擾』作『擾』，與『優』相似而誤。」

〔一〇〕齊俗篇：「崇死以害生，久喪以招行，是以風俗濁於世，而誹譽萌於朝，是故聖人廢而不用也。」

〔一一〕淮南子主術篇：「與馬競走，筋絶而弗能及，上車執轡，則馬服于衡下。」又道應篇：「故人與驥逐走，則不勝驥，託於車上，即驥不勝人。」案：呂氏春秋審分篇：「人與驥俱走，則人不勝驥矣，居於車上而任驥，則驥不勝人矣。人主好治人官之事，則是與驥俱走也，必多所不及矣。」高誘注：「言人君好爲人臣之官事，是謂與驥俱走，無以勝之也。必多所不及者，言力不贍也。好自治人臣之所官事，亦如之。」

〔一二〕老子二十七章：「不貴其師，不愛其資，雖智大迷，是謂要妙。」主術篇高誘注：「資，才也。」

〔一三〕老子三十九章：「侯王無以貴高，將恐蹶。」

〔一四〕「妄」原誤「安」，今據景宋本、景刻宋本改正。

〔一五〕尸子勸學篇：「學不倦，所以治己也；教不厭，所以治人也。」說苑談叢篇：「學問不倦，所以治己也；教誨不厭，所以治人也。」案：孟子公孫丑上：「昔者，子貢問於孔子曰：『夫子聖矣乎？』孔子曰：『聖則吾不能。我學不厭而教不倦也。』」呂氏春秋尊師篇：「故子貢問孔子曰：『後世將何以稱夫子？』孔子曰：『吾何足以稱哉！勿已者，則好學而不厭，好教而不倦，其惟此耶。』」案：「爲之不厭，誨人不倦」，論語述而篇以爲孔子向公西華言之，顧炎武以爲實別一時語。今案：述而篇記孔子之言曰：「默而識之，『學而不厭，誨人不倦』，何有於我哉？」此實孔子「述而不作，信而好古」之佳證，既已「默而識之」，因之舉以語公西華，亦舉以語子貢。尸子、文子所言，亦是述古耳。

〔一六〕說苑談叢篇：「賢師良友在其側，詩書禮樂陳于前，棄而爲不善者，鮮矣。」

〔一七〕老子三十七章：「道常無爲，而無不爲。」此文本之，而本章末又言「道無爲而無不爲也」，即有疊床架屋之嫌，當有一誤也。

〔一八〕老子十六章：「知常容，容乃公。」

〔一九〕老子十六章：「不知常，妄作凶。」

〔二〇〕老子十五章：「古之善爲士者，微妙玄通，深不可識。夫唯不可識，故强爲之容，豫焉若冬涉川。」「豫」，景宋本、景刻宋本作「與」。案：史記呂后本紀：「猶豫未決。」索隱：「『與』音預，又作『豫』，今解者又引老子：『與兮若冬涉川，猶兮若畏四鄰。』」正義：「『與』音預，又作『豫』。」案作「與」者，與司馬貞所見本同。

〔二一〕老子十五章：「猶兮若畏四鄰，儼兮其若容，涣兮若冰之將釋，敦兮其若樸，曠兮其若谷，混兮其若濁。」

〔二二〕此韓非子解老、喻老之流亞也。世之解老者，殆莫之先也。

〔二三〕自注而自疏之，實爲罕見。

〔二四〕案：就文義尋繹之，即無此句亦可，政不必如蛇足之爲也。老子三十七章：「上德無爲而無不爲。」

文子疏義卷第十一

上義

老子曰：「凡學者能明於天人之分，通於治亂之本，澄心清意以存之，見其終始，反其虛無，可謂達矣〔一〕。唯夫體清明，反虛靜，故能明天人之分，究終始之際。治之本仁義也，其末法度也。人之所生者本也，其所不生者末也。本末一體也，其兩愛之，性也。先本後末謂之君子，先末後本謂之小人〔二〕。人之生也，精神爲本，形體爲末。故太上養神，治其情性。末世養形，恣其嗜欲。治性則神清，縱欲則身害。夫神清體和，本末相濟，乃全身保神，不虧其真。凡修攝有方，稟受不一，故有君子小人之異。法之生也以輔義，重法棄義，是貴其冠履而忘其首足也〔三〕。治國者先治於仁義，然後法令以齊之。重法令遺仁義，是遺首足而貴冠履也。仁義者，廣崇也，不益其厚而張其廣者毀，不廣其基而增其高者覆。故不大其棟，不能任重。任重莫若棟，任國莫若德〔四〕。人主之有民，猶城之有基〔五〕，木之有根。根深即本固，基厚即上安〔六〕。根基猶道德也，夫根深基廣，而見毀拔者，未之有也。道高德盛，而萬姓不崇戴者，未之聞也。故事不本於道德者，不可以爲經，言不合於先王者，不可以爲道〔七〕。夫事不師古，不遵道，不可爲國法。便說掇取一行一功之術，非天下通道也〔八〕。」恢怪譎詭之術，非天下之大道。

〔一〕日本兩治要本無「反其虚无」四字。淮南子同。淮南子泰族篇：「凡學者能明於天人之分，通于治亂之本，澄心清意以存之，見其終始，可謂知略矣。」

〔二〕泰族篇：「治之所以爲本者仁義也，所以爲末者法度也。凡人之所以事生者本也，其所以事死者末也。本末一體也，其兩愛之，性也。（「性」上原衍「一」字，今據王念孫說校删。）先本後末謂之君子，以末害本謂之小人。君子與小人之性非異也，在所（原作「所在」，據王念孫說乙正。）先後而已矣。」

〔三〕泰族篇：「且法之生也，以輔仁義，今重法而棄義，是貴其冠履而忘其頭足也。」日本兩治要本「首足」作「頭足」，與淮南子合。

〔四〕泰族篇：「故仁義者，爲厚基者也，不益其厚而張其廣者毁，不廣其基而增其高者覆。趙政不增其德而累其高故滅，智伯不行仁義而務廣地故亡。國語曰：『不厚其棟，不能任重。重莫若國，棟莫若德。』」案：「國語」上原衍「其」字，今據太平御覽卷六百二十四引删削。「厚」原作「大」，今亦據太平御覽引改正，與國語魯語上合。韋昭注：「言國至重，非德不任國棟。」

〔五〕「城」下原衍「中」字，日本兩治要本、文選晉紀總論注又六代論注俱無「中」字，今據删削。泰族篇：「國主之有民也，猶城之有基。」亦無「中」字。

〔六〕泰族篇：「根深則本固，基美則上寧。」説苑談叢篇：「本傷者枝槁，根深者末厚。」義與此相比。

〔七〕泰族篇：「故事不本於道德者不可以爲儀，言不合乎先王者不可以爲道。」

〔八〕泰族篇：「今商鞅之啓塞，申子之三符，韓非之孤憤，張儀蘇秦之從衡，皆掇取之權，一切之術也，非治之大本，事之恒常，可博聞而世傳者也。」又曰：「故五子之言，所以便説掇取也，非天下之通義也。」器案：「便説」謂因利乘便之説，即所謂權譎之言也。漢書王吉傳：「各取一切，權譎自在。」淮南子氾論篇：「而欲以一行之禮，一定之法，應時偶變，其不能中權亦明矣。」高誘注：「一行之禮，非隨時禮也。一定之法，非隨時法也。故曰『不能中權』，權則因時制宜，不失中道也。」一行之禮，一行之術，義相比也。

老子曰：「治人之道，其猶造父之御駟馬也，周穆王時御馬。齊輯音集。之乎轡銜〔一〕，正度之乎胸膺，内得於中心，外合乎馬志〔二〕，故能取道致遠，氣力有餘，進退還曲，莫不如意，誠得其術也〔三〕。今夫權勢者，人主之車輿也，大臣者，人主之駟馬也，身不可離車輿之安，手不可失駟馬之心。故駟馬不調，造父不能以取道；君臣不和，聖人不能以爲治。執道以御之，中才可盡；明分以示之，姦邪可止〔四〕。物至而觀其變，事來而應其化，近者不亂，即遠者治矣。不用適然之教，而得自然之道，萬舉而不失矣〔五〕。」有造父之善御，不憂車馬之奔逸。有聖人之至治，不憂黔首之危亡。

〔一〕淮南子主術篇：「聖主之治也，其猶造父之御，齊輯之于轡銜之際，而急緩之于脣吻之和。」案：列子湯問篇：「造父之師曰泰豆氏，歎曰：『推御也，齊輯乎轡銜之際，而急緩乎脣吻之和。』」殷敬順釋文：「『輯』音集。說文云：『輯，車輿也。』」說文：「輯，車和輯也。」段玉裁注據列子釋文校改爲「輯，車輿也」，曰：「殷氏所見未誤。太玄礥上九：『崇崇高山，下有川波。其人有輯航，可與過。』測曰：『高山大川，不輯航，不克也。』此『輯』謂輿，山必輿，川必航，而後可過。是古義見於子雲之書，非無可徵也。」案：段說是。「齊輯」者，言造父善御，得車轡之齊整在於轡銜之際也。

〔二〕主術篇：「正度于胸臆之中，而執節于掌握之間，内得於心中，外合於馬志。」高誘注：「節，策也。」王念孫曰：「『心中』當爲『中心』，『中心』與『馬志』相對爲文，太平御覽治道部五、獸部八引此並作『中心』，列子湯問篇、文子上義篇皆同。」

〔三〕主術篇：「是故能進退履繩，而旋曲中規，取道致遠，而氣力有餘，誠得其術也。」高誘注：「繩，直正也。曲，屈。規，圓。」器案：莊子達生篇：「東野稷以御見莊公，進退中繩，左右旋中規。」呂氏春秋適威篇：「東野稷以御見莊公，進退中繩，左右旋中規。」又曰：「夫進退中繩，左右旋中規，造父之御，無以過焉。」列子湯問篇：「是故能進退履繩，而曲旋中規（原衍「矩」字，今刪。），取道致遠，而氣力有餘，誠得其術也。」案：旋曲也，曲旋也，左右旋也，即文子「還曲」之謂也。「還」、「旋」一音之轉，古通。淮南子人間篇：「是由乘驥逐人於榛薄，而蓑笠盤旋也。」又齊俗篇：「古者，非不知繁升降槃還之禮也。」「槃還」即「盤旋」，是其證也。

〔四〕主術篇：「是故權勢者，人主之車輿也，大臣者，人主之駟馬也，體離車輿之安，而手失駟馬之心，而能不危者，古今未有也。是故輿馬不調，王良不足以取道，君臣不和，唐虞不能以爲治，執術而御之，則管晏之智盡矣，明分以示之，則跖蹻之姦止矣。」高誘注：「盜跖，孔子時人。蹻，莊蹻，楚威王之將軍，能爲大盜也。」

〔五〕主術篇：「是故明王之耳目不勞，精神不竭，物至而觀其象，事來而應其化，近者不亂，遠者治也。是故不用適然之數，而行必然之道，故萬舉而無遺策矣。」王念孫曰：「『物至而觀其象』，『象』當爲『變』，草書之誤也。『變』與『化』同義。『觀其變』，亦謂觀其變而應之也，作『象』則非其指矣。文子上義篇正作『物至而觀其變』。氾論篇亦曰：『物動而知其反，事萌而察其變。』『近者不亂，遠者治也』，文子作『近者不亂，即遠者治矣』，亦於義爲長。」

老子曰：「凡爲道者，塞邪隧〔一〕，防未然。不貴其自是也，貴其不得爲非也。故曰：勿使可欲，无曰不求〔二〕。勿使可奪，无曰不爭〔三〕。如此，即人欲釋而公道行矣〔四〕。有餘者止於度，不足者逮於用，故天下可一也〔五〕。夫釋職事而聽非譽，棄功勞而用朋黨〔六〕，即奇伎天長〔七〕，守職不進，民俗亂於國，功臣爭於朝〔八〕。故有道以御人，无道則制於人矣〔九〕。」舜爲匹夫而天下共戴者，其道存也，故能制於人。紂爲天子而四海離心者，其道亡也，則爲人所制。

〔一〕「隧」，道藏纘義本同，注云：「音遂，暗路。」案：淮南子兵略篇：「塞邪隧。」又曰：「隧路亟。」許慎注：「隧，道也。亟言治軍隧道疾也。」日本古鈔本開詁同。景宋本、景刻宋本作「道」，不知妄改。

〔二〕「無曰」，原誤作「無日」，下句同，今據主術篇改正。老子六十二章：「不曰以求得，……故爲天下貴。」此之謂也。

〔三〕主術篇：「故曰：勿使可欲，毋曰弗求。勿使可奪，毋曰不爭。」老子八章：「夫唯不爭，故無尤。」

〔四〕主術篇：「如此，則人材釋而公道行矣。」

〔五〕道藏本「一」下衍「人」字，景宋本、景刻宋本無，今據刪。主術篇：「美者正於度，而不足者建於用，故海内可一也。」王念孫曰：「『美』當爲『羨』，『正』當爲『止』，『建』當爲『逮』，皆字之誤也。（文選陸雲爲顧彥先贈婦詩：「佳麗良可羨。」今本「羨」誤作「美」，玉臺新詠載此詩正作「羨」。）『羨』謂才有餘也。『羨者止於度，而不足者逮於用』，謂人主有一定之法，則才之有餘者，止於法度之中而不得過，其不足者，亦可逮於用而不患其不及也。『羨』與『不足』正相反。文子上義篇作『有餘者止於度，不足者逮於用』，是其明證矣。」

〔六〕主術篇：「夫釋職事而聽非譽，棄公勞而用朋黨。」高誘注：「公，正。」

〔七〕主術篇：「則奇材佻長而干次。」高誘注：「奇材，非常之材。佻長，卒非純賢也。故曰『干次』也。」案：文子此句當有脱誤。尋文子上仁篇：「先王之法，不掩羣而取镺⿰镸兆。」纘義釋音：「镺⿰镸兆，獸之長大者。」疑「天長」乃「镺⿰镸兆」各缺其一邊而誤，蓋以狀獸之長大而擬人，即「佻長」之謂也。據淮南子則其下尚應補「而干次」三字，語意始足耳。

〔八〕主術篇：「守官者雍遏而不進，如此，則民俗亂於國，而功臣爭於朝。」高誘注：「奇材佻長之人，干超其次；功勢之臣，反不顯列，故爭於朝。」

〔九〕主術篇：「故法律度量者，人主之所以執下，釋之而不用，是猶無轡銜而馳也，羣臣百姓，反弄其上。是故有術則制人，無術則制於人。」高誘注：「執，制。制於人，爲人所禽制也。」

老子曰：「治國有常，而利民爲本〔一〕。政教有道，而令行爲古〔二〕。苟利於民，不必法古；苟周於事，不必循俗〔三〕。故聖人法與時變，禮與俗化〔四〕。衣服器械，各便其用。法度制令，各因其宜。故變古未可非，而循俗未足多也〔五〕。夫治道所貴，適時而已，不在數變爲務也。誦先王之書，不若聞其言；聞其言，不若得其所以言〔六〕。得其所以言者，言不能言也〔七〕。故道可道，非常道也。名可名，非常名也〔八〕。執言爲道，即言而非道也。持石爲玉，即石而非玉也。故聖人所由曰道，猶金石也〔九〕，一調不可更。音律以定，不可易也。事猶琴瑟也，曲終改調〔一〇〕。曲節既殊，故宜變易。故法制禮樂者，治之具也，非所以爲治也〔一一〕。故曲士不可與論至道者，訊寤於俗而束於教也〔一二〕。」登閬峯者非凡乘能及〔一三〕，論至道者非曲士所通。

〔一〕淮南子氾論篇：「治國有常，而利民爲本。」高誘注：「本，要。」

〔二〕日本兩治要本：「令行爲右。」氾論篇：「政教有經，而令行爲上。」高誘注：「經，常也。上，最也。」王叔岷曰：「『古』即『右』之誤，『右』猶上也。」器案：戰國趙武靈王策：「夫制國有常，而利民爲本。從政有經，而令行爲上。」淮南子改「右」爲「上」者，以楚人尚左，習俗殊也。楚人尚左，見左傳桓公八年。

〔三〕氾論篇：「苟利於民，不必法古；苟周於事，不必循舊。」高誘注：「舊，常也。傳曰：『舊不必良。』『舊』或作『咎』也。」

〔四〕氾論篇：「夫夏商之衰也，不變法而亡；三代之起也，不相襲而王。故聖人法與時變，禮與俗化。」高誘注：「亡謂桀紂。三代，禹、湯、武也。襲，因也。化，易。」案：史記秦始皇本紀：「李斯曰：『五帝不相復，三代不相襲，各以治，非其相反，時變異也。』」漢書匡衡傳：「臣聞：五帝不同樂，三王各異教，民俗殊務，所遇之時異也。」

〔五〕氾論篇：「衣服器械，各便其用，法度制令，各因其宜。故變古未可非，而循俗未足多也。」高誘注：「循，隨也。俗，常也。」戰國策：「及至三王，觀時而制法，因事而制禮，法度制令，各順其宜。衣服器械，各便其用。故理世不必一其道，便國不必法古。聖人之興也，不相襲而王，夏殷之衰也，不易禮而滅。然則反古未可非，而循禮未足多也。」

〔六〕氾論篇：「詩春秋，學之美者也，皆衰世之造也。儒者循之以教導於世，豈若三代之盛哉？以詩春秋爲古之道而貴之，又有未作詩春秋之時，夫道其缺也，不若道其全也。誦先王之詩書，不若聞得其言；聞得其言，不若得其所以言。」高誘注：「聞聖人之言，不如得其未言時之本意。」王念孫曰：「『誦先王之詩書』，『詩』字因上文『詩春秋』而衍。先王之書，泛指六藝而言，非詩書之書也。『不若聞得其言，聞得其言』，兩『得』字皆因下句『得』字而衍。高注云：『聞聖人之言，不如得其未言時之本意。』則『聞』下無『得』字明矣。文子上義篇正作『誦先王之書，不若聞其言，聞其言，不若得其所以言』。」

〔七〕氾論篇：「得其所以言者，言弗能言也。」高誘注：「聖人所言微妙，凡人雖得之口，不耐以言。」案：易繫辭下：「子曰：『書不盡言，言不盡意。然則聖人之意，其不可見乎！』」此之謂也。

〔八〕氾論篇：「故道可道者，非常道也。」高誘注曰：「常道，言深隱幽冥，不可道也。猶聖人之言，微妙不可言。」老子一章：「道可道，非常道。名可名，非常名。」莊子知北遊篇：「道不可聞，聞而非也；道不可見，見而非也；道不可言，言而非也。知形形之不形乎？道不當名。」成玄英疏：「道無聲，不可以耳聞，耳聞非道也。道無色，不可以眼見，眼見非道也；道無名，不可以言說，言說非道也。」

〔九〕顧觀光曰：「『道』字下有脱文，治要引此文云：『故聖人所由曰道，所爲曰事。道猶金石也』云云，與氾論訓合。」王叔岷曰：「案：顧說是也，『道』下當據治要及淮南子補『所爲曰事。道』五字。文選謝靈運從游京口北固應詔詩注『道』下『所爲曰事』四字尚存。」器案：顧王說是，日本古抄本治要與尾張刊本同，文選注引作「聖人所由曰道，所爲曰事」，二書所引極是，下文正以「道」、「事」並舉。當據以訂補。

〔一〇〕日本兩治要本「一」作「壹」。氾論篇：「道猶金石，一調不更。事猶琴瑟，每終（從宋本）改調。」高誘注：「金石，鐘磬也。故曰調而不更。琴瑟，絃有數急，柱有前却，故調事亦如之也。」譚獻曰：「終，曲一終也。」器案：『數』讀如孟子梁惠王篇「數罟不入污池」之數，趙岐注：「數罟，密網也。」

〔一一〕氾論篇：「故法制禮義者，治人之具也，而非所以爲治也。」高誘注：「言法制禮義，可以爲治之基耳，非所以爲治。治在其人之德，猶弓矢，射之具也，非耐必中也，中在其人之功。」王念孫曰：「『人』字後人所加，高注云：『言法制禮義可以爲治之基耳，非所以爲治。』則無『人』字明矣。文子上義篇無『人』字。泰族篇曰：『故法者治之具也，而非所以爲治也。』亦無『人』字。」器案：王說是。史記酷吏傳：「法令者，治之具，而非制治清濁之源也。」亦無「人」字。又案：高注「基」字，亦當作「具」，形近之誤也。

〔一二〕淮南子原道篇：「曲士不可語至道，拘於俗，束於教也。」莊子秋水篇：「曲士不可以語於道者，束於教也。」釋文：「鄉曲之士也。」

〔一三〕「凡」原誤「九」，今據景宋本、影刻宋本改正。

老子曰：「天下幾有常法哉〔一〕？當於世事，得於人理，順於天地，詳於鬼神，即可以正治矣〔二〕。便於事，順於人，即可治天下，自然通神明，何常有法也。昔者，三皇無制令而民從〔三〕，五帝有制令而无刑罰〔四〕，夏后氏不負言〔五〕，殷人誓〔六〕，周人盟〔七〕。三皇者，虙犧、神農、黃帝。五帝，少昊、顓頊、高辛、唐、虞。三王者，夏禹、殷湯、周文王。夫上古不令而民從，末世峻法而民詐，故无爲爲化易，有爲爲治難，盟誓不禁，刑戮隨之也。末世之衰也，忍垢而輕辱，貪得而寡羞〔八〕。故法度制令者，論民俗而節緩急，器械者，因時變而制宜適〔九〕。夫制於法者，不可與達舉；拘禮之人，不可使應變〔一〇〕。必有獨見之明，獨聞之聰，然後能擅道而行〔一一〕。拘法守文者，動用乖滯。獨聞獨見者，不得離道也。夫知法之所由生者，即應時而變，不知治道之源者，雖循終亂〔一二〕。今爲學者，循先襲業，握篇籍，守文法，欲以爲治，非此不治〔一三〕，猶持方枘而內圓鑿也，欲得宜適，亦難矣〔一四〕。夫執法守文，而无變通者，自以爲治，猶持方內圓，安能適中。夫存危治亂，非智不能。道先稱古，雖愚有餘〔一五〕。故不用之法，聖人不行也。不驗之言，明主不聽也〔一六〕。事當雖愚必用，理乖雖賢必捨。

〔一〕氾論篇：「天下豈有常法哉？」高誘注：「隨其時，于其宜。」案：「幾」，淮南子作「豈」，古通。荀子榮辱篇注：「『幾』讀爲豈。」是其證。韓非子姦劫弒臣篇：「幾不亦難哉？」「幾」亦當讀爲豈。又案注「于」字，宋本、藏本作「於」，疑「施」之誤。

〔二〕氾論篇：「當於世事，得於人理，順於天地，祥於鬼神，則可以正治矣。」高誘注：「當，合也。祥，順也。」

〔三〕氾論篇：「昔者，神農氏無制令而民從。」高誘注：「無制令，結繩以治也。」

〔四〕氾論篇：「唐虞有制令而無刑罰。」高誘注：「有制令，焕乎有其文章也。其政尚（原誤「常」，今改）仁義，民無犯法干誅，故曰『無刑罰』也。」案：太平御覽六百四十五引慎子：「有虞之誅，以幪巾當墨，以草纓當劓，以非履當刖，以艾韠當宫，布衣無領當大辟，此有虞之誅也。斬人肢體、鑿其肌膚謂之刑，畫衣冠、異章服謂之戮。上世用戮而民不犯，當世用刑而民不從。」

〔五〕氾論篇：「夏后氏不負言。」高誘注：「言而信也。」鹽鐵論詔聖篇：「夏后氏不倍言。」據器校注本。「不倍言」，即「不負言」也。

〔六〕氾論篇：「殷人誓。」高誘注：「以言語要誓，亦不違。」案：禮記檀弓下：「殷人作誓，而民始畔。」

〔七〕氾論篇：「周人盟。」高誘注：「有事而會，不協而盟。盟者，殺牲歃血以爲信也。」檀弓下：「周人作會而民始疑。」鄭注：「『會』謂盟也。盟誓所以結衆以信，其後外恃衆而信不由中，則民畔疑之。孔子曰：『其身正，不令而行；其身不正，雖令不從。』」

〔八〕氾論篇：「逮至當今之世，忍詢而輕辱，貪得而寡羞，欲以神農之道治之，則其亂必矣。」高誘注：「『詢』讀夏后之后。」莊逵吉曰：「説文解字：『詬或作詢。』此用或字，故讀如后。」案：莊子讓王篇：「强力忍垢。」釋文：「司馬云：『垢，辱也。』李云：『弑君須忍垢也。』」吕氏春秋離俗篇作「彊力忍詢」，高誘注：「詢，辱也。」「垢」、「詢」同聲通假。

〔九〕氾論篇：「由此觀之，法度者，所以論民俗而節緩急也，器械者，因時變而制宜適也。」

〔一〇〕「達舉」，景宋本、景刻宋本、道藏纘義本作「遠舉」，淮南子同。此疑誤。氾論篇：「制法之民，不可與遠舉；拘禮之人，不可使應變。」高誘注：「『拘』猶檢也。」商子更法篇：「故知者作法，而愚者制焉；賢者更禮，而不肖者拘焉。拘禮之人，不足與言事；制法之人，不足與論變。」

〔一一〕氾論篇：「必有獨聞之耳（劉本作「聰」，治要作「聽」），獨見之明，然後能擅道而行矣。」

〔一二〕王叔岷曰：「案：『循』下當有『古』字，『循古』與上『應時』對言，脱一『古』字，則文意不明。淮南子正作『雖循古終亂』」。氾論篇：「大人作而弟子循。知法治所由生，則應時而變，不知法治之源，雖循古終亂。」

〔一三〕王叔岷曰：「案『爲』下本無『治』字，此涉下『治』字而衍也。纘義本作『欲以爲治』，蓋不知『治』爲衍文而妄删『非此不治』四字耳。淮南子正作『欲以爲非此不治』。（今本『欲』誤『教』。）」氾論篇：「今世之法籍與時變，禮義與俗易。爲學者循先襲業，據籍守舊，教（此字衍，王叔岷改爲「欲」。）以爲非此不治。」

〔一四〕「枘」原誤「柄」，據景宋本、景刻宋本、道藏纘義本改正。氾論篇：「是猶持方枘而周員鑿也，欲得宜適致固焉，則難矣。」莊子在宥篇：「仁義之不爲桎梏鑿枘也。」釋文：「鑿，在洛反，又在報反。枘，人鋭反，向本作『内』，音同。三蒼云：『柱頭枘也。鑿頭厠木如柱頭枘。』」文選宋玉九辯：「圜鑿而方枘兮，吾固知其鉏鋙而難入。」吕延濟注：「若鑿圓穴、斫方木内之，而必參差不可入。」

〔一五〕氾論篇：「夫存危治亂，非智不能，道而先稱古，雖愚有餘。」王念孫曰：「『道』字當在『而』字下，『道先稱古』與『存危治亂』相對。羣書治要引此正作『道先稱古』。」案：王説是。文子正作「道先稱古」。

〔一六〕氾論篇：「故不用之法，聖王弗行。不驗之言，聖王弗聽。」高誘注：「聽，受。」案：治要作「明主弗聽」。案：論衡死僞篇：「無實之言，不驗之語也。」「不驗之語」猶曰「無稽之言」也。荀子正名篇：「無稽之言，不見之行，不聞之謀，君子慎之。」楊倞注：「無稽之言，言無考驗者也。」書大禹謨：「無稽之言勿聽。」即襲之荀子。

文子問曰：「法安所生？」老子曰：「法生於義，義生於衆適，衆適合乎人心。此治之要也〔一〕。法非從天下也，非從地出也，發乎人間，反己自正〔二〕。誠達其本，不亂於末，知其要，不惑於疑〔三〕。有諸己，不非於人〔四〕；无諸己，不責於所立〔五〕。立於下者，不廢於上〔六〕；禁於民者，不行於身〔七〕。故人主之制法也，先以自爲檢式，故禁勝於身，即令行於民〔八〕。夫法者，天下之準繩也，人主之度量也；自檢於己，則民禁於彼也。縣法者，法不法也〔九〕。不法以法之，法也。法定之後，中繩者賞，缺繩者誅〔一〇〕。雖尊貴者不輕其賞，卑賤者不重其刑〔一一〕。犯法者雖賢必誅，中度者雖不肖无罪。是故公道行而私欲塞也〔一二〕。古之置有司也〔一三〕，所以禁民，使不得恣也〔一四〕。其立君也，所以制有司，使不得專行也〔一五〕。法度道術，所以禁君，使无得擅斷也〔一六〕。人莫得恣，即道勝而理得矣〔一七〕。故反樸无爲〔一八〕。无爲者，非謂其不動也，言其莫從己出也〔一九〕。」立君置有司，上不得自恣，下不得專斷，故上守正術，下无枉法，天下之治，何足難也。

〔一〕淮南子主術篇：「法生於義，義生於衆適，衆適合於人心，此治之要也。」高誘注：「要，約也。」

〔二〕日本兩治要本作「法非從天生，非從地出，發於人間，反已自正也」。主術篇：「法者，非天墮，非地生，發於人間，而反以自正。」高誘注：「反，還。」

〔三〕主術篇：「故通於本者，不亂於末，覩於要者，不惑於詳。」高誘注：「惑，眩。」

〔四〕日本兩治要本「於」作「諸」。主術篇：「是故有諸己，不非諸人。」高誘注：「有諸己，己有聰明也。不非諸人，恕人行也。」

〔五〕日本兩治要本作「無諸己，不責於下」。主術篇：「無諸己，不求諸人。」高誘注：「言己雖無獨見之明，不求加罪于人也。」

〔六〕日本兩治要本無此句。主術篇：「所立於下者，不廢於上。」高誘注：「人主所立法，禁於民，亦自修之，不廢於上，言以法也。」案：「修」疑當作「循」，謂遵循也。

〔七〕主術篇：「所禁於民者，不行於身。」高誘注：「不正之事，不獨行之于身，言其正己以正人也。」

〔八〕主術篇：「是故人主之立法，先自爲檢式儀表，故令行於天下。」高誘注：「表，正。」案：荀子儒效篇：「禮者，人主之所以爲羣臣寸尺尋丈檢式也。」楊倞注：「檢，束也。式，法也，度也。」

〔九〕主術篇：「孔子曰：『其身正，不令而行；其身不正，雖令不從。』故禁勝於身，則令行於民矣。」高誘注：「禁勝於身，不敢自犯禁也，故耐令行于民也。」案：引「孔子曰」者，見論語子張篇，何晏集解：「令，教令也。」

〔一〇〕「誅」原誤「殊」，今據景宋本、景刻宋本及淮南子校改。主術篇：「法定之後，中程者賞，缺繩者誅。」案：鄧析子轉辭篇：「明君立法之後，中程者賞，缺繩者誅。」韓非子難一篇：「中程者賞，弗中程者誅。」荀子致仕篇：

「程者，物之準也。」楊注：「程，度量之總名。」

〔一一〕主術篇：「尊貴者不輕其罰，而卑賤者不重其刑。」高誘注：「言平也。」

〔一二〕主術篇：「犯法者雖賢必誅，中度者雖不肖必無罪。是故公道通而私道塞矣。」高誘注：「公，正也。私，邪也。塞，閉也。」向宗魯先生曰：「『私道』當作『私門』，氾論篇：『私門成黨，而公道不行。』說苑君道篇：『私門盛而公家毀。』」

〔一三〕主術篇：「古之置有司也。」高誘注：「有司，蓋有理官士也。」

〔一四〕主術篇：「所以禁民，使不得自恣也。」高誘注：「恣，放恣也。」

〔一五〕主術篇：「其立君也，所以剬有司，使無專行也。」高誘注：「專，擅。」案：「剬」即「制」字，見張守節史記正義論例論字例。

〔一六〕「撗」即「横」之俗別字，見魏元彦墓誌、唐大達法師塔銘。主術篇：「法籍禮義者，所以禁君使无擅斷也。」

〔一七〕主術篇：「人莫得自恣則道勝，道勝而理達矣。」

〔一八〕日本兩治要本作「故反於无爲」，主術篇同。

〔一九〕「莫」字原脱，今據日本兩治要本訂補，淮南子亦有「莫」字。主術篇：「故反於無爲。無爲者，非謂其凝滯而不動也，以其言莫從己出也。」

老子曰：「善賞者費少而勸多〔一〕，善罰者刑省而姦禁〔二〕，善與者用約而爲德〔三〕，善取者入多而无怨〔四〕。故聖人因民之所喜以勸善，因民之所憎以禁姦。賞一人而天下趨之，罰一人而天下畏之〔五〕。是以至賞不費〔六〕，至刑不濫〔七〕。聖人守約而治廣，此之謂也〔八〕。」此聖人致理之道若此也。

〔一〕氾論篇：「古之善賞者，費少而勸衆。」高誘注：「趙襄子行之是。」

〔二〕氾論篇：「善罰者刑省而姦禁。」高誘注：「齊威王行之是也。」

〔三〕氾論篇：「善予者用約而爲德。」高誘注：「秦繆公行之是。」

〔四〕氾論篇：「善取者入多而無怨。」高誘注：「齊桓公行之也。」

〔五〕氾論篇：「故聖人因民之所喜而勸善，因民之所惡而禁姦。故賞一人而天下譽之，罰一人而天下畏之。」

〔六〕氾論篇：「故至賞不費。」高誘注：「賞當賞，不虛費。」

〔七〕氾論篇：「至刑不濫。」高誘注：「刑當刑，不傷善。『濫』讀收斂之斂。」荀子致仕篇：「賞不欲僭，刑不欲濫。賞僭則利及小人，刑濫則害及君子，若不幸而過，寧僭無濫，與其害善，不若利淫。」

〔八〕氾論篇：「故聖人守約而治廣者，此之謂也。」案：下章云：「所守甚約，所制甚廣。」此之謂也。

老子曰：「臣道者，論是處當，爲事先倡，守職明分，以立成功〔一〕。故君臣異道即治〔二〕，同道即亂〔三〕，各得其宜，處有其當，即上下有以相使也〔四〕。故枝不得大於榦，末不得强於本，言輕重大小有以相制也〔五〕。君臣分明，則大小无越也。夫得威勢者，所持甚小，所任甚大〔六〕；所守甚約，所制甚廣〔七〕。十圍之木，持千鈞之屋，得所勢也。五寸之關，能制開闔，所居要也〔八〕。下必行之令，順之者利，逆之者凶，天下莫不聽從者，順也。發號令行禁止者，以衆爲勢也〔九〕。義者，非能盡利於天下之民也，利一人而天下從之；暴者，非能盡害於海内也，害一人而天下叛之。故舉措廢置，不可不審也〔一〇〕。」慎其舉措，平其愛憎，利无偏賞，害无偏罰。

〔一〕「臣道者」，餘本俱作「臣道方」，器案：此當從淮南子主術篇作「臣道方者」（從王念孫校），諸本各脱一字。主術篇：「臣道員者，運轉而無方。」王念孫曰：「『臣道員者，運轉而無方』者，本作『臣道方者』，其『員者運轉而無』六字，則因上文而誤衍也。羣書治要引無此六字。文子上義篇亦無。主道員，臣道方，方員不同道，故下文云：『君臣異道則治，同道則亂』也。呂氏春秋圜道篇亦云：『主執圜，臣執方，方圜不易，其國乃昌。』」

〔二〕主術篇：「是故君臣異道則治。」高誘注：「不易奪，言相和。」

〔三〕主術篇：「同道則亂。」高誘注：「君所謂可，臣亦曰可，君所謂否，臣亦曰否，是同也。莫相匡弼，故曰亂也。」案：莊子天道篇：「上无爲也，下亦无爲也，是下與上同德，下與上同德則不臣。下有爲也，上亦有爲也，是上與下同道，上與下同道則不主。」郭注：「主代臣事，則非主矣，臣秉主用，則非臣矣。故各司其任，則上下咸任而無爲之理至矣。」然則「異道」、「同道」者，亦無爲之理矣。

〔四〕主術篇：「各得其宜，處其當，則上下有以相使也。」高誘注：「君得君道，臣得臣道，故曰『得其宜』也。」

〔五〕主術篇：「故枝不得大於榦，末不得强於本，則輕重大小有以相制也。」

〔六〕「任」原作「在」，日本兩治要本、景宋本、景刻宋本作「任」，今據改正。

〔七〕主術篇：「所守甚約，所制甚廣。」高誘注：「約，要也，少也。」

〔八〕主術篇：「故十圍之木，持千鈞之屋；五寸之鍵，制開闔之門，豈其材之巨小足哉？所居要也。」説苑談叢篇：「一圍之木，持千鈞之屋；五寸之鍵，而制開闔，豈材足任哉？蓋所居要也。」金樓子立言下：「故十圍之木，持千鈞之屋；五寸之楗，制九重之城，豈其才之足任哉？所居得其要也。」案：繆稱篇：「無一尺之楗，不可以閉藏。」「楗」、「鍵」通。

〔九〕日本兩治要本「順」作「從」，「凶」作「害」。主術篇：「天子發號令行禁止，以衆爲勢也。」

〔一〇〕主術篇：「故義者非能徧利天下之民也，利一人而天下從風；暴者非盡害海内之衆也，害一人而天下離叛，故桓公三舉而九合諸侯，紂再舉而不得爲匹夫。故舉錯不可不審。」高誘注：「三舉，去食肉之獸、食粟之鳥、係罝之網。再舉，殺比干，斮朝涉之脛也。」

老子曰：「屈寸而申尺，小枉而大直，聖人爲之〔一〕。今人君之論臣也，不計其大功，總其略行，而求其小善，即失賢之道也〔二〕。故人有厚德，无閒其小節；人有大譽，无疵其小故〔三〕。夫人情莫不有所短，誠其大略是也，雖有小過，不以爲累也〔四〕。誠其大略非也，閭里之行，未足多也〔五〕。言人之才，不能盡善盡美，固當无疑其小疵，乃全其大用。閭里之行，謗黜之言，不足信也。故小謹者无成功，訾行者不容衆〔六〕，體大者節疏，度巨者譽遠〔七〕，論臣之道也。」論用臣之道如此，則不失其人也。

〔一〕「而大直」，原誤作「面大直」，今據景刻宋本改正。淮南子氾論篇：「詘寸而伸尺，聖人爲之。小枉而大直，君子行之。」高誘注：「寸，小。尺，大。枉，曲也。直，直其道也。」案：尸子下：「孔子曰：『詘寸而信尺，小枉而大直，吾爲之也。』」鹽鐵論論儒篇：「故小枉大直，君子爲之。」

〔二〕日本兩治要本「略行」作「細行」。氾論篇：「今人君論其臣也，不計其大功，總其略行，而求其小善，則失賢之數也。」高誘注：「略，大也。小善，忠也。數，術也。」案：注「小善，忠也」當作「小善，小忠也」。

〔三〕氾論篇：「故人有厚德，無問其小節；而有大譽，無疵其小故。」王念孫曰：「『問』當爲『閒』，方言曰：『閒，非也。』（襄十五年左傳：「且不敢閒。」論語先進篇：「人不閒於其父母昆弟之言。」孟子離婁篇：「政不足閒也。」趙岐陳羣孔穎達諸儒皆訓「閒」爲非。）『疵』讀爲訾，（莊子山木篇：「無譽無訾。」呂氏春秋必己篇作「疵」，荀子不苟篇：「正義直指，舉人之過，非毀疵也。」）『無閒』與『無訾』同義，故廣雅曰：『閒，訾，諻也。』（「諻」與「毀」同。）今本『閒』誤爲『問』，則非其指矣。文子上義篇正作『無閒其小節』。」

〔四〕「誠」原作「成」，今據淮南子校改，下同。「不以爲」，日本兩治要本作「不足以爲」，與淮南子同。氾論篇：「夫人之情，莫不有所短，誠其大略是也，雖有小過，不足以爲累。」高誘注：「誠，其實。略，其行。」

〔五〕氾論篇：「若其大略非也，雖有閭里之行，未足大舉。」高誘注：「舉，用。」案：「閭里之行」，即孟子公孫丑上所謂「要譽於鄉黨朋友」之行也。

〔六〕氾論篇：「故小謹者無成功，呰行者不容於衆。」高誘注：「好揜人之善，揚人之短，呰毁人行，自獨卑藏，衆人所疾，而不容之也。一曰：呰，毁也。行有毁缺者，不爲衆人所容也。」器案：注「自獨卑藏」者，詩大雅桑柔：「自獨俾臧。」鄭箋：「臧，善也。」「臧」、「藏」古通。「俾」、「卑」古通。詩小雅節南山「卑民不迷」，釋文：「『卑』本又作『俾』，同，必爾反。後皆放此。」（從宋本）又小雅苑柳「俾予靖之」，釋文：「俾，必爾反，本作『卑』，使也。後皆同。」又案：易繫辭上：「藏諸用。」釋文：「藏，鄭作『臧』。」又「知以藏往」，釋文：「藏，如字，劉作『臧』，善也。」莊子應帝王篇：「其猶藏仁以要人。」釋文：「『藏』本亦作『臧』，作剛反，善也。簡文同。」又「應而不藏」，釋文：「如字，本又作『臧』，亦依字讀。」又徐无鬼篇「无藏」，釋文：「一本作『臧』，司馬本同。」漢書禮樂志注：「師古曰：『古書懷藏之字，本皆作臧。』」

〔七〕氾論篇：「體大者節疏，蹠距者舉遠。」高誘注：「疏，長。蹠，足。距，大也。」案：說林篇：「蹠巨者志遠，體大者節疏。」王念孫謂「志」爲「走」之誤，是。器案：文子此文當作「蹠巨者舉遠」，「度」之與「蹠」、「譽」之與「舉」，皆形近之誤也。

老子曰：「自古及今，未有能全其行者也〔一〕。故君子不責備於一人，人无全能，量其才力而任之也。方而不割，廉而不劌，直而不肆，博達而不訾，道德文武不責備〔二〕。於人以力〔三〕，自脩以道，而不責於人，易償也。自修以道，則无病矣〔四〕。自修者不責於人，而行於世，世可爲之哉。夫夏后氏之璜，不能無瑕〔五〕，明月之珠，不能無穢〔六〕，然天下寶之者，不以小惡妨大美〔七〕。今志人之所短，忘人之所長，而欲求賢於天下，即難矣〔八〕。夏后氏之璜，明月之珠，尚有瑕穢，賢人君子豈能盡善盡美？棄其所短，取其所長，則无遺才必矣。夫衆人之見位之卑，身之賤，事之洿辱，而不知其大略〔九〕。凡人之情，惡其卑辱。君子用人，存其大略。故論人之道，貴即觀其所舉，舉賢才也。富即觀其所施，濟物也。窮即觀其所受，非義不爲。賤即觀其所爲〔一〇〕，非道不處。視其所患難，以知其所勇〔一一〕，因其患難，方見仁勇。動以喜樂，以觀其守，不逾濫也。委以貨財，以觀其仁。不妄取也。振以恐懼，以觀其節。殺身成仁。如此，則人情可得矣〔一二〕。」一有所存，人之幹也。七者備具，世之英也。能以此觀之，賢愚可知、忠信可見矣。

〔一〕氾論篇：「自古及今，五帝三王未有全其行者也。」

〔二〕氾論篇：「是故君子不責備於一人，方正而不以割，廉直而不以切，博通而不以訾，文武而不以責。」高誘注：「文武備具，而不責備於人也。」

〔三〕氾論篇：「求於一人，則任以人力。」高誘注：「任其力所能任也。」王念孫曰：「『求於一人』，劉本無『一』字，是也。道藏有『一』字者，因上文『責備於一人』而誤。『求於人』與『自脩』相對爲文，『人』上不當有『一』字。下文『責人以人力，自脩以道德』，即其證。文子上義篇作『於人以力，自脩以道』。」

〔四〕「償」原作「賞」，今據淮南子校正。氾論篇：「自脩則以道德。責人以人力，易償也。自修以道德，難爲也。難爲則行高矣，易償則求贍矣。」（從宋本）案：呂氏春秋舉難篇：「以全舉人固難，物之情也。人傷堯以不慈之名，舜以卑父之號，禹以貪位之意，湯武以放弒之謀，五伯以侵奪之事。由此觀之，物豈可全哉？故君子責人則以人（「仁」同），自責則以義。責人以人則易足，易足則得人。自責以義則難爲非，難爲非則行飾。」高誘注：「『飾』讀勑。勑，正也。」春秋繁露仁義法篇：「春秋之所以治人與我也。所以治人與我者，仁與義也。以仁安人，以義正我，故仁之爲言人也，義之爲言我也，言名以別也。」禮記表記：「以義度人則難爲人，以人望人則賢者可知矣。」諸言責人律己之義極精，可互參矣。

〔五〕氾論篇：「夫夏后氏之璜，不能無考。」高誘注：「半璧曰璜，夏后氏之珍玉也。考，瑕釁也。」案：『考』讀爲朽，説文：「玉，朽玉也。从王有點，讀若畜牧之畜。」段注：「淮南書：『夏后之璜，不能無考。』『考』、『朽』古音同。」

〔六〕氾論篇：「明月之珠，不能無纇。」高誘注：「夜光之珠，有似月光，故曰明月。纇，磐若絲之結纇也。」孫志祖曰：「文選辯命論注引高誘曰：『考，不平也。纇，瑕也。』」陶方琦曰：「文選班固兩都賦注、李蕭遠運命論注引許注：『夜光之珠，有似明月，故曰明月也。』按此許注羼入高注本者，故同。文選兩都賦李善注曰：『高誘以隨侯爲明月，許慎以明月爲夜光。』是許高注本異，是注定爲許義無疑。」案：陶說是。說文：「纇，絲節也。」唐本玉篇糸部引許注：「纇，絲纇也。」是其證。

〔七〕氾論篇：「然而天下實之者，何也？其小惡不足妨大美也。」

〔八〕氾論篇：「今志人之所短，而忘人之所修，而求得其賢乎天下，則難矣。」王念孫曰：「『得其賢乎天下』，衍『其』字，藝文類聚寶部上引此無『其』字。」案：淮南子改「長」爲「修」，避厲王劉長諱也。

〔九〕氾論篇：「夫百里奚之飯牛，伊尹之負鼎，太公之鼓刀，甯戚之商歌，其美有存焉者矣。衆人見其位之卑賤，事之洿辱，而不知其大略，以爲不肖。」

〔一〇〕日本兩治要本「所受」作「所不受」，「所爲」作「所不爲」，與淮南子合。氾論篇：「故論人之道，貴則觀其所舉，富則觀其所施，窮則觀其所不受，賤則觀其所不爲，貧則觀其所不取。」韓詩外傳三：「夫觀士也，居則視其所親，富則視其所爲，達則視其所舉，窮則視其所不爲，貧則視其所不取。」說苑臣術篇：「貴視其所舉，富視其所與，貧視其所不取，窮視其所不爲。」俱有「不」字。

〔一一〕案：「所」字衍文。日本兩治要本作「視其所更難，以知其勇。」氾論篇：「視其更難，以知其勇。」

〔一二〕氾論篇：「動以喜樂，以觀其守。委以財貨，以論其仁。振以恐懼，以知其節。則人情備矣。」案：文子此文與呂氏春秋論人篇所謂八觀六驗略同，大戴禮記文王官人篇（周書官人篇同）所說尤詳。

老子曰：「屈者所以求申也，枉者所以求直也。屈寸申尺，小枉大直，君子爲之〔一〕。百川並流，不注海者不爲谷。趨行殊方，不歸善者不爲君子。善言貴乎可行，善行貴乎仁義〔二〕。夫君子之過，猶日月之蝕，不害於明〔三〕。過也人皆見之，更也人皆仰之。故智者不妄爲，勇者不妄殺。擇是而爲之，計禮而行之，故事成而功足恃也，身死而名足稱也〔四〕。爲其可爲者，殺其可殺者，然後功遂名立，稱於後世也。雖有智能，必以仁義爲本而後立，智能並行。聖人一以仁義爲準繩〔五〕，中準繩者謂之君子，不中準繩者謂之小人。君子雖死亡，其名不滅；小人雖得勢，其罪不除〔六〕。故堯舜爲善，至人稱之，桀紂爲惡，其名不滅〔七〕，善惡之名俱存，故君子慎爲不善行也。左手據天下之圖，而右手刎其喉，雖愚者不爲，身貴於天下也〔八〕。旦爲稱孤之客，夕爲暴屍之人，皆愚瑣之輩，非君子之倫也。死君親之難者，視死如歸〔九〕，義重於身故也。天下，大利也〔一〇〕，比之身即小〔一一〕；身，所重也〔一二〕，比之仁義即輕〔一三〕，此以仁義爲準繩者也〔一四〕。」此傷時无仁義，故切論君子死義、小人死利也。

〔一〕淮南子泰族篇：「夫聖人之屈者，以求伸也，枉者以求直也。故雖出邪辟之道，行幽昧之塗，將欲以興（原作「直」，王念孫據治要引作「興」改正，今從之。）大道，成大功，猶出林之中，不得直道，拯溺之人，不得不濡足也。」

〔二〕泰族篇：「故百川竝流，不注海者不爲谷。（「爲谷」原作「爲川谷」，據俞樾校删「川」字。）趨行蹐馳，（「蹐」原作「踖」，據王念孫説校改。）不歸善者不爲君子。故善言歸乎可行，善行歸乎仁義。」「歸」，文子作「貴」，義勝。

〔三〕泰族篇：「故君子之過也，猶日月之蝕，何害於明。」案：論語子張篇：「君子之過也，如日月之食焉，過也人皆見之，更也人皆仰之。」

〔四〕泰族篇：「夫知者不妄發，擇善而爲之，計義而行之，故事成而功足賴也，身死而名足稱也。」王念孫曰：「『夫知者不妄發』，羣書治要引作『夫知者不妄爲，勇者不妄發』，是也。下文『擇善而爲之』及『事成而功足賴』，皆承『知者不妄爲』而言，『計義而行之』及『身死而名足稱』，皆承『勇者不妄發』而言，今本脱『爲』字及『勇者不妄』四字，則與下文不合。説苑談叢篇亦云：『夫智者不妄爲，勇者不妄發。』（今本『發』誤作『殺』）」案：王説是。文子正作「智者不妄爲，勇者不妄殺」。

〔五〕泰族篇：「雖有知能，必以仁義爲之本，然後可立也。知能蹐馳，百事竝行，聖人一以仁義爲之準繩。」

〔六〕泰族篇：「中之者謂之君子，弗中者謂之小人。君子雖死亡，其名不滅；小人雖得勢，其罪不除。」

〔七〕「滅」原誤「成」，景宋本、景刻宋本作「滅」，今據改正。

〔八〕泰族篇：「使人左據天下之圖而右刎喉，愚者不爲也，身貴於天下也。」俞樾曰：「『刎』下當有『其』字，文子上義篇作『左手據天下之圖，而右刎其喉』。」向宗魯先生曰：「俞説是也。左右下仍當有『手』字，呂氏不侵篇、知分篇注兩引淮南記，皆云：『左手據天下之圖，右手刎其喉。』（精神篇：『左據天下圖，而右手刎其喉。』上句脱

「手」字、「之」字，而下句「手」字、「其」字皆未脱。又御覽四七四引韓詩外傳：「莊子曰：『左手據天下之圖，右手刎其頸，愚者不爲也。』」器案：後漢書仲長統傳載昌言法誡篇：「左手據天下之圖，右手刎其喉，愚夫猶知難之。」注云：「事見莊子。」又馬融傳：「其友人曰：『古人有言：「左手據天下之圖，右手刎其喉，愚夫不爲。」』」注曰：「莊子曰：『言不以名害其生者。』」又案：精神篇高誘注：「天下至大，非手所據，故不言手也。使得據天下之圖籍，行其權勢而刎喉殺身，雖愚者不肯爲也。故曰：生貴于天下矣。」然則左圖不言手，亦自有説也。

〔九〕王叔岷曰：「案：治要、文選陸士衡演連珠注引「如」並作「若」，淮南子泰族篇同。」

〔一〇〕此文原作「義重於身也。故天下，大利也」。王叔岷曰：「案：『也故』二字當倒置，治要、文選注引此並作『義重於身故也。天下，大利也。』淮南子『天下』上亦無『故』字。」案：王説是，今據乙正。呂氏春秋貴生篇：「天下，重物也，不以害其生，又況於他物乎？」高誘注：「重，大。物，事。」語法文義，與此義相比也。

〔一一〕「之」字原缺，據淮南子訂補。

〔一二〕「身」下原有「之」字，文選演連珠注、日本兩治要本俱無，今據删削。

〔一三〕「比」原誤「此」，今據景宋本、景刻宋本改正。

〔一四〕泰族篇：「天下，大利也，比之身則小；身之重也，比之義則輕。」俞樾曰：「『身之重也』本作『身（句）所重也』，與『天下（句）大利也』一律，涉上下句兩言『比之』而誤。文子上義篇作『身之所重也，比之仁義則輕』，『所』字不誤，『之』字亦涉上下句而衍。」

老子曰：「道德之備，猶日月也，夷狄蠻貊不能易其指〔一〕。苟有道，雖蠻貊之邦行矣；无道，其如諸夏何。趣舍同，即非譽在俗；意行均，即窮達在時〔二〕。事周於世即功成，務合於時即名立〔三〕。是故立功名之人，簡於世而謹於時〔四〕。時之至也，即間不容息〔五〕。夫濟傾溺、立功名者，覩其機危，寧容瞬息。古之用兵者，非利土地而貪寶賂也〔六〕，將以存亡平亂、爲民除害也〔七〕。貪叨多欲之人，殘賊天下，萬民騷動，莫寧其所〔八〕。有聖人勃然而起，討强暴，平亂世，爲天下除害。以濁爲清，以危爲寧，故不得不中絶〔九〕。赤帝爲火災，故黄帝擒之，共工爲水害，故顓頊誅之〔一〇〕。此二君勃然而起者，非欲尊其勢位，利其土地，貪其寶貨；去其殘賊，安其人民，爲天下除其虐害，不得已而用之也。教人以道，導之以德而不聽，即臨之威武，臨之不從，則制之以兵革〔一一〕。殺无罪之民，養不義之主，害莫大也〔一二〕。聚天下之財，贍一人之欲，禍莫深焉〔一三〕。肆一人之欲，而長海内之患，此天倫所不取也〔一四〕。言天亡之，桀紂是也。所爲立君者，以禁暴亂也，今乘萬民之力，反爲殘賊，是以虎傅翼，何謂不除〔一五〕。夫畜魚者，必去其蝙獺〔一六〕，養禽獸者，必除其豺狼，又況牧民乎〔一七〕？是故兵革之所爲起也。」道莫大乎誅暴，德莫加乎安民。凡爲人君暴虐无道，萬姓不安，若不除之，猶縱猛獸以害人物，畜魚鼈以食蝙獺，罪莫大焉。

〔一〕淮南子齊俗篇：「道德之論，譬猶日月也，江南河北不能易其指。」

〔二〕齊俗篇：「趨舍禮俗，猶室宅之居也，東家謂之西家，西家謂之東家，雖皋陶爲之理，不能定其處。故趨舍同，誹譽在俗；意行鈞，窮達在時。」

〔三〕齊俗篇：「夫武王先武而後文，非意變也，以應時也。周公放兄誅弟，非不仁也，以匡亂也。故事周於事則功成，務合於時則名立。」

〔四〕齊俗篇：「是故立功之人，簡於行而謹於時。」案：繆稱篇：「聖人之舉事也，進退不失時。」此之謂也。又案：韓非子、吕氏春秋俱有功名篇，春秋繁露保位權篇：「功出於臣，名歸於君。」

〔五〕淮南子原道篇：「時之反側，間不容息。」高誘注：「言時反側之間，不容氣息，促之甚也。」説苑談叢篇：「至時之極，間不容息。」

〔六〕淮南子兵略篇：「古之用兵者，非利土壤之廣而貪金玉之略。」許慎注：「略，獲得也。」案：日本唐抄本淮南鴻烈兵略閒詁第廿「土壤」作「壤土」，「略」下有「也」字。案：太平御覽二百七十一引「略」作「賂」，與文子合，蓋出高誘注本。

〔七〕兵略篇：「將以存亡繼絶，平天下之亂，而除萬民之害也。」

〔八〕兵略篇：「貪昧饕餮之人，殘賊天下，萬民騷動，（原作「萬人搔動」，今從日本唐抄本，太平御覽引「搔」亦作「騷」。）莫寧其所。」

〔九〕兵略篇：「有聖人勃然而起，乃討强暴，平亂世，夷險除穢，以濁爲清，以危爲寧，故不得不中絶。」許注：「中絶，謂若夏殷中相絶滅也。」案：注文從日本唐抄本訂正。「中絶」謂夏殷二氏之中衰也。譚獻謂上「不」字衍，其説是也。又案：史記律書：「兵者，聖人所以討彊暴，平亂世，夷險阻，救危殆。」當即本之文子。

〔一〇〕兵略篇：「兵之所由來者遠矣，黄帝嘗與炎帝戰矣，顓頊嘗與共工争矣。」許慎注：「炎帝，神農之末世也，與黄帝戰於阪泉，黄帝滅之。共工與顓頊争爲帝，觸不周山。」史記律書：「黄帝有涿鹿之戰，以定火災。顓頊有共工之陳，以平水害。」

〔一一〕兵略篇：「夫兵者，所以禁暴討亂也，炎帝爲火災，故黄帝擒之，共工爲水害，故顓頊誅之。教之以道，導之以德而不聽，則臨之以威武，臨之以威武而不從，則制之以兵革。」案：「臨之以威武」下句原脱「以」字，據日本唐抄本開詁、太平御覽二百七十一引補。又案：日本唐抄本開詁兩「臨」字俱作「堪」，「堪」讀如「西伯戡黎」之「戡」，爾雅釋詁一：「堪，字又作『戡』」，同。苦含反。」尚書西伯戡黎篇又君奭篇、康王之誥篇釋文俱云：「『戡』音堪。」是其證也。

〔一二〕兵略篇：「殺無罪之民，而養無義之君，害莫大焉。」日本唐抄本開詁「無義」作「不義」，與文子合。

〔一三〕兵略篇：「殫天下之財，而澹一人之欲，禍莫深焉。」太平御覽引「澹」作「贍」，與文子合，日本唐抄本開詁作「饍」，「饍」即「贍」之後起字。

〔一四〕兵略篇：「肆一人之邪，而長海内之禍，此大倫之所不取也。」日本唐抄本開詁「倫」作「論」。王念孫曰：「『大』

當爲『天』，字之誤也。『論』與『倫』同，（王制：「凡制五刑，必即天論。」鄭注：「『論』或爲『倫』。」釋文：「『論』音倫，理也。」「倫」、「論」古多通用，莊本改「論」爲「倫」，未達假借之義。）倫，道也。（見小雅正月篇毛傳、論語微子篇包咸注。）言爲天道之所不取也。文子上義篇正作『天倫』。」

〔一五〕太平御覽四百九十二引作「是爲虎翼，何爲不除」。案：本書上德篇：「虎不可爲翼。」兵略篇：「今乘萬民之力，而反爲殘賊，是爲虎傅翼，曷爲弗除？」日本唐抄本閒詁「是爲虎傅翼」作「是爲虎翼也」。韓非子難勢篇：「故周書曰：『毋爲虎傅翼，將飛入邑，擇人而食之。』夫乘不肖人於勢，是爲虎傅翼也。」韓非子所引周書，見寤敬篇。漢書賈誼傳：「爲虎翼。」應劭注引周書，與韓非子同。

〔一六〕兵略篇：「夫畜池魚者，必去猵獺。」許慎注：「猵，獺之類，食魚者也。」

〔一七〕兵略篇：「養禽獸者，必去豺狼。又況治人乎。」日本唐抄本閒詁「又」作「有」，古通。易繫辭上：「又以當賢也。」釋文：「鄭本作『有以』。」周禮考工記弓人「有三」，釋文：「『有』讀爲又。」禮記內則篇「三王有」，釋文：「音又。」俱其證也。

老子曰：「爲國之道，上无苛令，官无煩治，士无僞行，工無淫巧，其事任而不擾，其器完而不飾〔一〕。此至治之世也。亂世即不然，爲行者相揭以高〔二〕，爲禮者相矜以僞，車輿極於雕琢，器用遂於刻鏤〔三〕，求貨者爭難得以爲寶，詆音底。文者逐煩撓以爲急〔四〕，事爲詭辯，久稽而不決〔五〕，无益於治，有益於亂。此衰世之理也。工爲奇器，歷歲而後成，不周於用〔六〕。故神農之法曰：『丈夫丁壯不耕，天下有受其飢者。婦人當年不織，天下有受其寒者〔七〕。』故身親耕，妻親織，以爲天下先〔八〕。其導民也，故天子耕田，所以勸農，皇后親蠶，所以勸織〔九〕。而況匹夫匹婦，惰於耕織，而受於飢寒也。不貴難得之貨，不重无用之物。是故耕者不强，無以養生；織者不力，无以衣形〔一〇〕。有餘不足，各歸其身。衣食饒裕，姦邪不生；安樂無事，天下和平〔一一〕。智者无所施其策，勇者无所錯其威〔一二〕。智以救危，勇以止暴，危暴不作，何用之有？

〔一〕淮南子齊俗篇：「治國之道，上無苛令，官無煩治，士無僞行，工無淫巧，其事經而不擾，其器完而不飾。」治要引「經」作「任」，與文子合。

〔二〕齊俗篇：「亂世則不然，爲行者相揭以高。」許慎注：「揭，舉。」治要引「揭」作「揚」，注同。當是高注本。

〔三〕齊俗篇：「爲禮者相矜以僞，車輿極於雕琢，器用逐於刻鏤。」治要引「逐」作「遽」。文子「遂」字疑當從淮南子作「逐」，文義始順。

〔四〕齊俗篇：「詆文者處煩撓以爲慧。」治要引作「調文者遽於煩繞以爲慧」，文子「急」字，當是「慧」字之誤。

〔五〕齊俗篇：「争爲佹辯，久稽而不訣。」

〔六〕齊俗篇：「無益于治。工爲奇器，歷歲而後成，不周於用。」「無益于治」下，脱「有益於亂」一句。

〔七〕齊俗篇：「故神農之法曰：『丈夫丁壯而不耕，天下有受其饑者。婦人當年而不織，天下有受其寒者。』」案：呂氏春秋愛類篇：「神農之教曰：『士有當年而不耕者，則天下或受其饑矣。女有當年而不績者，則天下或有受其寒矣。』」高誘注：「神農，炎帝也。當其丁壯之年，故不耕植，則穀不豐，故有受其饑者也。詩云：『不績其麻。』布也。衣服不供，有受其寒者。」案：高誘注引詩，見陳風東門之枌篇。尋管子揆度篇：「一農不耕，民有爲之飢者。一女不織，民有爲之寒者。」（案：管子下文引神農之數，疑此亦本之神農之數。）賈子新書無蓄篇：「古人曰：『一夫不耕，或爲之飢。一婦不織，或爲之寒。』」漢書賈誼傳載論積貯疏及食貨志上俱引「古之人曰」，文同。王符潛夫論浮侈篇：「一夫不耕，天下必受其饑者。一婦不織，天下必受其寒者。」劉子新論貴農篇：「神農之法曰：『丈夫丁壯而不耕，天下有受其饑者。婦人當年而不織，天下有受其寒者。』」案：爾雅釋詁：「丁，當也。」詩大雅雲漢毛傳、後漢書岑彭傳注俱云：「丁，當也。」管子輕重丁篇：「男女當壯。」輕重戊篇作「男女丁壯」。「丁」、「當」雙聲互訓。

〔八〕呂氏春秋：「故身（據注，「身」當作「自」。）親耕，妻親績，所以見致民利也。」高誘注：「自，神農之身也。」淮南子：「故身自耕，妻親織，以爲天下先。」劉子新論：「故天子親耕，后妃親織，以爲天下先。」案：道藏本、景宋本（此頁係鈔補）文子注文「故天子耕田」云云，俱在「其導民也」句下。景刻宋本無注。案此注應在「以爲天下先」句下，傳寫誤移植於「其導民也」句下，以致文理不通。「其導民也」領起下文「不貴難得之貨，不重无用之物」而言，呂氏春秋、劉子新論俱無「其導民也」云云三句十六字，細思之，則注文之爲誤植必矣。

〔九〕「織」原誤「識」，今改。

〔一〇〕齊俗篇：「是故其耕不强者，無以養生；其織不力者，(「力」原作「强」，今據宋本及治要引改正。)無以揜形。」劉子新論：「是以其耕不强者，無以養其生；其織不力者，無以蓋其形。」

〔一一〕齊俗篇：「有餘不足，各歸其身。衣食饒溢，姦邪不生；安樂無事，而天下均平。」治要引「饒溢」作「饒裕」，與文子合。劉子新論：「衣食饒足，姦邪不生；安樂無事，天下和平。」

〔一二〕齊俗篇：「故孔丘曾參無所施其善，孟賁成荆無所行其威。」許慎注：「成荆，古勇士也。」漢書景十三王傳：「其殿門有成慶畫。」師古曰：「成慶，古勇士，見淮南子。」則成荆一作成慶，蓋許高二本之異同也。案：説文覞部：「覸，齊景公之勇臣有成覸者。」段注：「孟子滕文公篇作『成覵』，趙注曰：『成覵，勇果者也。』廣韻曰：『覸，人名，出孟子。』按：成覸，淮南齊俗訓作『成荆』，『覸』爲『荆』，猶考工記『故書顧或作牼也』。」

老子曰：「霸王之道，以謀慮之，以策圖之，扶義而動。非以圖存也，將以存亡也〔一〕。存其亡者。故聞敵國之君有暴虐其民者，即舉兵而臨其境，責以不義，刺以過行。兵至其郊，令軍帥曰：「无伐樹木，无掘墳墓，无敗五穀，无焚積聚，无捕民虜，无聚六畜〔二〕。」乃發號施令曰：「其國之君〔三〕，逆天地，侮鬼神，決獄不平，殺戮无罪，天之所誅，民之所讎也。兵之來也，以廢不義而授有德也〔四〕，有敢逆天道，亂民之賊者，身死族滅〔五〕。以家聽者禄以家，以里聽者賞以里，以鄉聽者封以鄉，以縣聽者侯其縣。」剋其國不及其民，廢其君，易其政，尊其秀士，顯其賢良，振其孤寡，恤其貧窮，出其囹圄，賞其有功。百姓開户而内之，漬米而儲之，唯恐其不來也〔六〕。義兵至於境，不戰而止〔七〕。義兵所臨，明告天地，幽通鬼神，德被萬物，以辭誓衆，以罪問敵，亦非容易，而動凶器。百姓悦戴，唯恐不至，殷湯文武以義而平暴亂也。不義之兵，至於伏屍流血，相交以前〔八〕。故爲地戰者，不能成其王；爲身求者，不能立其功。舉事以爲人者，衆助之；以自爲者，衆去之〔九〕。衆之所助，雖弱必强；衆之所去，雖大必亡〔一〇〕。」不義之兵，以强凌弱，恃大侵小，戮无辜，害有道，雖屠城萬計，掠地千里，其由項籍威鎮海内，氣吞宇宙，勢拔丘阜，終爲高祖所摧折者，以其不循道理，雖大必敗，雖强必亡，圖霸尚不可得，而況欲成王業者乎？

〔一〕王叔岷曰：「『挾義而動』，案『挾』當作『扶』，字之誤也。意林引此正作『扶』。淮南子作『以義扶之』，亦其證。」案：王説是，今據改正。淮南子兵略篇：「故霸王之兵，以論慮之，以策圖之，以義扶之，非以亡存也，將以存亡也。」

〔二〕兵略篇：「故聞敵國之君有加虐於其（「其」原脱，據太平御覽二百七十一引補）民者，則舉兵而臨其境，責之以不義，刺之以過行。兵至其郊，乃令軍師曰：『毋伐樹木，毋抉墳墓，毋爇五穀，毋焚積聚，毋捕民虜，毋收六畜。』」案：太平御覽引注云：「無聚所征國民，以爲採取；無收其六畜，以自饒利。」當是高誘注。吕氏春秋懷寵篇：「至於國邑之郊，不虐五穀，不掘墳墓，不伐樹木，不燒積聚，不焚室屋，不取六畜。」説苑指武篇：「文王伐崇，令毋殺人，毋壞室，毋填井，毋伐樹木，毋動六畜。」文亦相似。

〔三〕兵略篇：「乃發號施令曰：『其國之君』」云云。王念孫曰：「『其』當爲『某』，字之誤也。太平御覽兵部二引此正作『某國』。司馬法仁本篇亦云：『某國爲不道，征之。』」案：王説是，日本唐鈔本閒詁正作「某國之君」。

〔四〕兵略篇：「其國之君，傲天侮鬼，決獄不辜，殺戮無罪，此天之所誅也，民之所仇也。（兩「所」字下，原俱有「以」字，今據日本唐鈔本閒詁刪，太平御覽二百七十一引亦無。）兵之來也，以廢不義而授有德也。」「授」原作「復」，今據日本唐鈔本閒詁改正。長短經兵權篇引亦作「授」，與文子合。吕氏春秋：「先發聲出號曰：『兵之來也，以救民之死。子之在上，（高誘注：「子謂所伐國之君。」）無道據傲，荒怠貪戾，虐衆恣睢自用也，辟遠聖制，謷醜先王，排訾舊典，上不順天，下不惠民，徵斂無期，求索無厭，罪殺不辜，慶賞不當。若此者，天之所誅也，人之所讐也，不當爲君。今兵之來也，將以誅不當爲君者也，以除民之讐而順天之道也。』」

〔五〕兵略篇：「有逆天之道，帥民之賊者，身死族滅。」太平御覽引「帥民之賊」作「率民爲賊」。吕氏春秋：「民有逆天之道，衛人之讐者，身死家戮不赦。」高誘注：「『衛』猶護助也。救無道之君，則身死家戮，不赦貸也。」案：荀子議兵篇：「凡誅，非誅其百姓也，誅其亂百姓者也；百姓有扞其賊者，則是亦賊也。」與此義會，所謂助紂爲虐也。

〔六〕兵略篇：「『以家聽者禄以家，以里聽者賞以里，以鄉聽者封以鄉，以縣聽者侯以縣。』尅國不及其民，廢其君而易其政，尊其秀士而顯其賢良，振其孤寡，恤其貧窮，出其囹圄，賞其有功，百姓開門而待之，淅米而儲之，唯恐其不來也。」許慎注：「浙，漬也。」呂氏春秋：「有能以家聽者祿之以家，（注：「以一家祿之。」）以里聽者祿之以里，（注：「里，閭也。周禮：『五家爲比，五比爲閭。』閭二十五家。」）以鄉聽者祿之以鄉，（注：「周禮：『二千五百家爲州，五州爲鄉。』鄉萬二千五百家。」）以邑聽者祿之以邑，（注：「周禮：『八家爲井，四井爲邑。』三十二家也。此上鄉邑，皆不從周禮。」「三十二家」原作「四十二家」，今改。）以國聽者祿之以國。（注：「國，都也。周禮：『二千五百家爲縣，四縣爲都。』然則國都萬家也。」）故克其國不及其民，（注：「克，勝。及，罪。」）獨誅所誅而已矣。（注：「所誅，君也。」）舉其秀士而封侯之，（注：「秀士，儁士。」）選其賢良而尊顯之，（注：「授以上位。」）求其孤寡而振恤之，（注：「無子曰孤，無夫曰寡。振，贍。恤，矜。」）見其長老而敬禮之，（注：「尊高年。」）皆益其祿、加其級，（注：「祿，食。級，等。」）論其罪人而救出之，（注：「『論』猶理。」）分府庫之金，散倉廩之粟，（注：「金，鐵也，可以爲田器，皆布散以與人民。」）以鎮撫其衆，不私其財，問其叢社大祠，民之所不欲廢者而復興之，（注：「興之，奉其祀。」）曲加其祀禮。是以賢者榮其名，而長老說其禮，民懷其德。（注：「懷，安也。」）」

〔七〕兵略篇：「故義兵之至也，至於不戰而止。」太平御覽二百七十一引作「至於不戰而心服也」。

〔八〕兵略篇：「是故至於伏尸流血，相支以日。」俞樾曰：「『相支以日』，甚爲無義。文子上義篇作『相交於前』，當從之。『交』與『支』形似而誤，『交』誤爲『支』，因改『於前』爲『以日』，使成文義耳。」案：「於前」文子作「以前」，此俞氏以臆改之。「相支以日」，謂兩軍對陳，日復一日，義自通，不必改爲「相交於前」。

〔九〕兵略篇：「而霸王之功不世出者，自爲之故也。夫爲地戰者，不能成其王；爲身求者，不能立其功。舉事以爲人者，衆助之；舉事以自爲者，衆去之。」「求」原作「戰」，今從日本唐鈔本開詁校改。荀子解蔽篇：「亂國之君，亂家之人，此其誠心莫不求正而以自爲也。」「自爲」之義，與此相比。

〔一〇〕「助」原誤「動」，今據淮南子改正。兵略篇：「衆之所助，雖弱必强；衆之所去，雖大必亡。」

老子曰：「上義者，治國家，理境内，行仁義，布德施惠，立正法，塞邪道，羣臣親附，百姓和輯，上下一心，君臣同力〔一〕，諸侯服其威，四方懷其德，脩正廟堂之上，折衝千里之外，發號行令，而天下響應，此其上也〔二〕。地廣民衆，主賢將良，國富兵强，約束信，號令明，兩敵相當，未交兵接刃，而敵人奔亡，此其次也〔三〕。知土地之宜，習險隘之利，明奇正之變〔四〕，察行陣之事〔五〕，白刃合，流矢接，輿死扶傷，流血千里，暴骸滿野〔六〕，義之下也〔七〕。修德而勝者上，守法而勝者中，用兵而勝者下也。兵之勝敗，習在於政〔八〕，政勝其民，下附其上，即兵强；民勝其政，下叛其上，即兵弱〔九〕。義足以懷天下之民，事業足以當天下之急，選舉足以得賢士之心，謀慮足以決輕重之權，此上義之道也〔一〇〕。」

〔一〕「君臣」原作「羣臣」，王叔岷曰：「案：『羣』當作『君』，涉上『羣臣親附』而誤，淮南子正作『君臣同力』。」案：王說是，今據改正。

〔二〕淮南子兵略篇：「兵有三詆：（許慎注：「爲大詆要事。」從宋本訂補，疑「詆」爲「柢」之誤。）治國家，理境內，行仁義，布德惠，立正法，塞邪隧，羣臣親附，百姓和輯，上下一心，君臣同力，諸侯服其威，而四方懷其德，脩政廟堂之上，而折衝千里之外，拱揖指撝，而天下響應，此用兵之上也。」

〔三〕兵略篇：「地廣民衆，主賢將忠，國富兵强，約束信，號令明，兩軍相當，鼓錞相望，（注：「錞，錞于，大鐘也。」）未至兵交接刃，而敵人奔亡，此用兵之次也。」王念孫曰：「『兵交』當爲『交兵』，文子上義篇正作『交兵接刃』，下文亦云『不待交兵接刃』。」案王説是。日本唐鈔本聞詁正作「交兵」。

〔四〕此句原作「明苛政之變」，顧觀光曰：「『苛政』二字誤，治要引作『奇正』，（案：日本唐鈔本聞詁同。）與兵略訓合。」案：顧説是，今據改正。孫子兵勢篇：「戰勢不過奇正，奇正之變，不可勝窮也。」李筌注：「當敵爲正，傍出爲奇。」

〔五〕兵略篇：「察行陳解贖之數。」俞越曰：「『解贖』當爲『解續』，『解』之言解散也，『續』之言連續也。『解續』猶言分合，下文曰：『出入解續。』是其證。」孫詒讓曰：「釋名釋衣服云：『齊人謂如衫而小袖曰侯頭，侯頭猶解瀆，臂直通之言也。』疑『解續』、『解贖』、『解瀆』義同，『解贖』亦往來通達之語，猶『解瀆』爲直通之言也。」

〔六〕王叔岷曰：「案：治要引『滿』作『盈』，淮南子同。」

〔七〕兵略篇：「知土地之宜，習險隘之利，明奇正之變，察行陳解贖之數，綰枹而鼓之，（原作「維枹綰而鼓之」，今據日本唐鈔本聞詁訂正。許慎注：「綰，貫。枹係於臂以擊鼓也。」）白刃合，流矢接，涉血屬腸（日本唐鈔本聞詁作「履」)，輿死扶傷，流血千里，暴骸盈場，乃以決勝，此用兵之下也。」

〔八〕案：「習」字疑當作「皆」，形近之誤也。以勝與敗二者言之，故曰「皆」也。

〔九〕兵略篇：「兵之勝敗，本在於政。政勝其民，下附其上，則兵强矣；民勝其政，下畔其上，則兵弱矣。」

〔一〇〕兵略篇：「故德義足以懷天下之民，事業足以當天下之急，選舉足以得賢士之心，謀慮足以知强弱之勢，此必勝之本也。」日本唐鈔本閒詁「勢」作「權」，與文子合。

老子曰：「國之所以强者，必死也〔一〕；所以必死者，義也；義之所以行者，威也。是故合之以文，齊之以武〔二〕，是謂必取，威義並行，是謂必强。白刃交接，矢石若雨，而士争先者〔三〕，賞信而罰明也。上視下如子，下事上如父，上視下如弟，下事上如兄。上視下如子，必王四海；下事上如父，必正天下〔四〕。上視下如弟，即不難爲之死；下事上如兄，即不難爲之亡〔五〕。故父子兄弟之寇，不可與之鬬〔六〕。有君如此，則天下如一家，萬兵共一心，則雖敵不懼，雖死不顧，恩義所感，則視死如歸，豈有見父有危急而子吝其生而不救，君有難而臣懼於死而不忠者也。是故義君内修其政，以積其德。外塞其邪〔七〕，以明其勢。察其勞佚，以知飢飽。戰期有日，視死若歸〔八〕，恩之加也。」信義立，雖死不顧。恩威治，无遠不至。

〔一〕兵略篇：「兵之所以强者，民也。」王念孫曰：「文子上義篇作『兵（文子作「國」），此作「兵」，蓋出王氏改之也。）

之所以强者，必死也』，於義爲長。下句『民之所以必死者義也』，即承此句言之。上文曰『百人之必死賢於萬人之必北』，是『兵之所以强者必死也』。今本作『兵之所以强者民也』，『民』字疑涉下句而誤。」

〔二〕「合」原作「令」，王叔岷曰：「案『令』當作『合』，字之誤也。『合』與『齊』相對成義，淮南子正作『合之以文』。」案：王説是，今據改正。兵略篇：「民之所以必死者義也，義之所以能行者威也。是故合之以文，齊之以武，是謂必取。」

〔三〕「先」原誤「光」，日本兩治要本作「先」，與淮南子合，今據改正。兵略篇：「夫人之所樂者生也，而所憎者死也。然而高城深池，矢石若雨，平原廣澤，白刃交接，而卒争先合者，彼非輕死而樂傷也，爲其賞信而罰明也。」

〔四〕「必正天下」，原作「必政天下」，今從日本兩治要本改正，兵略篇亦作「正」。

〔五〕「不難爲之死」，「不難爲之亡」，「不難」原俱作「必難」，語意不順，日本兩治要本俱作「不難」，淮南子同，今據改正。

〔六〕日本兩治要本作「故子父兄弟之寇，不可與鬬」。兵略篇：「是故父子兄弟之寇，不可與鬬者，積恩先施也。」

〔七〕「外塞其邪」，原作「外塞於邪」，今從日本兩治要本改正。

〔八〕兵略篇：「是故内脩其政，以積其德。外塞其醜，以服其威。察其勞佚，以知其飽飢。故戰日有期，視死若歸，故將必與卒同甘苦、俟飢寒，故其死可得而盡也。」

文子疏義卷第十二

上禮

老子曰：「上古真人〔一〕，玄古之君也。呼吸陰陽，而羣生莫不仰其德以和順。當此之時，領理隱密〔二〕，自成純樸。純樸未散，而萬物大優〔三〕。内韜明德，外和萬物，天下無事，各乃遂其性，無相侵害，故並優游也。及世之衰也，至伏羲氏昧昧懋懋，皆欲離其童蒙之心〔四〕，而覺悟乎天地之間，其德煩而不一〔五〕。時始畫八卦，以通神明，以類萬情；結繩，以爲網罟，以畋以漁；離蒙覺悟，其君於天下，漸失其本，德煩不一，比玄古之時以爲衰世也。及至神農黄帝，覈領天下〔六〕，紀綱四時，和調陰陽。於是萬民莫不竦身而思，戴聽而視，故治而不和〔七〕。伏羲作耒耜以教民播種，黄帝造軒冕之服。覈領，謂陰陽壅沈而通之，逆氣戾物，絶而止之。造書契，建律曆，紀四時，和五行，恐失其所，使萬物皆竦身，莫不注其耳目，聽視德化，以嚴其上，故言不和也。下至夏殷之世，嗜欲達於物，聰明誘於外，性命失其真〔八〕。至夏殷興嗜欲，則誘於物，外眩聰明，則内失其真。施及周室〔九〕，澆醇散樸〔一〇〕，離道以爲僞，險德以爲行〔一一〕，智巧萌生〔一二〕，狙學以擬聖，華誣以脅衆〔一三〕，琢飾詩書〔一四〕，以賈名譽〔一五〕，各欲以行其智僞，以容於世，而失大宗之本〔一六〕，故世有喪性命，衰漸，所由來久矣〔一七〕。至於周室，道德全喪，澆醨彌甚，以僞險爲道，以華巧爲賢，顯道矜德，賈名求譽，以失大宗，時之衰薄，從羲軒已來數千載，故云久矣，非周室頓爾也。是故至人之學也，欲以反性於無，游心於虚〔一八〕。世俗之學，擢德攓性，内愁五藏，暴行越知以譊乃巧切，喧呼也。名聲於世，此至人所不爲也〔一九〕。擢德，自見也。攓性，絶生也。若夫至人，定乎死生之意，通乎榮辱之理，舉世譽之而不益勸，舉世非之而不加沮，得至道之要也〔二〇〕。」至人者，無代不有，但稀爾，萬中有一爲多也。至人之學，反性於華僞之場，沐神於虚静之域，不矜其德，不伐其才，死生無變於己，利害不經於心。今之學者，佛性命以求達，走聲譽以高名，遂使姦宄競起，忠正伏匿，欲求世之治，欲求身之安，不可得之也。

〔一〕莊子天地篇：「玄古之君。」成玄英疏：「玄，遠也。古之君，謂三皇已前帝王也。」

〔二〕下文「覈領」，高誘注：「領，理也。」泰族篇：「領理百官，輯穆萬民。」

〔三〕俶真篇：「是故聖人呼吸陰陽之氣，而羣生莫不顒顒然仰其德以和順。當此之時，莫之領理決離，隱密而自成，渾渾蒼蒼，純樸未散，旁薄爲一，而萬物大優。」高誘注：「渾渾蒼蒼，混沌大貌。故曰『純樸未散』也。優，饒也。」

〔四〕俶真篇：「及世之衰也，至伏羲氏，其道昧昧芒芒然，含（原誤「吟」，據王念孫説校改）德懷和，被施頗烈，而知乃始昧昧晽晽，皆欲離其童蒙之心。」高誘注：「昧昧，欲明而未也。晽晽，欲所知之貌也。離，去也。」王念孫曰：「說文、玉篇、廣韻、集韻皆無『啉』字，『啉啉』當爲『棥棥』（注同），『昧昧』、『棥棥』，一聲之轉，皆欲知之貌也。文子上德篇作『昧昧懋懋』，『懋』與『棥』古字通。（皋陶謨：「懋遷有無化居。」漢書食貨志「懋」作「棥」。）今作『啉啉』者，『棥』誤爲『林』，又因『昧』字而誤加日旁耳。楊慎古音餘乃於侵韻收入『啉』字，吴志伊字彙補又云：『啉音林。』並引淮南子『昧昧啉啉』，皆爲俗本所惑也。」

〔五〕俶真篇：「而覺視於天地之間，是故其德煩而不能一。」高誘注：「煩，多也。一，齊也。」案：莊子繕性篇：「逮德下衰，及燧人伏羲始爲天下，是故順而不一。」郭象注：「世已失一，或不可解，故釋而不推，順之而已。」成玄英疏：「古者，茹毛飲血，與麋鹿同羣；及至燧人，始變生爲熟；伏犧則服牛乘馬，創立庖厨，畫八卦以製文字，放蜘蛛而造密網，既而智詐萌矣，嗜欲漸焉，澆淳樸之心，散無爲之道，德衰而始爲天下，此之謂乎。是順黎庶之心，而不能混同至一也。」

〔六〕俶真篇：「乃至神農黄帝，剖判大宗，竅領天地。」高誘注：「竅，通也。領，理也。」

〔七〕俶真篇：「於此，萬民睢睢盱盱然，莫不竦身而載聽視，是故治而不能和。」高誘注：「睢睢盱盱，聽視之貌也。和，協也。」

〔八〕俶真篇：「下棲遲至於昆吾夏后之世，嗜欲連於物，聰明誘於外，而性命失其得。」高誘注：「昆吾，夏伯，桀世也。『性命失其得』，性命之本。」

〔九〕俶真篇：「施及周室之衰。」高誘注：「『施』讀難易之易。」案：詩小雅何人斯篇：「我心易也。」釋文：「易，韓詩作『施』。」又大雅皇矣篇：「施于孫子。」鄭箋：「『施』猶易也，延也。」禮記孔子閒居篇鄭注：「施，易也。」論語微子篇：「君子不施其親。」集解：「孔曰：『施，易也。』」俱可爲高注之證。

〔一〇〕俶真篇：「澆淳散樸。」齊俗篇：「澆天下之淳。」莊子繕性篇：「德又下衰，及唐虞始爲天下，興治化之流，澡淳散朴。」釋文：「澡，本亦作『澆』。醇，本亦作『淳』。」成玄英疏：「夫唐堯虞舜居五帝之末，而興治行化，冠三王之始，是以設五典而綱紀五行，置百官而平章百姓，百姓因此而澆訛，五行自斯而荒殆，枝流分派，迄至於兹，豈非毁淳素以作澆訛，散樸質以爲華僞。」

〔一一〕俶真篇：「雜道以僞，儉德以行。」高誘注：「雜，粈。」王念孫曰：「『雜』當爲『離』，字之誤也。『儉』讀爲險。（「險」、「儉」古通，説見經義述聞大戴禮「惠而不儉」下。）莊子繕性篇：『德又下衰，澡淳散樸，離道以善，險德以行。』（郭象注：「有善而道不全，行立而德不夷。」）此正淮南所本。文子作『離道以爲僞，險德以爲行』，又本於淮南，然則原文作『離道』明矣。高注訓『雜』爲『粈』，則所見本已誤作『雜』。又案：『僞』，古『爲』字，（説見史記淮南衡山傳「爲僞」下。）『爲』亦行也。齊俗篇：『矜僞以惑世，伉行以違衆。』『矜僞』猶『伉行』耳。（上文曰：「夫趨舍行僞者，爲精求於外也。」荀子儒效篇曰：「其衣冠行僞已同於世俗矣。」「行僞」即行爲。）『離道以僞，險德以行』，言所爲非大道，所行非至德也，與詐僞之僞不同。下句『巧故萌生』，始言詐僞耳。文子改作『以爲僞』、『以爲行』，失之。」器案：王説是。繕性篇：「離道以善，險德以行。」成玄英疏：「夫虚通之道，善惡兩忘，今乃捨己效人，矜名企善，善既乖於理，所以稱離也。險，危阻也。不能率性任真，晦其蹤迹，乃矯情立行以取聲名，實由外行聲名浮僞，故令內德危險，何清夷之有哉？」

〔一二〕俶真篇：「而巧故萌生。」高誘注：「巧言爲詐。」

〔一三〕俶真篇：「周室衰而王道廢，儒墨乃始列道而議，分徒而訟，於是博學以疑聖，華誣以脅衆。」高誘注：「博學楊墨之道，以疑孔子之術，設虛華之言，以誣聖人。劫脅徒衆也。」王引之曰：「『疑』讀曰擬，『博學以擬聖』，謂博學多聞，以自比於聖人也。鄭注周官司服曰：『疑之言擬也。』史記平準書：『人徒之費，擬於南夷。』漢書食貨志『擬』作『疑』。文子作『狙學以擬聖』，是其證。莊子天地篇：『博學以擬聖，於于以蓋衆。』即淮南所本也，高説失之。」器案：王説是。禮記檀弓上載曾子怒斥子夏之言：「使西河之民，疑女於夫子。」即謂以子夏比擬孔子也。又案：「狙學」謂狙詐之學，以如狙之狡詐，形容其學，漢書叙傳所謂「吴孫狙詐」是也。「吴孫狙詐」，謂兵不厭詐也。

〔一四〕俶真篇：「緣飾詩書。」「琢」疑「緣」形近之誤。

〔一五〕俶真篇：「以買名譽於天下。」高誘注：「爲以求之。」

〔一六〕俶真篇：「於是萬民乃始慲觟離跂，各欲行其知僞，以求鑿枘於世，而錯擇名利；是故百姓曼衍於淫荒之陂，而失其大宗之本。」

〔一七〕俶真篇：「夫世之所以喪性命，有衰漸以然，所由來者久矣。」俞樾曰：「『衰』乃等衰之衰，上文自伏羲氏而歷數之，以至于周室之衰，每降而愈下，故曰『有衰漸以然』。」

〔一八〕俶真篇：「是故聖人之學也，欲以返性於初，而游心於虛也。」高誘注：「人受天地之中以生，孟子曰：『性無不善。』而情欲害之，故聖人能返其性於初也。『游心於虛』，言無欲也。」案：左成十三年：「民受天地之中以生，所謂命也。」此高注所本。孔穎達疏：「天地之中，謂中和之氣也。民者，人也。言人受此天地中和之氣，以得生育，所謂命也。」引孟子者，見告子章句上：「性無善，無不善也。」

〔一九〕俶真篇：「若夫俗世之學也則不然，擢德捲性，內愁五藏，外勞耳目，乃始招蟯振繾物之豪芒，搖消掉捎仁義禮樂，暴行越智於天下，以招號名聲於世，此我所羞而不爲也。」高誘注：「擢，取也。捲，縮也。皆不循其理，故愁其思慮也。耳妄聽，目妄視，淫故勞也。搖消掉捎仁義禮樂，未之能行也。越，揚也。暴，卒也。越揚其詐譎之智，以取聲名也。」俶真篇下文又云：「今萬物之來擢拔吾性，攓取吾情，有若泉源，雖欲勿稟，其可得邪？」太平御覽七百二十引「攓取吾情」作「搴取吾精」。器案：爾雅郭璞序：「搴其蕭稂。」釋文：「搴，字又作『攓』（從宋本），拔也。」史記叔孫通傳：「故先言斬將搴旗之士。」集解：「瓚曰：『拔取曰搴。』」楚辭離騷：「朝搴阰之木蘭兮。」王逸注：「搴，取也。」洪興祖補注：「『搴』音蹇。說文：『擌，拔取也，南楚語。』引『朝擌阰之木蘭』。」又九歌湘君：「搴芙蓉兮木末。」王注：「搴，采取也。」洪補注：「『搴』音蹇。」案說文手部：「擌，拔取也。南楚語。从手寒聲。楚辭曰：『朝擌阰之木蘭。』」段注：「莊子至樂篇：『攓蓬而取之。』司馬注：『攓，拔也。』方言：『攓，取也。南楚曰攓。』又曰：『楚謂之攓。』『擌』、『攓』二字通。」據此，作「捲」者，當即「擌」之俗別字。高訓爲「縮」，未之聞也。又案莊子駢拇篇：「擢德塞性，以取名聲。」釋文：「『擢』音濯。司馬云：『拔也。」」「塞」當爲「搴」之誤。成玄英乃云：「閉塞正性。」又云：「拔擢僞德，塞其真性。」不知「塞」爲「搴」之誤，乃從而爲之辭，非所謂阿其所好者邪？

〔一〇〕俶真篇：「是故舉世而譽之不加勸，舉世而非之不加沮，定于死生之境，而通于榮辱之理，雖有炎火洪水彌靡於天下，神無虧缺於胸臆之中矣。」莊子逍遥遊篇：「且舉世譽之而不加勸，舉世非之而不加沮，定乎内外之分，辯乎榮辱之境，斯已矣。彼其於世，未數數然也。」郭象注：「『内外之分』，内我而外物。『榮辱之境』，榮己而辱人。」

老子曰：「古者，被髮而無卷領以王天下〔一〕，其德生而不殺〔二〕，與而不奪〔三〕，天下非其服，同懷其德〔四〕。當此之時，陰陽和平，萬物蕃息〔五〕，飛鳥之巢可俯而探也，走獸可係而從也〔六〕。玄古之君，不冠不櫛，被髮而卷，以王天下而安其生，不奪其利，故四時和，萬物理，是以巢鳥探之而不驚，走獸係之而不懼，德之至也。及其衰也，鳥獸蟲蛇皆爲民害，故鑄鐵鍛刃以禦其難〔七〕。故民迫其難則求其便，因其患則操其備，各以其智，去其所害，就其所利〔八〕。常故不可循，器械不可因〔九〕。故先王之法度有變易者也〔一〇〕。故曰名可名，非常名也〔一一〕。世之衰，物不淳一，各生異情，遞相殘害，智詐相欺，制器械而爲備，去其害，就其利，故先王變法，非有常也，故法無常名也。五帝異道而德覆天下，三王殊事而名後世，因時而變者也〔一二〕。譬猶師曠之調五音也，所推移上下，無常尺寸以度，而靡不中者。故通於樂之情者能作音，有本主於中，五帝三王不同法度，猶師曠之調五音，通樂之情，知音之主。夫五音以宮爲主，萬姓以君爲主，無主於中即亂，故立主以一之也。而知規矩鉤繩之所用者能治人〔一三〕。故先王之制，不宜即廢之；末世之事，善即著之。故聖人之制禮樂者而不制於禮樂〔一四〕，制物者不制於物，制法者不制於法。制禮非禮，乖於道也。制樂非樂，失其和也。物制於物尚可也，法制非法，逾其政也。故曰：道可道，非常道也〔一五〕。」

〔一〕淮南子氾論篇：「古者有鍪而綣領以王天下者矣。」高誘注：「古者，蓋三皇以前也。鍪，頭著兜鍪帽，言未知制冠也。綣領，皮衣屈而紩之，如今胡家韋襲反褶以爲領也。一説：鍪，放髮也。綣，繞頸而已，皆無飾。」器案：北堂書鈔百二十九引「綣」作「卷」。「放髮」當作「被髮」。文選魏都賦張載注引淮南子：「古者有督而卷領以王天下。」「督」當作「瞀」，淮南子道應篇：「於是乃去其瞀而載之木。」許慎注：「瞀，被髮也。」説文髟部：「髳，髮至眉也。从髟敄聲。詩曰：『紞彼兩髳。』」荀子哀公篇：「古之王者，有務而拘領者矣。」楊倞注：「『務』讀爲冒。『拘』與『句』同，曲領也。言雖冠衣拙朴，而行仁政也。尚書大傳曰：『古之人，衣上有冒而句領者。』鄭康成注云：『言在德不在服也。古之人，三皇時也。冒，覆項也。句領，繞頸也。禮，正服方領也。』」「冒」、「鍪」、「務」古音通用。

〔二〕氾論篇：「其德生而不辱。」高誘注：「刑措不用也。」王念孫曰：「『不辱』本作『不殺』，故高注云『刑措不用』，今作『辱』者，後人妄改之也。『殺』與『生』相對，『奪』與『予』相對，若改『殺』爲『辱』，則非其指矣。且『殺』與

『奪』爲韻，若作『辱』，則失其韻矣。太平御覽皇王部二引此已誤作『辱』。張載魏都賦注及舊本北堂書鈔衣冠部三引此並作『殺』，文子上禮篇同。晏子春秋諫篇：『古者嘗有紩衣攣領而王天下者矣，其義好生而惡殺。』荀子哀公篇：『古之王者，有務而拘領者矣，其政好生而惡殺。』此皆淮南所本。」

〔三〕氾論篇：「予而不奪。」高誘注：「予，予民財也。不奪，無所徵求於民也。」

〔四〕氾論篇：「天下不非其服，同懷其德。」高誘注：「『非』猶譏呵也。懷，歸。」案：淮南子有「不」字是，若奪之，則失其指矣。當據補。

〔五〕氾論篇：「當此之時，陰陽和平，風雨時節，萬物蕃息。」高誘注：「政不虐生，無夭折也。」案：太平御覽七十七引「風雨時節」四字作注文，文子正無此四字。

〔六〕氾論篇：「烏鵲之巢可俯而探也，禽獸可羈而從也。」高誘注：「『從』猶牽也。」案：荀子：「烏鵲之巢可俯而窺也。」莊子馬蹄篇：「是故禽獸可係羈而游，烏鵲之巢可攀援而闚。」禮記禮運篇：「其餘鳥獸之卵胎，皆可俯而闚也。」

〔七〕氾論篇：「爲鷙禽猛獸之害傷人，而無以禁御也，而作爲之鑄金鍛鐵，以爲兵刃，猛獸不能爲害。」高誘注：「以兵刃備之，故不得爲人害也。」

〔八〕氾論篇：「故民迫其難則求其便，困其患則造其備，人各以其所知，去其所害，就其所利。」王念孫謂「人各以所知」當作「人各以其知」。器案：「因其患」，淮南子作「困其患」，與上句「迫其難」相儷爲文，義勝。

〔九〕氾論篇：「常故不可循，器械不可因也。」高誘注：「循，隨也。當時之可改則改之，故曰『不可』也。」

〔一〇〕氾論篇：「則先王之法度有移易者矣。」

〔一一〕老子第一章：「名可名，非常名。」

〔一二〕氾論篇：「故五帝異道而德覆天下，三王殊事而名施後世，此皆因時變而制禮樂者。」

〔一三〕氾論篇：「譬猶師曠之施瑟柱也，所推移上下者無寸尺之度，而靡不中音。故通於禮樂之情者能作，言（原誤「音」，依王念孫説改正）有本主於中，而以知榘彠之所周者也。」高誘注：「榘，方也。彠，度法也。」

〔一四〕氾論篇：「先王之制，不宜則廢之；末世之事，善則著之。是故禮樂未始有常也。故聖人制禮樂而不制於禮樂。」高誘注：「聖人能作禮樂，不爲禮樂所制。」

〔一五〕氾論篇：「故道可道者，非常道也。」高誘注：「常道，言深隱幽冥，不可道也。猶聖人之言，微妙不可言。」老子一章：「道可道，非常道。」河上公章句：「常道當以無爲養神，無事安民，含光藏輝，滅跡匿端，不可稱道也。」

老子曰：「昔者之聖王〔一〕，仰取象於天，俯取度於地，中取法於人。調陰陽之氣，和四時之節，察陵陸水澤肥墽古堯切。高下之宜〔二〕，以立事生財，除飢寒之患，辟疾疢之災〔三〕。中受人事，以制禮樂，行仁義之道，以治人倫，列金木水火土之性，以立父子之親而成家〔四〕。聽五音清濁、六律相生之數，以立君臣之義而成國〔五〕。察四時孟仲季之序，以立長幼之節而成官〔六〕。列地而州之，分國而治之〔七〕，立大學以教之〔八〕，此治之綱紀也。此治天下之大綱也。得道則舉，失道則廢〔九〕。夫物未嘗有張而不弛，盛而不敗者也。唯聖人可盛而不敗〔一〇〕。聖人初作樂也，以歸神杜淫，反其天心〔一一〕。至其衰也，流而不反，淫而好色，不顧正法，流及後世，至於亡國〔一二〕。其作書也，以領理百事，愚者以不忘，智者以記事〔一三〕。及其衰也，爲姦僞以解有罪而殺不辜〔一四〕。其作囿也，以成宗廟之具，簡士卒以戒不虞〔一五〕。及其衰也，馳騁弋獵，以奪民時，以罷音皮。民力〔一六〕。其上賢也，以平教化，正獄訟，賢者在位，能者在職，澤施於下，萬民懷德〔一七〕。至其衰也，朋黨比周，各推其所與，廢公趨私，外内相舉，姦人在位，賢者隱處〔一八〕。天地之道，極則反，益則損〔一九〕。故聖人治弊而改制，事終而更爲〔二〇〕。其美在和，其失在權〔二一〕。聖人之道曰〔二二〕，非修禮義，廉耻不立。民无廉耻，不可以治〔二三〕。不知禮義，法不能正。非崇善廢醜，不嚮禮義。無法不可以爲治，不知禮義不可以行法〔二四〕。法能殺不孝者，不能使人孝〔二五〕；能刑盜者，不能使人廉〔二六〕。聖王在上，明好惡以示人〔二七〕，經非譽以道之〔二八〕，親賢而進之〔二九〕，賤不肖而退之，刑錯音措。而不用，禮義修而任賢德也〔三〇〕。故天之高，以爲三公；一州之高，以爲九卿；一國之高，以爲二十七大夫；一鄉之高，以爲八十一元士〔三一〕。立官分職，任賢去邪，爲王者股肱耳目，以和萬姓，以靜四方也。智過萬人者謂之英〔三二〕，千人者謂之儁，百人者謂之傑，十人者謂之豪〔三三〕。明於天道之道，通於人情之理，大足以容衆〔三四〕，惠足以懷遠，智足以知權，人英也。德足以教化，行足以隱義〔三五〕，信足以得衆，明足以照下，人儁也。行可以爲儀表，智足以決嫌疑〔三六〕，信可以守約，廉可以使分財，作事可法，出言可道〔三七〕，人傑也。守職不廢，處義不比〔三八〕，見難不苟免，見利不苟得〔三九〕，人豪也。此擇才之道，知人之因，有一如此，即可用之；若兼而有之，即聖人也。英儁豪傑，各以大小之材處其位，由本流末，以重制輕，上唱下和，四海之内，一心同歸，背貪鄙，嚮仁義，其於化民，若風之靡草〔四〇〕。今使不肖臨賢，雖嚴刑不能禁其姦。小不能制大，弱不能使强，天地之性也。故聖人舉賢以立功，不肖之主舉其所與同〔四一〕。觀其所舉，治亂分矣。察其黨與，賢不肖可論也〔四二〕。」聖人用人，各以其才而官之，不相逾越，則天下治也。

〔一〕日本兩治要本無「者」字，淮南子泰族篇同。

〔二〕案：「肥墽」，泰族篇同，太平御覽六百二十四引泰族篇作「肥墝」。修務篇亦作「肥墝」。詩王風丘中有麻釋文：「『墝』本亦作『墽』，苦交切。」禮記王制注：「肥墝有五等。」釋文：「墝本作墽，苦交切。」今案：「墽」之作「墝」，猶「儌」之作「僥」，音同古通。

〔三〕泰族篇「疾疢」作「疾病」，誤。案：修務篇：「食蠃蛖之肉，多疾病毒傷之患。」史記貨殖列傳正義引作「古者，民食蠃蛙之肉，多疹毒之患也。」詩小雅小弁釋文：「『疢』又作『疹』，同。」左成六年「疾疢」，釋文：「『疢』本或作『㽷』，同。」左哀五年「疾疢」，釋文：「『疢』本或作『㽷』，乃結反。」左襄二十三年：「美疢不如惡石。」呂氏春秋長見篇高誘注引「疢」作「㽷」。廣雅釋詁：「疢，病也。」曹憲博雅音：「疢，今『㽷』字。」俱其證也。

〔四〕泰族篇：「中考乎人德，以制禮樂，行仁義之道，以治人倫，而除暴亂之禍；乃澄列金木水火土之性，故立父子之親而成家。」許慎注：「澄，清也。」王念孫謂「故」當作「以」。

〔五〕泰族篇：「別清濁五音六律相生之數，以立君臣之義而成國。」

〔六〕泰族篇：「察四時季孟之序，以立長幼之禮而成官。」

〔七〕泰族篇：「乃裂地而州之，分職而治之。」王叔岷曰：「案治要引『國』作『職』，淮南子泰族篇同。」器案「列地」，淮南作「裂地」，「列」、「裂」古通。史記黥布傳：「上裂地而王之，疏爵而貴之。」集解引漢書音義：「疏，分也。」

〔八〕泰族篇：「築城而居之，割宅而異之，分財而衣食之，立大學而教誨之。」

〔九〕泰族篇：「此治之綱紀也。然得其人則舉，失其人則廢。」日本兩治要本「此」下有「其」字。日本古鈔本治要、道藏本「綱紀」作「紀綱」。

〔一〇〕泰族篇：「夫物未嘗有張而不馳，成而不毁者也，唯聖人能盛而不衰，盈而不虧。」

〔一一〕泰族篇：「神農之初作琴也以歸神，及其淫也，反其天心。」王念孫曰：「此文本作『神農之初作琴也，以歸神杜淫，反其天心。（白虎通義曰：「琴者，禁也，所以禁止淫邪，正人心也。」琴操曰：「昔伏羲氏作琴，所以禦邪僻，防心淫，以脩身理性，反其天真也。」）及其衰也，流而不反，淫而好色，至於亡國』。『流而不反』正對『反其天心」言之，『淫而好色』正對『杜淫』言之。下文曰：『夔之初作樂也，皆合六律而調五音，以通八風，及其衰也，以沈湎淫康，不顧政治，至於滅亡。』句法皆與此相對。此以『淫』、『心』爲韻；『色』、『國』爲韻；下文以『音』、『風』爲韻，（「風」字古音在侵部，説見唐韻正。）『康』、『亡』爲韻。文子上禮篇作『聖人之初作樂也，以歸神杜淫，反其天心。至其衰也，流而不反，淫而好色，（今本此下有「不顧正法，流及後世」八字，蓋後人所加，羣書治要引文子無此八字。）至於亡國』，是其明證矣。文選長笛賦注引上三句云：『神農之初作瑟，（「瑟」字與今本不合，所引蓋許慎本。）以歸神反望，及其天心。』『杜淫』作『反望』，『反其』作『及其』，皆傳寫之誤。（「反望」之「反」，蓋涉下文「反其天心」而誤，「淫」「望」「反」「及」，皆以形近而誤。）而句法正與文子同，若今本則錯脱不成文理，且失其韻矣。」

〔一二〕泰族篇：「及其衰也，以沉湎淫康，不顧政治，至於滅亡。」

〔一三〕泰族篇：「蒼頡之初作書，以辯治百官，領理萬事，愚者得以不忘，智者得以志遠。」王念孫謂「智者得以志遠」當從文子作「智者以記事」。

〔一四〕泰族篇：「至其衰也，爲姦刻僞書，以解有罪，以殺不辜。」史記貨殖列傳：「吏士舞文弄法，刻章僞書，不避刀鋸之誅者，没於賂遺也。」

〔一五〕泰族篇：「湯之初作囿也，以奉宗廟鮮犞之具，簡士卒，習射御，以戒不虞。」許慎注：「生肉爲鮮，乾肉爲犞。」譚獻曰：「『犞』疑作『犒』。」器案：「簡」謂簡選，吕氏春秋有簡選篇，謂簡選士卒也。

〔一六〕泰族篇：「及至其衰也，馳騁獵射，以奪民時，罷民之力。」王念孫謂「罷民之力」當從文子作「以罷民力」。

〔一七〕泰族篇：「堯之舉禹契后稷皋陶，政教平，姦宄息，獄訟止，而衣食足，賢者勸善，而不肖者懷其德。」

〔一八〕泰族篇：「及至其末，朋黨比周，各推其與，廢公趨私，内外相推舉，姦人在朝，而賢者隱處。」王念孫據文子校謂「推舉」衍「推」字。

〔一九〕泰族篇：「天地之道，極則反，盈則損。」

〔二〇〕泰族篇：「故聖人事窮而更爲，法弊而改制，非樂變古易常也，將以救敗扶衰，黜淫濟非，以調天地之氣，順萬物之宜也。」

〔二一〕泰族篇：「失本則亂，得本則治。其美在調，其失在權。」文子「調」作「和」，義勝。

〔二二〕日本兩治要本無「曰」字，是。

〔二三〕泰族篇：「民無廉恥，不可治也。非修禮義，廉恥不立。」

〔二四〕泰族篇：「民不知禮義，法弗能正也。非崇善廢醜，不向禮義。無法不可以爲治也。不知禮義，不可以行法。」

〔二五〕泰族篇：「法能殺不孝者，而不能使人爲孔曾之行。」

〔二六〕泰族篇：「法能刑竊盜者，而不能使人爲伯夷之廉。」

〔二七〕泰族篇：「聖王在上，明好惡以示之。」治要作「聖王在位，明好憎以示人。」

〔二八〕泰族篇：「經誹譽以導之。」本經篇：「經誹譽，行賞罰。」

〔二九〕「賢」字原脱，今據日本兩治要本訂補。泰族篇有。

〔三〇〕泰族篇：「古者，法設而不犯，刑錯而不用，非可刑而不刑也，百工維時，庶績咸熙，禮義修而任賢德也。」案：書堯典：「允釐百工，庶績咸熙。」又皋陶謨：「百工維時，撫于五辰，庶績咸凝。」此合用之。

〔三一〕泰族篇：「故舉天下之高以爲三公，一國之高以爲九卿，一縣之高以爲七十二大夫，一鄉之高以爲八十一元士。」案：禮記王制篇：「天子三公九卿二十七大夫八十一元士。」鄭注：「此夏制也。」又昏義篇：「天子立六官，三公九卿二十七大夫八十一元士，以聽天下之外治，以明章天下之男教，故外和而國治。」鄭注：「三公以下百二十人，似夏時也。」案：書大傳大誓傳曰：「天子三公：司徒公，司馬公，司空公。每一公三卿佐之，每一卿三大夫佐之，每一大夫三元士佐之，故有三公九卿二十七大夫八十一元士，所與爲天下者，若此而已。」王闓運補注：「據夏周推其差，則有虞氏之官六十，夏后氏百二十，殷二百四十，周三百六十，爲有所法。」

〔三二〕泰族篇：「故智過萬人者謂之英。」吕氏春秋知分篇高誘注、淮南子氾論篇高誘注並云：「萬人爲英。」

〔三三〕泰族篇：「千人者謂之俊，百人者謂之豪，十人者謂之傑。」吕氏春秋功名篇高誘注：「才過百人曰豪，千人曰桀。」又知分篇高誘注：「百人爲豪。」氾論篇高誘注：「才過千人爲儁，百人爲豪。」案：白虎通聖人篇引禮別名記曰：「五人曰茂，十人曰選，百人曰俊，千人曰英，倍英曰賢，萬人曰傑，萬傑曰聖。」別名記一作辯名記，月令孟夏疏：「蔡氏辯名記曰：『十人曰選，倍選曰俊，萬人曰傑。』尹文子及毛詩傳皆云：『萬人爲英。』異人之説故不同。」案：毛詩傳見魏風汾沮洳，外此其餘，如春秋繁露爵國篇、鶡冠子博選、能天二篇所載各異，此月今疏所謂「異人之説故不同」也。

〔三四〕論語子張篇：「君子尊賢而容衆。」邢昺疏：「雖衆多亦容納之。」

〔三五〕案：禮記少儀鄭注：「隱，意也，思也。」隱義者，隱於義而行，所謂念兹在兹也。

〔三六〕泰族篇：「行足以爲儀表，知足以決嫌疑，廉足以分財，信可使守約。」

〔三七〕泰族篇：「作事可法，出言可道者，人之豪也。」案：孝經聖治章：「君子則不然，言思可道，行思可樂，德義可尊，作事可法，容止可觀，進退可度，以臨其民。」

〔三八〕案：論語里仁篇：「義之與比。」邢疏：「比，親也。」

〔三九〕泰族篇：「見難不苟免，見利不苟得者，人之傑也。」案禮記曲禮篇：「臨財毋苟得，臨難毋苟免。」

〔四〇〕泰族篇：「英俊豪傑，各以小大之材處其位，得其宜，由本流末，以重制輕，上唱而民和，上動而下隨，四海之内，一心同歸，背貪鄙而向義理，其於化民也，若風之摇草木，無之而不靡。」

〔四一〕泰族篇：「今使愚教知，使不肖臨賢，雖嚴刑罰，民弗從也，小不能制大，弱不能使强也。故聖主者舉賢以立功，不肖主舉其所與同。」

〔四二〕泰族篇：「故觀其所舉，而治亂可見也。察其黨與，而賢不肖可論也。」

老子曰：「爲禮者雕琢人性，矯拂其情〔一〕，目雖欲之禁以度〔二〕，心雖樂之節以禮，趣翔周旋，屈節卑拜〔三〕，肉凝而不食，酒澂而不飲〔四〕，外束其形，内愁音囚。其德〔五〕，鉗陰陽之和〔六〕，而迫性命之情，故終身爲哀人〔七〕。何則？不本其所以欲，而禁其所欲〔八〕，不原其所以樂，而防其所樂，是猶圈獸而不塞其垣，禁其野心；決江河之流，而壅之以手〔九〕。故曰：開其兑，濟其事，終身不救〔一〇〕。夫禮樂之弊興，矯飾之情見者，不本其無欲，而節其所欲，不原其無樂，而防其所樂，則欲不可止，樂不可禁。樂不可禁必至淫，禮不可防必至怠，而由開圈縱獸，決河止流，一失其真，羣迷不返也。夫禮者遏情閉欲，以義自防〔一一〕，雖情心咽噎，咽音菌。咽，欲吐也。形性飢渴，以不得已自强，故莫能終其天年〔一二〕。爲禮拘束不放肆，迫於情性，皆强爲之，故不終天年也。禮者非能使人不欲也，而能止之〔一三〕。樂者非能使人勿樂也，而能防之〔一四〕。夫使天下畏刑而不敢盜竊，豈若使無有盜心哉〔一五〕。謂不開嗜欲，何假隄防。不積貨財，無防盜竊也。故知其無所用，雖貪者皆辭之。不知其所用，廉者不能讓之〔一六〕。夫人之所以亡社稷，身死人手，爲天下笑者，未嘗非欲也〔一七〕。欲之爲害，其甚如此。知冬日之扇，夏日之裘，無用於己，萬物變爲塵垢矣〔一八〕。直爲無用，天下之物化爲糞土。故道備無爲之事，害歸有欲之人也。故揚湯止沸，沸乃益甚，知其本者，去火而已〔一九〕。親道莫若無欲，止沸在於去薪。

〔一〕精神篇：「衰世湊學，不知原心反本，直雕琢其性，矯拂其情，以與世交。」高誘注：「直猶但也。雕琢其天性，拂戾其本情，以合流俗，與世人交接也。」

〔二〕王叔岷曰：「案：御覽五二三引『度』作『法』。」案：精神篇：「故目雖欲之，禁之以度。」

〔三〕王叔岷曰：「案：御覽引『屈節卑拜』作『屈節異儀』。」案：精神篇：「心雖樂之，節之以禮。趨翔周旋，詘節卑拜。」

〔四〕王叔岷曰：「案：御覽引『澂』作『敗』。」案：精神篇：「肉凝而不食，酒澄而不飲。」

〔五〕王叔岷曰：「案：御覽引『内』作『中』。」案：精神篇：「外束其形，内總其德。」王念孫曰：「『總』字義不可通，『總』當爲『愁』，『愁』與『揫』同，（鄉飲酒義：「秋之爲言愁也。」鄭注：「『愁』讀爲揫，揫，歛也。」）説文：「揫，束也。」『外束其形，内揫其德』，其義一也。俶真篇：『内愁五藏，外勞耳目。』義亦與此同。俗書『總』字或作『揔』，又作『捴』，與『愁』相似，『愁』誤爲『捴』，後人因改爲『總』耳。文子上禮篇正作『外束其形，内愁其德』。」

〔六〕精神篇：「鉗陰陽之和。」

〔七〕精神篇：「而迫性命之情，故終身爲悲人。」高誘注：「悲，哀也。謂哀世之學。」

〔八〕精神篇：「今夫儒者，不本其所以欲，而禁其所欲。」高誘注：「本所以欲，謂正性恬漠也。所欲，謂情欲驕奢權勢也。」

〔九〕精神篇：「不原其所以樂，而閉其所樂，是猶決江河之源，而障之以手也。」高誘注：「障，蔽也。言不能掩也。」

〔一〇〕案：老子五十二章：「塞其兑，閉其門，終身不勤。開其兑，濟其事，終身不救。」王弼注：「兑，事欲之所由生。門，事欲之所由從。」俞樾曰：「『兑』當讀爲穴。文選風賦：『空穴來風。』注引莊子：『空閲來風。』『閲』從兑聲。『閲』可假作『穴』，『兑』亦可假作『穴』。『塞其穴』，正與『閉其門』文義一律。」器案：易説卦傳：「兑爲口。」淮南子道應篇：「則塞民於兑。」許慎注：「兑，耳目口鼻也。」莊子在宥篇：「慎女内，閉女外，多知爲敗。」與此義相比也。

〔一一〕精神篇：「直宜迫性閉欲，以義自防也。」高誘注：「『直』猶但也。」王念孫曰：「『直』下不當有『宜』字，『宜』即『直』之誤而衍者也。」其説是也。

〔一二〕精神篇：「雖情心鬱殪，形性屈竭，猶不得已自强也，故莫能終其天年。」高誘注：「義以自防，故情心鬱殪不通，形性屈竭也。以不得止而自勉强，故無能終其天年之命。」又案：玉篇口部：「⿰口困，渠隕切，欲吐貌。」廣韻十六軫：「⿰口困，吐貌。」通玄真經纘義釋音卷十二上禮篇亦云：「⿰口困，渠隕切。」

〔一三〕精神篇：「故儒者非能使人弗欲，而能止之。」高誘注：「言不能使人無情欲也。已雖欲之，能以義自已也。」

〔一四〕精神篇：「非能使人勿樂，而能禁之。」高誘注：「言不能使人無樂富貴，能以禮自禁止之。論語曰：『不義而富且貴，于我如浮雲也。』」案：引論語，見述而篇。

〔一五〕精神篇：「夫使天下畏刑而不敢盗，豈若能使無有盗心哉。」

〔一六〕精神篇：「故知其無所用，貪者能辭之，不知其無所用，廉者不能讓也。」

〔一七〕精神篇：「夫人主之所以殘亡其國家，損棄其社稷，身死於人手，爲天下笑，未嘗非爲非欲也。」「損」當作「捐」。

〔一八〕精神篇：「知冬日之箑，夏日之裘，無用於己，則萬物變爲塵埃矣。」高誘注：「箑，扇也。楚人謂扇爲箑。」

〔一九〕精神篇：「故以湯止沸，沸乃不止，誠知其本，則去火而已矣。」高誘注：「已，止也。」案：呂氏春秋盡數篇：「夫以湯止沸，沸愈不止，去其火則止矣。」漢書枚乘傳：「上書諫吴王曰：『欲湯之滄，一人炊之，百人揚之，無益也，不如絶薪止火而已。』」

老子曰：「循性而行謂之道，得其天性謂之德〔一〕。性失然後貴仁義，仁義立而道德廢，純樸散而禮樂飾，是非形而百姓眩，珠玉貴而天下争〔二〕。道德既亡，仁義不足以制其情，禮樂不足以禁其欲，一人尚之，百姓争之，則亂也。夫禮者、所以別尊卑貴賤也，義者、所以和君臣父子兄弟夫婦人道之際也。末世之禮，恭敬而交〔三〕，爲義者布施而得，君臣以相非，骨肉以生怨也〔四〕。故水積則生相食之蟲，土積則生自肉之狩，禮樂飾則生詐僞〔五〕。猶揚火以自焚，投水以自溺。且禮義本無害人之性，其由水火也，亦無害人之心，用合其道則吉，乖其道則凶也。末世之爲治，不積於養生之具，澆天下之醇〔六〕，散天下之樸，滑亂萬民，以清爲濁，性命飛揚〔七〕，皆亂以營，貞信熳爛，人失其性〔八〕，法與義相背，行與利相反，貧富之相傾，人君之與僕虜，不足以論〔九〕。夫有餘則讓，不足則争，讓則禮義生，争則暴亂起。故多欲則事不省，求贍則争不止〔一〇〕。故世治則小人守正而利不能誘也，世亂則君子爲姦而法不能禁也〔一一〕。」

〔一〕淮南子齊俗篇：「率性而行謂之道，得其天性謂之德。」案：文子言「得其天性謂之德」，其義甚精。德有美德，有惡德，所謂天性也。左成十六年：「民生厚而德正。」正義曰：「『德』謂人之性行，論語云：『民德歸厚矣。』即是正也。」德正謂美德，其麗不億，無煩覼縷。若乃左僖二十四年之「女德無極」，左宣三年之「桀有昏德」，周語之「翟，豺狼德也」，尚書說命中之「爵罔及惡德，惟其賢」，泰誓中之「穢德彰聞」，無逸之「酗于酒德」，莊子徐无鬼篇：「下之質，執飽而止，是狸德也。」前言『質』，後言『德』，即謂性行也。本書道應篇：「怒者，逆德也。」孝經聖治章：「不在於善，而皆在於凶德。」凶德、逆德，即謂惡德也。

〔二〕齊俗篇：「性失然後貴仁，道失然後貴義。是故仁義立而道德遷矣，禮樂飾則純樸散矣，是非形則百姓眩矣，珠玉尊則天下爭矣。凡此四者，衰世之造也，末世之用也。」

〔三〕齊俗篇：「夫禮者，所以別尊卑異貴賤；義者，所以合君臣父子兄弟夫妻朋友之際也。今世之爲禮者，恭敬而忮。」許慎注：「忮，害也。」案：文子「忮」誤作「交」，當據改正。

〔四〕齊俗篇：「爲義者布施而德，君臣以相非，骨肉以生怨，則失禮義之本也。」

〔五〕齊俗篇：「夫水積則生相食之魚，土積則生自宂之獸，禮義飾則生僞匿之本。」王念孫曰：「御覽禮儀部二引此『僞匿之本』作『僞慝之儒』，又引注曰：『僞，詐。慝，姦。』案：『慝』、『匿』古字通。『本』當爲『士』。『僞匿之士』與『相食之魚』、『自肉之獸』，相對爲文，若云『僞匿之本』，則與上文不類矣。御覽作『僞慝之儒』，儒亦士也。隸書『士』字或作『杢』，與『本』相似，又涉上文『禮義之本』而誤。」

〔六〕齊俗篇：「衰世之俗，以其知巧詐僞，飾衆無用，貴遠方之貨，珍難得之財，不積於養生之具，澆天下之淳。」許慎注：「澆，薄也。淳，厚也。」

〔七〕齊俗篇：「析天下之樸，牿服馬牛以爲牢，滑亂萬民，以清爲濁，性命飛揚。」案：莊子天地篇：「五曰：趣舍滑心，使性飛揚。」成玄英疏：「趣，取也。滑，亂也。順心則取，違情則舍，撓亂其心，使自然之性，馳競不息，輕浮躁動，故曰『飛揚』也。」

〔八〕齊俗篇：「皆亂以營，貞信漫瀾，人失其情性。」

〔九〕齊俗篇：「法與義相非，行與利相反，雖十管仲，弗能治也。……然貧富之相去也，猶人君與僕虜，不足以論之。」王念孫曰：「『論』當爲『諭』，字之誤也。『諭』或作『喻』，太平御覽人事部一百二十六引此作『不足以喻之』，又引注云：『喻猶方也。』是其證。」

〔一〇〕齊欲篇：「夫民有餘即讓，不足則爭。讓則禮義生，爭則暴亂起。扣門求水火（「火」字原脱，據王念孫校補），莫弗與者，所饒足也。林中不賣薪，湖上不鬻魚，所有餘也。故物豐則欲省，求澹則爭止。」

〔一一〕齊俗篇：「故世治則小人守政而不能誘也，世亂則君子爲姦而法弗能禁也。」治要引「政」作「正」，「法」作「刑」。

老子曰：「衰世之主，鑽山石〔一〕，挈金玉，擿礲蜃〔二〕，消銅鐵，而萬物不滋〔三〕。刳胎焚郊，覆巢毁卵，鳳皇不翔，麒麟不遊〔四〕。構木爲臺，焚林而畋，竭澤而漁〔五〕，積壤而丘處，掘地而井飲，濬川而爲池，築城而爲固〔六〕，拘獸以爲畜，則陰陽繆戾，四時失序，雷霆毁折，雹霜爲害〔七〕，萬物焦夭〔八〕，處於太半，草木夏枯〔九〕，衰世之主，剖石索玉，擿蚌求珠，焚郊竭澤，剖胎毁卵，恣情性之欲，快耳目之娱，遂致乖戾，萬物失所，雷霆以恐之，霜雹以害之，非萬邦之過，一人之罪也。故夏桀殷紂，城池非不高，玉帛非不多，妖艷非不足，倉庫非不盈，俄而覆宗絶祀，身死人手，爲天下笑，豈不痛哉！故曰：天鑒不遠，在夏殷之世也。三川絶而不流〔一〇〕，分山川谿谷，使有壤界，周衰而三川竭，晉微而沙鹿崩。國之將興，必有禎祥；國之將亡，必有妖孽也。計人衆寡，使有分數，設機械險阻以爲備，制服色等〔一一〕，異貴賤，差賢不肖，行賞罰〔一二〕，則兵革起而忿争生，虐殺不辜，誅罰無罪，於是興矣〔一三〕。」天地不得不變動，人物不得不災危也。

〔一〕淮南子本經篇：「逮至衰世，鐫山石。」高誘注：「『鐫』猶鑿也，求金玉也。」

〔二〕本經篇：「鐸金玉，擿蚌蜃。」高誘注：「鐸，刻金玉以爲器也。『擿』猶開也，開以求珠也。」桂馥曰：「『擿』當爲『摘』，説文『摘』有拓義。增韻：『拓，㡿開也。』揚雄甘泉賦：『拓迹開統。』『拓』亦借字，當爲『袥』，字書：『袥，張衣令大也。』太玄：『天地開闢，宇宙袥袒。』」器案：「礲」當爲「硥」或「蛖」，集韻三講：「蚌，或作『硥』、『蛖』。」

〔三〕本經篇：「消銅鐵，而萬物不滋。」高誘注：「不滋長也，言盡物類也。」

〔四〕本經篇：「刳胎殺夭，麒麟不游，覆巢毁卵，鳳皇不翔。」高誘注：「胎，獸胎也。夭，麋子也。爲類見害，故不來游。鳥未㲄曰卵也。」案：吕氏春秋應同篇：「夫覆巢毁卵，則鳳皇不至；刳獸食胎，則麒麟不來；乾澤涸漁，則龜龍不往。」語又見大戴禮記易本命篇、戰國趙策載諒毅語、尸子明堂篇、說苑權謀篇、公羊宣元年何休注、家語困誓篇。

〔五〕本經篇：「鑽燧取火，構木爲臺，焚林而田，竭澤而漁。」高誘注：「田，獵也。竭澤，漏池也。」

〔六〕本經篇：「積壤而丘處，糞田而種穀，掘地而井飲，疏川而爲利，築城而爲固。」高誘注：「疏，通。」

〔七〕本經篇：「拘獸以爲畜，則陰陽繆戾，四時失叙，雷霆毀折，電霰降虐。」王念孫曰：「電霰不同類，且電亦不得得言『降虐』，『電』當爲『雹』，草書之誤也。『雷霆』爲一類，『雹霰』爲一類。呂氏春秋仲夏篇云：『雹霰傷穀。』故言『降虐』也。文子上禮篇作『雹霜爲害』，是其證。」

〔八〕本經篇：「氛霧霜雪不霽，而萬物燋夭。」高誘注：「霽，止也。霜雪之害不止，則萬物燋夭，不繁茂也。」

〔九〕本經篇：「然猶未能澹人主之欲也，是以松柏箘露夏槁。」高誘注：「松柏根茂，箘露竹筦，皆冬生難殺之木，當是時，夏槁死也。刺君作事不時，陰陽失序。『箘』讀似綸。『露』讀南陽人言道路之路。」王念孫曰：「藝文類聚治政部上引此『夏槁』上有『宛而』二字。案：『松柏箘露，宛而夏槁，江河三川，絶而不流』，四句相對爲文，則有『宛而』二字者是也。『宛』讀與苑同。俶真篇：『形傷於寒暑燥濕之虐者，形苑而神壯。』高誘注曰：『苑，枯病也。苑，讀南陽宛之宛。』莊子天地篇釋文云：『苑，本亦作宛。』是『苑』、『宛』古字通。素問四氣調神大論：『惡氣不發，風雨不節，白露不下，則菀槁不榮。』『菀』亦與『苑』同。唐風山有樞篇：『宛其死矣。』毛傳曰：『宛，死皃。』義與此『宛』字亦相近。」

〔一○〕本經篇：「江河三川絶而不流。」高誘注：「三川，涇渭汧也，出于岐山。絶，竭也。故曰『不流』。國語曰：『河竭而商亡也。』」案：國語周語上：「河竭而商亡。」韋昭注：「商人都衛，河水所經。」周語此文上云：「幽王二年，西周三川皆震。」韋注：「三川，涇渭洛，出於岐山也。震，動也。地震，故三川亦動也，川竭也。」案：淮南子俶真篇：「當此之時（謂殷紂之時），嶢山崩，三川涸。」高誘注：「嶢山，蓋在南陽。三川，涇渭汧也。涸，竭也。傳曰：『山崩川竭，亡國徵也。』」據此，則三川有涇渭洛及涇渭汧二説。竹書紀年：「帝受四十三年，嶢山崩。」則殷紂時之三川謂涇渭汧，而周幽時之三川謂涇渭洛也。是邪非邪，未敢質言之也。

〔一一〕本經篇：「及至分山川谿谷，使有壤界，計人多少衆寡，使有分數，築城掘池，設機械險阻以爲備，飾職事，制服等。」高誘注：「等，差也。」

〔一二〕本經篇：「異貴賤，差賢不肖，經誹譽，行賞罰。」高誘注：「經，書也。誹惡譽善。賞可賞，罰可罰也。」

〔一三〕本經篇：「則兵革興而分争生，民之滅抑夭隱，虐殺不辜而刑誅無罪，於是生矣。」高誘注：「抑，没也。言民有滅没夭折之痛。」

老子曰：「世之將喪性命，猶陰氣之所起也。主闇昧而不明，道廢而不行〔一〕，德滅而不揚，舉事戾於天，發號逆四時〔二〕。春秋縮其和，天地除其德〔三〕，人君處位而不安，大夫隱遁而不言〔四〕，羣臣推上意而壞常〔五〕，疎骨肉而自容，邪人諂而陰謀遽載〔六〕，驕主而像其意〔七〕，亂人以成其事。是故君臣乖而不親，骨肉疏而不附，田無立苗，路無緩步〔八〕，金積折廉，璧襲无嬴〔九〕，殼龜无腹〔一〇〕，蓍筮日施〔一一〕。天下不合而爲一家〔一二〕，諸侯制法，各異習俗，悖拔其根，而棄其本，鑿五刑爲刻削，争於錐刀之末〔一三〕，斬刈百姓，盡其太半〔一四〕。舉兵爲難〔一五〕，攻城濫殺，覆高危安，大衝車，高重壘〔一六〕，除戰隊，使陣死路，犯嚴敵，百往一反，名聲苟盛〔一七〕。兼國有地，伏尸數十萬，老弱飢寒而死者，不可勝計。自此之後，天下未嘗得安其性命，樂其習俗也〔一八〕。末世驕王，恃其威勢，廣其土地，盡生民之命，求錐刀之末，伏尸流血，無時暫寧，以至今日，豈爲有道？賢聖勃然而起，持以道德，輔以仁義，近者進其智，遠者懷其德，天下混而爲一〔一九〕，子孫相代輔佐，黜讒佞之端，息末辯之說，除刻削之法，去煩苛之事，屏流言之迹，塞朋黨之門，消智能〔二〇〕，循大常，隳枝體，黜聰明〔二一〕，大通混冥，萬物各復歸其根〔二二〕。夫聖人非能生時，時至而不失也〔二三〕。是以不得中絶〔二四〕。」聖人見其機，得其時，勃然而起，整頓乾坤，撲滅殘暴，大庇蒼生，天將降大任於其人。不得中絶，言必有其主也。

〔一〕淮南子覽冥篇：「逮至夏桀之時，主闇晦而不明，道瀾漫而不修。」高誘注：「仁義道不復修飾之，故曰『瀾漫』。」案：莊子齊物論篇：「夫子以爲孟浪之言，而我以爲妙道之行也。」釋文：「向云：『「孟浪」音漫瀾，無所趣舍之謂。』」「漫瀾」即「瀾漫」也。

〔二〕覽冥篇：「是以至德滅而不揚，帝道揜而不興，舉事戾蒼天，發號逆四時。」高誘注：「興，舉也。戾，反也。」

〔三〕覽冥篇：「春秋縮其和，天地除其德。」高誘注：「縮，藏也。言和氣不復行也。言其所施日惡，不自知也。故曰『除其德』也。」

〔四〕覽冥篇：「仁君處位而不安，大夫隱道而不言。」高誘注：「不爲民所安。隱仁義之道，不正諫直言也。論語曰：『國無道，危行言遜也。』」案：論語憲問篇：「邦無道，危行言孫。」「邦」作「國」，避漢諱。釋文：「『孫』音遜。」集解：「包曰：『危，厲也。』孫，順也。厲行不隨俗，順言以遠害。」

〔五〕覽冥篇：「羣臣準上意而懷當。」高誘注：「準，望。懷，思。當，合也。取合主意，不復以道正諫也。」

〔六〕覽冥篇：「疏骨肉而自容，邪人參耦，比周而陰謀，居君臣父子之間而競載。」案：爾雅釋詁下：「載，僞也。」郭璞注：「載者，言而不信。」

〔七〕「意」字原脱，今據淮南子訂補。覽冥篇：「驕主而像其意。」高誘注：「『像』猶隨也。」

〔八〕覽冥篇：「是故君臣乖而不親，骨肉疏而不附，……田無立禾，路無莎薠。」高誘注：「莎，草名也。『莎薠』讀猿猴蹯噪之蹯。狀如葴，葴如葭也。」王引之曰：「『莎薠』本作『薠莎』，故高注先釋『薠』，後釋『莎』。道藏本誤作『莎薠』（洪興祖楚辭九歌補注引此已誤。），注内『薠』上又衍一『莎』字，劉績不能是正，反移『莎』字之注於前，以就已誤之正文，斯爲謬矣。（莊本同。）『莎』與『禾』、『贏』、『施』爲韻，（各本『贏』作『理』，乃後人所改，辯見下。『施』字古讀若婆娑之娑，説見唐韻正。）若作『莎薠』，則失其韻矣。」

〔九〕覽冥篇：「金積折廉，璧襲無理。」高誘注：「金氣積聚，折其鋒廉也。璧文襲重，言用之煩數，皆鈍無復文理也。『璧』讀辟也。」孫詒讓曰：「王充論衡量知篇云：『銅未鑄鑠曰積石。』是『積』爲礦樸之名，『金積』即金樸也。高釋爲『金氣積聚』，望文生訓，與『折廉』之文不相貫矣。」器案：「金氣」疑當作「金器」，金器積聚，故爾折其鋒廉也。王引之曰：「高解『璧襲無理』曰：『璧文襲重，言用之煩數，皆鈍無復文理也。』文子上禮篇『無理』作『無贏』。案：『贏』當作『蠃』，淮南原文當亦是『蠃』字，非『理』字。本經篇：『冠無觚蠃之理。』高彼注云：『蠃讀指端蠃文之蠃。』（今本「蠃」字皆誤爲「羸」，莊本改爲「蠃」，是也。本經篇又曰：「蠃鏤雕琢，詭文回波。」「蠃鏤」亦謂轉刻如蠃文也。故彼注云：「蠃鏤，文章鏤。」今本「蠃」字亦誤爲「羸」。）『指端蠃文』，今人猶有此語，謂其文旋轉如蠃也。璧形圓，故謂其文曰『蠃』，久而漫滅，故曰『無蠃』。此注『璧文』上當有『蠃』字。『蠃，璧文』是釋『蠃』字之義，文子作『無贏』，而此注言『無文理』，故知其字之本作『蠃』也。後人不解『蠃』字之義，又見注內有『無文理』之語，遂改『蠃』爲『理』，而不知注內『璧文』二字正釋『蠃』字也。且『蠃』與『禾』、『莎』、『施』爲韻，改『蠃』爲『理』，則失其韻矣。」

〔一〇〕覽冥篇：「磬龜無腹。」高誘注：「磬，空也。象磬，數鑽以卜，故空盡無腹也。言桀爲無道，不修仁德，但數占龜，莫得吉兆也。詩曰：『握粟出卜，自何能穀。』又曰：『我龜既厭，不我告猶。』是也。」案：說文：「罄，器中空也。」釋名釋樂器：「磬，罄也。」注引詩「握粟出卜」云云，小雅節南山小宛文，「我龜既厭」云云，節南山小旻文也。

〔一一〕覽冥篇：「蓍策日施。」高誘注：「易曰：『再三瀆，瀆則不告也。』」案：注引易蒙卦文。

〔一二〕覽冥篇：「諸侯力征，天下合而爲一家。」王念孫曰：「『天下合而爲一家』，『合』上脱『不』字，太平御覽兵部七十引此有『不』字，文子上禮篇同。」

〔一三〕覽冥篇：「今若夫申韓商鞅之爲治也，挬拔其根，蕪棄其本，而不窮究其所由生，何以至此也。鑿五刑，爲刻削，乃背道德之本，而爭於錐刀之末。」高誘注：「『錐刀之末』，謂小利，言盡爭之也。」案：宋本注「謂」作「論」，疑「論」之誤。廣雅釋詁：「挬，拔也。」集韻十一没同，説文無「挬」字。左昭六年：「錐刀之末，將盡爭之。」杜注：「錐刀末，喻小事。」

〔一四〕覽冥篇：「斬艾百姓，殫盡太半。」高誘注：「斬艾百姓，以草木喻也，不養之也。殫，病也。太半，過半也。」案：左昭二十年：「斬刈民力。」釋文：「刈，本又作『艾』。」又案：詩周南葛覃篇釋文：「艾，本亦作『刈』，魚廢切。韓詩云：『刈，取也。』」又小雅甫田鴛鴦篇、周頌臣工篇釋文並云：「艾，徐音刈。」又案：史記項羽本紀：「漢有天下太半。」集解：「韋昭曰：『凡數三分有二爲太半，一爲少半。』」

〔一五〕覽冥篇：「晚世之時，七國異族，諸侯制法，各殊習俗，縱横間之，舉兵而相角。」高誘注：「晚世，春秋之後，戰國之末。七國，齊、楚、燕、趙、韓、魏、秦也。齊姓田，楚姓芈，燕姓姚，趙姓趙，韓姓韓，魏姓魏，秦姓嬴，故異族也。蘇秦約縱，張儀連横，南與北合爲縱，西與東合爲横。故曰：縱成則楚王，横成則秦帝也。」案：「燕姓姚」當作「燕姓姬」，史記燕世家云：「召公與周同姓。」「縱成」二語，見楚策及史記蘇秦傳。

〔一六〕覽冥篇：「攻城濫殺，覆高危安，掘墳墓，揚人骸，大衝車，高重京。」高誘注：「衝車，大鐵著其轅端，馬被甲，車被兵，所以衝于敵城也。古者，伐不敬，取其鯨鯢，收其骸尸，聚土而瘞之，以爲京觀，故曰高。重，壘。京，觀也。」案：左宣十二年：「古者，明王伐不敬，取其鯨鯢而封之，以爲大戮，於是乎有京觀以懲淫慝。」此即高注所本。又案：爾雅釋丘：「絶高爲之京。」郭注：「人力所作。」説文：「京，人所爲絶高丘也。」故凡人力所築，皆得京名。後漢書公孫瓚傳：「瓚自以爲易地當之，遂徙鎮焉。」李賢注：「瓚所居易京，故城在今幽州歸義縣南八十里。」三國志魏書公孫瓚傳：「爲圍塹十重，於塹裏築京，皆高五六丈，爲樓其上，中塹爲京，特高十丈，自居焉。」水經易水注：「易京城在易城西四五里，今者地壁夷平，其樓基尚存，猶高一丈餘。基有井，世名易京樓，即瓚所堡也。」

〔一七〕覽冥篇：「除戰道，便死路，犯嚴敵，殘不義，百往一反，名聲苟盛也。」高誘注：「言百人行戰皆死，一人得還反也。一説：百人行伐，一反得勝爾。」

〔一八〕覽冥篇：「所謂兼國有地者，伏尸數十萬，破車以千百數，……故自三代以後者，天下未嘗得安其情性，而樂其習俗，保其脩命，天而不夭於人虐也。」高誘注：「虐，害。」

〔一九〕覽冥篇：「逮至當今之時，天子在上位，持以道德，輔以仁義，近者獻其智，遠者懷其德，拱揖指麾，而四海賓服，春秋冬夏，皆獻其貢職，天下混而爲一。」高誘注：「混，同。」

〔二〇〕覽冥篇：「子孫相代，此五帝之所以迎天德也。……輔佐有能，黜讒佞之端，息巧辯之説，除刻削之法，去煩苛之事，屏流言之迹，塞朋黨之門，消知能。」高誘注：「消除知巧之能。」

〔二一〕覽冥篇：「脩太常，隳肢體，絀聰明。」高誘注：「去其小聰明并大利欲者也。」

〔二二〕覽冥篇：「大通混冥，解意釋神，漠然若無魂魄，使萬物各復歸其根。」案：莊子大宗師篇：「隳肢體，黜聰明，通生萬物，故謂道爲大通也。」

〔二三〕覽冥篇：「夫聖人者，不能生時，時至而弗失也。」

〔二四〕淮南子兵略篇：「有聖人勃然而起，乃討强暴，平亂世，夷險除穢，以濁爲清，以危爲寧，故不得不中絕。」高誘注：「中絕，謂若夏殷，中相絕滅也。」案：注「夏殷」原作「殷王」，「滅」下無「也」字，今據日本古抄本訂補。

老子曰：「酆水之深〔一〕，十仞而不受塵垢，金石在中，形見於外〔二〕，非不深且清也，魚鼈蛟龍莫之歸也〔三〕。言水至清魚不游，人至察衆不歸也。石上不生五穀，禿山不遊麋鹿，無所蔭蔽也〔四〕。故爲政以苛爲察，以切爲明，以刻下爲忠，以計多爲功〔五〕，如此者，譬猶廣革者也，大敗大裂之道也〔六〕。爲政以苛，必敗之由。爲革以廣，必裂之道。其政悶悶，其民淳淳。其政察察，其民缺缺〔七〕。」上太察，下不安。

〔一〕「酆」，日本兩治要本作「豐」。太平御覽六十二引亦作「豐」，同卷引漢書地理志：「漆沮既從，豐水逌同。」顏師古注：「豐水出鄠之南山。」又引水經注：「渭水東與豐水會短陰山。」又引毛詩文王有聲曰：「豐水有芑。」案：鄭箋曰：「堯時洪水，而豐水亦汎濫爲害，禹治之，使入渭，東注于河。」淮南子道應篇作「灃」，異體字也。

〔二〕日本兩治要本「金石」作「金鐵」。道應篇：「澧水之深，千仞而不受塵垢，投金鐵鍼焉，則形見於外。」王念孫以爲「鍼」即「鐵」字形近而衍。

〔三〕道應篇：「非不深且清也，魚鼈龍蛇莫之肯歸也。」案：日本兩治要本無「龍蛇」二字。

〔四〕道應篇：「是故石上不生五穀，秃山不遊麋鹿，无所陰蔽隱也。」王念孫曰：「『隱』蓋『蔽』字之注而誤入正文者，（廣雅：『蔽，隱也。』）文子無『隱』字，是其證。」案：金樓子立言上：「夫石田不生五穀，構山不游麋鹿，何哉？以其無所因也。」「構山」，蓋指人造之山。

〔五〕案：漢書循吏黄霸傳：「使領郡錢穀計。」師古曰：「『計』謂出入之數也。」又武帝紀：「受計于甘泉。」師古曰：「受郡國所上計簿也，若今之諸州計帳。」後漢書光武紀下：「越巂人任貴自稱太守，遣使奉計。」注：「計謂人庶名籍，若今計帳。」

〔六〕道應篇：「其爲政也，以苛爲察，以切爲明，以刻下爲忠，以計爲功。譬之猶廓革者也，廓之，大則大矣，裂之道也。」新序雜事一：「中行氏之爲政也，以苛爲察，以欺爲明，以刻爲忠，以計多爲善，以聚斂爲良。譬之其猶鞟革者也，大則大矣，裂之道也。」案：方言一：「張小使大謂之廓。」淮南子原道篇高誘注：「廓，張也。」集韻十九鐸：「廓，開也。㨯，張大也。」「廣」、「廓」、「鞟」同聲通用。

〔七〕老子五十八章：「其政悶悶，其民惇惇。其政察察，其民缺缺。」又二十章：「俗人昭昭，我獨昏昏。俗人察察，我獨悶悶。」案：莊子在宥篇：「至道之精，窈窈冥冥。至道之極，昏昏默默。」「悶悶」即「默默」也，「悶」、「默」

一聲之轉。道應篇引老子，「淳淳」作「純純」，避宋諱改。

老子曰：「以政治國，以奇用兵〔一〕。先爲不可勝之政，而後求勝於敵。以未治而攻人之亂，是猶以火應火、以水應水也〔二〕。同莫足以相治，故以異爲奇〔三〕。奇靜爲躁，奇治爲亂，奇飽爲飢，奇逸爲勞，奇正之相應，若水火金木之相伐也，何往而不勝〔四〕。故德均則衆者勝寡，力敵則智者制愚，智同則有數者禽無數〔五〕。」此明正奇相攻，賢愚相敵，大得雖均〔六〕，人卒衆者勝。力雖敵，智以制愚。智雖均，而有計禽無計。計數者，皆相勝之術，迭相禽制而非道也，此明權也。

〔一〕老子五十七章：「以正治國，以奇用兵。」

〔二〕淮南子兵略篇：「蓋聞善用兵者，必先脩諸己而後求諸人，先爲不可勝而後求勝。脩己於人，求勝於敵。己未能治也，而攻人之亂，是猶以火救火、以水應水也，何所能制。」案：莊子人間世篇：「是以火救火。」所謂「己未能治而攻人之亂」者，即孟子公孫丑下「以燕伐燕」之謂也。又案：詮言篇：「故用兵者，先爲不可勝，以待敵之可勝也。」

〔三〕兵略篇：「同莫足以相治也，故以異爲奇。」唐本玉篇可部引許慎注：「奇，有出於人也。」今本注脱「奇」字。

〔四〕兵略篇：「故静爲躁奇，治爲亂奇，飽爲饑奇，佚爲勞奇。奇正之相應，若水火金木之代爲雌雄也。」「代爲雌雄」與「相伐」義相比也。

〔五〕兵略篇：「德均則衆者勝寡，力敵則智者勝愚，勢侔則有數者禽無數。」許慎注：「侔，等也。」王念孫曰：「劉本改『者侔』爲『勢侔』。案：劉改非也。『者』當爲『智』字之誤也。（『者』、『智』下半相似，又因上下文『者』字而誤。）『力敵』二字，承『衆者勝寡』而言，言衆寡相等則智者勝愚也。『智侔』二字，又承『智者勝愚』而言，言智相等，則有數者禽無數也，劉改爲『勢侔』，則義與上句不相承，且與『力敵』相複矣。『數』謂兵法也，詮言篇曰：『慮不勝數，事不勝道。』故曰『智侔則有數者禽無數』也。文子上禮篇正作『智同則有數者禽無數』。」器案：王說是。唐抄本兵略篇作「德均則衆者勝寡，力敵則智者制遇（「愚」之誤），智侔則有數禽無數」。三國志吳書陸抗傳注引習鑿齒曰：「力均而智侔，道不足以相傾也。」即本此文爲言，亦作「智侔」。

〔六〕影刻宋本注「大得」作「夫德」，義勝。